# 北京城市发展报告

（2024~2025）

## 新质生产力赋能首都发展的理论逻辑与实践经验

BEIJING URBAN
DEVELOPMENT REPORT
(2024-2025)

主　编／赵继敏
副主编／曲嘉瑶　杨　波

# 《北京城市发展报告（2024~2025）》编委会

# 主要编撰者简介

**赵继敏** 人文地理学博士，北京市社会科学院城市问题研究所研究员。担任国家自然科学基金评审专家、北京市科学传播职称评审专家等社会兼职。主要研究方向为城市发展、产业布局、文化经济等。主持完成国家自然科学基金课题、北京市社会科学基金课题和首都高端智库重大课题5项。独立或者第一作者出版专著5部，在国内外期刊和论丛发表文章50篇，在《人民日报》发表文章4篇。独立或者参与完成的研究成果获得省部级领导肯定性批示10余项。

**曲嘉瑶** 老年学专业博士，北京市社会科学院城市问题研究所副研究员。长期从事老龄人口、老龄友好环境、老龄公共政策研究。主持省部级课题3项，出版专著1部，主编著作1部，在《人口研究》《人口学刊》等国内主流期刊发表论文多篇。

**杨 波** 人文地理学博士，北京市社会科学院城市问题研究所副研究员。主要研究方向为资源环境开发利用、区域可持续发展等。主持北京市社科基金项目1项，参与国家级、省部级和各类地方政府委托课题多项，出版专著1部、合著多部，在国内外期刊发表论文多篇。

# 序　言

# 新质生产力赋能首都发展的理论逻辑与实践经验

本书课题组*

党的二十届三中全会要求“健全因地制宜发展新质生产力体制机制”，首都北京积极响应这一战略部署，持续深入实施创新驱动发展战略，推动科技创新和产业创新深度融合，培育和发展新质生产力，并推动其赋能城市发展的各个领域。长期以来，北京是国内最具创新能力的城市之一。根据国家知识产权局的统计，北京全部累计的发明专利授权量、实用新型专利授权量、外观设计专利授权量均位居全国前列。其中，最能体现创新深度的发明专利授权量位居全国省级行政区中的第二位（排在广东省之后）、全国各类城市中的第一位。[①] 强大的创新能力推动首都北京在产业经济、社会文化、生态文明等多个维度取得了巨大的发展成就。继续推动创新以及以创新为基础的新质生产力的发展，不仅是首都北京建设国际科技创新中心的需要，也是确保其在新一轮科技革命和产业革命中，始终保持国内外创新城市领先地位的关键所在。

新质生产力代表先进生产力的演进方向，是由技术革命性突破、生产要素创新性配置、产业深度转型升级而催生的先进生产力质态。[②] 新质生产力

---

* 本书课题组组长：赵继敏。主要执笔人：赵继敏、倪维秋、包路林、曲嘉瑶、杨波。

① 由于北京制造业比重较小，实用新型专利和外观设计专利的授权量小于深圳和上海。但是，在全国范围内看，北京仍然是专利授权量最多的城市之一。

② 习近平经济思想研究中心：《新质生产力的内涵特征和发展重点》，《人民日报》2024 年 3 月 1 日，第 9 版。

是创新型城市建设的动力源泉与核心支撑，两者具有“共生”与“互构”的内在逻辑。[①] 20 世纪 90 年代开始，西方学者率先开展创新型城市研究，并先后提出了创造性城市、创意城市、学习型城市、技术枢纽城市、知识城市、高科技城市等一系列较为相近的概念，[②] 本质都是强调创新是城市发展的关键引擎。其中，佛罗里达的创意资本、[③] 克拉克的场景理论、[④] 格莱泽的消费城市[⑤]等，不仅将创新和信息科技看作城市发展的关键动力，还特别强调了创新环境对于城市创新发展至关重要。这些学者对于什么是最适宜的城市创新环境的观点存在差异，但是都认可创新环境吸引创新人才，进而推动城市发展的基本逻辑。我们将这些城市研究领域的前沿观点与新质生产力研究相结合，提出新质生产力赋能北京城市发展的逻辑关系。首先，创新环境吸引了创新人才、风险资金、科学技术等创新要素，推动了北京新质生产力的发展。其次，新质生产力与创新型城市“共生”与“互构”，呈现独特的城市空间格局。最后，新质生产力的发展持续为城市产业经济、社会文化和生态文明的建设发展赋能，带来了城市发展多方面的进步。本书依照这一逻辑，围绕新质生产力赋能下北京这一超大城市的发展动力、发展规划和发展成就，聚焦创新环境、空间格局、产业经济、社会文化、生态文明五大重要领域，深入论述北京城市发展的新情况、新问题和新进展。

## 一　城市创新环境培育

北京历来高度重视创新环境的培育，持续深入实施创新驱动发展战略。

① 项松林、李辛嬰：《新质生产力引领创新型城市建设：逻辑机理与实践进路》，《西华大学学报》（哲学社会科学版）2025 年第 1 期。

② 代明：《创新型城市的探索之路——从特区转型看国内外创新型城市研究与实践》，《特区经济》2008 年第 3 期。

③ Florida, Richard, *The Rise of the Creative Class and How It's Transforming Work, Leisure, Community and Every-Day Life* (New York: Basic Books, 2002).

④ Terry Clark, Daniel Silver, *The Theory of Scenes* (Chicago: University of Chicago Press, 2016).

⑤ EdwardL. Glaeser, JedKolko, AlbertSaiz, "Consumer City," *Journal of Economic Geography* 1 (2001).

近年来，在市委、市政府的引领下，北京市出台了一系列培育创新环境的政策，将北京创新环境提升到一个新的高度。当前，北京城市创新环境的培育主要体现出以下特征。

第一，北京开创了城链共生的新局面。北京市在项目审批方面开展了多项改革，针对细分类型的“工改商”“居改产”等产业更新项目从申请、规划、定位策划、可行性分析、立项审批、施工、招商运营的全过程形成审批要点与标准化流程，为企业减少工期、降低成本提供了有力支持。未来可以借鉴广州、南京的经验综合调配土地出让金定向支持产业更新，做好产业投资细账，结合首都职能与产业发展方向，做实产业片区“投资人”。同时，要更加科学地统筹各类要素、主体、过程，创新产业—空间驱动机制，探索匹配互促的可持续模式。

第二，北京智慧城市建设取得新进展。自 2008 年数字城市建设启动以来，北京逐步推进智慧基础设施建设和公共服务升级。在“十四五”规划的指导下，北京提出到 2025 年建成全球标杆新型智慧城市的目标，通过优化数字底座、促进数据要素流通、提升治理效率和公共服务质量，推动城市管理的全面智能化。2024 年，北京在智慧城市建设方面已取得多领域突破。在基础设施建设方面，北京实现了全面的 5G 网络覆盖，构建了多层级云架构，强化了数字底座，为智慧城市的进一步发展提供了坚实的支撑；在应用场景方面，智能交通信号、在线教育平台和智慧医疗服务等技术的广泛应用显著改善了民生；数据治理方面，构建了统一的市级数据资源管理平台，实现跨部门协作和数据共享。

第三，北京市发展新质生产力的关键要素仍然存在短板。从技能人才来看，北京整体水平较高，但是在推动技术创新转化为产业创新的高技能人才供给方面存在不足。从环境氛围来看，北京出台了一系列政策，但是以创新为主导的氛围还没有完全形成，部分成果从实验室到市场的转化周期较长。高校和科研院所开展创新成果转化的动力不足，缺乏市场化激励与评价机制。从区域协同来看，京津冀地区以科技创新、产业创新为纽带的协同发展逐步深化，但京津冀三地之间产业发展的梯度和落差较大，制约了北京科技成果在津冀的落地转化。

第四，北京需要广泛借鉴国内外经验，持续打造创新人才高地。美国、日本、德国等发达国家在培养创新人才方面形成了一系列富有本国特色的成功经验，上海、深圳等国内先进地区在“培养人才”和“抢人才”方面推出的一些典型方案均十分值得借鉴。建议北京按照发展新质生产力的要求，从加强顶层设计、加强“高精尖缺”人才引进、支持青年人才培养、深化科技人才改革四个方面下大气力全方位培养、引进、用好人才。

第五，北京新质生产力的发展以京津冀城市群协同创新为依托。以生物医药产业为例，北京是京津冀城市群产业发展的中心。京津冀地区投融资体系、产学研合作机制发展成熟，且市场规模大，跨市合作有助于创新主体拓展销售市场。各层级政策通过调控资源要素分配增加跨市合作机会，并通过一体化监管体系落实对跨市合作的支持与保障。生物医药跨市合作中位于生物医药产业相对发达城市的机构提供研发技术或市场机会，位于产业相对欠发达城市的机构提供生产制造场所，通过建立合作机制，在带动周边地区发展的同时，也必将为北京新质生产力的持续发展贡献出深层次的动力。

第六，京津冀协同创新仍有较大的提升空间。在全球价值链重构与数字经济崛起的双重背景下，区域协同创新已成为提升国家竞争力的关键战略。然而，京津冀等区域的实践表明，行政壁垒、要素错配与成果转化低效等问题仍制约协同创新效能。科技型企业在京津冀区域协同创新中的不足主要体现在创新要素流动不畅、创新平台建设有欠缺、协同创新机制不健全以及创新成果转化不足等方面。未来建议京津冀地区持续优化创新要素流动，奠定协同创新基础，加强创新平台建设，提升协同创新能力。

## 二　新质生产力空间布局

生产力要素依附于空间的承载，新质生产力的发展必将伴随着新的空间使用诉求。① 本书空间格局篇针对北京乃至京津冀地区的“新质空间”这一问题深入分析后得到以下结论。

第一，北京市新质生产力空间布局呈现中心—外围梯度分布特征。核心区（海淀区）优势明显，在科技人才、科研机构、科技基础设施等方面具有显著优势。中心城区（朝阳区、东城区、西城区）表现优异、综合实力较强。而外围区域则表现相对逊色、差距明显，昌平区、大兴区、通州区等近郊区高科技相关指标数值较高，但相较于中心城区明显偏低；怀柔区、平谷区、延庆区、密云区、门头沟区等远郊区的综合指数较低。未来，一方面要继续强化核心辐射，在海淀等中心城区打造科创高地。另一方面，更需要针对潜力区域推动产业转型和均衡发展，通过立足不同区域特色优势补齐短板，持续提升北京整体新质生产力发展水平。

第二，北京生态韧性也同样呈现“中心—外围”梯度分布。基于 PSR 模型和熵权法刻画北京城市生态韧性时空演变特征，结果表明，空间上韧性等级由中心区域向外围逐渐降低，地区生产总值、人口密度和城镇化率等是主要影响因素。长期以来，海淀区是北京各区域生态韧性指数最高区。相反，北京外围区域高韧性区域最少，占比 6.25%。未来应当打破中心城区与非中心城区的城市生态韧性两极分化的现状，全域协同推进生态韧性建设，从化解压力、优化状态到提升响应能力，全方位提升城市生态韧性水平。

第三，北京的景观格局发生了较大变化。随着城市化进程的不断推进，首都北京的景观格局在过去十年间发生了巨大变化。建筑、森林和农田是主要的景观特征。其中，建筑用地呈现出明显的上升趋势，而农田和森林的减少则是建筑区扩大的主要原因。森林在北京市的景观中占主导地位，建筑景观在城六区占据主导地位，城六区的景观格局正朝着更加集中、连续和相对单一的方向过渡。对景观格局变化驱动因素的研究表明，人口数量的变化和

① 王凯、赵燕青、张京祥等：《“新质生产力与城乡规划”学术笔谈》，《城市规划学刊》2024 年第 4 期。

产业结构的调整是造成这些变化的主要原因。

第四，北京市不同的景观格局对地表温度的影响差异显著。居住和商业类人口聚集功能区表现出更高的景观破碎化，从而表现更为显著的地表温度上升趋势，而聚合度和连通性较好的其他区则表现出较强的降温效应。未来应通过优化景观格局设计来缓解局地热岛效应，在增强与降温斑块的连通性与聚合度的同时，减轻景观破碎化程度，提升城市热环境管理水平。

第五，北京中轴线空间格局呈现对称性、层次感、整体性和富有活力与魅力等显著特点。在当代社会，北京中轴线不仅承载着历史文化，也面临着城市化进程中的诸多挑战与机遇。如何在保护与利用之间找到平衡，是当前亟待解决的问题。运用数字技术可以对中轴线的历史演变、空间构成与文化内涵等方面进行深入研究与可视化表达，为中轴线保护与传承提供技术支持。

第六，北京高校空间布局调整进入了新的阶段。20 世纪 90 年代末以来，北京高校布局调整经历了从自发到统筹、从扩张发展到规模严控、从向市郊近距转移到京津冀广域疏解的演变过程。特别是京津冀协同发展战略实施以来，高校空间布局调整已经超出了北京市区范围。在新一轮科技革命的背景下，未来高校布局的调整要首先从有利于产学研结合的角度出发，始终保持科教融合特色。

## 三　城市产业经济发展

近年来，北京深刻领会习近平总书记的指示，进一步增强打造高精尖产业体系的积极性和主动性。围绕产业链需求优化产业功能布局，不断提升高质量发展的新动能。2024 年，北京医药健康产业总规模首次突破 1 万亿元，成为新一代信息技术和科技服务之后的又一个万亿级产业集群。新质生产力赋能下的北京产业经济发展呈现出以下特征。

第一，2012 年以来北京市高技术产业集中度呈现先下降后上升的趋势。具体到各区来看，大兴区、东城区、丰台区以及海淀区高技术产业发展较好，其中产业集中度最高的是丰台区，具有较大的发展潜力；大兴区高技术产业集中度较高，同样具备了一定的高技术产业规模；东城区、海淀区高技术产业发展较好，但高昂的土地成本会限制高技术产业的进一步发展。未来北京应当通过科学调控土地成本、提升落后地区教育水平，以及依托数字技术打造全市范围内高技术产业信息共享平台等方式优化高技术产业在北京市域内的布局。

第二，北京自贸区建设取得一系列突破。2024 年，北京自贸区进一步缩减外商投资负面清单，清单条目较上一年减少 10%，仅保留 30 余项特别管理措施；积极推行“一站式”项目审批服务平台，将企业投资项目从立项到施工许可的审批时间压缩至 30 个工作日以内。截至 2024 年底，北京自贸区的注册企业数量已超过 15 万家，较上年同期增长约 12%。其中，外资企业占比达到 18%，显示出其对外资的较强吸引力。展望未来，北京自贸区机遇与挑战并存。在充分利用政策红利的同时，必须正视国际竞争、制度创新、人才竞争和数字化转型等挑战，通过深化改革、创新驱动、优化环境等多方面举措努力实现高质量发展。

第三，北京正逐步构建一个充满活力、高效便捷且富有特色的新型消费体系。近年来，北京持续拓展消费新场景和新业态，新型消费潜力已然显现。但是，关键核心技术受制约、新型市场主体培育不充分、传统发展范式向数字化转型困难重重，以及顶尖与跨界数字人才供给不足等问题仍然客观存在。未来北京要充分依托科技赋能，大力发展以科技消费为引领的新型消费，拓展新型消费应用场景，打造世界级智慧商圈，赋能数字消费等新消费发展，塑造新型消费“金名片”。

第四，北京建设国际消费中心城市推动了旅游业的快速发展。建设国际消费中心城市的愿景下，北京市旅游业的发展目标为将北京打造成“国际顶尖旅游城市及全球旅行目的地”，旨在通过提升旅游业质量来促进消费水平的整体提高。预计到 2029 年，旅游业对 GDP 的贡献率将超过 5%，每年接待游客数量的增长率不低于 2%，旅游总收入则有望实现年均约 4%的增长，其中来自海外的游客人数预计将以年均约 5%的速度增长。

第五，北京氢能产业取得显著进展。北京依托三大科学城（中关村科学城、未来科学城、怀柔科学城）的创新资源，建立了多个氢能相关的科研平台和实验室，基本建立从制氢、储运、加注到终端应用的全产业链。目前已基本形成了“一南一北”的氢能产业布局，即京南氢能高端装备制造与应用示范区和京北氢能产业科技创新应用示范区。未来应当通过持续开展基础共性技术研发、强化示范项目推广应用、加强基础设施建设、打造氢能产业人才基地等措施，不断提升氢能产业发展能级。

第六，北京城市副中心人口布局有待优化。目前，通州区与北三县均面临就业与常住人口比例低、人口素质结构与高精尖产业功能不匹配、人口密度分布不均增加公共服务供给难度、已有产业对高素质就业人口吸引力不够、职住分离人口多交通压力大等问题。未来应当出台人才引导政策、人才住房政策、交通配套政策、教育和医疗配套政策等一系列政策，优化北京城市副中心及周边区域人口布局，推动副中心实现高质量发展。

## 四　城市社会文化建设

新质生产力赋能下，北京社会文化建设在多个领域取得了积极的成效。近年来，北京市长期护理保险试点在制度设计、覆盖人群、服务体系与民众认可度等方面均有显著提升。北京市老年教育体系逐步完善，教育资源日趋丰富，师资力量逐步增强，“互联网+老年教育”的模式也逐渐成熟。随着经济发展和社会结构转型，宠物犬加速进入家庭，给城市管理和社区治理带来诸多挑战，宠物犬管理已成为超大城市精细化治理的难点。北京市老年友好型社会建设取得明显成效，新征程上，继续围绕“七有”“五性”民生保障需求，积极建设具有首都特色的老年友好型社会。与地方的关系、对地方的态度，以及什么样的更新行为会影响居民对城市更新的态度，建立在感知和体验基础之上的地方叙事对居民至关重要。中老年人离婚意味着居家养老模式将在一定程度上受到冲击，“银发离婚潮”所产生的一系列效应值得进一步关注。

第一，总结石景山区长期护理保险试点的实施情况是进一步向全市推开长护险的重要准备。探索建立长期护理保险制度，是中共中央、国务院为积极应对人口老龄化与健全社会保障体系作出的一项重要部署。利用实地调研资料分析北京市石景山区长期护理保险试点的实施情况，发现试点过程中面临着受益人群范围有限、资金筹集机制不完善、评估结果准确性不足、服务供给能力欠缺等挑战。结合不同方案下受益人群规模和照护成本分析，建议完善筹资机制、优化评估流程和服务供给、加快信息化建设、合理扩大受益人群、推动服务体系标准化等。

第二，推动老年教育发展是加强新时代首都学习型城市建设的题中应有之义。随着人口老龄化程度持续加深，北京市大力发展老年教育，积极应对人口老龄化。当前，北京市老年教育的发展尚存在老年教育管理主体间缺乏统筹、教育资源配置不均、老年教育的内涵较为单调、缺乏规范化标准等问题。建议用终身教育的理念引领老年教育政策，优化老年教育资源体系，构建老年教育多元协同业态，加强基层社区老年教育建设，合理规划老年教育的数字化发展，大力发展老年教育产业。

第三，新时期应建立和完善具有首都特色的城市养犬管理制度。近年来，城市宠物犬数量增长趋势明显，养犬管理复杂程度加大，《北京市养犬管理规定》实施已有20年，在新形势下存在条款老化，实践中存在协调不足、服务短板等问题。为了构建具有首都特色城市养犬管理制度，建议实现服务集成和权能责任分解相结合，提升免疫率和登记率，实施差异化养犬准入，赋能社区在涉犬管理中的作用，适度营造宠物友好环境。

第四，首都老年友好型社会建设成就显著。2014年习近平总书记考察北京并发表重要讲话以来，北京市在老年宜居环境、无障碍环境、智慧助老及社会敬老氛围建设方面取得了显著成就。为了高质量推进首都老年友好型社会建设，建议牢固树立老年友好型社会发展理念、持续加强老年友好型社会建设工作、全面推动首都软硬件环境建设、着力提升农村社会环境老年友好水平、探索大城市群老年友好型社会建设新路径、以新质生产力推动老年友好型社会高质量发展。

第五，场所叙事与场所制造是城市更新领域的重要研究议题。城市更新面临的困境是如何在实现现代化的同时回归地方本源、如何整合历史进步并保存文化传统和可用性。困境的背后是当代人在全球化、技术驱动中对家园以及地方持有不同看法。场所作为文化叙事的载体，为全球化的去根源和同质化提供了应对途径。

第六，把握北京市离婚率的变动趋势及特征是完善首都人口政策的基础。北京人口老龄化已深入到婚姻家庭层面，直接对离婚率产生显著影响。建议借鉴日本应对“熟年离婚”做法，促进婚姻家庭和谐及社会稳定，探寻具有中国特色的“银发离婚潮”应对之策。

## 五　城市生态文明建设

北京作为大国首都、超大城市、科技创新中心，以新质生产力赋能生态文明建设具有独特的优势。在党中央的领导下，北京持续加强规划引领，推动绿色转型，通过治理创新、智能创新和绿色创新等一系列举措，推动生态文明建设取得了巨大的成就。近年来，在新质生产力赋能下北京生态文明建设呈现以下特征。

第一，新质生产力推动了北京绿色低碳发展。北京依托教育、科技和人才优势，加快形成国际新兴绿色技术策源地，并推动绿色低碳先进技术在首都产业发展中的应用，在促进产业智能化、绿色化发展的同时，注重资源的高效利用和环境的保护，以“含绿量”提升“含金量”。未来北京要以新质生产力发展为动力引擎，以高水平生态保护支撑绿色高质量发展，以协同发展为抓手，打造京津冀世界级绿色城市群。在进一步全面深化改革、全面推进美丽中国建设中当好排头兵、作出新贡献。

第二，北京担当着能源系统转型示范的使命。作为首都的北京，其能源系统转型具有特殊战略价值，肩负着为全球特大城市碳中和提供中国方案的示范责任。通过系统评估北京市能源系统转型的驱动机制与碳中和路径，建议北京从“深度脱碳、区域协同、制度创新、科技驱动”角度重构能源发展范式：一是推动能源基础设施深度脱碳；二是加强区域协同，提升外调绿电比例，完善可再生能源合作开发；三是持续完善北京市碳排放交易体系和各项制度，通过碳积分、碳普惠等机制激励鼓励公众参与减排；四是加强可再生能源与多能融合技术，强化数字化与智能化管理。

第三，北京市在以治理创新、智能创新和绿色创新为特征的社区生态更新中积极探索新质生产力的应用。目前已初步形成“技术赋能、多元协同”的实践模式：一是通过数字化平台建设，整合社区资源，实现数据共享；二是通过智能化技术应用，推动社区从传统物质更新转向“全生命周期”智慧治理；三是通过推广绿色化技术，实现减污降碳；四是构建“政企民”三方协作机制，实现协同化治理创新。未来需从智能化、数字化、绿色化、协同化四个维度系统性推动新质生产力融入北京社区生态更新。

第四，北京绿色低碳发展嵌入“双循环”的新发展格局。构建市内—国内—国际三级嵌套的资源环境扩展型多区域投入产出模型的研究结果显示，北京能源消耗、水资源消耗、碳排放、$PM_{2.5}$ 排放及 $NO_X$ 排放主要由北京参与省际循环引致，并且具有较高的部门和空间集中度。基于上述特征，北京应分别从市内循环、国内循环和国际循环着手，通过供需协同转型、区域绿色增长以及经贸合作深化等路径推动绿色低碳循环发展。这不仅能缓解北京内部发展约束，还能带动国内区域协同转型，应对外部挑战。

第五，北京生态文明建设取得重大成就。北京大气治理成效被联合国环境规划署评价为“北京奇迹”，空气质量明显改善，水资源得到有效保护，土壤污染风险得到防控。北京生态文明建设从早期的绿化建设到现代的绿色发展、生态保护和可持续发展的转变，不断探索和实践，不断接近实现人与自然和谐共生的目标。北京生态文明建设在取得巨大成就的同时，未来一段时期需要在空气质量改善、绿色生态空间增加、绿色低碳发展转型、区域协同治理方面持续推进。

# 目　录

## 创新环境篇



## 空间格局篇

## 产业经济篇



## 社会文化篇

## 生态文明篇

# 创新环境篇

# 产业片区如何城链共生

## ——城市更新背景下的实践探索与北京启示

黄哲姣*

**摘　要：** 我国进入统筹培育新动能和更新旧动能、发展新质生产力的关键期，产业片区更新承载着升级传统产业、导入新兴产业、聚集优势产业的重要任务。本文介绍了城市更新行动中产业片区更新的转型趋势及现实探索，提炼出产业片区更新力量分散、路径模式少、资金投入产出不平衡等问题，以各地产业片区更新调查为基础，围绕空间环境、产业经济两大核心要素，以及空间资产所有者、产业资产所有者和公共资产所有者三个利益主体，总结形成搭建平台的投资人模式、一带多的资产整合模式、价值共创的增长联盟模式三种典型实践模式。结合各地产业片区更新经验，对北京在实施城市更新行动中完善产业片区更新实施机制与策略进行了探讨。

**关键词：** 城市更新　产业片区　产业转型

## 一　引言

我国经济将迈向更高质量发展阶段，在现代产业体系、新型城镇化方面将迎来新的发展机遇。产业片区更新是城市更新行动中十分重要的类

* 黄哲姣，北京清华同衡规划设计研究院高级工程师，研究方向：城市更新、城市治理。

型，一般指对旧城内功能偏离、效率低下、产业要素聚集的老旧街区进行功能性改造，包括老旧厂区、商区改造和低效产业园区更新，其目的是建设适应当代产业需要的生产生活空间以实现空间资源的高效配置。产业片区更新能够优化城市机能、推动存量空间提质增效，增加公共投资或吸引市场投资、创造就业机会，对于服务城市产业创新，推动城市经济发展转型具有重要意义。

2021 年以来，全国实施城市更新项目约 16 万个，产业更新项目仅占 5%，城市更新拉动经济增长效应尚未显现。在提升城市竞争力，加快建立经济新动能的当下，实施产业片区更新有利于新产业育链补链，优化城市产业布局，也亟待探索新路径新方法。

## 二　产业片区更新的发展与制约

### （一）产业片区更新的背景趋势

园区经济深度嵌入城市走向无界。在新时代经济高质量发展背景下，城市经济增长由要素驱动转向创新驱动，产业从工业制造型向服务型升级。在新的技术浪潮下，外部性区域交流推动产业片区与城市功能对接，产业片区承载功能日益多元化。大量生产活动突破园区范围与生活并存发展，在高密度城市建成区中聚集正成为创新企业区位选择的新趋势，① 出现硅巷、创新街区、产业社区②等深度融入城市又高度聚集生产活动的产业片区。

老城地区迎来产业转型的新机遇。老城闲置低效空间借力城市更新为承接新产业提供了机会，老城地区具有文化与人口结构多样性、信息复杂

① 邓智团：《创新街区研究：概念内涵、内生动力与建设路径》，《城市发展研究》2017 年第 8 期。

② 王丽艳、张渝琪、王振坡：《我国城市科技产业社区的演进逻辑与发展进路研究》，《城市发展研究》2024 年第 8 期。

性，以及新旧事物叠加复合等特质，[①] 利用区位、交通、设施、文化优势和混合功能开发潜力，一些低效工业区淘汰落后产能引入新兴产业，一些既有服务业片区延伸拓展产业链提升产业能级，吸引人才聚集，一些老工业园区推进腾笼换鸟与服务升级，推动城市迈上下一个高质量发展的台阶。

统筹更新产业片区的空间、生产、公共资产。国内外城市更新往往从城市物质环境改善开始，逐步将物质环境结合城市社会、经济、文化等内在需要进行协同更新。[②] 产业片区更新不仅是对物质空间环境进行优化改造，还可以提供促进产业生存发展的外部环境，如产业新增附加价值的比重、土地利用效率混合、兼具公平性和效率性的公共服务体系等。[③] 城市政府综合调配公共资源推动产业片区获得更高的经济、社会、环境效益，还要充分调动国有企业、集体组织、产业运营商、从业人员、物业等空间资产、生产资源所有者共同参与。

### （二）产业片区更新的现实探索

城市更新实践活动中，我国产业片区更新呈现多头引导、统筹实施、就势推进的特征。一是相关部门出台产业片区更新专项政策引导，结合本地产业发展诉求，支持改造片区设施、提升产业能级、更新产业载体。二是各地逐步重视产业更新，提出因地制宜的措施，如深圳出台城市更新片区安商稳商和产业引导专项政策。三是谋划重点产业类片区更新作为试点片区、示范项目，评选优秀案例，发放试点专项奖补资金，探索产业更新中闲置低效资产盘活、资金整合统筹、产业资源评估与植入等经验（见表1）。

---

① 夏杰长、徐紫嫣：《高端服务业支撑全球城市建设：内在机理、共性规律与中国路径》，《中国流通经济》2024年第11期。

② 卢济威、王一：《特色活力区建设——城市更新的一个重要策略》，《城市规划学刊》2016年第6期。

③ 蒋三庚：《现代服务业集聚若干理论问题研究》，《北京工商大学学报》（社会科学版）2008年第1期。

**表 1　产业片区更新主要举措**

| 政策引导 | 地方政策落实 | 试点与地方实践探索 |
|---|---|---|
| •2019 年,国务院办公厅印发《关于加快发展流通促进商业消费的意见》,提出改造提升商业步行街,对商业步行街基础设施、交通设施、信息平台和诚信体系等新建改建。<br>•2021 年,国家“十四五”发展规划提出“加快推进城市更新,改造提升老旧小区、老旧厂区、老旧街区和城中村等存量片区功能”。<br>•2021 年,文化和旅游部、国家发展改革委办公厅印发《关于开展旅游休闲街区有关工作的通知》,要求结合城市更新行动,推动旅游休闲街区建设。<br>•2023 年,自然资源部印发《支持城市更新的规划与土地政策指引(2023 版)》,鼓励老旧厂区和产业园区更新转型升级为新产业、新业态、新用途,老旧商业街区和传统商圈更新应注重保留特色业态、提升原业态、植入新业态、复合新功能,促进商业服务业和消费层级的多样化发展。<br>•2023 年,住房和城乡建设部印发《关于扎实有序推进城市更新工作的通知》,将“活力街区打造”作为实施城市更新行动的重点工作之一。 | •《北京市城市更新条例》提出城市更新包括以推动老旧厂房、低效产业园区、老旧低效楼宇、传统商业设施等存量空间资源提质增效为主的产业类城市更新。<br>•《上海市城市更新条例》提出鼓励产业空间高效利用,根据资源利用效率评价结果,分级实施相应的能源、规划、土地、财政等政策,促进产业用地高效配置。<br>•《郑州市城市更新条例》提出城市更新以低效的厂房、仓储、市场、楼宇、产业园区等建(构)筑物、闲置用地为更新对象,盘活低效资源的城市更新。<br>•《深圳经济特区城市更新条例》鼓励旧工业区开展融合加建、改建、扩建、局部拆建等方式的综合整治类城市更新。 | •上海推动包括历史风貌魅力重塑、产业园区提质增效、商业商务活力再造在内的六大城市更新行动,重点推进区域更新典型项目,谋划虹桥国际中央商务区核心区、吴淞创新城等多个产业类区域更新项目。<br>•浙江省开展城市更新省级试点工作中,实施钱塘东部湾新城旧工业区瓯海数字经济产业基地、金华未来时尚中心片区等多个产业类更新片区试点。<br>•深圳《福田区城市更新片区产业支持专项政策》对片区内自用业主、自用租户和创新平台三类给予搬迁支持、装修支持、过渡期租金等支持。<br>•山东省出台《关于推动城市片区综合更新改造的若干措施》,将城市更新行动细化分解为十大工程。促进老旧厂房、低效产业园区、老旧低效楼宇提质增效,开展低效用地盘活整治。 |

“十四五”期间产业更新项目数量持续增长，年增幅约 15%。产业片区更新项目与各地经济发展情况呈正相关，在长三角、珠三角、京津冀、成渝地区推进产业片区更新进展较快，具有鲜明的地方经济发展特征。如成渝地区基于城市消费特点更新了猛追湾、玉林路等服务业生活社区；珠三角为推动制造业升级大量村级工业园，开展了现代化产业园的改造

转型之路，探索集转国、工业上楼等破解空间制约的新路径；长三角引导民营经济参与产业片区更新，不断优化产业服务体系，整合土地资源。

### （三）产业片区更新主要问题

城市更新项目相比传统增量开发项目整体盈利水平低，产业片区更新面临三大问题。一是产业片区更新力量分散，呈现点状式、碎片化更新。占有产业资源的企业受市场驱动和自身发展需求影响具有自主更新动力，但没能有效组织，力量分散。占有空间资产的一些国有工业企业面临改制重组及职工安置等沉重包袱，一些集体经济还面临土地流转和招商运营压力。更新活动散点开发、单线推进、系统性不足，在产业片区中呈现交织的复杂局面。二是促进产业空间资源有效配置的路径模式少。规模化、停产闲置的产业空间更新是城市产业植入的新契机。如何充分发挥其空间区位价值、引入和培育哪些产业资源、如何利用既有产业要素与周边各类优势资源联动等关于产业发展方向论证和指引尚有不足，有效连接空间与产业的更新方法路径较少，亟待实践形成新模式新方法。三是产业更新资金投入产出不平衡。尽管产业更新项目有一定的营利性，但仍面临盈利点少、利润率低、投资期限长、后期运营要求高等挑战。产业片区更新要素保障覆盖不全，不仅更新活动中土地、规划、财税、金融等各类制度设计尚不完善，关于促进高附加值产业企业落地、从业人员外部性交流、本地化创新、文化消费所需要的各项公共服务软环境、公私协作机制也需提升。

## 三　产业片区更新核心要素和实施路径

### （一）产业片区更新核心要素分析

产业片区更新涉及空间环境、产业经济两大核心要素。空间环境要素勾勒出片区的基础条件，区位是可持续城市更新的重要促进因素，[①] 商务区、

① 陈世清：《经济学的形而上学》，中国时代经济出版社，2010。

商业消费区更新依赖于交通、经济和商业等邻里效应，便捷舒适的生活服务、富有特色的文化生态吸引高附加值产业人才聚集，[①] 产业建筑功能设施、土地获取易得性影响更新开发成本与盈利预期。产业片区更新往往存在土地性质变更与建筑功能转换，面临多功能的有序混合，从而赋予土地建筑增值空间，为市场运作提供盈利。产业经济要素决定了产业片区价值和效率的持续提升，包括促进产业聚集、吸引从业者的激励政策和促进片区产业高效协作的制度设计。在物质空间更新的基础上结合片区自身优势特点辅以产业支持的相关政策，如减税政策、特定产业扶持政策、吸引人才政策等。产业片区更新需要创新制度设计，减少多要素叠加的协调成本，加强综合统筹，建立长效机制。

### （二）产业片区更新实施路径

产业片区更新主要有提质升级和功能转型两种典型路径。第一，新产业经济时代对基础设施需求从能源、交通转向光纤通信网络等新基建，从产品标准化生产转向异质化、个性化，加速了新技术与新商业模式的创新，进而引发消费需求的变革。[②] 产业片区内需要对旧产品、服务进行提质升级。在对既有产业深度改造、实现再生的过程中，片区更新通过优化资源的空间配置实现利用合理化和利益最大化，进一步提升产业与空间的匹配效率，实现城市空间结构优化和整体竞争力提升。第二，产业链组织形态突破了地理空间，规模经济延伸出新的内涵，边际递增效应和网络联动效应成为城市促进要素流动的新动力。城市中规模化的产业聚集需要构建全新的产业生态体系，老城范围内的工矿厂区、低效园区利用战略契机、大事件、扶持政策等机会进行功能转换，培育和植入新产业，形成新的生产分工模式，逐渐融入城市既有产业链，实现城市产业转型升级（见图 1）。

---

① 李春发、李冬冬、周驰：《数字经济驱动制造业转型升级的作用机理——基于产业链视角的分析》，《商业研究》2020 年第 2 期。

② 高煜、张京祥：《面向空间社会化生产的可持续城市更新路径研究》，《城市发展研究》2024 年第 8 期。

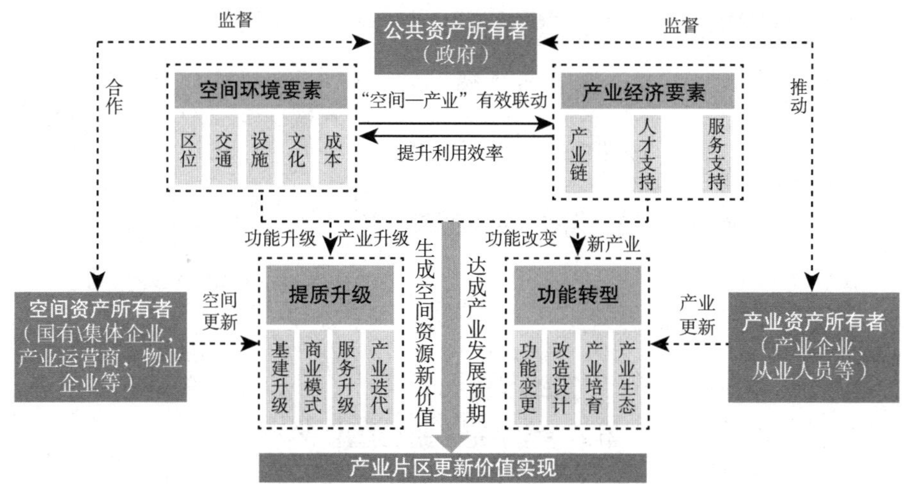


**图 1　产业片区更新核心要素、利益主体、实施路径相互关系**

## 四　各地产业片区更新的典型模式

模式是主体行为的一般方式，[①] 利益主体决定了产业片区更新的组织模式，产业片区更新中三个利益主体分别为空间资产、产业资产、公共资产，从经济理性人的角度看，只有三个主体都能获得收益才能推动更新活动的发生。各地基于本地产业发展需求和更新实践，形成以不同主体为主导的资产所有者搭建平台的投资人模式、头部主体一带多的资产整合模式、价值共创的增长联盟模式三种典型的组织模式（见图 2）。

### （一）搭建平台的投资人模式

片区更新不仅可以提升空间资产价值，[②] 也是新产业、新业态导入的契

① 马骏、沈坤荣：《"十四五"时期我国城市更新研究——基于产业升级与城市可持续发展的视角》，《学习与探索》2021 年第 7 期。

② Couch C, Sykes O, Börstinghaus W, "Thirty years of urban regeneration in Britain, Germany and France: The importance of context and path dependency," *Progress in Planning* 75 (2011).

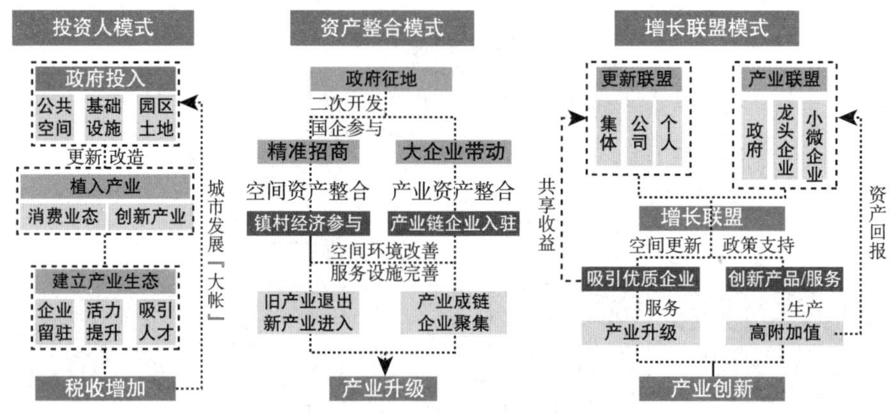


**图 2　产业片区更新的典型模式**

机。持有公共资产的政府部门改造提升产业片区公共空间、完善基础设施等产业配套吸引产业人才，制定支持产业发展的政策推动产业转型升级，促进片区税收增长、就业增长，提升片区经济社会综合价值。地方实践中既有南京夜未央街区更新项目这种政府投资改造公共空间提升商务区活力的大循环模式，也有西安西财大校区更新项目这种联合高校利用划拨土地投资产教融合的变通模式。投资人模式是一种算大账的逻辑，以公共投资换取税收增长和片区活化，进而融入城市整体经济产业布局。

## （二）一带多的资产整合模式

城市更新中往往面临多主体博弈的问题，持有空间资产的园区企业、组织或先行先试或搭建合作平台，带动相关主体复制其模式进一步整合片区空间资源，通过城市更新提高空间品质和使用效率，精准招引企业聚集形成产业生态，实现投资回报。地方实践中一大特点是带动镇村级工业园的更新并加快了旧产业的退出和新产业的进入，如珠海港湾 1 号科创园项目。同时，产业链头部企业也会参与到片区产业资源整合更新中来，结合企业发展需求进行定制化改造，如杭州高桥工业园更新由头部互联网企业带动相关企业聚集形成产业链。一带多的资产整合模式通过收购、租赁低效土地建筑，对空间资产进行归集整合，通过招商形成产业链上下游企业聚集效应，提升其持有的空间资产价值。

### （三）价值共创的增长联盟模式

持有产业资产价值的企业、人员是片区更新得以长效发展的核心所在，增长联盟模式需要较强动力与可预期的利益空间，随着产业规模效应的出现，增长联盟模式可以对各类要素投入进行组合变化，[①] 不失为一种可持续的更新模式。当前产业片区更新实践中，有以长租模式将民营企业与集体经济、个人业主等主体联合形成的空间资产运营联盟，和政府、龙头企业、小微企业联合形成的产业价值共创联盟，但能够链接产业、企业、人才与地产开发等多种资源的联盟模式尚在萌芽阶段，还需进一步探索可行路径（见表2）。

**表2　产业片区更新的地方实践**

| 项目 | 投资人模式 | | 资产整合模式 | | 增长联盟模式 | |
|---|---|---|---|---|---|---|
| 项目名称 | 南京夜未央街区更新 | 西安西财大校区更新 | 珠海港湾1号科创园更新 | 杭州高桥工业园更新 | 常熟低效产业用地联合自主更新 | 湖州“青来集”街区更新 |
| 更新背景 | 建邺高新区聚集7万名创新创业者，年轻人占比40% | 项目所在地曲江新区可利用产业空间较少、产业园稀缺 | 珠海市出台临时改变旧工业建筑使用功能政策 | 与园区相邻的阿里巴巴云谷园区投入使用 | 园区土地权属复杂，片区内不具备独立改造的条件 | 培育青年人才创业 |
| 产业空间类型 | 科技金融、高端服务业聚集的商务办公区 | 闲置校区 | 村级工业园更新为智慧型科创园区 | 低小散企业的镇级工业园更新为以数字经济为核心的现代产业园 | 低效工业区 | 老旧商业街区 |
| 更新范围 | 约50公顷 | 3公顷 | 12公顷 | 约35公顷 | 7.5公顷 | 16公顷 |

① 杨亚琴、王丹：《国际大都市现代服务业集群发展的比较研究——以纽约、伦敦、东京为例的分析》，《世界经济研究》2005年第1期。

续表

| 项目 | 投资人模式 | | 资产整合模式 | | 增长联盟模式 | |
|---|---|---|---|---|---|---|
| 空间环境更新 | 改造办公区高架桥下、临河等公共空间，增加跑道、舞台等休闲设施 | 保留老校区建筑，改造为庭院式办公区 | 结合土地流转合作和土地划拨方式，拓展产业载体和人才住房，老旧工业土地临时功能变更每两年续期一次 | 土地收储、低碳改造，利用集装箱搭建模块化共享空间产品 | 将片区统一规划，不再设置土地分界线，由地块内权属单位统一报建 | 根据“青创”定位，开展建筑外立面提升、内部空间分割优化调整，设置大自然工位 |
| 产业经济更新 | 引入新场景新消费服务产业人才，阶梯性租金减免，提供投资补贴、产业奖励 | 新兴业态与高校人才供给相结合，形成影视传播、数字艺术、直播电商等产业集群 | 金融赋能推动产业地产、投资服务与招商联动，采取“产业园运营商+孵化器运营商+龙头企业”三方合作模式，整合产业资源 | 吸引阿里巴巴创新业务孵化企业、阿里生态系上下游企业，集聚产业上下游服务商 | 统一办理工规证，分别办理施工图审查、项目发包、施工许可、不动产登记等 | 发起余村全球合伙人行动，组建基金领投优质青创项目 |
| 驱动机理 | 提质升级 | 功能转型 | 功能转型 | 提质升级 | 提质升级 | 功能转型 |
| 更新措施 | 优化设施，服务创新人才；场景创新，拉动消费 | 联合办学，教产融合；聚焦数字经济，链接专业人才 | 国有企业长租村集体、公司、个人等19个业主资源整合空间资源，带动镇级、村级资产联合更新 | 社会资本和优质运营商参与更新吸引相关企业聚集 | 自有土地企业作为联合成员，片区内划定退出类、自主更新两类资源，以产业企业为主体投资建设 | 轻改造、精提升、重运营，建立合伙人链接资源参与共建机制 |
| 利益主体 | 建邺区国资集团 | 西安财经大学、曲江新区管委会 | 区属国企、镇村集体组织 | 阿里巴巴、产业链企业 | 自有厂房企业、自有土地企业 | 合伙人、绿城集团（运营） |

## 五　北京实施产业片区更新的启示

北京城市更新实践中十分重要的一类便是产业类更新，北京推行区域综合性更新，结合四个中心的城市定位，产业片区对于城市科技创新产业发展、新产业培育、传统产业转型升级具有重要作用。[①] 从各地在产业片区更新的实践经验中得到对北京的几点启示。

## （一）优化“硬基建”，提高空间资源配置效率

产业片区物质空间环境更新应基于区位和既有产业特点挖掘资源要素链接的可能，探索产业建筑适应性改造方法，优化更新土地成本，塑造文化生态。一是推动存量产业空间定制化改造。结合不同产业对于层高、面积的差异化需要，研究制定大跨度、高层高、多层厂房等产业建筑改造设计标准，对建筑屋面、梁柱、楼板、墙体等结构加固、消防用电扩容和雨污系统整治等提出细化要求。培育一批产业空间提供商，为处于不同生命周期和细分领域的企业打造合宜的空间载体，如针对科技创新产业，增加展示交流公共空间，为小微企业提供共享办公、接待、路演等服务功能，为企业营造空间应用场景。由专业服务商外包承接产业建筑的电力、能源、智能化改造等专项设施设备更新，探索产业片区设施设备建设—拥有—运营的“BOO”模式，减小实施主体的投资压力。二是优化产业片区土地更新成本。将成规模的工业用地作为发展高精尖产业的关键性资源，结合战略留白相关政策，深化细化土地过渡期政策和临时变更土地政策，[②] 结合企业生存发展周期，优化土地续期年限和频次。顺应科技创新产业需求，将生产性研发功能作为生产环节的一部分，优化产业用地使用分类，提高配套比例。三是加强规建管运各环节紧密联动。强化片区规划综合实施方案中的产业版块，建立与上位产业经济指引的衔接机制。建立低效产业用地评价与定期摸排机制，基于产权、绩效、年代、建设动态等开展综合分析，实现存量产业用地高标准循环更新。北京市在城市更新项目审批

---

① 《经典回顾丨首都“产业类”城市更新项目应如何定位?》，https：//mp. weixin. qq. com/s/PZe9Hn2kkRHp-e4_ _ YpcRQ。

② 姜思伟：《多元统筹视角下产业园区更新的治理转型——以上海高桥某产业园区为例》，《上海城市管理》2024 年第 6 期。

方面开展了多项改革，为企业减少工期、降低成本提供了有力支持，可进一步分类总结，针对细分类型的“工改商”“居改产”等产业更新项目从申请、规划、定位策划、可行性分析、立项审批、施工到招商运营的全过程，形成审批要点与标准化流程。

### （二）做强“软基建”，片区产业经济优势赋能

产业片区更新的核心是产业可持续，伴随城市更新引导传统产业向高端制造业、现代服务业转型，片区中的产业经济软环境理应同步更新，为产业自我迭代升级提供保障。一是注重片区更新中的育链补链。针对功能转型的产业片区引导实施主体，围绕产业链精准招商，强化差异化、互补型、联动式的企业和业态选择，聚焦片区特色，强化企业孵化和业态增值。针对提质升级的产业片区应注重原产业优势资源延伸与借势，链接新产业空间。二是打造片区品牌吸引产业创新人才留驻。由供土地转向供平台，建设片区产学研、技术、人力、供应链、资本等产业服务平台，满足行业共性技术需求，加强企业间深度技术交流合作，建立全产业链的企业社交生态体系，支持前沿技术转化和在京落地。关注产业人才对配套服务的新型多元化需求，合理配置智慧餐厅、便利超市、咖啡等“办公、社交、生活”立体化、一站式服务设施。为产业人才搭建从技术支持到商业资源、从合作网络到供应链的创新生态系统。三是强化金融财税支持赋能片区更新。推动产业投资与产业服务、产业招商联动，为企业聚集提供有效的投资生态系统。推广长短期贷款组合、发行经营性物业贷等经验并应用于产业片区更新，调整贷款审批与项目实施进度匹配关系。争取相关部门支持，围绕产业更新项目运行与收益特点探索税收与财政投入新模式。围绕空间更新后土地出让、产权交易、租赁、经营等不同价值实现路径，探索分类设置标准税制，实现财政投入—收益回流。①

---

① Frantál B, Greer - Wootten B, Klusáček P, et al.,“Exploring spatial patterns of urban brownfields regeneration: The case of Brno, Czech Republic,” *Cities* 44 (2015).

### （三）模式“可持续”，创新产业—空间驱动机制

城市更新的利益主体是推动可持续实施模式的关键，产业片区更新不仅涉及政府与物质空间，还涉及持有产业资源的企业群体，北京实践中一些产业企业已作为实施主体参与城市更新项目，但产业片区的综合性更新还需要更加科学地统筹各类要素、主体、过程，探索匹配互促的可持续模式。一是做实产业片区“投资人”。结合首都职能与产业发展方向，区政府科学把控成规模产业腾退与转换，属地政府与产权主体做好协调统筹，为企业做好服务。算好区域投资大账，借鉴广州、南京的经验，综合调配土地出让金，定向支持产业更新。做好产业投资细账，划定产业更新区，除补贴奖励外探索片区税收开发返还。支持国有企业盘活闲置资源，以入股投资等方式挖掘培育片区新产业。二是鼓励国有企业、民营企业主导更新。通过整体收购、长期租赁、土地流转等方式整合多种权益主体、复杂零散用地资源，探索以租赁改造为基础的多种更新模式。引导集体经济在产业更新中主动作为，链接招商产业对接资源，不断优化长租模式的落地路径，撬动集体产业迭代。三是以共创主理理念加强联盟化合作。扶持更新企业与属地合作成长为“产业园运营商+孵化器运营商”，拓展空间资产权益人升级为“修缮施工+资产运营+商业服务+物业服务”的空间更新全产业链。按产业细分领域遴选合作伙伴，组建运营联合体，形成政府与市场共谋、空间和产业互动、生产者与消费者合作的价值共创氛围，推动产业企业、产业主理人自主更新。

# 2024~2025年北京智慧城市创新发展研究

## ——智慧赋能首都发展，加速培育首都城市特色新质生产力*

王　鹏　董正浩　黄博雅**

**摘　要：**北京市作为中国智慧城市建设的先行者，承担着全国智慧化转型的示范重任。自2008年数字城市建设启动以来，北京逐步推进智慧基础设施建设和公共服务升级。在“十四五”规划的指导下，北京提出到2025年建成全球标杆新型智慧城市的目标，通过优化数字底座、促进数据要素流通、提升治理效率和公共服务质量，推动城市管理的全面智能化。2024年，北京在智慧城市建设方面已取得多领域突破。在基础设施建设方面，北京实现了全面的5G网络覆盖，构建了多层级云架构，强化了数字底座，为智慧城市的进一步发展提供了坚实的支撑；在应用场景方面，智能交通信号、在线教育平台和智慧医疗服务等技术的广泛应用显著改善了民生；数据治理方面，构建了统一的市级数据资源管理平台，实现跨部门协作和数据共享。本文全面梳理北京市智慧城市建设的经验与挑战，结合国际先进案例，提出具有可操作性的政策建议，以期助力北京在全球智慧城市建设中持续领先。

**关键词：**智慧城市　北京　数据治理　智能化公共服务

---

* 基金项目：北京市社会科学院2025年一般课题“乡村建设的区域格局、实施机制与高质量发展路径”（项目编号：KY2025C0356）。

** 王鹏，北京市社会科学院副研究员，研究方向：数字经济、数字政府、数字要素等；董正浩，中国联通智能城市研究院规划咨询部总工程师，正高级工程师，研究方向：智慧城市、数字经济、数字政府等；黄博雅，北京市社会科学院研究实习员，研究方向：社会科学、数据科学。

## 一　北京智慧城市发展背景与研究意义

### （一）智慧城市的概念与发展脉络

IBM 于 2008 年首次提出了“智慧城市”和“智慧地球”的理念，这一概念逐渐在全球范围内得到广泛接受，成为现代城市转型和发展的关键引领指标。智慧城市的核心在于通过物联网、云计算、大数据等智能信息技术的融合，整合城市中分散的信息化系统，实现资源的高效配置和智能化管理。其特征包括感知化、物联化、共享化和智能化，目标在于提升城市的治理水平、推动社会经济的可持续发展，满足城市居民日益增长的美好生活需要。

### （二）北京建设智慧城市的目标和意义

国家发展和改革委员会等部门在《关于深化智慧城市发展 推进城市全域数字化转型的指导意见》（以下简称《意见》）中明确了智慧城市发展的政策方向和具体实施措施。《意见》提出，城市是推进数字中国建设的综合载体，全面推动城市的数字化和智慧化转型，有助于构筑未来城市的竞争新优势。通过一体化的系统重构和流程变革，以数据为核心资源和创新引擎，智慧城市建设将为高效治理、优质服务和城市高质量发展提供强有力支撑。

智慧城市的建设正经历从 1.0 时代的互联网连接到 2.0 时代的数据互联的转型，通过强化数据集成和智能应用，推动城市管理和资源配置的高效化。5G 技术的广泛应用进一步推动了智慧城市的发展，使城市的信息基础设施更加完备。随着人工智能、区块链、卫星遥感等新兴技术的加入，智慧城市的功能场景也不断丰富，从而更有效地支持城市的动态管理和精准治理。

北京作为首都，建设智慧城市具有特殊的战略意义。一方面，作为超大城市，北京面临着人口密集、资源紧张、环境压力大等问题，迫切需要通过智慧化手段提升城市治理效能；另一方面，作为全国科技创新中心，北京拥有雄厚的科技创新资源和数字经济基础，具备打造全球领先智慧城市的优势条件。特别是在5G网络全面商用、人工智能快速发展的技术背景下，北京具备了推进城市全方位数字化转型的坚实基础。

## 二　北京智慧城市建设的阶段与核心成果

### （一）北京智慧城市建设的阶段与主要节点

1. 起步阶段：基础设施建设与试点应用（2008~2012年）

这一阶段是北京智慧城市建设的探索期。北京智慧城市建设的起步阶段为2008~2012年，这一时期的工作重点在于夯实数字基础设施建设，为后续智慧化应用打下坚实基础。北京市受到IBM理念的启发，迅速响应全球智慧化发展的趋势。2010年9月，北京市发布了《关于对智能北京发展纲要征求意见的函》，明确提出“智能北京”的构想，开始推动政府部门的信息化升级，并加快光纤网络的铺设和公共基础设施的数字化改造进程。2011年，在《北京市“十二五”时期城市信息化及重大信息基础设施建设规划》中进一步明确了未来五年数字化城市建设的重点方向。这一阶段的主要成就在于构建了基本的信息化网络，为智能化的城市管理提供了基础支撑，同时为政府与企业的数字化转型构筑了框架。

2. 整合阶段：智慧应用上线与政策优化（2013~2018年）

这一时期是北京智慧城市建设的规范化发展阶段。从2013年起，北京市智慧城市建设进入初步整合阶段，智慧应用逐步覆盖到交通、社区等领域，电子政务和公共服务的整合也逐渐深入。2013年，北京市开始试点智慧交通，通过大数据和物联网技术实时监控和调控交通流量，以缓解交通拥堵问题。此外，智慧社区也开始推广，通过智能安防、智慧物业等技术提升居民生活的安全性和便捷性。2015年，北京市发布《北京市智慧城市建设总体规划》，明确了智慧城市的框架和应用场景，包括智慧交通、智慧教育、智慧医疗等领域。2016年，国家发展改革委和中央网信办联合组织成立了新型智慧城市建设部际协调工作组，以进一步规范和引导智慧城市的发展方向。2018 年，在北京市发布的《大兴区新型智慧城市总体规划》中，明确提出了建设“五城”的具体目标：打造一个能够提供全时段便捷、多样化公共服务的体验之城，构建一个平战结合、精细化治理的管理之城，建设一个绿色低碳、高品质宜居的生态之城，形成以智慧为核心驱动的高端制造和产业服务之城，以及打造一个绿色集约、安全智能的感知之城。

3. 推进阶段：核心技术赋能与全域覆盖（2019~2021年）

这一阶段是北京智慧城市建设的加速期。2019~2021 年，北京市的智慧城市建设进入全面推进阶段，重点应用了 5G、大数据和物联网技术，在多领域实现智慧化。5G 技术的普及为智慧城市建设带来了技术优势，北京市在此期间实现了 5G 网络的全面覆盖，推动了智慧医疗、智慧交通、智慧教育等领域的深度应用。智慧交通方面，通过实时数据监控、智能信号调控系统，进一步优化了城市的交通管理。智慧医疗系统也得以完善，支持居民通过智能设备和远程平台获取便捷的医疗服务。北京市在智慧政务方面则依托大数据和人工智能，实现了市民信息的快速集成和查询，提升了政府的响应速度。到 2021 年，北京市的智慧城市基础架构已基本完善，多个智慧应用场景覆盖广泛，满足了市民日益增长的便捷服务需求。这一阶段的显著特征是平台化建设成为主流，北京开始整合分散的信息化建设力量，推动形成统一的数据共享平台和服务体系。智慧城市建设从单点突破转向系统推进，从个别领域示范转向全面覆盖。

4. 提升阶段：标杆城市建设与系统升级（2022年至今）

这一阶段是北京智慧城市建设的跨越式发展期。自 2022 年以来，北京市智慧城市建设进入深化提升阶段。2022 年，北京市发布了《北京市“十四五”时期智慧城市发展行动纲要》，明确设定了到 2025 年将北京打造为全球领先的新型智慧城市的目标，致力于使其成为世界范围内的智慧城市建设标杆。这一时期的智慧城市建设更加注重城市运行的系统化、协调性与集成化，通过数据共享与跨部门协作，进一步提升智慧城市的治理能力。北京市还提出了“数字孪生”概念，积极探索城市信息模型（CIM）平台建设，探索通过数字化技术来模拟和预测城市运行场景，提升城市管理的智能化水平。同时，北京市积极推动智慧环保、智慧社区和智慧教育等新兴领域的发展，加强公共服务的智能化升级。这一阶段的目标在于通过智能技术的持续创新和集成，满足市民更高水平的服务需求，提升城市的宜居性、治理效率和可持续发展能力，将北京打造成具备全球竞争力的智慧城市典范。

## （二）主要成果与里程碑

北京市智慧城市建设已在智慧政务、智慧交通、智慧医疗和智慧安防等多个领域取得显著成果。

在智慧政务领域，2017 年 1 月推出的一站式政务 App“北京通”是最具代表性的成果。作为北京试点“新型智慧城市”的重要入口，“北京通”实现了虚拟卡、实名认证等创新功能，有效整合了民政一卡通、残疾人一卡通等多种服务卡种。截至 2025 年 6 月，北京已累计发放北京通卡 2570. 1 万张，2018 年新增发放 634. 9 万张。“北京通”的标准化身份认证体系为后续大数据开放共享和精准化服务奠定了基础。

在智慧交通领域，北京市已建立了涵盖多个子系统的智能交通体系，涉及车辆管控、道路运行管理以及交通监测等方面。在长安街、平安大街等主要道路上，通过实施“绿波带”工程，结合科技与信息化手段，北京逐步建立起了智能化的交通管理体系。

在智慧医疗领域，北京市不断推动“互联网+医疗”服务的应用和发展，着力构建更为高效、便捷的智慧医疗体系。北京大学第三医院于 2021 年获批互联网医院，探索“互联网+全生命周期”的医疗健康服务模式。该院推出“碎片+实时”的出诊模式，通过手机移动端为患者提供咨询建议或为复诊患者开具处方及检查检验，实现一周 7 天全时段覆盖的诊疗服务。北京市积极推进智慧医疗在各领域的应用，包括智慧妇幼、智慧院前急救、智慧家医等惠民服务。通过物联网技术，实现对患者健康数据的实时监测和管理，提升医疗服务的精准性和及时性。北京市建立了覆盖全市的医疗卫生信息平台，实现医疗机构间的信息共享和互联互通。

在智慧安防领域，2017 年推出的未来科学城新一代物联网智慧路灯项目成为标志性成果。该项目通过 NB-IoT 技术实现了 615 盏路灯的智能控制，在网络维护、成本控制、灯光管理等方面实现突破，开创了智慧城市服务基础平台建设的新模式。为进一步提升社区管理和居民服务水平，北京市开发了“北京市智慧小区服务平台”。该平台整合了四大端口，旨在为市民构建更加智能化的生活环境。在物业管理方面，物业人员可通过平台实现小区的可视化管理，包括门禁系统、电子巡更以及设备运行的实时监控，从而有效提升管理效率。对于业主，平台提供了便捷的服务渠道，如物业费的在线缴纳、设施报修和投诉建议等操作，使日常生活更加高效便捷。同时，政府部门也利用平台发布政策信息和通知公告，增强了与社区居民的沟通和互动。而对于商家，平台为其提供了展示商品和服务的机会，方便居民在线选购和预约服务。

这些成果充分体现了“智慧北京”宽带泛在的基础设施、智能融合的信息化应用和创新可持续的发展环境三大特征，标志着北京智慧城市建设进入全新发展阶段。

## 三　北京市智慧城市发展现状与技术支撑

“十四五”以来，北京智慧城市建设已形成以“七通一平”“三京”“三个一网”为核心的系统化布局。在基础设施层面，通过“七通一平”构建了强大的数字底座，累计汇聚政务数据 2500 多亿条、社会数据 2200 多亿条，支撑 1000 余个应用系统稳定运行，实现了从数据汇聚到应用服务的全链条覆盖。在服务供给层面，“三京”平台实现了市区两级 98%以上政务服务事项的全程网办，建成 760 余项市级服务和 17 个区级旗舰店，形成了覆盖社保、医疗、交通等领域的一体化服务体系。

这一系统化布局的重要性体现在三个方面：一是构建了城市数字化转型的基础支撑，为智慧应用创新提供了坚实基础；二是推动了政务服务的提质增效，实现了“一网通办”“一网统管”的服务升级；三是加快了数字社会建设进程，为市民提供了更加便捷、智能的城市生活体验。

### （一）“三京”平台：京通、京办、京智

“京通”作为全市统一公众服务平台，已实现市区两级98%以上政务服务事项的全程网上办理。平台目前已建成28个大类、760余项市级服务和17个区级旗舰店，涵盖社保、公积金、交通出行等多个领域。在用户便利性方面，支持8类证件登录，建立了个人空间和企业空间，实现了电子证照查询和“京通码”应用。在民生服务方面，重点打造了健康服务、社保缴费等特色专题，推出了租房提取公积金、居住证申领、进京证办理等便民服务。

“京办”作为全市综合办公平台，实现了覆盖市区街居四级的政务办公统一入口。平台为全市各级政务工作人员提供协同办公服务，推动政务办公由分散向统一、由独立向协同转变。通过数据共享和业务协同，显著提升了跨部门协作效率，为实现“一网统管”提供了有力支撑。

“京智”作为全市统一的领导决策指挥应用综合服务平台，重点推进“一网慧治”建设。该平台整合了全市不同层级的决策数据资源，为领导提供智能化的分析支持和决策依据。

### （二）“七通一平”基础设施：体系构建与功能整合

“七通一平”是北京市智慧城市建设的数字底座，包括城市码、空间图、基础工具库、算力设施、感知体系、通信网络、政务云及大数据平台。这些平台相互贯通，形成了智慧城市的核心基础设施。通过“城市码”和空间图，北京市为全市居民建立了统一的数字身份编码体系和时空基准底座，为市民提供了可靠的身份认证和位置服务。感知体系通过城市影像、脉搏、体征等数据的汇集，实现了对城市运行状态的实时监测。借助这些共性基础平台设施，北京市能够更好地支持各类智慧应用和服务的落地，实现智慧城市的高效管理和服务支撑。

“七通一平”以共性能力服务化、数据资源要素化为切入点，全面提升核心资源的供给能力。通过“一图”“一码”“一感”“一平”，北京市有效地建立了数据供给能力；而“一云”“一网”则夯实了数据承载基础，使政务数据和社会数据汇通整合。北京市通过建立标准化的数据管理和承载平台，支持智慧应用的广泛实现。这种集中化的基础设施架构，不仅满足了智慧城市在数据整合上的需求，还通过数据共享和智能分析，全面提升了北京在智慧应用上的发展能力，推动了城市治理效率的显著提升。

## 四　北京智慧城市发展挑战与问题分析

北京智慧城市建设尽管已取得了显著的成果，但也随之出现了一系列技术与管理上的难题。这些难题不仅涉及数据处理方面的技术瓶颈，还反映出治理体系的结构性障碍，亟需在实际推进过程中不断探索有效的解决途径。

### （一）技术瓶颈与数据难题

#### 1. 数据孤岛，阻碍信息共享

在智慧城市建设过程中，数据互联互通面临诸多挑战。各部门由于历史原因，采用了不同的数据标准和技术框架，导致数据格式、接口和协议存在差异，形成信息孤岛。此外，缺乏统一的数据治理机制和标准，进一步加剧了数据整合的难度。

#### 2. 隐私顾虑，阻碍公众参与

市民对个人信息的安全性和隐私性高度关注，担心数据被滥用或泄露。这种担忧可能导致市民抵触智慧城市相关数据采集项目，影响项目的推进。因此，政府和相关机构需加强数据安全管理，制定严格的数据保护政策，确保数据采集、存储和使用的合法性和安全性。同时，需提高数据使用的透明度，增强公众信任，促进智慧城市建设的顺利实施。

### （二）管理机制与基础设施挑战

1. 部门壁垒，协作机制缺失

智慧城市的建设涉及多个政府部门以及公共和私营机构之间的合作，协调难度较大，缺乏有效的沟通机制。各部门在职能、目标和利益上存在差异，导致信息共享和资源整合的障碍。例如，交通、能源、通信等领域的部门需要协同工作，但由于缺乏统一的协调机制，常常出现各自为政的情况，影响智慧城市项目的整体推进。此外，公共部门与私营机构之间的合作也面临挑战，双方在数据共享、技术标准和利益分配上存在分歧，进一步增加了协调的复杂性。

2. 设施老化，改造难度升级

部分老城区的基础设施老化，难以承载智慧化改造，导致智慧应用推进缓慢。这些地区的电力、通信、道路等基础设施陈旧，无法满足智慧城市所需的高带宽、低延迟和高可靠性要求。例如，老旧的电力系统可能无法支持智能交通信号灯和监控设备的稳定运行，限制了智慧交通的实施。此外，老城区的建筑布局复杂、空间有限，给新技术的部署带来困难。在进行智慧化改造时，需要对现有基础设施进行升级或重建，这不仅需要大量资金投入，还可能面临历史文化保护等方面的限制，增加了改造的难度和成本。

## 五　其他城市智慧城市建设的经验与借鉴

在推进智慧城市建设的过程中，北京市积极学习借鉴国内外先进城市的成功经验，注重吸收创新做法和有效模式。通过对标一线城市的最佳实践，结合首都特点，不断优化完善智慧城市建设路径。

### （一）国内案例：多元协同，智慧治理创新

1. 广州：数治融合，打造协同治水新格局

广州在水环境治理中，通过多方协作与数字化手段的结合，取得了显著

的成果。2024年9月，广州市水务局的案例《多元协同 数治融合 赋能广州水环境治理韧性》从全国441个智慧城市案例中脱颖而出，荣获全球智慧城市大会·中国的“能源与环境大奖”。该项目通过构建服务驱动和多元协同的治理机制，促进多维技术与多元场景的深度融合，提升了政府跨层级、部门以及与公众之间的协同能力。具体措施包括推出河长管理信息系统，建立风险预警平台，实现基础数据的精细管理与精准分析，强化大数据与人工智能技术应用，提升河湖水环境风险防控的精细化水平。此外，广州还出台了39项工作制度、31项专项方案，发布14道总河长令，完善河长管理考核，打造“一平台四体系”培训体系，推出“共筑清水梦”社会参与平台，构建了协同治水新格局。

2. 深圳：技术赋能，智慧交通全面升级

深圳市与华为公司合作，构建“鹏城交通智能体”，在智慧交通领域取得了突出成果。项目首先着眼于顶层设计，对深圳的城市交通体系进行了整体规划。以视频云、大数据和人工智能作为核心技术，构建了智能化、开放式的交通管控系统，旨在统一管理和优化交通运作。具体措施包括构建一个自适应信号优化管控平台，智能化管理全市主要干道的信号灯路口，从而提升交通运行的管理和调控效率，有效优化市民的出行组织能力。在执法方面，深圳市引入了人工智能辅助执法，提升了违章图片的识别效率，确保了违章处理的闭环管理。深圳交警与华为公司还致力于全市智能灯控一张网、人工智能辅助执法和提升大数据打击效率等方面的工作，全面提升交通智慧化、精准化管控水平。

3. 上海：医养结合，智慧社区服务创新

上海在智慧社区建设方面取得了显著成效，通过物联网技术的广泛应用，提升了社区管理和服务水平。例如，上海市民政局于2022年12月发布了《上海市推进智慧养老院建设三年行动方案（2023—2025）》，计划到2025年底完成至少100家智慧养老院的建设任务。该方案强调以智能化和物联网技术贯穿养老服务平台，实现动态监护、实时在线、智能分析和可查可追溯，构建线上线下相结合的智慧养老服务体系。此外，上海还通过智能安防系统、智慧医疗等应用，提升了居民的生活质量。例如，徐汇区的“智慧医养结合”实践与创新项目入选上海市智慧健康养老应用试点示范项目，体现了智慧医疗与养老服务的深度融合。

通过分析广州、深圳、上海三个城市的智慧城市建设实践，北京市可重点借鉴以下经验：一是学习广州“多元协同、数治融合”的治理模式，通过建立跨部门协作平台和完善制度体系，提升城市治理效能；二是借鉴深圳与科技企业深度合作的创新模式，加强视频云、大数据、人工智能等新技术的综合应用，提升城市管理的精准化水平；三是参考上海在智慧社区建设方面的经验，推进智慧养老、智慧医疗等民生服务的数字化转型，构建线上线下融合的服务体系。

## （二）国外案例：创新引领，智慧赋能转型

### 1. 新加坡：三维驱动，构建包容数字生态

2024 年 10 月，新加坡推出了“智慧国 2.0”计划，标志着其数字化发展的新里程。该计划聚焦增长、社区和信任三个核心目标，通过技术创新改善新加坡人的生活。在“增长”方面，政府将投资 1.2 亿新元推动人工智能研究，特别是生物医学和材料科学领域，并支持中小企业应用人工智能工具，以提高生产力和创新能力。同时，通过“智慧国教育者奖学金”和趣味 AI 教育模块培养未来人才，确保年轻一代具备必要的数字技能。“社区”目标关注建立包容性数字社会，通过网络健康项目和数字包容课程提升市民的数字素养，并保障线下服务的持续提供。“信任”是核心，政府计划推出新的数字基础设施法案，并设立专门机构应对网络危害，增强数字生态系统的安全性。“智慧国 2.0”不仅为企业提供了有利的创新和人才支持环境，也使员工享有更多的技能培训和数字保护，全面推动新加坡在数字经济中的可持续发展和包容性。

### 2. 迪拜：技术前沿，重塑政务服务模式

迪拜的智慧城市建设从“移动政府”过渡到“区块链政府”，展现了其在技术创新和公共服务方面的前沿成果。起初，迪拜政府的 337 项服务中有

96.3%已可在移动设备上使用，实现了便捷的“移动政府”模式。随着数字化需求的增加，迪拜逐步转向“区块链政府”模式，通过区块链技术提高政府工作效率和数据透明度。2016年，迪拜智能办公室推出了区块链挑战赛，推动开发在交通、财政等领域的20多个区块链应用场景。2020年，迪拜实现了将全部政府文件处理移至区块链，以提升政府效率并确保数据安全。与此同时，迪拜的“10X”计划推动了创新型城市治理，如通过无人警察局和C3 Courts智慧法院等项目优化公共服务。C3 Courts是全球首个“三院合一”系统，通过数字平台将案件审理时间从305天缩短至30天，降低了诉讼费用并减少了司法资源消耗。迪拜的区块链和智慧城市举措不仅提升了市民的幸福感，还为全球数字治理树立了标杆，成为未来城市治理的典范。

3. 东京：科技防灾，增强城市韧性与效率

东京作为智慧城市建设的典范之一，尤其在防灾减灾方面积累了丰富的经验。位于地震多发区的东京通过智慧技术有效提升了城市的防灾能力。《东京防灾规划2021》提出将人工智能、物联网和大数据等先进技术应用于灾前、灾时和灾后各阶段，形成了20个典型的智慧化防灾场景。灾前，东京通过数字化建模和监测网络，构建了三维道路网络和城市3D地图，为灾时的应急响应和疏散路径规划提供数据支撑。此外，在线防灾教育和社区培训增强了居民的防灾意识和应对能力。灾时，东京利用智能通信设备、无人机货运系统和人流可视化系统提高应急响应效率，确保救援物资的快速送达，减少避难场所的拥挤风险。灾后，东京通过智能终端和无人机快速评估受灾情况，简化损失评估流程，加快救助进度。北京市可以借鉴东京的经验，通过建设类似的智能监测系统和无人机物流网络，在防灾和应急响应中提升数据化与智能化水平，增强城市的韧性和应对能力。

通过分析新加坡、迪拜和东京的智慧城市建设经验，可归纳出三个对北京具有重要借鉴意义的方面。首先，在发展战略上，应像新加坡那样注重“增长”“社区”“信任”的平衡发展，通过政策引导和资金支持，推动技术创新与人才培养。其次，在政务创新方面，可借鉴迪拜运用区块链技术优

化政务服务的做法，通过数字化转型提升政府效能。最后，在城市治理方面，值得学习东京在防灾减灾领域的智慧化应用，通过建设智能监测系统提升城市韧性。

## 六　北京智慧城市发展建议与未来展望

### （一）强化全局规划，推进协同高效落地

建议加强智慧城市建设的分层级、分领域全局谋划，明确各级政府和相关行业部门的职责和协同机制，以提高跨部门协作的效率。特别是要推动“三京”“七通一平”基础设施的互联互通，确保各系统和平台间的协同运作，提升基础设施的便利性和安全性。此外，需要制定相应的管理和考核指标，调动各级政府的积极性，形成智慧城市建设的合力，为智慧化进程提供有力支撑。

### （二）优化算网安全体系，提升资源配置效能

面对智慧城市对算力、网络和安全的高需求，建议建立一体化的算网安全服务平台，提升资源的利用效率。通过智能调度、边缘计算和集约化安全管理等技术，优化政务云数据中心的基础服务网络，提供高带宽、低时延的算力服务。同时，推动新型互联网交换中心建设，整合商业化算力资源，以实现区域内的高效协同，助力京津冀地区的数字经济发展。

### （三）升级共性平台，释放多场景应用潜力

推动共性基础平台创新升级，建议采用市场化方式，吸引多方厂商参与“三京”“七通一平”平台的模块化创新。通过加强市级管理和服务平台建设，实现服务资源的统一管控，并支持不同领域和区域的创新应用。同时，针对“三京”平台，鼓励各业务模块的创新应用，优化政务和社会服务，并通过开放更多场景，满足智慧城市多样化的需求。

### （四）聚焦数据要素，推动 AI 深度融合应用

强化重点领域的数据建设和 AI 大模型研究。结合北京特色，优先推动智慧应急、智慧医疗和数字文化等领域的数据要素整合。通过构建行业数据基础设施，推动大数据分析和 AI 大模型应用，逐步建立高效的行业数据要素服务生态，支持智慧城市的高效管理和精准治理，为各行业的数字化转型提供数据支持。

### （五）明确三大目标，突破前沿技术瓶颈

北京智慧城市建设将围绕三大核心目标持续推进，以实现全面的智慧化转型。在智能管理方面，通过深度应用 AI 大模型和数据要素，推动城市治理的科学化与精准化，不断提升管理效率和决策水平；在便民服务方面，依托“三京”平台的持续升级，打造更加便捷、智能的服务体系，为市民提供高效、贴心的城市体验；在环境可持续发展方面，借助智慧技术助力碳达峰碳中和目标的实现，构建绿色、低碳、宜居的智慧城市。同时，未来的智慧城市将聚焦前沿技术的创新应用，进一步提升城市功能与品质。在城市安全管理领域，研究量子通信技术在数据传输安全中的应用，以增强城市的安全防护能力；在政务服务领域，探索区块链技术在数据共享与业务协同中的应用，提升政府公信力与服务效能。此外，加快推进 AI 大模型和元宇宙等新兴技术的场景化应用，使其在智慧政务、智慧生活、智慧产业等领域发挥更大的作用，全面提升北京智慧城市建设的整体水平与国际竞争力。

### 参考文献

《北京市大数据工作推进小组关于印发〈北京市“十四五”时期智慧城市发展行动纲要〉的通知》，《北京市人民政府公报》2021 年第 17 期。

《2019 年北京市智慧城市建设现状分析，“智慧北京”是首都信息化发展的新形态》，www. huaon. com/detail/484011. html。

丁吉林、武琪：《中国智慧城市发展之路任重道远——访国家信息中心信息化研究部副主任、中国智慧城市发展研究中心秘书长单志广》，《财经界》2013 年第 19 期。

《广州治水案例荣获世界智慧城市大奖中国“能源与环境大奖”》，https：//www. gz. gov. cn/zfjg/gzsswj/zwlb/content/post_ 9901992. html。

《国家发展改革委 国家数据局 财政部 自然资源部关于深化智慧城市发展 推进城市全域数字化转型的指导意见》，《中国产经》2024 年第 10 期。

胡税根、杨竞楠：《新加坡数字政府建设的实践与经验借鉴》，《治理研究》2019 年第 6 期。

刘龙：《预案式·智慧化·谋转型·促共治——〈东京防灾规划 2021〉解读》，https：//ghzyj. sh. gov. cn/ddsqzl/gjzl/20231205/37e187216c1848789be3b8dc5ba540fc. html。

马亮：《大数据技术何以创新公共治理？——新加坡智慧国案例研究》，《电子政务》2015 年第 5 期。

潘锋：《北京市大数据工作实践与思考》，《城市管理与科技》2021 年第 1 期。

《与华为联合创新打造鹏城交通智能体，让出行可以预见——华为企业业务》，https：//e. huawei. com/cn/case-studies/leading-new-ict/digital-city/smart-traffic。

单志广、房毓菲：《以大数据为核心驱动智慧城市变革》，《大数据》2016 年第 3 期。

唐斯斯、张延强、单志广等：《我国新型智慧城市发展现状、形势与政策建议》，《电子政务》2020 年第 4 期。

王伟、江燕、刘博雅等：《北京智慧城市建设的回顾与展望》，载北京城市治理研究基地（北方工业大学）、国家未来城市实验室（中国社会科学院）组织编写《北京城市治理研究报告》，社会科学文献出版社，2023。

许晔、郭铁成：《IBM“智慧地球”战略的实施及对我国的影响》，《中国科技论坛》2014 年第 3 期。

姚冲、甄峰、席广亮：《中国智慧城市研究的进展与展望》，《人文地理》2021 年第 5 期。

姚国章、吴玉雪、薛新成：《迪拜创建“区块链之都”的创新实践》，《创新科技》2020 年第 9 期。

王礼鹏、石玉：《智能化治理：国内外实践与经验启示》，《国家治理》2017 年第 37 期。

周凌一、周宁、祝辰浪：《技术赋能智慧养老服务的实践逻辑和优化路径——以上海市为例》，《电子政务》2023 年第 2 期。

# 人才、环境、区域三要素驱动的北京市新质生产力发展路径研究*

包路林**

**摘　要：** 当前以人工智能为代表的科技创新日新月异，如何尽快布局和发展新质生产力不仅是大国博弈的重要方面，也是城市规划、建设和治理体系实现跨越升级的基础动能。北京汇集了众多科技创新资源，具有优先发展新质生产力的有利条件。技能人才、创新环境以及区域协同是驱动北京市新质生产力发展的关键要素，本文以人才、环境、区域三个要素为切入点，分析北京新质生产力发展中的堵点卡点，借鉴国内外经验，提出从培养人才、创新环境、加强协作三个方面推动新质生产力发展的措施建议。

**关键词：** 新质生产力　三要素驱动　创新协同

新质生产力深刻改变了传统的生产方式、经济结构和社会形态，是推动高质量发展的内在要求和重要着力点。新质生产力的发展离不开技能人才、创新环境、区域协同三个要素。高层次人才是技术创新的“原子”，体现了科技自主创新和新质生产力发展的主动权。科创环境是技术创新走向产业创

* 本文为北京市社会科学院课题“世界体系视角下中国式现代化对国际经济秩序重构影响研究”成果（项目编号：KY2025C0331）。

** 包路林，北京市社会科学院城市问题研究所研究员，研究方向：城市规划、城市发展研究。

新的“土壤”，能够促进生产要素更加高效地流动。区域协作是新质生产力发展和带动生产方式变革的“空间”，推动产业协同创新并提升区域创新竞争力。

## 一　北京新质生产力发展的现状及问题

从人才方面看，北京凭借优质的教育资源、丰富的就业机会以及良好的城市环境，吸引了大量国内外高端科技人才。但技术创新转化为产业创新的过程中，高技能人才供给还不足，对新兴产业相关的知识和技能积累还不足。从环境角度看，北京市高端制造业、战略性新兴产业以及现代服务业发达，科技金融服务比较完善，已出台一系列鼓励科技创新的政策。[①] 但以创新为主导的氛围还没有完全形成，部分成果从实验室到市场的转化周期较长。高校和科研院所开展创新成果转化的动力不足，缺乏市场化激励与评价机制。在量子信息等部分新兴科技领域，受产业化场景拓展限制，成果转化和产业化难度较大。企业作为创新主体地位有待提升。从区域层面看，京津冀地区以科技创新、产业创新为纽带的协同发展逐步深化，三地共绘跨区域产业链图谱，“五群六链五廊”协同创新发展的重点方向已经明确。但京津冀三地的产业发展的梯度和落差较大，创新投入与创新产出还有待提升，三地在新产品研发、产品更新换代等方面参差不齐，也导致产业链条的各环节发展不均衡，制约了北京科技成果在津冀的落地转化。

## 二　国内外经验借鉴与启示

### （一）人才资源是新质生产力的首要保障

一是产学研紧密结合。日本高度重视人才培养中的产学研结合。东京大

① 徐珣、王依佳、李科平：《营商环境赋能新质生产力发展：理论逻辑、现实问题与实践路径》，《西南金融》2024 年第 12 期。

学设有“proprius21”产学合作研究模式，企业提出研究目标后，学校发布信息确定研究者，并共同制定研究主题和计划。在此模式下，高校能根据企业需求及时调整教育计划，培养符合市场需求的工程师。德国弗劳恩霍夫应用研究促进协会（Fraunhofer）作为欧洲最大的应用科研机构，每年科研经费高达22亿欧元，下设66个研究所，分布于德国40个城市，在信息与通信技术、生命科学等领域实现产学研深度融合，高效推动科研成果转化与产业技术创新。二是广揽国内外人才。苏州在引进外籍人才方面成效突出，外籍与归国高技能人才，带来国际前沿技术与创新理念，促进苏州在高性能（二维）单晶医用超声换能器的研发及产业化、国内首个针对血管介入医械涂层的行业标准制定等方面的技术突破，推动产业迈向高端化。三是充分发挥高技能领军人才的作用。高技能领军人才在德国汽车制造业中发挥着核心作用，高技能领军人才凭借深厚的机械工程、材料科学知识以及丰富的实践经验，主导研发新型发动机技术，从材料创新应用到结构优化设计，不断突破技术瓶颈，引领行业技术变革的潮流。

## （二）培育注重科技实践的创新环境

一是注重科创教育。美国从基础教育阶段就开展跨学科学习，以实践为导向，注重培养学生思辨的能力而非知识点的灌输，课程中经常以团队合作的形式开展项目研究，从小培养创新思维。英国非常重视技术教育，强调数学、科学、技术等技能培养，为创新人才培育奠定了基础。二是大力扶持中小企业创新创业。当前以人工智能为代表的科技创新很多是由年轻人主导的中小企业、小微企业等初创企业先行先试。这些企业规模比较小，未来产出效益还不明朗，需要政府通过“慧眼”识别其潜力，给予更多支持，才能发挥其创新能动性。例如，新加坡根据企业规模成长的规律实施分阶段全景式政策，在中小企业起步阶段，以资金支持和税收优惠为主；在技术分化阶段，加大供给型政策支持力度；在技术领先阶段，提供人才、信息、技术等要素供给。[①] 三是

① 张涛：《助推首都科技创新与产业创新深度融合》，《北京观察》2025年第2期。

具备良好的创新文化氛围。美国硅谷充满活力和多样性的创业社区和文化，鼓励冒险，宽容失败，倡导开放、合作、共享的创新精神，激发了人们的创新热情和创造力。杭州市的城市地域文化具有灵活、务实、创新的特点，创业者更注重市场需求和用户体验，创业风格更加灵活多样，敢于尝试新的商业模式和技术应用。杭州的容错率较高，比较能容忍一定的创投失败，让年轻人敢闯敢做。

## （三）跨区域产业集群形成强关联的创新协同体

一是依托城市群与都市圈形成强关联的创新协同体。国外很多发达地区以科技创新廊道为载体，联合廊道沿线的地区共同发展新质生产力，包括美国加州 101 公路科创走廊、英国 M4 科技走廊、日本“东京—横滨—筑波”科创走廊等。二是注重产业集聚效应，推进跨区域产业集群发展。新质生产力的突出特点之一是生产要素创新性配置，发展过程中需要不断调整产业组织和产业形态，提高全要素生产率，削弱传统的自然条件、行政界线等对于生产活动的限制，强调科技要素网络化共享，极大拓展了生产空间。产业集群是满足新兴产业、需要产业之间相互衔接、相互赋能要求的重要协作模式。以深汕特别合作区为例，合作区是位于广东省汕尾市的超大产业园区，总面积 468.3 平方公里，在建设与运营模式上完全采用深圳模式，以先进制造业为主导产业。合作区内发展新能源汽车全产业链，面对产业链长、涉及工业门类多、创新研发覆盖面广的要求，除了比亚迪汽车之外，还引进了京西重工、延锋科技、东风李尔等新能源汽车产业链上下游企业，形成新能源汽车产业全过程“闭环”网络。三是资源整合，互通有无，避免重复建设。跨区域协同发展新质生产力是解决各自为政、力量分散导致的发展空间不足和科技创新成果无法落地问题的有效举措。近年来，长三角地区在发展新质生产力方面强化资源共享，共建科技创新共同体，建设量子科技、核聚变、深空探测、人工智能等科创高地。例如，长三角地区在攻坚“感存算一体化”领域核心技术中，建立长三角“感存算一体化”超级中试中心，上海、无锡、杭州、合肥等城市分别负责智能传感、封装、新型存储、高端计算等工作，沪苏浙皖四地分工明确，显著提高了时间、技术方面的效率。

## 三 “三要素”视角下北京发展新质生产力的建议

### （一）对接战略性新兴产业发展需求，加快技能人才融入产业转型

1. 强化建立以产业为导向的技能人才发展体系

从创新链产业链价值链融合的战略高度，紧密对接战略性新兴产业链的上游（技术研发）、中游（生产服务）、下游（终端销售）等各环节的技术岗位需求，发布一批反映自身特点的新技术、新产业、新业态、新模式的新职业和新工种。与教育、工商、工会等部门合作，在人工智能、新能源汽车等领域开展合作企业与职业院校双师培养试点，培养企业兼职教师。建议选择几项需要攻关的重点技术，形成由企业与学校教师共同组成的教师组，带领学生形成项目组，通过参与国际先进技术装备的研发与制造，在实践中让技能人才得到快速成长，并通过团队成果进一步推动企业技术技能人才的培养培训和技术推广应用，更好服务产业发展和解决“卡脖子”问题。

2. 提升技能人才对产业转型升级的适应能力，提高人才就业韧性

强化全产业链条式的人才培养。北京市各类职业院校不仅应强化基本技术技能培养，更需结合当前乃至未来 3～5 年的技术发展、产业变迁、职业变动等趋势，强化全产业链条式的人才培养，加强高级工、现代高素质型技工、复合型技工、系统培养的技工等方面人才的培养力度和规模。将技能培养专业嵌入主导产业之中，围绕数字产业化和产业数字化新趋势，持续优化专业结构，以保证专业建设的前沿性和动态性。

3. 推进产教深度融合，建立校企合作的常态化机制

重点关注产业结构变化，打破过窄的学科、专业划分，更好地适应产业转型升级和人才需求。比如，通过科学归类，使专业、课程能够更好地满足培养复合型技术技能人才发展需求，精准对接市场、企业和产业需求，形成

“职业培训包”，满足跨界人才培养需求。对产教融合型企业在税收、补贴等方面给予适当优惠和扶持。打造数个具有北京特色的产业学院，为技术创新提供人力资源保障。可以率先在亦庄、顺义、大兴等区开展试点，集合优势资源，突出产业特色，推动形成新型高技能人才培养新模式。

## （二）打造青年友好的创业创新环境，全面激发创新效能

### 1. 打造人工智能研发与应用友好城市，助力建设产业高地

在《北京市促进通用人工智能创新发展的若干措施》等鼓励性政策基础之上，持续加大对大模型应用方面的支持力度，打造人工智能产业园区，提供完善配套设施和服务，形成产业生态圈。鼓励人工智能企业之间开展合作，实现资源共享、优势互补，共同开展技术研发和应用推广，支持企业与高校、科研机构建立联合实验室，加强产学研合作。政府带头加大人工智能技术的应用，举办 AI 技术应用培训班，提升政府各个部门的 AI 应用水平。利用 AI 技术助力即诉即办等政务服务和城市治理工作，提升政务服务效率。推动人工智能与实体经济融合，鼓励企业、高校、科研机构开展协同创新，积极引进国际先进技术和人才，提升人工智能应用水平。

### 2. 打造青年人创业友好城市，加大对科技初创企业的扶持

习近平总书记指出：“要造就规模宏大的青年科技人才队伍，把培育国家战略人才力量的政策重心放在青年科技人才上，支持青年人才挑大梁、当主角。”① 全球科技竞争焦点转移，人形机器人、大模型、量子计算等成为国际竞争新高地，无论是美国的 Open AI 等科技公司还是我国的 DeepSeek、宇树科技等科技企业的成功，充分说明了年轻人引领的技术开发和应用类初创企业是科技创新竞赛中的重要角色。建议鼓励金融机构开发针对青年创业者的金融产品和服务，如推出创业信用卡、知识产权质押贷款、股权众筹等金融产品。建立健全风险投资机制，吸引风险投资机构、天使投资人等关注

① 《习近平出席中央人才工作会议并发表重要讲话》，https：//www.gov.cn/xinwen/2021-09/28/content_5639868.htm。

青年创业项目，为创业项目提供资金支持和增值服务。

3. 持续推进机制创新，全面激发创新效能

《中共中央关于进一步全面深化改革 推进中国式现代化的决定》提出“深化科技体制改革”，完善科技成果转化服务体系，切实解决高校与企业之间目标与需求不一致、合作机制与沟通渠道不畅等问题。[①] 建议完善科技成果评价体系，从科学、技术、经济、社会和文化等多维度评价科技成果价值，完善科技成果的市场化评价机制，确保科研成果能够真正满足市场需求并产生经济效益。

## （三）强化地区之间产业紧密协作，进一步促进京津冀协同发展

1. 完善协作地区之间的利益分配机制

地区之间产业协作的基础在于合理的利益分配机制，包括税收分享、GDP 分计等政绩考核机制。由于新质生产力发展中存在投入产出与收益等方面的不确定性，区域层面发展新质生产力的基础在于共建共担共享共进的利益分配和风险分担机制。发展新质生产力中强调的产业共建是优势产业、高端产业的共建，建立在合作地区之间稳定的需求和可持续回报基础上。如果相对落后地区的定位是承接中心城市的淘汰产业则失去了协同发展的本义。由于跨区域的创新要素流动直接影响到地方政府之间的利益关系，京津冀地区在科技规划的相互衔接、计划的相互开放、联合开展重大科技创新、共建创新载体等方面缺少相应的配套措施，条块分割、资源分散的状况尚未得到根本改善。需要进一步减少京津冀在科技项目、科技规划、科技标准等方面的差异性，切实推进大型仪器、科技信息共享，加快构建三地行业技术转移网络，促进区域间专门技术转移交易和科技成果转化。

2. 搭建协作平台降低对接成本

京津冀地区科创资源“一枝独秀”的局面和“一极化”集中的态势会导致科创活动效率低下，缺乏活力。而且，京津冀地区占地面积约 21.8 万

---

① 马玲：《从现代化产业体系构建到创新生态培育》，《金融时报》2025 年 2 月 7 日，第 2 版。

平方公里，大致相当于6个广义的日本首都圈（一都七县），是狭义的东京都市圈（一都三县，总面积约1.34万平方公里）的16倍多。由于面积较大，京津冀内部各城市之间的联系远不及东京都地区那样紧密，建立互动性较强的关联网络难度更大，城市分散发展的自然趋势更为明显。因此，搭建有效的协作平台意义重大，通过建设平台，可以减少制度层面的效率问题，让各类先进优质生产要素向发展新质生产力顺畅流动。[①] 此外，新质生产力发展伴随着大量的创业过程，中小企业的建立离不开完善的融资平台。建设更多偏向于科创型中小企业的融资平台，可以降低要素对接的成本。

① 杨忠：《深化科技体制改革提升创新效能》，光明网，2024年10月11日。

# 人才建设赋能新质生产力的经验及对北京的启示*

张乃婧**

**摘　要：**我国经济经过几十年的快速发展，目前正处于从高速度向高质量转型升级的关键时期。习近平总书记创新性地提出"新质生产力"的概念，为推动经济迈上新台阶进入新时代指明了方向。人是新质生产力的创造者和使用者，本文通过系统梳理美国、日本、德国等发达国家培养创新人才的成功经验，参考上海、深圳等地区的典型做法，建议北京通过人才建设赋能新质生产力发展应该从加强顶层设计、加强"高精尖缺"人才引进、支持青年人才培养、深化科技人才改革四个方面发力。

**关键词：**新质生产力　新质人才　科技创新

2023年9月，习近平总书记在黑龙江考察时指出："整合科技创新资源，引领发展战略性新兴产业和未来产业，加快形成新质生产力。"①"新质生产力"这一全新的概念，凝聚了我们党统领经济社会发展的深邃理论洞

* 基金项目：北京市科技战略决策咨询委员会战略决策咨询专项"科技创新与产业创新深度融合促进京津冀协同发展路径研究"（项目编号：Z241100009224004）。

** 张乃婧，北京市社会科学院人事处助理研究员，研究方向：区域管理、人才管理。

① 《习近平在黑龙江考察时强调：牢牢把握在国家发展大局中的战略定位 奋力开创黑龙江高质量发展新局面》，https：//www. gov. cn/yaowen/liebiao/202309/content_ 6903032. htm。

见和丰富实践经验，是新环境新阶段强国建设关键所在，为新时代新征程推动我国经济高质量快速发展指明了方向。

按照马克思主义的基本原理，生产力是具有劳动能力的人同生产资料相结合而形成的利用和改造自然的能力。[①] 2023 年 12 月召开的中央经济工作会议强调，要以科技创新推动产业创新，特别是以颠覆性技术和前沿技术催生新产业、新模式、新动能，发展新质生产力。新质生产力不仅指劳动能力，还包括创新能力。生产力三要素之一的劳动者是生产力发展关键因素，所以打造新型劳动者队伍是发展新质生产力的第一资源和第一内因，是其产生质变和飞跃的核心驱动力。通过强化人才队伍建设，为新质生产力提供强有力的“新质人才”支撑是应对新质生产力发展趋势的必然之举。[②]

## 一　国内外发展新质生产力人才建设的经验

### （一）政府高度重视，制定一系列人才政策工具

#### 1. 国外经验借鉴

美国政府为了建设一支世界一流的人才队伍，专门设立了职能部门——美国国家科学基金会（NSF），这是推动美国基础研究发展和普及教育任务的科研管理机构，目标是培养具有国际竞争力的复合型人才，高度重视 STEM 基础学科教育，运用财政手段，补贴减税等优惠政策激发科研人员内在驱动力，使美国在基础科学研究领域长期引领全球。如图 1 所示，NSF 近十年来提供奖励资金（Award Obligation）从 2015 年的 69. 2847 亿美元增长到 2024 年的 84. 2942 亿美元，年均增幅达 2. 24%，净增长为 21. 66%。德国政府将人才发展战略作为国家创新战略的一项重要内容，比如在 2006 年制定的《德国高技术战略》、2010 年制定的《思想 · 创新 · 繁荣：2020 年德

① 王大树：《新质生产力：马克思主义生产力理论的最新成果》，《经济》2024 年第 1 期。

② 陈劲、陈书洁：《教育、科技、人才一体化加快新质生产力发展：关键问题、现实逻辑与主要路径》，《现代教育技术》2024 年第 7 期。

国高技术战略》、2014 年通过的《高技术战略——为德国创新》、2018 年公布的《高技术战略 2025 计划》中都重点强调了科技人才对国家科技创新的重大意义。日本政府重视科技人才也体现在各类文件和政策中，比如在 2020 年修订了《科学技术·创新基本法》《关于增进科学技术·创新活力的法律》，成立“教育·人才培育工作小组”，制定了“关于实现‘社会 5.0’的教育·人才培育政策体系”。

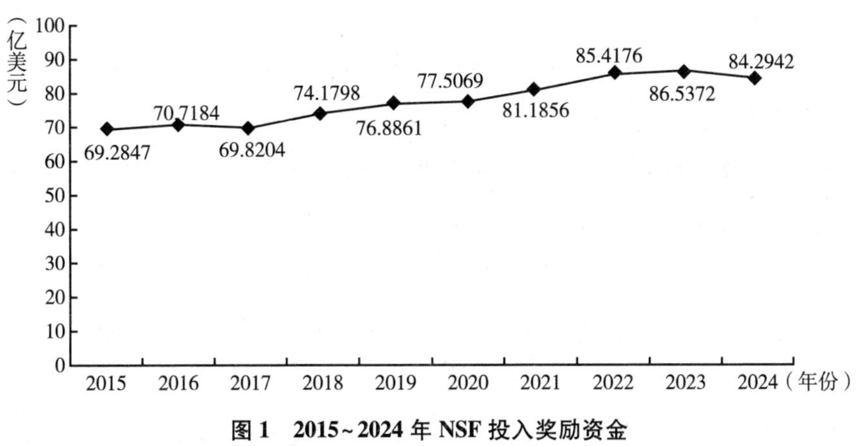


**图 1　2015~2024 年 NSF 投入奖励资金**

资料来源：美国国家科学基金会（NSF）官方网站，https://new.nsf.gov。

2. 国内经验借鉴

上海市政府的人才政策始于 20 世纪 90 年代，源自高端人才引进，致力于全球科技创新人才枢纽的建设，实现从制定人才高地战略到构建国际人才高地战略转变。深圳市政府创新党管人才的工作方式，建立常态化的工作机制，实行一把手负责制，成立由市委书记担任组长的市人才工作领导小组，市委书记亲自部署、亲自推动，从全局的视野和战略的眼光推动人才工作。

### （二）完善制度，加强高端人才引进

1. 国外经验借鉴

美国主要通过制定有效的移民政策引进高端人才。每年全美会根据国

家科技创新的需要固定发放一定数额的H-1B签证，比如在2023年，面向在美国大学完成STEM学科高等教育的外国学生发放另外2万张H-1B签证，[①] 根据美国移民委员会（USCIS）2022年6月报告，截至2019年，外国技术移民占全美STEM从业人员总数的23.1%，比2000年的16.4%有显著提升。此外还通过发放F1和J1签证吸引外国留学生，形成了留学—工作—永居的吸引人才路径。德国制定了一系列吸引高端人才的政策，如2023年通过的德国新版《技术移民法案》中涉及欧盟“蓝卡”改革，最具代表性的就是面向非欧盟国家的留学生，推出了“蓝卡”签证政策，针对某些高端职位，尤其是没有德国人申请的高端职位，“蓝卡”为高端科技人才特设了“绿色通道”。日本为吸引高端人才制定了一揽子的优惠政策，比如自2012年起新设“高度专门职（高端专业岗）”居留资格，以吸引外国高端人才。截至2022年6月底，获得该居留资格的高端外国人才为17199人。再比如放宽高科技人才及其家属准入门槛的特别高度人才制度（J-Skip），为来日高科技人才的子女和父母分别提供优质的教育福利和优质的养老设施，实行终身就业制，提升移民日本科技人才的安全感和归属感。

2. 国内经验借鉴

上海市实施国际国内“两条线并举”的人才引进政策。通过提供户籍、改善工作和生活环境，完善不拘一格降人才的系列政策等方式吸引国内优秀科技创新人才来沪工作，比如在2020年出台的《上海市引进人才申办本市常住户口办法》，为人才留沪提供了可操作性规定。对于国外人才引进，围绕上海国际创新中心建设，针对上海高科技产业和战略性项目紧缺的高端人才，上海在2015年制定了人才“20条”，2016年根据各方的意见又进行了修订和完善，出台了人才“30条”，既具体又充满人文关怀，取得了理想的成效。2013年出台的《上海市海外人才居住证管理办法》及2020年的《上

① 潘泓晶、顾玲琍：《发达国家科技人才政策体系研究及对我国的启示》，《科技中国》2023年第10期。

海市海外人才居住证管理办法实施细则》，也为海外人才稳定性提供了政策保障。此外，上海市还加大了对优秀外国留学生和优秀科技团队来沪开展科研活动的经费支持力度。深圳市坚持国际视野，通过融入“一带一路”倡议、推进“粤港澳大湾区”人才合作，不断提高全球配置人才资源的能力；坚持长远眼光，针对紧缺专业面向全国公开招聘全日制硕士和博士研究生，并形成了“人才引进—基层锻炼—建立档案—跟踪培养”的优秀人才培养路径，为深圳创新发展储备优秀人才。

### （三）重点资助，加大中青年科技人才培育

1. 国外经验借鉴

美国通过加大对青年科技人才的资助，鼓励优秀青年科技人才投身科研事业。资助体系主要包括官方和民间两个层面，其中官方资助体系包括以总统名义设立的科技奖励和美国政府相关组成部门所设立的科技奖励，其中前者占有主要地位；民间的资助体系主要是指美国私人基金，这也是美国科研资助体系的重要组成部分，为美国科技事业的发展提供了重要支撑。日本把加强中青年科技人才的培养作为科技人才战略的重要内容，并营造了较为宽松的科研环境，比如对中青年人才的选拔任用没有设置太多的机制、行政部门考核评估较少，没有较为宽松的职称制度、灵活的经费管理制度、有效的激励机制等。英国政府为了激励中青年人才投身科研事业，设置了一系列针对青年人才的奖项，比如“高级人才奖学金项目”“牛顿国际人才计划”“伊丽莎白女皇工程奖”等。法国重视中青年人才的培养，一方面通过增加工作机会、提高薪资待遇防止国内优秀中青年人才流失，另一方面推出优惠政策吸引海外优秀人才，同时还定向针对相关国家制定专门的引进人才计划，比如为了吸引中国优秀中青年人才设立了“蔡元培项目”“法国科研创新人才计划”等。

2. 国内经验借鉴

上海市高度重视对中青年人才的培养，尤其是针对 35 周岁以下的优秀青年人才进行资助，制定了“青年科技启明星计划”“雏鹰归巢计划”等，

吸引全球优秀的青年人才来沪进行科学研究。广东省高度重视人才工作，从2008年开始陆续出台了一系列关于科技人才的文件，比如《关于加快吸引培养高层次人才的意见》（2008年）、《广东省中长期人才发展规划纲要（2010—2020年）》（2012年）、《广东省培养高层次人才特殊支持计划》（2014年）、《关于广东省深化人才发展体制机制改革的实施意见》（2017年）、《关于加快新时代博士和博士后人才创新发展的若干意见》（2017年）等，这些文件中都用了大量的篇幅强调如何加强青年人才的培养、选拔、任用、奖励等。

### （四）目标明确，构建科学合理的人才评价机制

1. 国外经验借鉴

“学术自由”是美国科研管理的核心价值。科研机构有独立自主的科研考核体系，美国是世界上第一个实行“同行评议”的国家，这一做法被多个国家效仿，目前已经成为国际学术界通用的学术评审手段。此外，美国还采用多维度视角、多元主体参与、多种方式结合的方式进行人才评价。“分层考核法”是日本科技人才评价的核心。日本保证人才评价的公正和客观，采用定量考核的方式，制定人才评价指标体系，由不同层级的领导打分，汇总后得出结果。此外日本政府建立了科技人才全生命周期管理体制，进行实时跟踪，根据政策实施过程中出现的问题及时调整相关政策，保证考核机制能够最大限度地发挥作用。“发展性评价”是英国在全球首次提出的一种双向交互式的评价方式，主要是评价主体和评价对象通过双向评议，尤其关注评价对象在创新能力上的差异，最终实现整体与个体、单位与个人共同发展、平衡发展。

2. 国内经验借鉴

上海市的人才评价工作具有明显的国际特征，采用多元评价方式，评价政策既兼顾了中国特色又借鉴国际经验，比如在职称评定中更加关注成果质量、提高了成果的社会效益和经济效益等的权重；海外人才在境外取得的科研成果也可作为申报的依据等；针对人工智能等交叉学科专门设置

职称评定政策，创造性推出领军企业牵头制定人才评定标准，同时重视成果的社会影响力，把市场评价和社会评价有机结合。深圳市的人才评价工作充分考虑市场认可度。深圳市由于市场化程度比较高，注重发挥市场在人才资源配置中的决定性作用，通过市场来评价和检验人才的价值和能力。此外，对于基础研究等市场化程度不高的学科也建立了多维度评价体系，比如工作能力、工作态度、成果产出等。

## 二　对北京发展新质生产力人才建设的启示

### （一）加强顶层设计，释放新质生产力人才效能

北京要按照发展新质生产力的要求，下大气力全方位培养、引进、用好人才。坚定人才培养自信，创新人才培养理念，开启人才培养新模式，建设国家战略人才力量，培养造就更多大师、战略科学家、一流科技领军人才和创新团队、青年科技人才、卓越工程师、大国工匠、高技能人才。[①] 开辟人才开放的新通道，加强人才国际交流，用好全球创新资源，精准引进急需紧缺人才，使更多全球智慧资源、创新要素为我所用。建立以信任为基础的人才使用机制，建立健全体现知识、技术创新要素价值的薪酬长效增长机制，提供创新资源支持，完善创新激励机制和失败管理机制，优化激励人才机制。

北京结合科技创新中心建设，紧盯科技创新目标，加快建设世界重要人才中心和创新高地。大幅提升全社会研发经费投入，加强国家战略科技力量和高水平人才队伍建设，提高顶尖科学家集聚水平，[②] 要在关键核心技术领域拥有大批的战略科技人才、一流科技领军人才和创新团队。同时要及时将

① 陈劲、陈书洁：《教育、科技、人才一体化加快新质生产力发展：关键问题、现实逻辑与主要路径》，《现代教育技术》2024 年第 7 期。

② 《加快建设世界重要人才中心和创新高地——论学习贯彻习近平总书记中央人才工作会议重要讲话》，《中国人才》2021 年第 10 期。

科技创新成果应用到具体产业和产业链上，改造提升传统产业，培育壮大新兴产业，布局建设未来产业，完善现代化产业体系。[①] 要面向制造业、新兴产业、未来产业等经济主战场，探索形成北京特色、世界水平的工程师培养体系，努力建设一支爱党报国、敬业奉献、具有突出技术创新能力、善于解决复杂工程问题的工程师队伍。[②]

### （二）加强“高精尖缺”人才引进，塑造新质生产力人才中坚力量

做好“高精尖缺”战略人才优先发展的总体规划，结合新质生产力的目标要求，围绕产业发展所需，查找创新链、产业链中的短板，逐步探索“高精尖缺”人才的准入标准、设立程序、运行规则等。

“高精尖缺”人才引进要围绕北京产业发展的掣肘，放眼全球，重点引进全球顶尖科技人才及团队。围绕北京国际科技创新中心的建设，与国际上的北京友好城市探索与建立“高精尖缺”人才先行示范区，政府倡导以项目共享、租赁共享等形式，柔性引进“高精尖缺”人才，逐步建立标准贯通、流程统一、内容协同和数据一致的国际“高精尖缺”服务指标体系。

以“高精尖缺”为导向，充分发挥全国顶尖人才聚集北京的优势，根据国家重大战略打造人才磁场，培育和吸引人才。发挥两院院士等高层次创新型优秀人才的带动作用，建立“高精尖缺”人才内生动力和外在驱动机制，北京聚集众多全国顶尖科研院所，利于构建战略人才力量储备梯次体系和人才结构梯次配置体系，不断丰富和壮大北京新质生产力人才储备，为新质生产力的形成发展提供战略人才支撑。

### （三）支持青年人才培养，夯实新质生产力人才基础

青年人才是发展新质生产力的蓄水池。一是以实践为导向加强创新型人

---

① 姜小林：《学习贯彻习近平总书记重要讲话精神全力支持辽宁加快发展新质生产力》，《新理财》（政府理财）2024 年第 Z1 期。

② 吴德胜、周泽伽、李雅倩：《“中国智造”呼唤卓越工程师》，《中国人才》2022 年第 2 期。

才培养。北京是科研高校聚集地，加强产学研合作，完善多主体协同育人机制，以多种形式培养更多适应新质生产力发展的高水平复合型新质劳动者，[①] 比如加强以数字经济为代表的交叉学科人才培养，进一步做实校企合作，除了进一步做实与在京高校的合作以外，根据北京市产业发展需求与国内外知名高校开展“订单式”培养。鼓励青年科技人才到企业挂职或者兼职，帮助企业解决技术问题，通过培养青年人才的实践能力，提高创新能力。二是为青年人才构建良好人才竞争生态环境。克服论资排辈倾向，在科研重大项目中敢于选用优秀青年人才，明确青年参与的比例要求。健全容错机制，为青年人才撑腰鼓劲，把青年人才从繁忙琐碎的事务性工作中解放出来，支持青年人才勇闯创新无人区，在关键领域迈出从 0 到 1 的一步。三是让青年人才回归科研初心。加强爱国主义教育，激发青年科研人才的报国情怀；在生活上加强保障，消除后顾之忧，让青年人才把更多的时间和精力投入科技兴国的实践中；进一步清理“四唯”，不断完善职称评审制度，对于优秀的青年人才，敢于突破政策限制，经费、项目、平台等更多倾斜，让青年人才有更多的获得感和归属感。

### （四）深化科技人才改革，激发新质生产力人才创新活力

党的二十届三中全会明确提出要深化科技人才发展体制机制改革，实施更加积极、开放、有效的人才政策，完善人才自主培养机制，要以创新能力、质量、实效、贡献为导向，建立以创新价值、能力、贡献为导向的评价体系，为创新人才成长营造良好环境。一是在科研组织机构中深入推进职务科技成果、科研经费和科技人才管理、评价、使用、激励等制度改革，加大成果研发的过程奖励和成果转化的持续奖励，针对成果完成人以及成果转化贡献人制定特殊的职称晋升、岗位评定政策。[②] 二是全面贯彻落实科研经费包干制，明确经费不能支出和使用的负面清单，在项目申报时可以不编制

① 王大树：《新质生产力：马克思主义生产力理论的最新成果》，《经济》2024 年第 1 期。

② 谭文枫：《以科技创新赋能新型工业化加速培育新质生产力》，《陇东报》2024 年 2 月 23 日，第 3 版。

预算说明，赋予科研人员更多经费使用自主权。三是培育能提供产业需求和提升科技成果转化效能的服务支持队伍，在北京市科研机构、高校和企业之间建立市场化科技成果评估和技术优势合作机制，进一步提高对科技人才的服务能级。

# 京津冀生物医药产业技术创新合作格局及驱动因素*

朱华晟　代嘉欣　陈　博**

**摘　要：** 本文针对京津冀地区生物医药产业，基于2022年全国合作专利数据，分析京津冀地区跨市创新网络的空间结构，并收集新闻政策、规划文本、网站信息等多源文本资料，构建MIT分析框架，探讨京津冀生物医药跨市创新合作的影响机制。研究认为：生物医药跨市合作趋向于选择技术知识溢出丰富的地区，通过专利合作获取研发所需特定知识溢出的成本更低；京津冀地区投融资体系、产学研合作机制发展成熟，且市场规模大，医药康养中高端产品需求大，跨市合作有助于创新主体拓展销售市场；各层级政策通过调控资源要素分配增加跨市合作机会，并通过一体化监管体系落实对跨市合作的支持与保障；生物医药跨市创新合作中相对发达城市的机构提供研发技术或市场机会，欠发达城市的机构提供生产制造场所，分工内容与机构是否为总部没有直接关系。

**关键词：** 生物医药　创新合作　京津冀

* 基金项目：国家社科基金重大专项“产业升级、人口集聚、城镇发展良性互动的新型城镇化发展机制研究”（项目编号：24ZDA048）和国家自然科学基金项目“高铁开通对沿线城市创新活动的多维动态影响研究——以京广高铁为例”（项目编号：42071152）。

** 朱华晟，北京师范大学地理科学学部教授，研究方向：经济地理学；代嘉欣，北京市怀柔区宝山镇人民政府科员，研究方向：区域与经济发展；陈博，人文地理学博士，西安建筑科技大学管理学院师资博士后，研究方向：产业集群与区域创新。

## 一 引言

在产业革命带来全球技术快速发展的背景下，高技术产业的技术创新合作模式正经历着深刻的变革。高技术产业，尤其是解析型产业，依赖于可编码的显性知识，其创新活动往往需要通过跨组织、跨地区的合作展开。已有研究表明，认知邻近是高技术产业选择合作创新伙伴的主要影响因素，即不同地区具有相似知识技术基础的创新主体更倾向于组成认知社区，并在其中实现技术创新合作。[①] 然而，随着时间的推移，越来越多的研究发现，许多高技术产业的技术创新合作并非仅仅局限于认知社区内部，而发生在地理邻近的同一城市群内的不同城市之间，这些合作地区的知识技术基础往往存在差异。[②③] 这表明，除了认知邻近之外，地理邻近和制度因素也在技术创新中扮演着重要角色。因此，解析型产业的创新主体在选择合作创新伙伴时，到底倾向于寻找在哪里、什么样的合作伙伴，以及是什么因素影响了它们的选择，值得深入探讨。

生物医药产业作为典型的解析型产业，其创新活动特点为依赖知识技术，这一领域的研究为理解解析型产业的创新活动提供了重要视角。京津冀地区作为我国生物医药合作创新活动最活跃的地区之一，为研究提供了一个理想的案例。本研究选取京津冀地区生物医药产业为研究对象，通过专利数据衡量创新活动，并收集多元文本材料，旨在分析京津冀地区生物医药跨市合作创新的合作伙伴选择，以及影响其选择的因素和机制，进而为相关政策制定和产业发展战略提供理论支持和实践指导。

---

① 叶琴、曾刚：《解析型与合成型产业创新网络特征比较——以中国生物医药、节能环保产业为例》，《经济地理》2018 年第 10 期。

② 张省：《地理邻近促进产学研协同创新吗？——基于多维邻近整合的视角》，《人文地理》2017 年第 4 期。

③ Xiao J., Bao Y. & Wang J., "Which Neighbor is More Conducive to Innovation? The Moderating Effect of Partners' Innovation," *The Journal of Technology Transfer* 48 (2023).

## 二　数据来源与研究方法

### （一）数据来源

生物医药产业作为解析型高技术产业，其创新离不开可编码的知识技术，这种知识往往来源于专利和出版物。[①] 文章基于专利数据构建创新网络，数据来源于国家知识产权局专利数据库，以专利名称、专利申请人类型、专利摘要、专利申请日期、专利分类号、专利地址、国省代码等作为主要检索字段，对专利进行检索分析。

数据筛选和处理的主要步骤如下：①根据国际专利分类号（IPC），检索 A61K、A61P、C07H、C07K、C12M、C12N、C12Q 主分类号，[②] 申请日期在 2022 年 1 月 1 日至 2022 年 12 月 31 日的中国生物医药专利；②删除含个人申请者的专利，将申请者主体所在位置归于所属地级市，删除申请主体地址在香港、澳门、台湾及国外的专利，处理后共 46475 条有效专利（独立专利 41849 条、合作专利 4626 条）、13071 个参与主体；③进一步区分由两个或两个以上主体合作申请者的发明专利，针对三个及以上主体合作申请者的专利进行合作关系拆分，如果某条专利的联合申请者为 A 单位、B 单位和 C 单位，那么该专利拆分为 AB 合作、AC 合作及 BC 合作，处理后共 6601 条有效合作；④从有效合作中筛选出含有位于北京市、天津市、河北省的申请者的合作关系，共 1291 条京津冀地区的有效合作。

---

① 叶琴、曾刚：《解析型与合成型产业创新网络特征比较——以中国生物医药、节能环保产业为例》，《经济地理》2018 年第 10 期。

② 主分类号含义：①A61K：医用、牙科用或梳妆用解析型与合成型的配置品；②A61P：化合物或药物制剂的治疗活性；③C07H：糖类及其衍生物、核苷、核苷酸、核酸；④C07K：肽；⑤C12M：酶学或微生物学装置；⑥C12N：微生物或酶，其组合物，繁殖、保藏或维持微生物，变异或遗传工程，培养基；⑦C12Q：包含酶或微生物的测定或检验方法，其所用的组合物或试纸，这种组合物的制备方法，在微生物学方法或酶学方法中的条件反应控制。

## （二）研究方法

### 1. 社会网络分析法

本文采取社会网络分析法梳理京津冀地区生物医药合作创新网络的拓扑结构与关键节点，通过 Ucinet 软件对网络整体结构进行描述性统计分析，计算网络节点的度数中心度、接近中心度、中介中心度属性，并对网络结构进行可视化处理。

中心性能够反映网络节点对资源的获取和控制能力，是衡量网络节点重要程度的关键变量，[①] 通常采用度数中心度、接近中心度、中介中心度、流度中心度等指标来具体测量。[②] 本文选取度数中心度、接近中心度和中介中心度来分析生物医药创新网络中关键节点的中心位置，度数中心度表示网络中节点与其他节点的联系频次；接近中心度表示节点与其他节点的接近程度，接近中心度越高，该节点信息传播能力越强，对其他节点的依赖程度越低；中介中心度表示节点控制其他节点交往的能力，中介中心度越高，该节点对资源的掌控力越强。

### 2. 技术—市场—制度分析框架

文章使用经济地理学制度分析框架[③]讨论生物医药跨市合作创新的合作伙伴选择机制，即社会经济环境三个重要组成部分市场（M）、制度（I）、技术（T）因素互相作用，对经济活动的区位和空间产生影响。由于生物医药属于高技术产业，随着现代生物技术发展，其原料的制备运输成本对产业区位的影响逐渐减弱，因此本分析框架中不纳入自然资源环境因素。

技术创新是生物医药产业发展的重要动力，高校和研究机构是技术创新所需知识溢出的主要提供者。合作创新和专利产出位于生物医药产业上游，

---

① Wasserman S，Faust K. *Social Network Analysis*：*Methods and Applications*（Cambridge University Press，1994）.

② Freeman L C，"Centrality in Social Networks：Conceptual Clarification，" *Social Network*：*Critical Concepts in Sociology*（2002）.

③ Hayter R，and Patchell J，*Economic Geography*：*An Institutional Approach*（Oxford：Oxford University Press，2011）.

通常认为由可编码的显性知识主导，具备相似知识基础的创新主体间更易发生合作创新活动，区位的影响相对较小。

要素市场与产品市场共同构成影响创新的市场因素。人力资源、资本等构成生物医药要素市场，由于生物医药研发创新的高投入、高技术、长周期特征，要素资源的数量规模与质量水平直接影响地方是否能够开展创新活动。产品市场与创新成果转化直接相关，因此创新合作伙伴的选择同样需要考虑其地方产品市场的可进入性与实际需求状况。

制度因素包括正式制度（如法律、政策）和非正式制度（如惯例、价值观念）。不同地区创新主体不仅享受不同地方制度的保障服务，其内部组织往往也具备不同发展观念或精神，良好的制度环境能够促进生物医药合作创新活动。

## 三　京津冀生物医药产业城市间技术创新网络结构

### （一）空间结构

根据 2022 年北京市、天津市、河北省参与的生物医药技术创新合作申请专利数据，分别将三地城市间生物医药技术创新合作频次排列前十位的城市及合作频次制作成表 1。如表 1 所示，北京市最主要的合作地为同一城市群内的天津市，其次为深圳市、济南市、通化市和南京市，与这些城市的合作频次均达到或超过 35 次。而同为生物医药产业发达城市、具有认知邻近优势的上海市和广州市，与北京市的合作不足 30 次。天津市的城市间生物医药技术创新合作集中在城市群内部，北京市以 55 次合作占据其跨市合作总频次的 1/3，其次与济南市合作 20 次、与长沙市合作 10 次，与其他城市的合作频次均未超过 10 次。河北省跨市合作最活跃的城市为省会石家庄市和相对地理邻近的承德市。其中石家庄市与城市群内的北京市合作共 13 次，和其余城市的合作频次均未超过 5 次；承德市的跨市合作全部集中在城市群内，合作城市仅北京市和天津市。

表 1　北京、天津与河北省生物医药产业技术创新合作频次前十位排名

单位：次

<table>
<tr><th rowspan="2">排序</th><th colspan="2">北京</th><th colspan="2">天津</th><th colspan="3">河北</th></tr>
<tr><th>合作城市</th><th>频次</th><th>合作城市</th><th>频次</th><th>城市</th><th>合作城市</th><th>频次</th></tr>
<tr><td>1</td><td>天津</td><td>55</td><td>北京</td><td>55</td><td>石家庄</td><td>北京</td><td>13</td></tr>
<tr><td>2</td><td>深圳</td><td>40</td><td>济南</td><td>20</td><td>承德</td><td>天津</td><td>5</td></tr>
<tr><td>3</td><td>济南</td><td>37</td><td>长沙</td><td>10</td><td>廊坊</td><td>北京</td><td>5</td></tr>
<tr><td>4</td><td>通化</td><td>36</td><td>深圳</td><td>8</td><td>沧州</td><td>银川</td><td>4</td></tr>
<tr><td>5</td><td>南京</td><td>35</td><td>苏州</td><td>7</td><td>石家庄</td><td>廊坊</td><td>4</td></tr>
<tr><td>6</td><td>厦门</td><td>28</td><td>呼伦贝尔</td><td>6</td><td>保定</td><td>石家庄</td><td rowspan="7">3</td></tr>
<tr><td>7</td><td>广州</td><td>26</td><td>成都市</td><td>5</td><td>保定</td><td>北京</td></tr>
<tr><td>8</td><td>苏州</td><td>22</td><td>承德市</td><td>5</td><td>承德</td><td>北京</td></tr>
<tr><td>9</td><td>杭州</td><td>22</td><td>咸阳市</td><td>5</td><td>秦皇岛</td><td>无锡</td></tr>
<tr><td rowspan="3">10</td><td rowspan="3">上海</td><td rowspan="3">20</td><td rowspan="3">银川、上海、临沂、广州、西安</td><td rowspan="3">3</td><td>石家庄</td><td>保定</td></tr>
<tr><td>石家庄</td><td>上海</td></tr>
<tr><td>邢台</td><td>北京</td></tr>
</table>

从表 1 中可以看出，京津冀地区生物医药产业跨市技术合作以城市群内部为主，北京与天津、北京与石家庄为主要合作城市对，北京市处于城市群合作中心，河北省和天津市之间的直接合作较少。在城市群之外，深圳市、济南市、通化市和南京市积极参与合作，其中济南市与北京、天津均具有密切联系，受京津冀地区影响较大。

在非大规模合著的专利领域，申请者署名一般按照重要性与贡献度大小进行排序，[①] 排序靠前的申请者被认为对专利贡献更大、主导性更强，但是无法判断合作专利中的主导者所在区位。因此，对专利合作数据进一步处理，区分合作关系中的主导者（即排序靠前的申请者）和参与者（即排序靠后的申请者），并分别将京津冀地区主导的合作与京津冀地区参与的合作数据列成表 2、表 3。

① Hagen N T, "Harmonic Allocation of Authorship Credit: Source-level Correction of Bibliometric Bias Assures Accurate Publication and Citation Analysis," *PLoS One* 3 (2008).

**表 2　北京与天津作为合作主导方和参与方的前十名创新合作城市及合作频次**

单位：次

<table>
<tr><th colspan="4">北京</th><th colspan="4">天津</th></tr>
<tr><th>参与城市</th><th>频次</th><th>主导城市</th><th>频次</th><th>参与城市</th><th>频次</th><th>主导城市</th><th>频次</th></tr>
<tr><td>通化</td><td>35</td><td>济南</td><td>25</td><td>北京</td><td>22</td><td>北京</td><td>33</td></tr>
<tr><td>天津</td><td>33</td><td>天津</td><td>22</td><td>长沙</td><td>7</td><td>济南</td><td>20</td></tr>
<tr><td>厦门</td><td>27</td><td>深圳</td><td>18</td><td>苏州</td><td rowspan="2">55</td><td>深圳</td><td>5</td></tr>
<tr><td>深圳</td><td>22</td><td>南京</td><td rowspan="2">17</td><td>咸阳</td><td>呼伦贝尔</td><td>4</td></tr>
<tr><td>南京</td><td>18</td><td>泰州</td><td>成都</td><td rowspan="5">3</td><td>长沙</td><td rowspan="2">3</td></tr>
<tr><td>上海</td><td>17</td><td>广州</td><td>16</td><td>承德</td><td>西安</td></tr>
<tr><td>无锡</td><td>13</td><td>宁波</td><td>14</td><td>深圳</td><td>承德</td><td rowspan="6">2</td></tr>
<tr><td>济南</td><td rowspan="2">12</td><td>青岛</td><td>13</td><td>上海</td><td>南京</td></tr>
<tr><td>杭州</td><td>苏州</td><td>12</td><td>临沂</td><td>成都</td></tr>
<tr><td rowspan="3">锡林郭勒</td><td rowspan="3">11</td><td rowspan="3">郑州</td><td rowspan="3">11</td><td>银川</td><td rowspan="3">2</td><td>苏州</td></tr>
<tr><td>呼伦贝尔</td><td rowspan="2">广州</td></tr>
<tr><td>西宁市</td></tr>
</table>

**表 3　河北城市作为合作主导方和参与方的主要创新合作城市及合作频次**

单位：次

<table>
<tr><th>主导城市</th><th>参与城市</th><th>频次</th><th>主导城市</th><th>参与城市</th><th>频次</th></tr>
<tr><td>石家庄市</td><td>北京市</td><td>7</td><td>北京市</td><td>石家庄市</td><td>6</td></tr>
<tr><td>石家庄市</td><td>廊坊市</td><td>4</td><td>银川市</td><td>沧州市</td><td>4</td></tr>
<tr><td>保定市</td><td>石家庄市</td><td rowspan="3">3</td><td>天津市</td><td>承德市</td><td rowspan="5">3</td></tr>
<tr><td>保定市</td><td>北京市</td><td>北京市</td><td>承德市</td></tr>
<tr><td>石家庄市</td><td>保定市</td><td>北京市</td><td>廊坊市</td></tr>
<tr><td>承德市</td><td>天津市</td><td rowspan="5">2</td><td>无锡市</td><td>秦皇岛市</td></tr>
<tr><td>廊坊市</td><td>北京市</td><td>北京市</td><td>邢台市</td></tr>
<tr><td rowspan="3">石家庄市</td><td rowspan="3">张家口市</td><td>上海市</td><td>沧州市</td><td rowspan="3">2</td></tr>
<tr><td>上海市</td><td>石家庄市</td></tr>
<tr><td>北京市</td><td>唐山市</td></tr>
</table>

由表 2 可知，北京市主导的合作所选城市与主动选择北京市合作的城市具有明显区别。北京市主动寻求合作的城市中，通化市合作频次最

多（35 次），甚至超过同城市群内的天津市（33 次），其次为厦门市和深圳市，而与长三角的南京市和上海市合作频次均未超过 20 次；主动选择北京市进行合作的城市里，济南市和天津市均超过 20 次合作，其次为深圳市和南京市，上海市主导的与北京市的合作频次仅 3 次，再次说明两地技术创新合作频次远小于一些产业基础和认知邻近不如两地的城市。天津市主动合作具有明显偏向性，与北京市合作频次达 22 次，主动寻找天津市合作的城市除北京市外还有济南市（20 次），其余合作均未超过 10 次。如表 3 所示，河北省主动和参与的合作均以石家庄市—北京市为主。

## （二）拓扑结构

通过网络整体结构和节点属性来判断京津冀地区各城市在生物医药合作创新中的地位和功能。图 1 是网络整体结构，北京市占据跨市合作的核心地位，与城市群内外积极开展合作；天津市作为次中心，合作规模明显不如北京市，合作城市和北京市部分重合；河北省整体跨市合作创新活力较弱，且合作城市多数来自省内或北京市，与天津市合作较少。

根据节点中心度计算值绘制图 2，可见北京市在创新网络中承担主导作用，具有信息传播和资源控制的绝对优势，京津冀地区生物医药合作主要发生在北京市。其次，天津市作为京津冀地区的副中心，其核心程度虽不如北京市，但相较其他地区也具备明显的掌控力。

进一步分析京津冀生物医药跨市合作具体参与主体的特征，将合作三次及以上的主体网络可视化如图 3 所示。由图可见生物医药合作网络较松散，企业是参与跨市技术创新合作最重要的主体类别，其次为高校和科研机构代表的知识溢出提供者，具有丰富临床测试机会的医院主体也在网络中出现。关注网络中合作主体之间的关系，可发现许多跨市合作都发生在母公司/研究机构总部和子公司/研究机构分部之间，多数生物医药创新主体在京津冀地区设有相关机构，借此与城市群内外各城市产生联系。

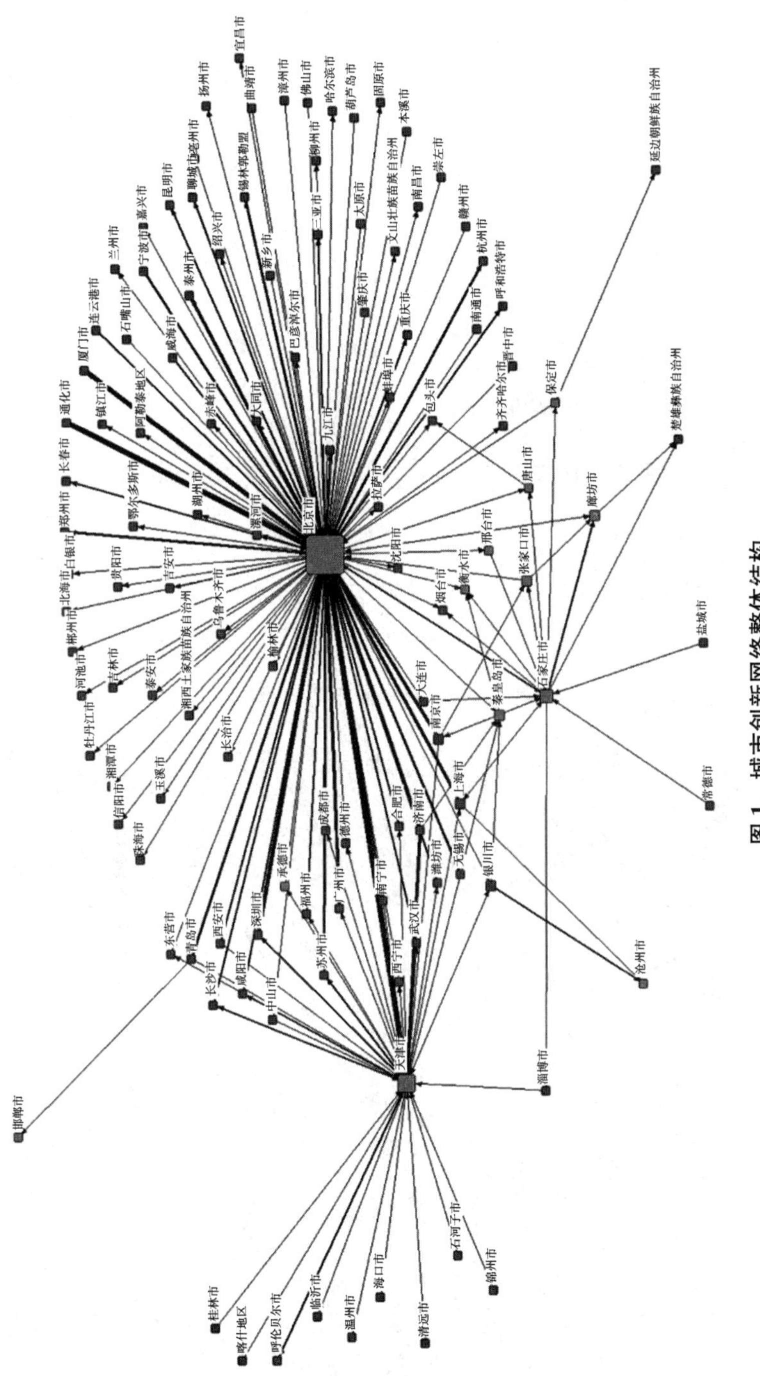


图 1 城市创新网络整体结构

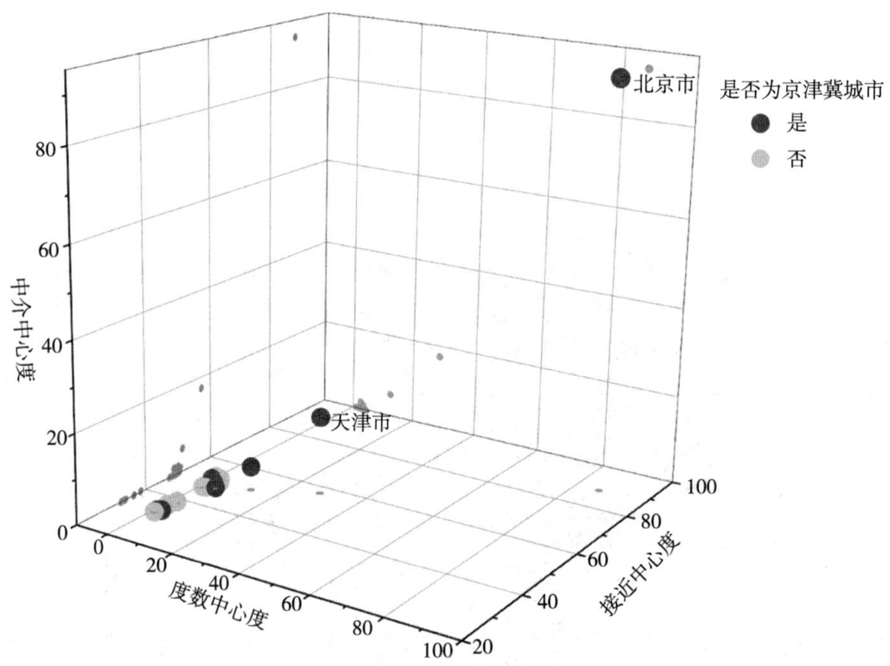


**图 2　节点中心度示意**

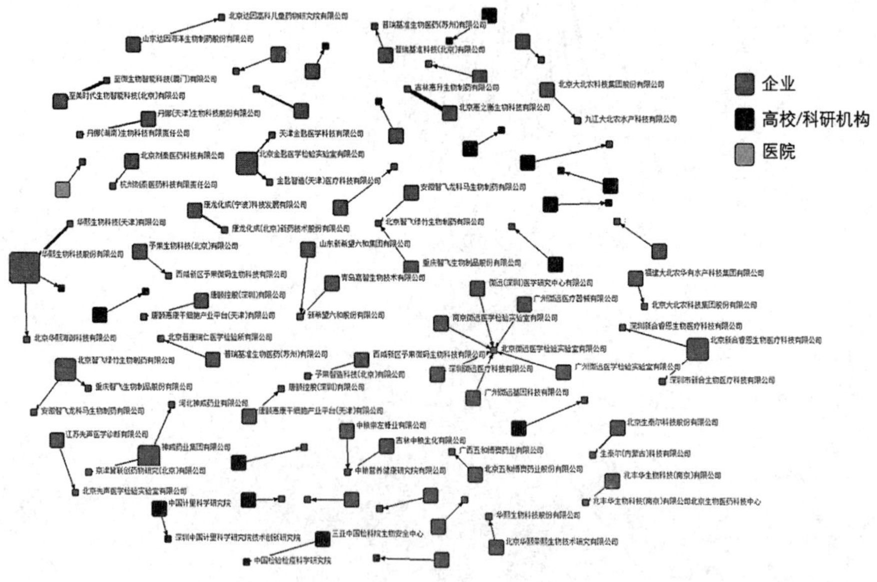


**图 3　合作主体创新网络**

## 四　京津冀生物医药产业城市间合作创新的驱动因素

### （一）技术

生物医药由自身发展动力决定，跨市合作创新趋向于选择技术知识溢出丰富的地区。京津冀地区生物医药产业集群集聚效应强、研究院所和高校云集，具备稳定的知识溢出，地方技术更新迭代迅速。然而生物医药技术具备高复杂性，且产业拥有严格的知识成果保护机制，导致不同地方之间最新技术和知识较难流通，本地创新网络的可进入性较弱。某类技术基础相对较弱的地区相较于进入该技术相对发达的地区设立分支机构或引进发达地区专业人才指导研发，直接通过跨市合作创新获取较发达地区知识溢出的时间和资金投入成本更低，能够迅速获取所需技术，完成医药研发。

### （二）市场

就要素市场而言，生物医药产业的研发创新离不开资本长期投入，京津冀地区生产性服务业集聚，投融资渠道多样，针对生物医药小微企业的孵化园区配置完善，为生物医药创新提供资本投入支持。人力资源要素包括专业人才和临床试验病患样本两方面。京津冀地区教育发达，人才培养体系完善，产学研合作机制为创新主体源源不断输送理论专业人才，并为其提供创新所需条件，以保证生物医药产业具备长久的创新活力。此外，京津冀地区具备其他地区所稀缺的临床试验病患样本，以协和医院为代表的三甲医院积极收治各地疑难杂症患者，京津冀地区往往更有利于开展新药的临床试验，推动专利成果转化。

就产品市场而言，京津冀地区自身就是大规模生物医药市场，在运输成本方面占优势。具体来说，首先，社会老龄化催生对生物医药最基本的需求，京津冀地区医疗资源雄厚，对生物医药创新拥有紧迫的临床需要。其次，京津冀地区经济发达，居民收入水平较高，中高端消费者在身体健康的基础上进一步追求保健养生，相关康养产品制剂市场广阔。最后，京津冀地区交通网络便利，开放性强，生物医药进出口贸易频繁，产品更有利于销往海外市场；一些京津冀跨市合作的地区也具有较大市场规模，例如长三角、珠三角地区的城市，与京津冀合作有助于在已有市场基础上进一步开拓，促进生物医药产品多地流通。

## （三）制度

影响京津冀地区生物医药跨市合作的制度因素分为成文制度和组织关系两方面。成文制度包含各层级政府出台的政策和产业规划，通过调控资源要素分配增加跨市合作机会，并落实对跨市合作的支持与保障；组织关系体现为创新主体的垂直一体化分工，总部与分支机构间进行密切的技术创新合作，一方面企业内部的不同部门具有信任和相似知识基础的优势，另一方面能够有效保护技术成果，以获取高额垄断利润。

1. 多层级政策支持

国家政策通过调控资源要素分配，增加生物医药跨市合作机会。京津冀协同发展作为国家战略，从宏观上确定京津冀各地产业分工和功能定位，基本形成北京市研发、天津市河北省生产的产业空间格局，为城市群内部跨市合作提供大量机会，由此亦可见天津市和河北省分别积极与北京市合作的本质原因在于政策导向下资本、人才和技术等研发资源要素向北京集聚。此外，工信部印发的《京津冀产业协同发展实施方案》中大力支持京津冀协同打造一批专精特新“小巨人”企业，积极推动中小企业特色产业集群的建设，也为跨城市群的合作提供了更多机遇。通过政策驱动，大量以医药研发外包服务为主的生物技术企业（CRO 企业）集聚京津冀地区，该类企业具有创新活力强、速度快的核心优势，凭借强大的研发能力吸引来自全国各地的合作。

京津冀各市的地方政策为生物医药跨市合作的具体实施提供支撑。除了各地先后出台促进生物医药产业发展、推动产业创新合作的优惠政策外，京津冀地区各地政府联合构建一体化监管体系，为生物医药实际跨市合作提供了重要的制度保证。该体系不仅能够为参与跨市合作的两地创新主体提供两地药监部门的帮助支持，还能通过互认机制简化异地办理流程，迅速审批专利，为专利申报到成果转化的过程节省时间成本。

2. 组织内部的垂直分工

专利制度对技术垄断的保护驱使创新主体在组织内部寻找合作伙伴，相似的知识基础和组织内部的信任有利于同一创新主体不同机构间开展跨市技术创新合作。京津冀地区具有研发技术和市场邻近优势，生物医药创新主体为获得更多创新资源要素投入，选择前往京津冀地区设立总部或分支机构，并与这些位于京津冀地区的机构进行技术创新合作，便于技术创新或成果转化后进入市场，减少资源获取成本。

值得注意的是，京津冀地区的城市，或者说生物医药产业相对发达的城市并不总是此类合作关系中创新主体总部所在地。在北京市与天津市的合作中，北京市 Y 公司为天津市 X 公司的总部，Y 公司负责技术研发，X 公司负责生产流通；然而在北京市与通化市的合作中，北京市 H 公司为通化市 S 公司的分支机构，H 公司负责技术研发与转让，S 公司负责生产与销售，H 公司为 S 公司提供技术溢出。同样，在济南市与天津市的合作中，天津市 T 公司为济南市 J 公司的分支机构，T 公司负责医药产品销售，J 公司负责生产制造，T 公司为 J 公司提供进入市场的更多机会；在石家庄市与北京市的合作中，北京市 L 公司为石家庄市 W 公司分支机构，L 公司负责研发创新，W 公司负责生产经营，L 公司为 W 公司提供技术指导。由此可见，生物医药跨市合作创新反映出创新主体组织内部的垂直分工，合作中位于生物医药产业相对发达城市的机构提供技术研发支持或市场机会，位于产业相对欠发达城市的机构提供生产制造场所，分工内容与机构是否为总部没有直接关系。

## 五　主要结论

本文选取京津冀生物医药产业，构建技术创新合作网络，并结合经济地理学制度视角，通过技术—市场—制度的分析框架讨论地方创新主体在选择跨市合作伙伴时的影响因素及其相互作用机制。京津冀生物医药产业城市间创新合作网络的主要特征为：①网络结构松散，北京市在网络中占据主导地位；②以城市群内部合作为主，跨城市群合作多发生在公司总部与分支机构形成的合作小团体之间。

生物医药城市间创新合作显示技术、市场与制度相互作用的推动力量，从京津冀地区来看，有如下 4 点结论。

一是生物医药城市间创新合作趋向于选择技术知识溢出丰富的地区，通过专利合作获取研发所需特定知识溢出的成本更低。

二是京津冀地区投融资体系、产学研合作机制发展成熟，且市场规模大，医药康养中高端产品需求大，跨市合作有助于创新主体拓展销售市场。

三是各层级政策通过调控资源要素分配增加跨市合作机会，并通过一体化监管体系落实对跨市合作的支持与保障。

四是生物医药产业跨市创新合作中相对发达城市的机构提供研发技术或市场机会，欠发达城市的机构提供生产制造场所，分工内容与机构是否为总部没有直接关系。

# 京津冀区域协同创新中科技型企业的功能定位与路径选择

杨 波*

**摘 要：** 科技型企业是区域协同创新的主体，其资源整合能力与创新辐射效应深刻影响着区域经济发展格局。本文基于国内外研究成果，系统梳理了科技型企业在区域协同创新中的多维作用机制及现存问题。研究表明，科技型企业通过创新要素整合与协同、创新平台建设与共享、创新协同机制构建和创新成果转化与产业化等四个方面推动区域协同创新网络构建，但其效能受制于创新要素流动壁垒、创新平台与协同机制缺失、创新成果转化渠道不畅等因素。未来需通过政策调整、平台建设、机制创新与能力建设，优化区域协同创新生态系统，推动区域高质量发展。

**关键词：** 京津冀 协同创新 科技型企业

在全球价值链重构与数字经济崛起的双重背景下，区域协同创新已成为提升国家竞争力的关键战略。① 科技型企业凭借其技术密集、知识外溢与资

---

* 杨波，博士，北京市社会科学院城市所副研究员，研究方向：资源环境开发与区域发展。

① 解学梅：《协同创新效应运行机理研究：一个都市圈视角》，《科学学研究》2013 年第 12 期。

源整合能力，在区域创新网络中扮演着“枢纽”角色。[①] 然而，京津冀等区域的实践表明，行政壁垒、要素错配与成果转化低效等问题仍制约协同创新效能。[②] 本文在梳理已有研究基础上，从作用机制、不足与优化路径三方面进行分析，以期为突破区域协同创新瓶颈提供理论支持。

## 一　研究进展

相关学者对科技型企业作用机制研究较多，主要涉及技术创新引领与知识溢出、产业链协同与资源整合、政策响应与创新环境塑造三个方面。

于英杰等通过对中国三大城市群知识密集型产业的研究指出，科技型企业的技术创新活动能够带动整个区域的技术进步和产业升级。[③] 创新要素跨区域流动既可以促进本地区的发展，还能依托知识溢出效应促进周边地区发展。其中，人才要素跨区域流动可带动知识与技术的空间转移，缩小企业间技术差距。[④]

科技型企业通过主导产业链分工，促进规模效应加速技术迭代，重塑区域产业生态。陈锡强等对粤港澳大湾区进行研究显示，科技型企业通过与其他企业的合作与互动，形成产业链上下游的协同发展，提高整个区域产业的竞争力和创新能力。[⑤] 科技型企业通过整合区域内的人才、资金、技术等创新资源，提高创新资源的利用效率。刘和东和陈雷的研究表明，科技型企业在区域协同创新中的作用主要体现在构建创新网络推动资源的共享和优化配

---

① 白俊红、王钺、蒋伏心等：《研发要素流动、空间知识溢出与经济增长》，《经济研究》2017 年第 7 期。

② 陈玉玲、路丽、建玲：《区域创新要素协同发展水平测度及协同机制构建——以京津冀地区为例》，《工业技术经济》2021 年第 4 期。

③ 于英杰、杜德斌、李祺祥等：《中国三大城市群知识密集型制造业的空间集聚特征及形成机制——基于科技型企业大数据分析》，《人文地理》2024 年第 4 期。

④ Almeida P，Kogut B.，“Localization of Knowledge and the Mobility of Engineers in Regional Networks”，*Management Science* 45（1999）.

⑤ 陈锡强、赵丹晓、练星硕：《粤港澳大湾区科技协同创新发展研究：基于要素协同的视角》，《科技管理研究》2020 年第 20 期。

置，进而提高区域的创新能力。[①]

科技型企业既是政策受益者，也是制度创新的推动者。研究发现，通过制定补贴、税收优惠等相关支持政策，能够有效激励科技型企业进行技术创新和产业升级，进而带动整个区域的协同发展。[②] 同时，科技型企业还能够通过自身的创新活动，推动政府进一步完善相关政策体系，形成良性循环。[③]

科技型企业在区域协同创新中的作用发挥受多重因素制约，主要包括创新环境、创新要素流动、合作网络与支持政策等。

区域创新环境对科技型企业的影响体现在多个层面。梁婉君等从创新环境、创新资源、创新经济三个维度对京津冀协同创新进行监测，其中创新环境包括了物流交通、网络信息、生态保护和政府作为等 4 个层面的指标。[④] 解学梅研究认为良好的创新环境能够激发科技型企业的创新活力，提高其创新能力和成功率。[⑤] 在制度层面，创新环境与人力、资本等要素共同构成了新发展阶段中影响经济高质量发展的主要因素。[⑥]

创新要素的流动对科技型企业的作用也有较大影响。白俊红等的研究表明，研发要素区际流动的直接增长效应和空间溢出增长效应均显著为正，同时，R&D 人员流动所带动的空间知识溢出增长效应占总增长效应的 50% 以上。[⑦] 李涛等通过对京津冀城市群的研究发现，交通设施连通性越强和技术

---

① 刘和东、陈雷：《区域协同创新效率测度及其关键影响要素——基于静态与动态空间面板的实证分析》，《科技管理研究》2020 年第 12 期。

② 董小君、石涛：《驱动经济高质量发展的科技创新要素及时空差异——2009—2017 年省级面板数据的空间计量分析》，《科技进步与对策》2020 年第 4 期。

③ 王艳荣、谢晓茜、杨艳：《新质生产力如何赋能经济高质量发展——基于创新要素配置视角》，《新疆社会科学》2024 年第 6 期。

④ 梁婉君、何平：《京津冀区域协同创新监测系统研究——兼与长三角区域协同创新比较》，《统计研究》2022 年第 3 期。

⑤ 解学梅：《协同创新效应运行机理研究：一个都市圈视角》，《科学学研究》2013 年第 12 期。

⑥ 赵金凤：《中国创新要素配置测度及空间关联研究》，《江西师范大学学报》（自然科学版）2024 年第 5 期。

⑦ 白俊红、王钺、蒋伏心等：《研发要素流动、空间知识溢出与经济增长》，《经济研究》2017 年第 7 期。

水平越接近的城市，越有利于城市间研发要素流动。[①] 毕娟认为资源合理有序流动，有助于推进跨区域科技协同创新活动的有效进行。[②]

企业之间的合作与互动是影响科技型企业在区域协同创新中作用的另一个重要因素。张贵等认为增强协同创新网络成员彼此间的信任感，有助于促进区域持续创新。[③] 范旭等认为创新链的协同治理是粤港澳大湾区科技创新合作的突破口。[④] 陆扬等的研究认为物质资本与人力资本的流动重塑区域创新要素规模与结构，进而实现创新要素对流出地的数字经济发展水平的“先抑制，后促进”作用特征。[⑤]

政策支持对科技型企业在区域协同创新中的作用具有重要影响，干预需平衡激励强度与市场规律。政府还能够通过完善相关基础设施和服务体系，为科技型企业提供支持。[⑥] 安勇等从分区域视角研究表明，金融要素扭曲对区域创新效率具有抑制作用。[⑦]

## 二　科技型企业在京津冀区域协同创新中的作用

通过对研究进展的梳理及对京津冀在区域协同创新方面的实践案例总结得出，科技型企业在京津冀区域协同创新中的作用主要包括以下几个方面。

---

① 李涛、张贵：《研发要素流动对京津冀城市群的科技创新影响研究》，《河北工业大学学报》（社会科学版）2019 年第 2 期。

② 毕娟：《京津冀科技协同创新影响因素研究》，《科技进步与对策》2016 年第 8 期。

③ 张贵、徐杨杨、梁莹：《京津冀协同创新驱动因素及对策建议》，《中国高校科技》2016 年第 10 期。

④ 范旭、刘伟：《基于创新链的区域创新协同治理研究——以粤港澳大湾区为例》，《当代经济管理》2020 年第 8 期。

⑤ 陆扬、王育宝：《区域一体化、数字经济发展与创新要素流动路径》，《经济问题探索》2024 年第 9 期。

⑥ 陈正其：《京津冀创新要素配置与经济高质量耦合发展研究》，《工业技术经济》2022 年第 11 期。

⑦ 安勇、王拉娣：《金融要素扭曲、地方政府行为与创新效率缺失》，《数理统计与管理》2022 年第 1 期。

### （一）创新要素整合与协同

创新资源集聚方面，京津冀地区的科技型企业吸引了大量高素质人才、先进技术和资金，成为区域创新资源的整合者。如百度、腾讯等企业汇聚了国内外高端科研人才和创新团队，还积累了丰富的研发经验和大量技术专利。企业将自身资源与外部科研成果相结合，实现了创新资源的高效配置，为区域协同创新提供了强大合力。创新要素流动与共享方面，科技型企业促进了人才、技术和资金在京津冀地区的流动与共享。企业之间通过建立人才合作机制，实现了人才资源的优化配置。科技型企业还通过技术转移和扩散机制，将自身技术成果向其他企业、高校和科研机构转移和扩散。

### （二）创新平台建设与共享

京津冀地区的科技型企业积极搭建研发平台和创新创业平台，为区域内的创新活动提供了重要的技术支撑和基础设施。科技型企业通过建立实验设备共享平台和数据共享平台，实现了实验设备和数据资源的共享。企业通过平台预约的方式，使用其他企业的实验设备，提高设备的利用率，降低了企业的研发成本。同时，科技型企业通过搭建创新创业平台，为创业者提供了创业指导和资金支持等服务。依托数字经济发展，科技型企业还通过建设大数据平台，将企业、科研机构的数据资源汇总，并向区域内企业开放数据资源共享，为企业的创新决策提供数据支持。

### （三）创新协同机制构建

科技型企业与其他企业、高校和科研机构建立了多种形式的合作关系，共同开展创新活动。科技型企业通过产业链上下游企业合作，推动产业链的升级发展，实现创新资源的共享，提高区域创新能力和竞争力。在此基础上，科技型企业通过开展跨区域的创新合作，打破行政区域的限制，促进区域创新协同发展。通过创新活动的跨区域合作，实现优势互补，提升企业的创新能力。科技型企业还通过与政府、高校、科研机构等合作，共同构建区域创新环境。

### （四）创新成果转化与产业化

科技型企业是成果转化应用的主体，拥有丰富的市场经验和产业化能力。科技型企业通过自身的市场渠道和销售网络，将创新成果转化为经济效益，通过开展技术研发和成果转化工作，推动相关产业的快速发展。同时，科技型企业的创新成果转化和产业化发展带动了相关产业集群的发展。如北京的科技型企业在人工智能领域的创新成果转化和产业化发展，带动了北京人工智能产业集群的形成和壮大。产业集群的形成吸引了大量上下游企业和相关配套企业的聚集，促进了区域经济的发展。科技型企业的创新成果转化和产业化发展还培育了新兴产业，为京津冀地区的经济结构调整和转型升级提供了新的动力。

## 三　科技型企业在京津冀区域协同创新中的不足

### （一）创新要素流动不畅

科技型企业创新要素流动性障碍主要体现在人才流动和资金流动两个方面。京津冀地区不同城市的发展环境和基础服务设施存在差异，在留住人才方面存在不均衡现象。其中，北京和天津等城市的科技型企业在薪酬待遇、发展机会等方面具有较大优势，吸引了大量优秀人才，而河北各地区的科技型企业薪酬水平相对较低、发展空间相对较小，难以吸引和留住优秀人才。还有一些高端人才可能因为子女教育、医疗保障等问题而不愿意在河北工作和生活。① 另外，金融资源在京津冀地区的配置同样存在不均衡现象。北京

① 《提案摘编丨民进北京市委：加强京津冀区域人才协同发展，奋力打造全球高端人才集聚区》，https：//mp. weixin. qq. com/s? _ _ biz = MzIwOTI0MDI1NA = = &mid = 2660935795&idx = 4&sn = d63655e78d5e6944e81833fb04639345&chksm = 8c18e1a2bb6f68b467ec395f83bcf3353e0a1ecf79e0d59e421b5a7f7ab6670f0bdba021224a&scene = 27。

作为金融中心，金融资源相对丰富，能够为科技型企业发展提供资金支持。而河北等地区的金融资源相对匮乏，金融服务水平较低，科技型企业融资难度较高。不同地区的金融机构在投资风险偏好上存在差异，河北等地区的金融机构在投资能力和风险承受能力方面相对较弱。

### （二）创新平台建设有欠缺

京津冀地区的科技创新平台建设还存在较大的不足。实验室和研发中心的设备老化、技术落后等问题相对突出，难以满足科技型企业的创新需求。京津冀地区的科技创新平台之间缺乏有效的协同机制，平台之间的资源共享和合作不够紧密，存在重复建设现象，影响创新平台的整体效益和协同创新能力。创新平台建设的不足还体现在创新创业服务体系建设方面。其中，创业孵化基地的建设方面，缺乏专业的孵化服务团队和完善的孵化服务功能；投资融资渠道不畅，企业融资困难。① 技术转移服务体系还不够完善，存在技术转移服务机构数量较少、服务水平不高等情况。

### （三）协同创新机制不健全

京津冀科技型企业之间的合作创新方面存在企业之间的合作深度不够、合作领域有限、合作项目的协同效应不明显等问题。企业间合作创新往往偏重短期利益，忽视了长期合作关系的建立和维护。在区域协同创新过程中，创新成果的分配往往涉及企业、高校、科研机构等多个创新主体。利益分配机制不合理，导致创新成果的分配不均，影响了创新主体的积极性和合作意愿。企业在合作创新中投入回报不足是合作创新积极性不高的主要原因。

### （四）创新成果转化不足

科技成果的转化需要供需双方的有效对接，但京津冀地区的科技成果信

① 彭晓静：《补上京津冀创新链建设短板》，http：//paper. ce. cn/pc/content/202407/30/content_298519. html。

息不对称问题较为严重。科技成果转化需要专业的中介服务机构开展技术评估、技术经纪、知识产权代理等工作，然而京津冀地区的中介服务机构在数量和质量上还存在不足，中介服务功能尚不完善。科技型企业在科技成果转化方面比较薄弱。主要体现在缺乏专业技术转化支撑人才和团队、缺少产业配套体系支持等。当前京津冀地区产业协同方面匹配度还有待提高，产业配套能力还比较弱，产业链条不够完善。

## 四　对策建议

京津冀协同创新涉及层面多元，科技型企业作为创新主体，其作用的发挥对于区域创新体系的构建至关重要。针对科技型企业在京津冀协同创新中的不足提出以下对策建议。

### （一）优化创新要素流动奠定协同创新基础

在人才流动环境优化方面，京津冀地区可试点推行“创新人才居住证”制度，为人才在区域内自由流动提供便利，确保人才享受平等的基本公共服务。区域内科技型企业建立薪酬协商机制，协同提升人才薪酬待遇与福利水平。出台财政补贴、税收优惠等政策措施引导企业合理分配利润，激励科技型企业提高人才薪酬水平。

在资金流动机制改善方面主要从 3 个方面着手。一是强化京津冀地区金融机构合作，构建联合融资平台，促进银行、保险等金融机构间信息共享与业务协同，打造多元融资渠道。二是设立京津冀协同创新发展基金，借助财政资金引导社会资本投入，为金融服务欠发达地区的企业提供资金支持。三是鼓励风险投资机构加大对京津冀地区科技型企业的投资，支持科技型企业通过上市、发行债券等方式进行股权融资，拓宽融资渠道。

### （二）加强创新平台建设提升协同创新能力

在提升平台层次方面，坚持引进高端科研人才与先进设备，提高科技创新平台层级。建立科技创新平台协同发展机制，明确各平台的功能定位与职责分工，加强平台间的沟通协作。在此基础上，成立创新联盟，整合区域内科技创新平台，建立科技创新资源共享平台，将各平台的科研设备、数据等资源进行整合，为企业提供共享服务。

在完善平台功能体系方面，一方面，提升技术转移服务水平。鼓励社会资本进入技术转移服务领域，培育具有国际竞争力的技术转移服务机构，为企业提供全方位的技术转移服务。另一方面，建立技术转移服务标准与规范，加强监管评估，助力技术转移服务机构提高服务质量。

### （三）健全协同创新机制保障协同创新持续发展

在健全合作机制方面，促进科技型企业与上下游企业间建立稳定的合作关系。通过签订战略合作协议、开展项目合作等方式，实现共同发展。建立产业联盟，共同开展技术研发与创新，制定行业标准与规范，开拓市场。建立产学研合作信息平台，促进企业、高校和科研机构间的信息共享。并进一步完善产学研合作模式，通过共建研发中心、联合培养人才等方式提升科技创新能力。

在完善利益分配机制方面，确保创新成果分配的公平、公正、合理。在分配创新成果时，兼顾各方利益，充分考虑企业、高校、科研机构等创新主体的贡献，实现互利共赢。建立利益分配协调机制，加强各方间的沟通与协商，确保创新成果分配符合各方利益诉求。各创新主体应加强风险防控，明确各创新主体的风险分担责任，采取有效的风险防范措施降低风险。

### （四）促进创新成果转化实现协同创新核心目标

在拓宽转化渠道方面，建立区域科技成果信息平台，通过建立科技成果数据库、科技成果交易平台等方式，提供便捷的科技成果信息查询服务。加强成果信息平台的推广应用，提高平台影响力。同时，开展科技成果宣传推广活动，吸引企业和投资者关注科技成果信息平台，促进科技成果的转化与应用。

在提升转化能力方面，一方面，应加强对技术转化人才的培养与引进，建立高素质的技术转化团队。通过与高校、科研机构合作，开展人才培养与引进工作。另一方面，加强京津冀地区的产业链建设，提高产业配套能力，引导企业向产业链上下游延伸，提高产业的集中度与协同发展水平。

# 空间格局篇

# 北京新质生产力空间格局与发展对策研究

盛嘉菲 夏 源 陈 旭 余 颖 唐有容*

**摘 要：** 本研究聚焦北京市新质生产力的发展，基于习近平总书记关于新质生产力特征的重要论述，深入剖析其发展现状与特征。通过构建“3-12-19”新质生产力发展水平综合评价指标体系，运用熵权TOPSIS法对北京各区域新质生产力水平进行测度。研究发现，北京市新质生产力呈现中心—外围梯度分布，核心区优势明显、中心城区竞争力强、外围区域存在较大差距。在高科技、高效能、高质量空间格局方面，各区域特色鲜明，发展不均衡。针对这些问题，提出强化创新驱动与核心辐射、金融创新赋能、产业转型挖潜、产业协调发展等对策，旨在推动北京新质生产力的全面发展，助力其在全国发挥示范引领作用，提升全球竞争力。

**关键词：** 北京 新质生产力 空间格局

## 一 引言

2023年7月以来，习近平总书记在考察调研期间，指出“整合科技创

---

* 盛嘉菲，广州市城市规划设计有限公司工程师，研究领域：国土空间规划、绿色低碳；夏源，广州市城市规划设计有限公司工程师，研究领域：智慧规划、计量分析、国土空间规划；陈旭，广州市城市规划设计有限公司工程师，研究领域：城市与区域规划、城市设计；余颖，广州市城市规划设计有限公司工程师，研究领域：城市设计、城市更新；唐有容，广州市城市规划设计有限公司工程师，研究领域：国土空间规划、城市产业发展。

新资源，引领发展战略性新兴产业和未来产业，加快形成新质生产力”，[①]并强调“新质生产力是创新起主导作用，摆脱传统经济增长方式、生产力发展路径，具有高科技、高效能、高质量特征，符合新发展理念的先进生产力质态”。[②] 当前，世界局势正经历着全方位、深层次的蜕变。新一轮科技与产业变革与我国经济发展模式加速转型的进程不期而遇，形成了极具历史意义的战略交汇点。站在时代的新起点，面对全新的发展态势，培育和发展新质生产力成为推动我国经济迈向高质量发展的必由之路，也是实现经济持续增长、提升国际竞争力的核心突破方向。北京作为我国首都和国际科技创新中心，新质生产力发展指数大幅领先其他省份，是我国新质生产力发展的重要增长极。近年来，北京市积极推动新质生产力的发展，出台一系列政策文件如《进一步推动首都高质量发展取得新突破的行动方案 2024 年工作要点》《北京市促进未来产业创新发展实施方案》等，为北京在新一轮科技革命和产业变革中抢占制高点提供了强有力的政策保障，也体现了北京市政府对新质生产力的高度重视。

在政府的积极引导和支持下，学术界对新质生产力进行了深入研究，众多学者围绕其内涵[③④]、发展路径[⑤⑥]、发展水平[⑦⑧]等方面进行深入探讨。然而，现有研究多集中在省域或城市群层面，得出北京市新质生产力发展指数

---

① 《习近平在黑龙江考察时强调：牢牢把握在国家发展大局中的战略定位 奋力开创黑龙江高质量发展新局面》，https：//www. gov. cn/yaowen/liebiao/202309/content_ 6903032. htm。

② 《习近平在中共中央政治局第十一次集体学习时强调：加快发展新质生产力 扎实推进高质量发展》，https：//www. gov. cn/yaowen/liebiao/202402/content_ 6929446. htm。

③ 任保平、豆渊博：《新质生产力：文献综述与研究展望》，《经济与管理评论》2024 年第 3 期。

④ 姚树洁、张小倩：《新质生产力的时代内涵、战略价值与实现路径》，《重庆大学学报》（社会科学版）2024 年第 1 期。

⑤ 彭绪庶：《新质生产力的形成逻辑、发展路径与关键着力点》，《经济纵横》2024 年第 3 期。

⑥ 任保平、王子月：《数字新质生产力推动经济高质量发展的逻辑与路径》，《湘潭大学学报》（哲学社会科学版）2023 年第 6 期。

⑦ 王宁、刘宏伟、龚宇润：《新质生产力发展水平测度、动态演进与时空收敛特征》，《统计与决策》2024 年第 18 期。

⑧ 丁仕潮、魏引娣、张飞扬：《中国新质生产力：发展水平与动态演进特征》，《统计与决策》2024 年第 10 期。

在全国位于高位等结论[①][②]，较少有文献深入分析单个城市内部，或更精细至行政区层面的新质生产力发展情况。这导致研究无法为城市在地化发展新质生产力提供充足且细致的事实依据，同时也忽略了城市不同行政区之间的差异性。本研究立足北京市新质生产力的发展现状，依据新质生产力的关键特征构建高科技、高效能、高质量三方面的综合指标体系，对北京分区域新质生产力发展水平进行高颗粒度测度，揭示北京新质生产力空间集聚格局及其非均衡发展现象，为北京因地制宜制定政策，科学合理发展新质生产力提供现实依据。同时，这也将助力北京发挥典型示范"头雁效应"，在全国激发"群雁活力"，在全球经济竞争中进一步提升地位。

## 二　研究方法

### （一）数据来源

本文使用数据为社会公开数据，分为社会经济统计数据、企业经营管理数据、地理信息数据和技术创新数据四大类。数据来源主要为国家统计局、北京市及其各区统计年鉴和统计公报、企查查数据库、启信宝数据库、专精特新企业数据库、高新技术企业数据库、高德地图 POI 点位数据、国家知识产权局、知识产权部门统计数据等。

### （二）指标体系构建

本文在搭建新质生产力评价指标体系的过程中，严格遵守四项关键准则。其一为全域性准则，着重强调体系能够从多个层面、多个视角对新质生产力展开综合性考量，进而实现对其全方位的审视。其二是合理性准则，要

---

① 施雄天、余正勇：《我国新质生产力水平测度、区域差异与复合系统协同度研究》，《科技进步与对策》2024 年第 7 期。

② 施雄天、肖懿、陈阳：《我国区域新质生产力水平测度、障碍因子诊断及时空演化》，《西部经济管理论坛》2024 年第 5 期。

求所设立的指标层级分明、条理清晰，能够精准无误地将新质生产力的内在属性呈现出来。其三是标准化准则，即在数据收集和运算方式上保持高度的规范化，以此来保障不同区域间的数据具备可对比性。其四是实用性准则，也就是要确保数据能够以简便的方式进行量化处理，同时各项指标能够被清晰理解并在实际应用中得以顺利实施。

通过对既往新质生产力相关研究资料的深入剖析与总结，本文基于新质生产力"高科技""高效能""高质量"这三大特性维度开展指标架构工作。在各个特性维度之下，筛选出若干具有代表性的二级与三级指标，最终整合形成包含 19 个具体指标的"3-12-19"新质生产力发展水平综合评价指标体系（见表 1）。

**表 1　新质生产力发展水平综合评价指标体系**

| 一级指标 | 二级指标 | 三级指标 | 指标取值说明(单位) | 属性 |
|---|---|---|---|---|
| 高科技 | 科技人才 | 科技人才占比 | 科研技术从业人员数/总就业人员数(%) | + |
| | 高科技投入 | 科研机构水平 | 科研机构数量(个) | + |
| | | 科技基础设施水平 | 重大科技基础设施数量(个) | + |
| | | R&D 经费投入强度 | 规模以上工业企业 R&D 经费支出/GDP(%) | + |
| | 高科技研究成果 | 国内专利授予水平 | 发明专利授权量(件) | + |
| | | 数字创新成果 | 数字化专利数量(件) | + |
| 高效能 | 劳动效能 | 人均 GDP | GDP/人口总数(万元) | + |
| | 资本效能 | 人均工资 | 在岗职工平均工资(元) | + |
| | 资源效能 | 绿色金融水平 | 绿色金融指数 | + |
| | 环境效能 | 能源消耗水平 | 能源消耗总量/GDP(吨/万元) | - |
| | 土地效能 | 工业废物治理水平 | 工业废水废气治理设施数量(个) | + |
| | 科技进步效能 | 用地产出效益 | 地均 GDP(万元/公顷) | + |
| | | 全要素生产率的技术进步贡献 | 全要素生产率的技术进步贡献 | + |

续表

| 一级指标 | 二级指标 | 三级指标 | 指标取值说明 | 属性 |
|---|---|---|---|---|
| 高质量 | 绿色环保 | 绿化覆盖率 | 建成区绿化覆盖率(%) | + |
| | | 环境保护力度 | 节能环保支出/地方一般公共预算支出(%) | + |
| | 教育水平 | 受教育水平 | 人均受教育年限(年) | + |
| | | 教育设施水平 | 高等院校数量(个) | + |
| | 新质产业 | 战略性新兴产业 | 规模以上工业战略性新兴产业单位数(个) | + |
| | | | 规模以上高技术产业产值(万元) | + |
| | | 未来产业 | 人工智能企业数量(个) | + |
| | | | 数字经济指数 | + |

## (三)熵权 TOPSIS 法

熵权 TOPSIS 法结合熵权法的客观权重分配和决策效率，是一种高效的多属性决策分析工具。在新质生产力发展水平评价中，熵权 TOPSIS 模型首先通过熵权法确定各指标权重，从根本上杜绝了人为因素可能导致的随意性与偏差，从而保障了权重分配过程的科学严谨与客观公正。然后，TOPSIS 法通过理想解和负理想解评估各决策单元相对于理想解的接近程度。该方法能准确捕捉指标间差异，辨识决策单元差异，为评价新质生产力发展水平提供科学依据。

熵权 TOPSIS 法在新质生产力发展水平评价中具有重要价值，它融合熵权法与 TOPSIS 法优势，成为多属性决策分析的有力工具。本文先通过熵权法，依据指标数据的离散程度客观确定权重，克服人为因素干扰，让权重分配更合理，为后续分析奠定坚实基础。再运用 TOPSIS 法，通过计算各决策单元与理想解、负理想解的距离，精准区分不同决策单元之间的差异。

1. 指标规范化处理

由于原始指标数据在数量级和量纲上存在差异，直接分析会影响结果准确性。所以，在正式分析前，需对数据进行预处理。本文选用极差标准化法，将指标数据统一到［0，1］，消除量纲和数量级干扰，保证分析过程科学，使研究结果更具可靠性。

对于正向指标：

$$X_{ij}=\frac{x_{ij}-\min(x_j)}{\max(x_j)-\min(x_j)} \tag{1}$$

对于负向指标：

$$X_{ij}=\frac{\max(x_j)-x_{ij}}{\max(x_j)-\min(x_j)} \tag{2}$$

2. 计算熵值法权重

对各指标所蕴含信息量进行精确测度，进而为每个指标赋予与之对应的、科学合理的权重数值。

计算第 j 项指标下第 i 个被评价对象的特征比重（$p_{ij}$），其中 m 为样本个数。

$$p_{ij}=\frac{X_{ij}}{\sum_{i=1}^{m}X_{ij}},1\leqslant j\leqslant n \tag{3}$$

计算指标的信息熵（$e_{ij}$）：

$$e_{ij}=\frac{1}{\ln m}\ln p_{ij}\sum_{i=1}^{m}p_{ij},1\leqslant i\leqslant m \tag{4}$$

计算信息熵冗余度（$p_j$）：

$$p_j=1-e_i \tag{5}$$

计算指标权重（$W_j$）：

$$W_J=\frac{p_j}{\sum_{j=1}^{m}p_j} \tag{6}$$

$$W_1+W_2+\cdots+W_j=1 \tag{7}$$

将标准化矩阵与权重相乘，得到加权矩阵：

$$V=[v_{ij}]_{m\times n},\text{其中}v_{ij}=X_{ij}\times W_j \tag{8}$$

确定正向指标理想解$A^+$与负向指标理想解$A^-$：

$$A^+=\max(v_{ij})\text{和}A^-=\min(v_{ij}) \tag{9}$$

计算各样本与最优、最劣方案间的加权欧氏距离：

$$D^+(\mathrm{i})=\sqrt{\sum_{j=1}^{n}(v_{ij}-A_j^{+})^2}$$
$$D^-(\mathrm{i})=\sqrt{\sum_{j=1}^{n}(v_{ij}-A_j^{-})^2} \tag{10}$$

计算每个方案到理想方案的相对接近度$C_i$，接近度值$C_i$越接近1，表明该方案在各项指标表现上与理想方案的契合度越高，也就越具备优先选择的价值。由此进一步推导出各指标的权重数值。

$$C_i=\frac{D^-(\mathrm{i})}{D^-(\mathrm{i})+D^+(\mathrm{i})} \tag{11}$$

## 三 空间格局

### （一）总体格局

北京市新质生产力呈现出明显的中心—外围梯度分布，核心区（海淀区）优势明显，在科技人才、科研机构、科技基础设施等方面具有显著优势；中心城区（朝阳区、东城区、西城区）表现优异、综合实力较强；外围区域则表现较逊色、差距明显。

核心区域遥遥领先，辐射周边。海淀区作为核心区域，在综合指数上位居第一，特别是科技人才占比、科研机构水平、科技基础设施水平、R&D经费投入强度等高科技投入指标的高值反映出海淀区在高科技产业和创新环境方面的强大基础，这种强大的基础不仅使海淀区在区域内发挥着核心作用，还对周边区域如昌平区等产生了显著的辐射带动效应。

中心城区竞争力强。朝阳区、西城区和东城区的综合指数排名也较高，表明这些中心城区在新质生产力方面具备一定的竞争力，具备良好的经济基础、完善的基础设施和丰富的商业资源。其中，朝阳区在高科技和高效能方面表现突出，西城区和东城区则在劳动效能和资本效能方面表现出色，这表明它们在优化城市治理和人力资源方面作出了积极努力。

梯度差异明显，外围区域有待加强。昌平区、大兴区、通州区等近郊区，在高科技相关指标上相较于中心城区明显偏低，处于承接中心城区新质生产力要素外溢、逐步培育自身新质生产力的阶段。怀柔区、平谷区、延庆区、密云区、门头沟区等远郊区的综合指数较低，新质生产力发展基础薄弱，整体处于起步较晚、发展相对滞后的状态，与中心城区和近郊区形成了明显的梯度差异，但在环境效能方面表现较好，为其未来发展提供了一定的优势。

根据综合和各分项指数，可将北京各区分为五种类型：科技高质型，如海淀区和朝阳区；效能引导型，如西城区和东城区；潜力挖掘（转型）型，如昌平区和大兴区；均衡发展型，如丰台区、石景山区；边缘生态型，如延庆区、密云区、怀柔区。北京资源集中效应使核心区的资源优势更加突出，而城市功能的差异化分布进一步加剧了区域间的发展不平衡。

## （二）高科技格局

高科技空间格局高度集中于特定区域，中心城区与郊区分化明显。海淀区在高科技领域一枝独秀，局部区域形成了一定的集聚效应。朝阳区、昌平区和大兴区等区域也有相对较好的表现，具备一定数量的科研机构和科技人才。这种不均衡的空间集聚形成了鲜明的高科技发展梯队。

各区域特色鲜明。具体而言，海淀区和朝阳区为科技高质型区域，创新成果丰硕。海淀区凭借长期积累的教育和科技资源，形成了良好的创新基础，中关村科技园区的带动作用使其构建了完整的科技产业链，科技人才占比、科研机构水平及 R&D 经费投入强度等指标领先，有力地推动了综合科技竞争力的提升；朝阳区作为北京的国际交往中心，高科技发展具有较强的国际化特色，数字创新成果较多，信息技术等高科技产业发展迅速。昌平区和大兴区为潜力挖掘型区域，展示出一定的科技发展潜力，尤其是在新增科研机构和科技成果转化方面。昌平区靠近海淀区，受益于海淀区的科技外溢效应，在生物医药、信息技术等新兴领域发展迅速。大兴区通过智能制造和高科技产业推动传统制造业转型升级。

### （三）高效能格局

高效能空间格局与经济发展水平关联紧密，呈现出中心城区集聚、郊区相对落后的特征。中心四区呈现明显的高高聚集分布，顺义区、丰台区、大兴区和通州区呈现低高聚集特征。

具体而言，中心城区具备效能优势，西城区和东城区为效能引导型区域。西城区作为北京市的金融中心，拥有众多银行和金融机构，资本效能高，金融服务业高度发达，资源配置能力强；东城区作为北京市的行政中心，公共服务和行政管理效能显著。

绿色发展效能凸显区域差异，部分区域环境效能突出。例如，石景山区环境效能优势明显、表现突出，说明其在传统工业转型升级和绿色发展的过程中，实现了资源的高效利用和环境效能提升，且其他两项指数与高效能接近，为均衡发展型区域。延庆区、密云区、怀柔区为环境效能优化区，注重生态资源的保护和利用，形成高效的环境效能体系。

### （四）高质量格局

高质量呈现出明显的中心—外围梯度分布，“核心强、边缘弱”。海淀区、昌平区、石景山区、朝阳区和大兴区呈现明显的高高聚集分布，门头沟区、房山区、丰台区呈现低高聚集特征。

具体而言，中心城区高质量发展基础雄厚，产业与生态协同，教育有力支撑。海淀区和朝阳区为科技高质型区域，以科技创新为核心，兼顾产业化和高端制造，战略性新兴产业占比高，同时在绿化覆盖率、环境保护力度等生态指标上也能实现良好的协调。西城区和东城区教育水平较高，普通中学专任教师数占比较大，为高质量发展提供了坚实的人才基础。

郊区高质量发展各有侧重且存在差距。部分近郊区逐步追赶，昌平区、石景山区、大兴区等近郊区在战略性新兴产业占比上有一定提升空间，为未来产业发展的代表区，尤其是在智能制造和航空航天产业方面引领创新。远郊区发展相对滞后，怀柔区和密云区等战略性新兴产业和未来产业占比较低，平均受教育年限等指标也相对不高，但有着高绿化覆盖率和强环境保护力度，有望在保证生态质量的同时推动经济发展。

## 四　发展对策

总体来看，北京新质生产力仍集中在核心圈层，呈现区域各有特色但发展不均衡的空间格局特征。具体而言有资源禀赋、政策导向和产业基础三方面因素导致区域梯度差异。资源禀赋方面，主要存在科技资源分布不均、辐射带动不强和金融资源差异的问题，海淀区高校科研机构密集，西城金融街独大，郊区资源稀缺、金融服务滞后，导致创新能力存在差距，制约产业发展；政策导向方面，中心城区倾斜政策，新兴区域扶持不足，长期侧重核心区，加大区域发展不平衡，限制郊区成长；产业基础方面，传统产业转型难，新兴产业布局失衡，郊区承接难，产业链不完善。不同区域需要立足自身优势，补齐短板，以更好地推动整体高质量发展和新质生产力的培育壮大。

### （一）强化创新驱动与核心辐射，打造科创高地、示范区

对于海淀区、朝阳区科技高质型区域，一要着力增加科技研发资金投入，推动高校、科研机构与企业紧密协同，搭建产学研深度融合的创新体系；二要着重打造全方位、多层次且具有国际竞争力的人才生态体系，搭建极具吸引力的人才激励平台，吸引国内外优秀人才；三要加强产业集群建设，提高产业的竞争力和创新能力，推动产业向高端化、智能化、绿色化发展，要大力发展数字经济，加强人工智能等新技术应用，推动数字经济与文化产业深度融合，进一步辐射带动周围区域发展，形成新兴产业集群。

### （二）金融创新赋能，提升区域效能，强化区域协同

对于西城区和东城区效能引导型区域，一要发挥金融街的优势，加强金融创新，提高金融服务实体经济的能力，建立金融创新平台，推动金融科技与金融服务的融合。二要优化土地、能源、人才等资源配置，提高资源利用效率。加强资源管理，推动资源的合理分配和利用，持续抓好城市精细化治理，在实施城市更新行动中发挥示范引领作用；三要加强区域间的合作与协调，推动区域协同发展。建立区域合作机制，促进区域间的资源共享和优势互补。

### （三）产业转型挖潜，助力潜力区域培育发展，促进经济升级

对于昌平区和大兴区潜力挖掘（转型）型区域，一要继续推动传统产业向新兴产业转型，全力锚定高精尖产业发展的前沿阵地，深度挖掘新一代信息技术、智能网联汽车、智能制造、医药健康等产业的增长潜力，积极布局和发展商业航天、机器人等未来产业，并利用区位优势，发展临空经济。二要加强人才培养与引进，为产业转型提供人才支持。加强人才培养体系建设，提高人才的专业技能和创新能力。例如，设立人才培养基金，支持高校、职业院校开展人才培养项目，培养和引进创新型人才，为产业转型提供人才保障。

### （四）产业协调发展，推动均衡与特色发展并重

对于石景山区和丰台区均衡发展型区域和边缘生态型区域，一要加强产业间的协调与合作，促进产业均衡发展，推动产业结构调整，提高产业的竞争力和发展水平；二要加强基础设施建设，提高区域的综合竞争力；三要继续维护生态平衡，促进可持续发展，发展生态旅游和绿色产业，实现生态与经济的良性互动。

# 新质生产力背景下北京城市生态韧性时空分异及归因分析

刘家福　张思文　张宇奇　武春艳　李　阳*

**摘　要：**随着城市化进程的发展，提高城市生态韧性水平对于实现城市可持续发展至关重要。在新质生产力背景下，城市生态韧性的内涵和影响发生了深刻变化，为高质量发展提供了新路径。本文基于PSR模型构建城市生态韧性评价指标体系，利用熵权法刻画了北京城市生态韧性时空演变特征，运用地理探测器对韧性影响机制进行研究。结果表明北京城市生态韧性呈略微下降趋势，空间上韧性等级由中心区域向外围逐渐降低，地区生产总值、人口密度和城镇化率等是主要影响因素。研究结果为城市生态韧性发展优化提供参考，对于北京城市发展具有理论和现实意义。

**关键词：**新质生产力　城市生态韧性　时空分异　归因分析　北京

## 一　引言

从区域发展理论来看，城市生态韧性的提升是应对生态环境压力和风险

* 刘家福，博士，吉林师范大学教授，博士生导师，研究方向：城市韧性评价；张思文，吉林师范大学硕士研究生，研究方向：地图学与地理信息系统；张宇奇，吉林师范大学硕士研究生，研究方向：地图学与地理信息系统；武春艳，吉林师范大学硕士研究生，研究方向：地图学与地理信息系统；李阳，吉林师范大学硕士研究生，研究方向：地图学与地理信息系统。

的关键途径。城市生态韧性（Urban Ecological Resilience）指的是城市对生态环境事件作出反应、适应以及响应，从而减少生态环境灾害并能够从中快速恢复的能力。① 它不仅包括生态系统的物理恢复能力，还涉及社会、经济、技术等多方面因素的相互作用和协同效应。近年来，在中国快速城市化进程中，北京作为国家首都，面临着更为复杂的生态环境挑战。从污染治理到气候变化，再到资源供给，城市生态韧性的提升已成为亟待解决的重大议题。进入21世纪以来，北京经历了经济结构转型、科技创新和社会治理等多个领域的深刻变革。在这一过程中，城市生态韧性的提升不仅受限于传统的自然因素，同时也越来越多地受到新质生产力的驱动。2024年1月，习近平总书记在中共中央政治局第十一次集体学习时强调“加快发展新质生产力，扎实推进高质量发展”。② 新质生产力概念源于马克思主义的生产力理论，是指在信息技术、智能化、绿色技术及创新驱动的背景下形成的、以科技创新和知识驱动为核心的生产力形式。从地理学视角理解新质生产力，新质生产力就是在人类活动占主导的人类时代协调新型人地关系、促进人与自然和谐共生的能力，是从工业革命到智能革命的一次生产力质变，是推动人类文明由农业文明向工业文明，再向生态文明迈进的决定力量，也是将绿水青山转化为金山银山、推进美丽中国建设的动力源泉。③ 在城市生态韧性领域，新质生产力的作用愈加显著。科技创新、产业升级、信息化建设等新质生产力要素，不仅提升了城市的经济发展水平，也在一定程度上增强了城市的环境适应能力。例如，绿色产业的崛起、环境治理技术的创新以及智慧城市的建设，均为提高城市生态系统的恢复力和适应力提供了技术支撑。

基于此，本文采用压力—状态—响应（Pressure-State-Response，PSR）模型，结合熵权法和空间分析方法，评估了2012~2022年北京城市生态韧

① 楚尔鸣、孙红果、李逸飞：《智慧城市建设对生态环境韧性的影响研究》，《管理学刊》2023年第6期。

② 黄滢、杨玉浦、孙大千：《新质生产力的评估框架及其应用——基于新质生产力的内涵剖析》，《应用经济学评论》2024年第2期。

③ 方创琳、孙彪：《新质生产力的地理学内涵及驱动城乡融合发展的重点方向》，《地理学报》2024年第6期。

性的变化，并运用最优参数地理探测器分析其主要影响因素，进而提出针对性对策以促进北京城市生态韧性的进一步提升。这些对策旨在为北京各区域，尤其是生态韧性较弱的非中心城区，提供可持续发展的参考路径，具有重要的理论和实践意义。通过优化城市空间格局、实现城区之间资源互补、加强生态保护和恢复工作，不仅有助于提升北京整体的生态韧性，还能为其他大城市在面临类似生态环境挑战时提供宝贵的经验和借鉴，推动城市在高质量发展道路上稳步前行。

## 二　研究区域概况及数据来源

### （一）研究区域概况

本文以北京市全域为研究区域，涵盖了北京市各个行政区，包括中心城区和周边郊区。北京地处中国华北地区，地理位置独特，地形地貌复杂多样，拥有丰富的自然资源和多样的生态系统。其气候属于温带大陆性季风气候，四季分明，降水分布不均。

### （二）数据来源

文中数据来源广泛，包括 2012~2022 年《北京统计年鉴》《北京区域统计年鉴》、政府部门发布的数据、相关研究报告以及实地调研等，收集了北京市多年的经济发展数据、人口数据、能源消耗数据、环境监测数据等，这些数据为分析城市生态韧性提供了信息基础。个别缺失数据通过插值法、相邻年份均值法等方法获得。

## 三　研究方法

### （一）生态韧性评价指标构建

压力—状态—响应（PSR）模型区分了 3 个层次，即压力、状态和响应层次，基于3个层次间相互作用过程，深入探讨其动态联系的状态与响应机制。① 本文在借鉴既有文献的基础上，综合考量了北京城市系统的各项特征，依据PSR模型构建了北京城市生态韧性评价指标体系（表1）。

**表1 PSR模型下北京城市生态韧性评价指标体系**

| 目标层 | 准则层 | 指标层 | 性质 | 权重(%) |
|---|---|---|---|---|
| 生态韧性 | 压力 | $SO_2$年平均浓度 | - | 4.29 |
| | | $PM_{2.5}$年平均浓度 | - | 3.79 |
| | | 建筑用地面积 | - | 2.76 |
| | | 人口密度 | - | 3.84 |
| | 状态 | 地区生产总值 | + | 19.48 |
| | | 城镇化率 | + | 9.37 |
| | | 人口自然增长率 | + | 4.28 |
| | | 人均可支配收入 | + | 14.35 |
| | 响应 | 森林覆盖率 | + | 6.66 |
| | | 中小学生在校人数 | + | 12.93 |
| | | 每万人医疗卫生床位 | + | 12.23 |
| | | 人均绿地面积 | + | 6.01 |

## （二）生态韧性计算

采用熵权法科学确定各指标的权重分配，其详细且精确计算公式可参阅相关学术研究文献。② 运用综合评估法对北京城市生态韧性进行量化，并且运用ArcGIS中的自然断点法对北京城市生态韧性实施分类评级，将城市生

① 周申蓓、汪心愿、童建：《基于PSR模型的长江流域水资源系统韧性分析》，《水利经济》2023年第3期。

② 李雪铭、刘凯强、田深圳等：《基于DPSIR模型的城市人居环境韧性评价——以长三角城市群为例》，《人文地理》2022年第1期。

态韧性水平划分为 5 个等级：低韧性、较低韧性、中等韧性、较高韧性、高韧性。

### （三）影响因素分析

借助最优参数地理探测器对北京地区 2012 年、2017 年、2022 年生态韧性空间分布的驱动因素进行定量分析，空间分异性是地理现象的基本特点之一，地理探测器是一种对地理学中的分异性现象进行检测与应用的手段，它包括四种检测器，其具体计算公式可参见相关研究文献。①

## 四　结果与分析

### （一）城市生态韧性时间变化特征

由表 2 可知，2012~2022 年，北京市各区的生态韧性整体上呈现出下降的趋势。尤其是在 2022 年，许多区的韧性等级下降到低韧性或较低韧性。朝阳区和西城区虽然在 2017 年达到高韧性，但随着区域的快速发展和城市化进程加快，城市中心区域的人口密度增加等，生态韧性等级在 2022 年有所下降，均降至中等韧性。门头沟区、房山区、通州区、平谷区和密云区在整个时间段内都保持在低韧性，生态韧性相对较弱，需要加强生态保护和恢复工作，以提升其生态韧性。昌平区和大兴区内实施生态修复项目，加强生态保护红线的划定和管理，从 2012 年的中等韧性提升到 2022 年的较高韧性。延庆区作为生态涵养区，受到更多的生态保护和恢复投资，以保障水源、能源的有效储备与供应，也从低韧性提升到较高韧性。海淀区得益于其强大的科技和教育资源，以及有效的生态保护措施，在整个时间段内保持了高韧性，具有较强的生态稳定性。

① 王劲峰、徐成东：《地理探测器：原理与展望》，《地理学报》2017 年第 1 期。

表 2　北京市各区域生态韧性指数

| 区域 | 2012 年 | 2017 年 | 2022 年 |
|---|---|---|---|
| 东城区 | 0.416 | 0.484 | 0.287 |
| 西城区 | 0.538 | 0.609 | 0.361 |
| 朝阳区 | 0.728 | 0.74 | 0.402 |
| 丰台区 | 0.417 | 0.395 | 0.232 |
| 石景山区 | 0.274 | 0.375 | 0.241 |
| 海淀区 | 0.744 | 0.765 | 0.856 |
| 门头沟区 | 0.269 | 0.275 | 0.153 |
| 房山区 | 0.264 | 0.25 | 0.138 |
| 通州区 | 0.216 | 0.206 | 0.156 |
| 顺义区 | 0.355 | 0.291 | 0.175 |
| 昌平区 | 0.378 | 0.331 | 0.613 |
| 大兴区 | 0.305 | 0.301 | 0.605 |
| 怀柔区 | 0.308 | 0.276 | 0.16 |
| 平谷区 | 0.249 | 0.219 | 0.117 |
| 密云区 | 0.27 | 0.24 | 0.16 |
| 延庆区 | 0.278 | 0.254 | 0.552 |

## （二）城市生态韧性空间变化特征

运用 ArcGIS 软件对 2012 年、2017 年和 2022 年北京城市生态韧性测度指标进行分级聚类。根据分类结果得出，低韧性和较低韧性地区数量占比最多，高韧性地区数量占比最少。2012 年，高韧性地区只有海淀区，昌平区和大兴区为较高韧性地区，延庆区为中等韧性地区，其余区域为低韧性或较低韧性地区。2017 年，部分地区城市生态韧性水平略有提升，高韧性热点区在海淀区附近，朝阳区增添为高韧性地区，西城区由较低韧性变为较高韧性，门头沟区、石景山区、丰台区、怀柔区和顺义区 5 个地区从低韧性提升到较低韧性，但昌平区和大兴区从较高韧性变为较低韧性。2017 年北京城市生态韧性整体水平较 2012 年略有提升，具体表现在低韧性地区数量减少，高韧性地区数量增加。2022 年较 2017 年整体呈现下降趋势，具体表现为高韧性地区数量减少，低韧性地区数量增加。总体来看，2012 年到 2022 年，北京整体生态韧性水平不高，海淀区一直为高韧性地区，相对稳定。

## （三）影响因素分析

### 1. 因子探测结果

为揭示北京市生态韧性空间分布的驱动因素，选取 2012 年、2017 年、2022 年以及整个研究期间数据，借助最优参数地理探测器进行分异及因子探测。以北京市生态韧性水平为被解释变量，以北京市生态韧性指标为解释变量。采用自然断点法，将分类等级设为 6，进而筛选出 q 值最高的空间尺度，用作地理探测器分析的关键参数。结果如表 3 所示，从整体上看，2012~2022 年北京市生态韧性影响因子 q 值从大到小依次为 X4（地区生产总值）>X10（中小学生在校人数）>X5（每万人医疗床位数）>X11（城镇化率）>X3（城镇居民人均可支配收入）>X7（人口密度）>X12（建筑用地面积）>X9（森林覆盖率）>X6（人均公园绿地面积）>X8（人口自然增长率）>X1（$PM_{2.5}$ 年平均浓度）>X2（$SO_2$ 年平均浓度）。表明地区生产总值和中小学生在校人数对北京市生态韧性起到主导作用，每万人医疗床位数、城镇化率、城镇居民人均可支配收入和人口密度对北京市生态韧性有重要作用，建筑用地面积、森林覆盖率、人均公园绿地面积、人口自然增长率、$PM_{2.5}$ 年平均深度、$SO_2$ 年平均浓度对北京市生态韧性起基础作用。

从影响因子的 q 值变化来看，每万人医疗床位数、人均公园绿地面积、人口密度、人口自然增长率、森林覆盖率、建筑用地面积呈现先增后减趋势，对北京市生态韧性空间分异的影响作用先上升后下降。$SO_2$ 年平均浓度影响力先下降后上升，可能与近年来部分工业生产规模扩大密切相关。地区生产总值、中小学生在校人数、$PM_{2.5}$ 年平均浓度、城镇居民人均可支配收入、城镇化率逐年下降，对北京市生态韧性空间分异的影响力持续减弱。

表 3　北京市生态韧性因子探测结果

| 影响因子 | 2012 年 | 2017 年 | 2022 年 | 整体 | |
|---|---|---|---|---|---|
| | q 值 | q 值 | q 值 | q 值 | 排序 |
| X1 | 0.512 | 0.357 | 0.288 | 0.310 | 11 |
| X2 | 0.582 | 0.356 | 0.798 | 0.214 | 12 |
| X3 | 0.825 | 0.795 | 0.382 | 0.632 | 5 |
| X4 | 0.954 | 0.947 | 0.498 | 0.928 | 1 |
| X5 | 0.831 | 0.947 | 0.439 | 0.771 | 3 |
| X6 | 0.380 | 0.619 | 0.200 | 0.330 | 9 |
| X7 | 0.688 | 0.780 | 0.556 | 0.603 | 6 |
| X8 | 0.421 | 0.431 | 0.266 | 0.327 | 10 |
| X9 | 0.418 | 0.760 | 0.382 | 0.490 | 8 |
| X10 | 0.934 | 0.875 | 0.499 | 0.884 | 2 |
| X11 | 0.798 | 0.763 | 0.526 | 0.695 | 4 |
| X12 | 0.487 | 0.515 | 0.380 | 0.495 | 7 |

2. 因子交互探测分析

进一步对 2012~2022 年北京市生态韧性影响因子进行交互作用探测，探测结果如图 1 所示，2012~2022 年北京市生态韧性影响因子两两交互后均表现为双因子增强和非线性增强，因子两两交互后对北京市生态韧性空间异质性的解释力均明显提升，表明北京市生态韧性的空间异质性是多种因子共同作用的结果。具体来看，人口密度与中小学生在校人数交互作用最强，为 0.970，对北京市生态韧性空间分异的解释力高达 97%。地区生产总值与其他因子交互后解释力均在 93%以上，说明北京市生态韧性水平主要是地区生产总值与其他因子共同作用的结果。$SO_2$ 年平均浓度单因子 q 值为 0.214，解释力相对较弱，在与地区生产总值、中小学生在校人数、城镇化率、建筑用地面积交互后解释力显著增强，均在 70%以上，表明 $SO_2$ 年平均浓度对北京市生态韧性驱动力在与经济发展、教育状况、城市化水平和建筑用地状况共同作用下表现更为显著。

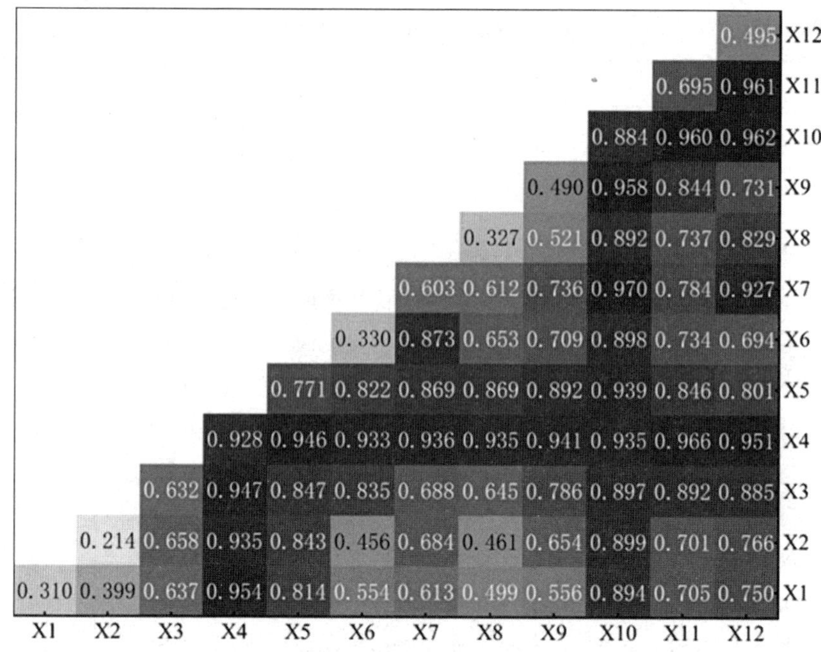


**图 1　2012~2022 年北京市生态韧性影响因子交互探测结果**

# 五　结论

## （一）结论

借助压力—状态—响应（PSR）模型构建生态韧性评价指标体系，分析2012~2022 年北京城市生态韧性的时空演变特点及其成因，主要结论如下。

（1）整体来看，2012~2022 年尽管部分区域如朝阳区和西城区在早期展现出较高的生态韧性，但到 2022 年，城市化进程中的土地利用变化和环境压力增大，其韧性有所下降。海淀区的生态韧性评价指数始终保持最高，且北京市城市生态韧性的热点区域一直以海淀区为中心，显示出明显的空间集聚特征。中心城区，包括东城区和西城区，生态韧性水平要高于非中心城区，城镇化率、建设用地面积、地区生产总值等因素是影响北京城市生态韧性的主要因素。通过进一步优化城市空间格局、加强生态保护和恢复工作，北京市可以继续提升其生态韧性，实现可持续发展。

（2）从空间分布来看，北京城市生态韧性具有明显的辐射性，2012~2022年，在生态韧性空间分布格局中表现出北京中心区域韧性等级高，外围区域韧性等级低的特征。至2022年，北京城市生态低韧性区域最多，占比56.25%，主要分布于北京外围区域；高韧性区域最少，占比6.25%，北京各区域生态韧性指数最高值一直为海淀区。

## （二）展望建议

在高质量发展的时代背景下，建设有韧性的城市已成为城市发展的重要目标和关键方向。结合上述研究结果和北京的实际发展情况，提出以下关于提升城市生态韧性的建议。

1. 要促进北京各区域生态韧性的协同发展

2012~2022年，海淀区一直是生态韧性评价中的高值地区，其周围也是较高的中心城区，韧性水平均高于非中心城区。中心城区与非中心城区可以形成资源互补，海淀区、西城区和东城区经济发展趋势较好，资源丰富，可以与密云区、平谷区和通州区等一直保持低韧性的地区进行资源交换，形成互补。打破中心城区与非中心城区城市生态韧性两极分化的现状，全域协同推进生态韧性建设，从化解压力、优化状态到提升响应能力，全方位提升城市生态韧性水平，为实现首都的可持续发展奠定基础。

2. 全方面稳步提升城市生态韧性

从分析结果来看，2012~2022年北京部分区域城市韧性呈现下降趋势，波动较大。各区域需因地制宜，探索适合自身发展的稳定提升路径，补齐发展短板，保障城市生态韧性提升的稳定性。对于$SO_2$年平均浓度影响力的增强，可以通过增加植被绿化面积、推广清洁能源、改善空气质量等方式改善。利用新质生产力的发展，创造更先进的处理技术，提高资源的使用效率，减轻环境负担。同时，作为国家首都，北京需要加强自然资源保护和生态短板的补充工作，在环境复杂的背景下实现长期的生态韧性提升。

3. 推动多主体协同参与

提升城市生态韧性并非政府一方的责任。企业作为市场经济活动的核心参与者以及生态环境问题的主要源头之一，理应积极承担起推进城市生态韧性建设的使命，将生态理念深度融入日常生产经营的各个环节之中，积极发展循环经济与低碳经济。与此同时，政府需充分发挥监管职能，制定和完善城市生态韧性建设的相关政策法规，明确各部门的职责和任务，坚持对城市生态韧性建设的监督和管理。加强对城市生态韧性建设的技术支持和服务，建立技术创新平台，鼓励企业和科研机构开展技术创新和产品研发，提高城市生态韧性建设的技术水平。此外，需通过宣传与教育提升公众的生态意识，引导全民积极参与生态资源节约、环境保护和生态韧性提升行动，从而形成政府、企业、公众协同推进的综合治理格局。

# 2012~2022年北京市景观格局变化与驱动因素

吴嘉威　王　佳*

**摘　要：** 随着城市化进程的不断推进，首都北京的景观格局在2012~2022年发生了巨大变化。本文对北京的景观格局进行了深入研究，仔细分析2012~2022年各种景观指标的演变趋势，并讨论了造成这些变化的主要驱动因素。本文使用Fragstats软件，从两个尺度对北京和北京城六区进行了分析。研究结果表明，森林在北京市的景观中占主导地位，建筑景观在城六区占据主导地位，城六区的景观格局正朝着更加集中、连续和相对单一的方向过渡。对景观格局变化背后驱动因素的研究表明，人口数量的变化和产业结构的调整是造成这些变化的主要原因。

**关键词：** 景观格局　景观指数　驱动力

## 一　引言

随着人口增长和城市化的不断推进，城市景观格局的时空变化已经成为城市规划领域的重要研究议题。在这一背景下，北京市作为中国的首都，其景观格局变化不仅关系本地区的可持续发展，更在全球范围内具有典型性和示范意义。对北京市2012~2022年景观格局时空变化及其驱动力的深入研

* 吴嘉威，北京市精准林业重点实验室，研究方向：景观格局；王佳，北京林业大学林学院教授，博士生导师，研究方向：地理信息在生态环境中的应用。

究，不仅有助于揭示城市化进程对土地利用和生态环境的影响机制，还为制定科学合理的城市规划和资源管理政策提供了重要依据。

景观格局是各种变量共同作用的复杂结果，由自然或人类活动共同产生的大小、形式和等级各异的元素组成。景观格局分析通过研究斑块的分布特征，旨在确定每个斑块在不受控制的景观中的潜在价值和意义。为了找到更合理的景观配置，有必要不断理解和分析景观模式的变化，并确定影响和调节这些变化的不同原因和机制。①② 北京市自改革开放以来，经济腾飞和城市化进程迅猛发展，这导致了城市土地的大规模改变和生态环境的深刻调整。如何平衡城市发展的需要与达到保护生态环境的要求，是一个亟待解决的问题。③ 因此，深刻理解和全面分析北京景观格局的时空变化及其背后的驱动机制至关重要。这些认识对于科学指导城市可持续发展、合理规划土地利用和有力保护生态环境具有重要意义。④⑤⑥

本文通过 Fragstats 软件，对北京市 2012~2022 年的景观格局进行系统研究。通过构建景观格局指数、分析土地利用变化趋势，深入挖掘背后的社会经济驱动和政策因素，旨在为未来的城市规划和土地资源管理提供深刻见解。⑦ 这一研究将不仅对北京市的可持续发展具有实际指导意义，同时也为全球范围内类似城市提供了有益的经验和启示。⑧

---

① 王宪礼、肖笃宁、布仁仓等：《辽河三角洲湿地的景观格局分析》，《生态学报》1997 年第 3 期。

② 华琳、黄志霖、马良等：《三峡库区低山丘陵区多尺度景观指数响应及适宜粒度》，《生态学报》2022 年第 11 期。

③ 阳文锐：《北京城市景观格局时空变化及驱动力》，《生态学报》2015 年第 13 期。

④ 曹丽慧、郎琪、雷坤等：《1980—2020 年永定河流域景观格局动态变化及驱动力分析》，《环境工程技术学报》2023 年第 1 期。

⑤ 陈文波、肖笃宁、李秀珍：《景观指数分类、应用及构建研究》，《应用生态学报》2002 年第 1 期。

⑥ 孙亚杰、王清旭、陆兆华：《城市化对北京市景观格局的影响》，《应用生态学报》2005 年第 7 期。

⑦ 胡乔利、齐永青、胡引翠等：《京津冀地区土地利用/覆被与景观格局变化及驱动力分析》，《中国生态农业学报》2011 年第 5 期。

⑧ 张秋菊、傅伯杰、陈利顶：《关于景观格局演变研究的几个问题》，《地理科学》2003 年第 3 期。

## 二 数据来源

本文使用中国分省逐年地表覆盖数据、北京市行政区划边界、统计年鉴等进行研究。中国各省的年度地表覆盖数据来自武汉大学杨杰教授和黄新教授团队发布的2012年、2017年和2022年空间分辨率为30米的土地利用类型数据，土地利用类型分为耕地、森林、灌木、草地、水体、冰雪、荒地、建筑物和湿地。北京市行政区划数据采用1：100万比例尺的中国地级市行政区划数据。经济和人口统计数据来自《中国城市统计年鉴》《北京统计年鉴》以及各地区的相关统计年鉴。

## 三 研究方法

本研究基于Fragstats4.2软件平台，从类型与景观两个空间尺度对北京市全域及城六区的景观格局特征进行系统性分析。在类型尺度上，主要选取斑块密度（Patch Density，PD）、边缘密度（Edge Density，ED）、最大斑块指数（Largest Patch Index，LPI）和平均斑块面积（Mean Patch Size，MPS）等结构特征指标；在景观尺度上，则重点分析景观聚集度指数（Aggregation Index，AI）、蔓延度指数（Contagion Index，CONTAG）、香农均匀度指数（Shannon's Evenness Index，SHEI）和香农多样性指数（Shannon's Diversity Index，SHDI）等空间配置指标。通过上述8个特征参数的定量化分析，系统揭示研究区域景观格局的时空演变规律。①②③

探究景观格局演变的驱动因素及其作用机制，有助于深入理解其空间分

① 任国平、刘黎明、付永虎等：《都市郊区乡村聚落景观格局特征及影响因素分析》，《农业工程学报》2016年第2期。

② 谭丹、黄贤金：《我国东、中、西部地区经济发展与碳排放的关联分析及比较》，《中国人口·资源与环境》2008年第3期。

③ 周亚东、周兆德：《基于GIS与Fragstats的海南岛森林景观格局研究》，《中南林业科技大学学报》2015年第5期。

异规律与形成过程。本文基于代表性、合理性及可获取性的指标选取原则，结合北京市城市发展的实际情况，确定了经济、人口两类驱动力因素，共计9个驱动因子。[①]

作为一种评估系统内主从因素间关联强度的统计分析方法，灰色关联分析通过建立量化比较模型，能够有效辨识影响系统演变的关键驱动因素。[②③④] 相较于传统的回归分析、方差分析及主成分分析等数理统计方法，该方法具有显著优势，它对样本容量和数据分布特征没有严格要求，计算过程简单高效，同时能够避免传统方法中定性分析与定量结论不一致的问题。[⑤] 这些特性使其成为研究系统动态演化规律的重要分析工具。

灰色关联分析的步骤如下：

（1）选择参考序列：

$$X_0 = (x_{01}, x_{02}, x_{03}, x_{04}, x_{05}, x_{06}, x_{07}); \tag{1}$$

选择比较序列：

$$X_i = (x_{i1}, x_{i2}, x_{i3}, x_{i4}, x_{i5}, x_{i6}, x_{i7}),\text{其中 } i = 1,2,\cdots,n。 \tag{2}$$

（2）对变量进行无量纲化处理，常用方法有初值法、均值法等。

此处运用初值法，得到：

$$X'_i = X_i / X_{i1} = (X_{i1}, X_{i2}, \cdots, X_{in}),\text{其中 } i = 0,1,2,\cdots,n。 \tag{3}$$

（3）求出差序列、最大差和最小差。

---

① 曹宇鹏、方江平：《基于 Fragstats 的日喀则市土地利用景观格局分析》，《测绘与空间地理信息》2022 年第 9 期。

② 周亚东、周兆德：《基于 GIS 与 Fragstats 的海南岛森林景观格局研究》，《中南林业科技大学学报》2015 年第 5 期。

③ 刘思峰、蔡华、杨英杰等：《灰色关联分析模型研究进展》，《系统工程理论与实践》2013 年第 8 期。

④ 曹明霞：《灰色关联分析模型及其应用的研究》，南京航空航天大学硕士学位论文，2007。

⑤ 田民、刘思峰、卜志坤：《灰色关联度算法模型的研究综述》，《统计与决策》2008 年第 1 期。

差序列：

$$\Delta_{oi}(k)=|x_0'(k)-x_i'(k)|,\text{其中 } k=1,2,\cdots,n。\tag{4}$$

最大差：

$$M=\mathrm{Max}_i\mathrm{Max}_k\Delta(k)\tag{5}$$

（4）计算关联系数：

$$r(x_0(K),x_i(K))=(m+\S M)/(\Delta_{01}(K)+\S M),\S\in(0,1)\tag{6}$$

其中 § 为分辨系数，常取 § =0.5

（5）求关联度：

$$r(x_0,x_i)^n=\frac{1}{n}\sum_{ki=1}^{n}r(x_0(k),x_i(k)),i=0,1,2,\cdots,m。\tag{7}$$

分析结果显示，若 $r(x_0,x_i)>r(x0_0,x_j)>r(x_0,x_k)>\cdots>r(x_0,x_z)$，则表示 $x_i$ 优于 $x_j$，$x_j$ 优于 $x_k$，其余以此类推。记 $x_i>x_j>x_k>\cdots>x_z$，其中，$x_i>x_j$ 表示因子 $x_i$ 对参考序列 $x_0$ 的灰色关联度大于 $x_j$。关联度越大，说明该组因素与母因素之间的紧密程度越强。[①]

## 四 结果与分析

从 2012~2022 年北京市域景观总体构成变化来看（见表 1），对北京市域景观格局的时空演变分析表明，2012~2017 年研究区景观类型构成及其空间分布呈现显著变化特征。研究数据显示，森林、农田和建筑用地始终占据主导地位，但其占比呈现差异化演变趋势。具体而言，森林覆盖率由 2012 年的 48.02%微增至 2017 年的 48.46%，维持相对稳定态势；建筑用地则呈现持续扩张趋势，其占比从 19.89%提升至 21.52%，增幅达 1.6 个百分点。与此形成鲜明对比的是，农田用地和草地面积均出现不同程度的缩减，其中

① 梅振国：《灰色绝对关联度及其计算方法》，《系统工程》1992 年第 5 期。

农田用地占比由27.75%下降至25.85%，减少1.9个百分点；草地面积占比从3.07%降至2.49%，缩减0.58个百分点。这一变化特征充分反映了研究期内北京市域土地利用格局的转型。2022年，北京市域主要景观类型依然为森林、农田和建筑用地，分别占总面积的48.69%、25.38%和21.96%。2017~2022年全市域各景观类型的面积占比并未出现明显变化。农田、建筑、草地依然为变化最大的景观类型，建筑占总面积比例由21.52%增至21.96%，增长量为0.44个百分点，农田用地和草地占总面积的比例分别由25.85%和2.49%减至25.38%和2.15%，分别降低0.47个百分点、0.34个百分点。灌木和荒地的景观比例在2012~2022年略有波动，但总体呈小幅增加趋势。此外，水体和荒地的面积占比表现出缓慢的增长趋势，尤其在2017年之后，增长速度相比之前更为平缓。

**表1　2012~2022年北京市景观总体构成变化**

单位：%

| 斑块类型 | 构成比例 | | | 2012~2017年均变化 | 2017~2022年均变化 |
|---|---|---|---|---|---|
| | 2012年 | 2017年 | 2022年 | | |
| 农田 | 27.7508 | 25.8491 | 25.378 | -0.38 | -0.09 |
| 森林 | 48.0206 | 48.4591 | 48.6869 | 0.09 | 0.05 |
| 灌木 | 0.2829 | 0.4339 | 0.3411 | 0.03 | -0.02 |
| 草地 | 3.0686 | 2.4855 | 2.1535 | -0.12 | -0.07 |
| 水体 | 0.9788 | 1.2459 | 1.4687 | 0.05 | 0.04 |
| 荒地 | 0.0057 | 0.0038 | 0.0083 | -0.0004 | 0.001 |
| 建筑 | 19.8925 | 21.5228 | 21.9636 | 0.33 | 0.09 |

基于2012~2022年北京城六区景观格局演变数据分析（见表2），研究区域建设用地扩张呈现明显的阶段性特征。研究结果表明，城六区建设用地增长趋势与市域整体变化具有一致性，但其增速在不同时期存在显著差异。具体而言，2012~2017年建设用地年均增长率达到0.41%，而2017年后增速明显放缓，年均增长率降至0.1%。与之相对应的是，农田面积虽持续缩

减，但缩减速率同样呈现减缓趋势：2012~2017 年年均减少率为 0.31%，2017~2022 年则下降至 0.09%。这一变化特征反映了研究区域土地利用转型过程中政策调控与城市发展需求的动态平衡。尽管如此，农田仍然是减少最为迅速和幅度最大的景观类型。北京市城六区内森林的占比变化则与北京市域的不同，在分析时段内北京市域的森林占比一直保持着增加的趋势。研究数据显示，城六区景观格局演变呈现显著的区域特征。与市域整体趋势不同，研究区域内森林覆盖率出现明显下降，这一变化特征与其他景观类型形成鲜明对比。水体面积虽占比相对较小，但持续保持增长态势，且 2017 年后增速较前期有所提升。值得注意的是，除上述景观类型外，研究区域内其他景观类型在观测期内均未呈现显著变化，表明城六区景观格局演变具有明显的选择性特征。这一空间分异规律可能源于城市功能定位差异及区域发展规划的政策导向作用。

**表 2　2012~2022 年城六区景观总体构成变化**

单位：%

| 斑块类型 | 构成比例 | | | 2012~2017年均变化 | 2017~2022年均变化 |
|---|---|---|---|---|---|
| | 2012 年 | 2017 年 | 2022 年 | | |
| 农田 | 20.0015 | 18.4283 | 17.9661 | -0.31 | -0.09 |
| 森林 | 7.2416 | 6.7665 | 6.7311 | -0.09 | -0.07 |
| 灌木 | 0.0059 | 0.0084 | 0.0073 | 0.0005 | -0.0002 |
| 草地 | 0.1695 | 0.1164 | 0.0875 | -0.01 | -0.01 |
| 水体 | 0.851 | 0.915 | 0.9638 | 0.01 | 0.05 |
| 荒地 | 0.0282 | 0.0142 | 0.0135 | -0.003 | -0.0001 |
| 建筑 | 71.7023 | 73.7513 | 74.2306 | 0.41 | 0.1 |

边缘密度（ED）、斑块密度（PD）、最大斑块指数（LPI）和平均斑块面积（MPS）很好地反映了景观的破碎化程度。在研究时段内，全市域用地斑块的特征表明，农田斑块的 ED 和 PD 最大，其中 ED 逐年上升，PD 在 2017 年达到峰值后下降。与此同时，农田 MPS 却呈现出逐年下降的趋势，这表明农田斑块的数量在增加，平均面积在缩小，整体破碎化程度在加剧。在全市

范围内，森林斑块的 MPS 和 LPI 均为最高值，表明森林斑块的平均面积更大、形状更规则、边缘更平滑。然而，森林斑块的 MPS 指数却出现了明显的逐年下降，这表明森林斑块的平均面积大幅缩小，同时也预示着景观破碎化的加剧。这可能是土地利用变化、城市化等人为活动导致原本较大的森林斑块被分割成更小的片段。草地斑块的 ED 和 PD 逐年下降，说明草地斑块的数量逐年减少，而且斑块破碎化程度上升。市域其他景观类型的景观特征基本保持稳定（见图 1）。

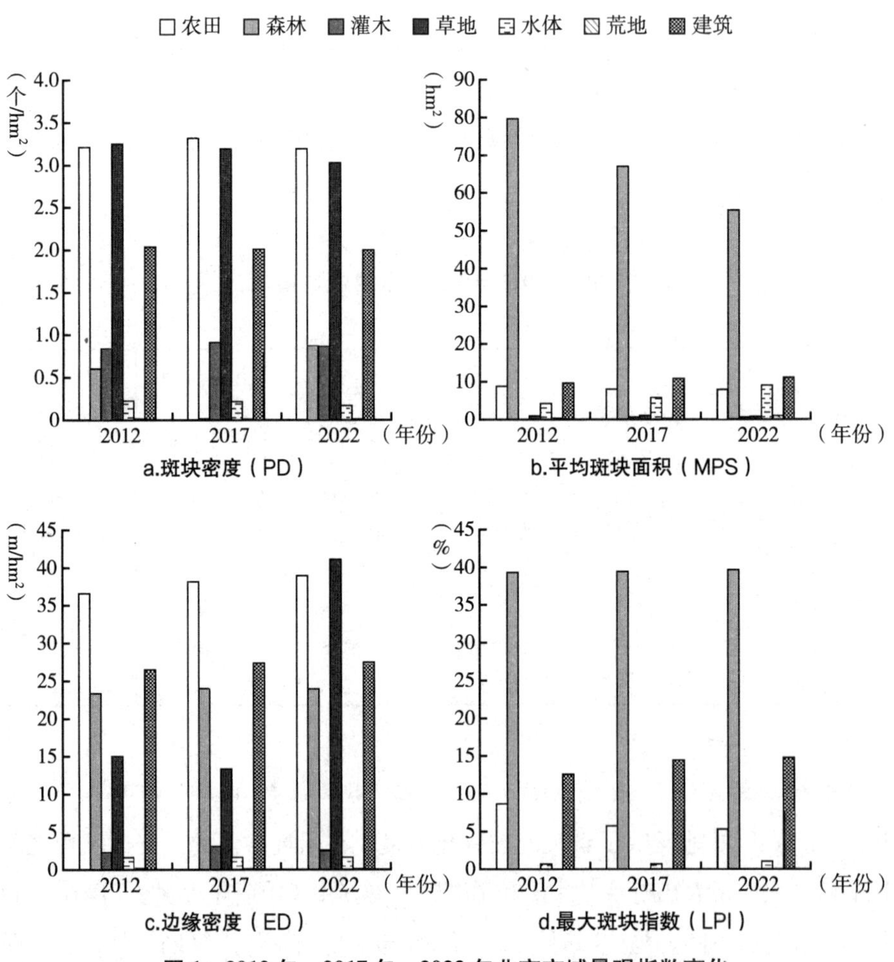


**图 1　2012 年、2017 年、2022 年北京市域景观指数变化**

从北京市城六区用地斑块景观变化看，建筑和森林是主要的景观类型。建筑用地在 MPS 和 LPI 指数上表现出显著的优势，呈现出明显的建设集中趋势；其总体 PD 和 ED 均呈下降趋势，这标志着向大规模集中开发的转变；MPS 的大幅增加进一步证实了这一转变，凸显出小斑块逐渐合并为更大的内聚单元。此外，建设用地的 LPI 也呈现出明显的上升轨迹，凸显了城六区建设用地优势的持续增强。相反，森林、灌木、草地和水体的 PD 和 ED 一直在下降，表明这些景观斑块的破碎有所程度减小，但整体上 MPS 有所增加。农田斑块在城六区内的 ED 和 PD 仍然较大，与 MPS 和 LPI 一样呈逐年下降趋势，这意味着农田斑块的破碎程度减小，但平均斑块面积也在减小（见图 2）。

香农均匀度指数（SHEI）与香农多样性指数（SHDI）作为景观生态学中的核心量化指数，在城市景观格局研究中具有重要价值。其中，SHDI 通过信息熵理论强化了稀有斑块类型的生态权重，其计算模型能有效表征景观空间异质性的动态特征。与之形成对比的是，SHEI 构建了景观优势度的标准化评价体系，通过将最大熵值作为基准，可精准判别研究区域是否呈现单一优势斑块主导或多元斑块均衡共存的格局特征。①

2012~2022 年，北京市域和城六区的 SHDI 和 SHEI 指数总体呈现出类似的变化趋势。在全市范围内，这两个指数先上升后下降，而在主城区范围内，这两个指数则持续下降。值得注意的是，城六区尺度上的 SHDI 和 SHEI 指数值一直低于市域尺度上的指数值，这表明相对于城六区区域范围而言，景观中各种斑块的分布趋于均衡。随着时间的推移，城六区尺度上的 SHDI 和 SHEI 指数一直呈现下降趋势，尤其是 2012~2017 年下降较为显著，这说明北京市城六区在这段时间内生态斑块类型逐渐减少，而且土地类型的分布不再均匀。这可能是城市化、土地利用变化或其他人为活动导致的景观破碎化和生态系统退化。然而，在全北京市域的尺度上，2012~2022 年虽然总体呈下降趋势，但相比于城六区幅度较小。基于 SHDI 和

① 李懿洋：《甘肃省产业结构与经济增长的灰色关联分析》，《企业经济》2011 年第 5 期。

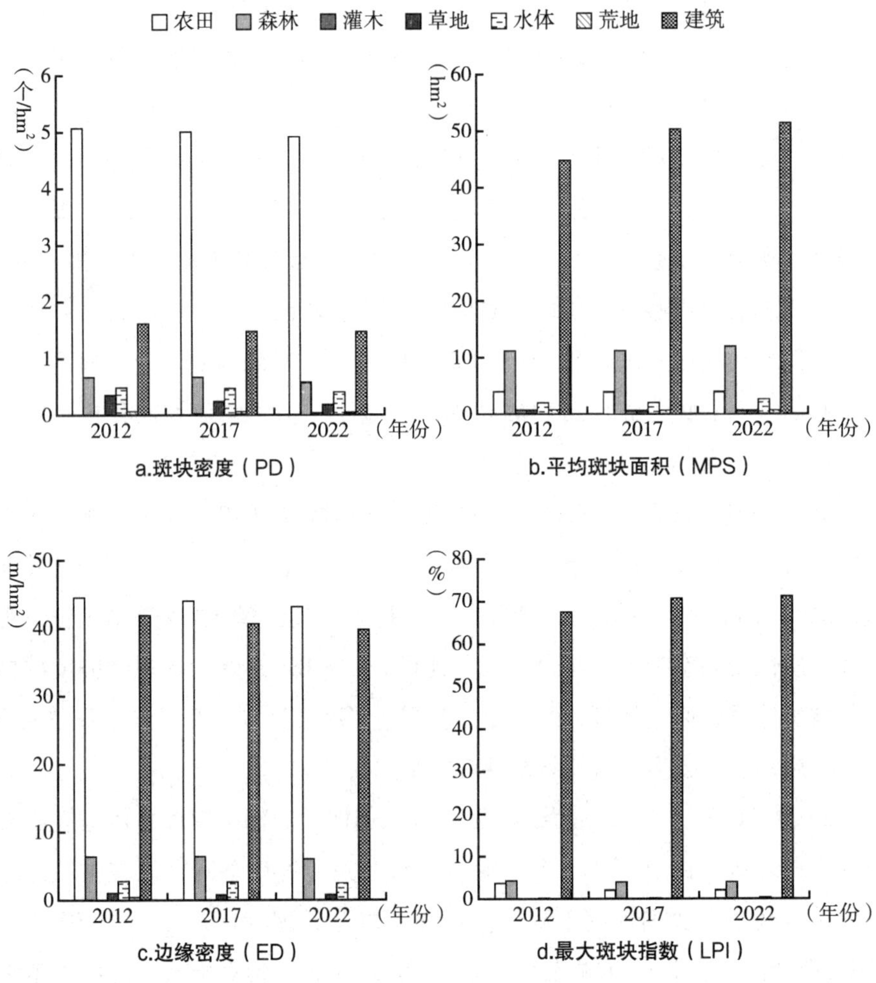


**图 2　2012 年、2017 年、2022 年北京城六区景观指数变化**

SHEI 指数的定量分析显示，北京市域尺度的景观格局呈现显著的斑块聚合特征。研究结果表明，研究区域内的离散斑块正经历空间重构过程，具体表现为小斑块向大斑块的融合。这种空间重构机制导致景观组成趋于单一化，优势斑块类型的空间支配度显著提升，进而导致区域景观多样性呈现持续衰减态势。

基于景观格局指数的时空分析表明，蔓延度指数（CONTAG）和景观聚集度指数（AI）作为斑块空间集聚特征的关键量化参数，[①] 在北京市域范围内呈现显著的多尺度分异特征。研究数据显示，在北京市域尺度内的 CONTAG 指数和 AI 指数值均显著低于北京市城六区，这一空间分异规律揭示了不同空间尺度下景观格局的显著差异，在宏观尺度上，研究区域呈现明显的破碎化特征，表现为离散化斑块的空间分布格局，各类景观要素的空间集聚度相对有限。而在中观尺度上，则形成了以高连通性为主导的景观构型，优势斑块类型展现出显著的空间整合特征。

从时序演变特征来看，2012~2022 年城六区范围内的 CONTAG 指数和 AI 指数呈现持续上升态势，表明该区域斑块类型的空间离散度显著降低。这一变化趋势可能与建筑斑块类型的空间集聚效应密切相关，其形成了连续性强、空间连通度高的特征区域。值得注意的是，2012~2017 年全市域尺度的 AI 指数呈现明显衰减趋势，而 CONTAG 指数则保持相对稳定，这一现象反映了主城区尺度上斑块边界形态的复杂化特征：同类斑块的边界趋于不规则化，异质斑块间的边界结构呈现多样化发展趋势（见图 3）。

研究景观格局变化的推动因素对于揭示人类活动与景观演变之间的互动至关重要。[①]景观格局的动态变化本质上是多重驱动因子共同作用的结果，这些因子通过改变景观要素的空间配置和生态过程，进而影响景观系统的稳定性和空间异质性，最终导致景观格局发生系统性转变。[②] 城市作为典型的人地耦合系统，其景观格局演变过程较自然景观具有更高的复杂性。虽然气候、地形等自然要素会影响城市景观的空间构型和斑块特征，但人类活动始终是城市景观演变的主导驱动因子。[③④]

---

① 阳文锐：《北京城市景观格局时空变化及驱动力》，《生态学报》2015 年第 13 期。

② 赵丽红：《南昌市景观格局时空变化及其驱动力研究》，江西农业大学博士学位论文，2016。

③ 王永军、李团胜、刘康等：《榆林地区景观格局分析及其破碎化评价》，《资源科学》2005 年第 2 期。

④ 邓向瑞：《北京山区森林景观格局及其尺度效应研究》，北京林业大学博士学位论文，2007。

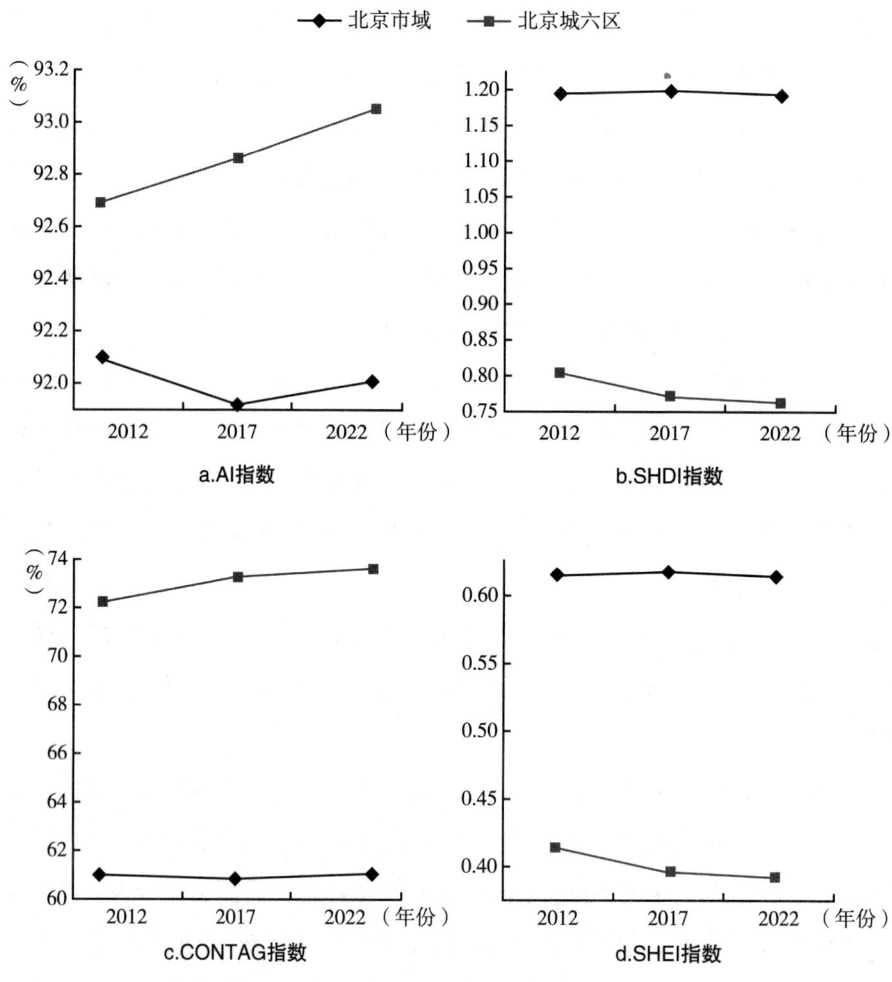


**图 3　2012 年、2017 年、2022 年北京市域和北京城六区景观尺度景观指数变化**

在研究北京市域和城六区景观多样性（SHDI 指数）的变化时，本文选择总人口（X1）、全社会固定资产总投资额（X2）、GDP（X3）、人均 GDP（X4）、第一产业占比（X5）、第二产业占比（X6）、第三产业占比（X7）、城镇居民可支配收入（X8）、地方财政收入（X9）作为自变量。基于灰色关联分析方法，对景观格局指数与驱动因子间的关联强度进行了定量测度，具体结果如表 3 所示。

表 3　北京市域与城六区各因子与景观多样性关联度

| 区域 | 总人口 | 全社会固定资产总投资额 | GDP | 人均GDP | 第一产业占比 | 第二产业占比 | 第三产业占比 | 城镇居民可支配收入 | 地方财政收入 |
|---|---|---|---|---|---|---|---|---|---|
| 市　域 | 0.951 | 0.756 | 0.627 | 0.653 | 0.687 | 0.844 | 0.950 | 0.623 | 0.657 |
| 城六区 | 0.967 | 0.701 | 0.659 | 0.631 | 0.773 | 0.854 | 0.941 | 0.631 | 0.715 |

根据上述数据分析，可以推断出城市第三产业的转型和城市总人口的增长是整个北京及其城六区景观变化的主要因子。这些因素正在引导城市景观格局的演变。深入分析总人口和 GDP 对景观格局变化的影响，可以发现北京市的建筑面积增长了 2.07%，城六区的建筑面积增长了 2.53%。值得注意的是，2017 年之前的平均增速超过了 2017 年之后。MPS 和 PD 的波动与城市化扩张模式密切相关。基于对城六区景观格局的定量分析表明，建设用地斑块呈现显著的扩张态势，其空间连通性持续增强。CONTAG 指数和 AI 指数的同步上升趋势揭示了城市空间的外延式发展特征，这种扩张模式对周边生态空间产生了显著的边缘效应。作为高强度城市化区域的典型代表，北京市在快速城市化进程中呈现出独特的产业结构演变特征，农业现代化进程加快，第一产业比重持续下降。同时，传统工业格局发生重大调整，以首钢、焦化厂为代表的大型工业项目实施战略性搬迁，推动制造业向高端化、智能化方向转型。值得注意的是，通过建设中关村高新技术创业园、未来科技城等创新载体，第三产业实现了从传统服务业向知识密集型产业的跨越式发展。① 北京市总人口在 2012~2017 年呈现稳步增长的趋势，在 2017 年达到峰值 2194.4 万人，在 2017~2022 年呈现下降趋势，由 2194.4 万人下降至 2184.3 万人。2012~2022 年，北京市总人口由 2012 年的 2077.5 万人增加至 2022 年的 2184.3 万人，增长率为 5.13%。与此同时，北京市城六区人口由 2012 年的 1232.2 万人下降至 2022 年的 1094.5 万人，下降率为 11.18%。这

① 李懿洋：《甘肃省产业结构与经济增长的灰色关联分析》，《企业经济》2011 年第 5 期。

一人口动态对城市产生了深刻影响。人口总量的增加加剧了对居住区的需求。然而，由于北京可用土地有限，且主要为森林和农田，人口增长对土地资源的压力进一步加大。这不仅刺激了城市面积的扩大，也加快了城市化进程。此外，北京人口老龄化问题日益突出，60 岁及以上人口比例从 2012 年的 14.2%上升到 2022 年的 21.3%。因此，人口增长和人口结构变化已成为影响北京景观格局变化的关键因素。

城市景观格局的转变与城市的规划密不可分。城市规划是国民经济和社会发展规划的衍生。它是在一定时期内对不同类型的土地进行有序配置和综合布局的指导性文件，是有针对性地实现城市经济和社会发展目标的重要手段。①②③ 在《北京城市总体规划（2004 年—2020 年）》中，北京概述了从 2004~2020 年的城市发展战略。该规划提出了以“两轴、两带、多中心”为特征的空间框架。在这一结构中，北京的城市布局逐渐成形，包括中心城区、城市新区和城镇。这些划定的区域为后续阶段的城市空间发展提供了战略指导。在 2016~2035 年的城市发展规划中，北京的目标是在全市范围内构建“一核、一主、一辅、两轴、多点、一区”的空间结构。其目的是摆脱单中心集聚发展模式，促进新型城市发展模式的出现。基于城市发展时序的分析表明，在 2004~2020 年总体规划阶段，北京市域空间扩张呈现显著的梯度分异特征。其中，城六区主要表现为建设用地的圈层式外拓，而城市总体规模则通过新城区组团的跨越式发展实现空间拓展。这些新兴城区组团虽然与中心城区存在物理空间阻隔，但在功能组织上保持着密切的协同关系。随着 2016~2035 年总体规划中“一核、一主、一辅、两轴、多点、一区”空间结构的实施，2017 年后北京城区的 CONTAG 指数和 AI 指数出现显著拐点，由衰减态势转为上升趋势。这一转变揭示了城市景观格局的深层重

① 路鹏、苏以荣、牛铮等：《湖南省桃源县县域景观格局变化及驱动力典型相关分析》，《中国水土保持科学》2006 年第 5 期。

② 付刚、肖能文、乔梦萍等：《北京市近二十年景观破碎化格局的时空变化》，《生态学报》2017 年第 8 期。

③ 齐杨、邬建国、李建龙等：《中国东西部中小城市景观格局及其驱动力》，《生态学报》2013 年第 1 期。

构，斑块类型的空间异质性增强，景观要素间的空间关联度提升，形成了更加连续和聚集的景观构型。这种变化可能源于城市化进程中的土地利用转型和人类活动强度增加，导致不同景观要素间的相互作用机制发生改变。值得注意的是，与中心城区相比，城市外围区域的景观格局演变呈现出独特的空间分异规律。通过 PD 指数、MPS 指数、ED 指数、CONTAG 指数和 AI 指数的综合诊断，可以识别出城市内部景观破碎化加剧、斑块形态复杂化以及景观隔离度提升等典型特征。这些量化指标的变化深刻反映了快速城市化背景下景观格局的转型路径。

2012~2022 年，北京市在总体规划框架下经历了显著的城市景观重构，这一变化在城六区与边缘地区表现得尤为突出。人口分布格局的变迁对自然生态系统造成了持续增强的压力效应。[①] 研究数据显示，城六区常住人口从 2012 年的 1232.2 万缩减至 2022 年的 1094.5 万，降幅达 11.2%。这一人口疏解过程促使城六区周边区域承担起承接人口与产业功能转移的重要角色，进而推动了新兴产业的集聚发展。随着人口与产业要素的空间重组，土地利用格局发生了显著转型。在总体规划的调控下，产业体系呈现出多元化发展趋势。2012~2022 年，三种产业结构经历了显著调整，第一产业占比由 0.8%降至 0.3%，第二产业从 22.8%缩减至 15.9%，而第三产业则从 76.4%提升至 83.8%。这种产业结构优化与城市化进程的加快形成了良性互动，直接导致了农业用地向建设用地的显著转化。从景观生态学视角观察，研究区域呈现出明显的格局演变特征。多项景观指数（PD、MPS、ED、LPI）均呈现上升态势，表明景观异质性增强。在景观水平上，CONTAG 指数与 AI 指数的同步上升，揭示了景观破碎化程度的加剧。这种变化特征反映出景观斑块的空间分布趋于分散，斑块间连通性降低，整体呈现出更高的空间异质性与破碎化特征。

2012 年以来，北京市的土地供应状况发生了显著的演变，标志着城市

① 张彪、徐洁、谢高地等：《2000—2010 年北京城市绿色空间格局动态分析》，《生态科学》2016 年第 6 期。

承载和服务能力得到了明显的提升。土地供应空间布局得到进一步的优化，市场化水平显著提高，土地资产价值也得到显著提升。土地作为支撑房地产业发展的基础，对于居民的生活质量至关重要。随着人口的迅速增长和房价的上涨，住房等方面的问题亟待解决。为了解决这一挑战，政府相继出台了一系列政策，以保障居民的民生需求，这些政策直接影响了建设用地的格局。《北京城市总体规划（2016 年—2035 年）》明确了北京城市副中心人口规模调控的具体目标，至 2020 年，常住人口规模预期稳定在 100 万人左右。展望 2035 年，常住人口规模将控制在 130 万人以内，同时将就业人口规模维持在 60 万至 80 万区间。为实现这一目标，规划提出通过有序迁移市级党政机关及行政事业单位，引导相关功能与人口从中心城区梯度疏解。预计到 2035 年，中心城区将实现 40 万至 50 万常住人口的疏解目标，这一过程将有效促进城市空间结构的优化重组。

## 五　结论

2012~2022 年在北京市域和城六区范围内，景观格局的变化都很明显。无论是从整个城市还是从主城区来看，建筑、森林和农田仍然是主要的景观特征。值得注意的是，建筑用地呈现出明显的上升趋势，而农田和森林的减少则是建筑区扩大的主要原因。景观模式分析揭示了市域和城六区尺度之间的区别。在市域范围内，农田和森林斑块呈现出相对较高的破碎化程度，景观分布减少，多样性增加。建设用地的主导地位持续上升，表明北京在加快城市化进程中土地资源不断增长，建筑环境不断优化。相比之下，在城六区的范围内，景观格局变得更加集中和连续，反映了城市化进程的加快。小斑块逐渐合并成大斑块，景观的主导地位不断加强，表现出一种更具凝聚力和连续性的趋势。这表明城六区不同斑块类型之间的连通性增强，整体景观更趋于连续和集群。然而，这可能是以景观多样性的减少为代价的，某些斑块类型占据了主导地位，导致景观更加单一和集中。因此，预计 SHDI 指数和 SHEI 指数将进一步下降。

北京景观格局的转变是由多方面因素推动的。社会经济的快速发展首先要求调整城市产业结构，以满足动态的经济需求。其次要制定一系列旨在引导城市向更可持续方向发展的政策，政策导向在引导城市可持续发展中发挥着举足轻重的作用。最后，城市规划和发展理论的逐步实施也对城市景观的塑造产生了重大影响。这些因素在多个层面上交织在一起，共同推动北京景观格局的改变。

# 北京市城市功能区景观格局特征对城市热环境的影响研究

黄晨妍　张建军*

**摘　要：** 在全球气候变化背景下，作为显著表征之一的城市热岛效应已经成为人类面临的最主要的环境问题。本文以北京市为研究对象，结合兴趣点（POI）数据划分城市功能区，探讨景观配置对地表温度的影响。结果显示：北京市城市功能区呈现显著的圈层结构特征；商服、公服和其他区面积占比较高；地表温度的空间分布呈现梯度，其中工业和交通的平均地表温度最高；北京市城市功能区的景观格局具有显著的空间异质性特征，居住区景观斑块面积较小但形状规则；商服和公服区斑块破碎化程度较高且形状复杂；工业和交通的景观连通性较低，而其他区的斑块聚合度与连通性表现较佳；景观格局对地表温度具有显著影响，大面积斑块能够有效降低地表温度，而复杂的边缘效应与景观破碎化则加剧热岛效应；连通性与聚合度较高的区域则具有较强的降温作用。研究结果为城市规划提供了理论依据，并为不同功能区类型制定针对性的城市热岛效应缓解策略提供了参考。

**关键词：** 地表温度　城市功能区　景观格局指数　北京市

* 黄晨妍，中国地质大学（北京）硕士研究生，研究方向：土地生态与可持续发展；张建军，中国地质大学（北京）教授，博士生导师，研究方向：土地生态与可持续发展。

# 一　引言

全球气候变化是当今人类面临的最严峻的环境问题之一，同时也是可持续发展进程中的重大挑战。[①②] 据估计，全球范围内人口居住在城市的比例到 2050 年将由 55.7%增加到 70%，[③④] 城市化的加快推动了经济发展，但也引发了一系列生态环境问题，其中城市热岛效应是城市化的显著生态后果之一。城市热岛指城市下垫面的改变、大气污染及人工废热排放，使城市地区温度明显高于郊区的生态现象。[⑤⑥⑦] 这些问题对区域可持续发展构成严重障碍，同时暴露于极端炎热天气的环境中，可能导致严重的呼吸、心血管和心理健康问题，[⑧] 这一现象已经引起全球范围内的高度关注。

城市内部是高度异质性的区域，其气温的空间分布通常存在显著的不均匀性，[⑨] 研究表明，城市发展的规模以及景观格局的组成与空间分布是驱动城市热岛效应的重要因素，现有的研究成果致力于在地方尺度的研究获得更具

① Harvey, L. D. D., *Global Warming* (1st ed.) (Routledge, 2000), https://doi.org/10.4324/9781315838779.

② 王田保：《中国与全球气候问题》，外交学院硕士学位论文，2011。

③ "Health Nutrition and Population Statistics by Wealth Quintile," *World Bank Group*, 2020, https://datacatalog worldbank.org/dataset/health-nutrition-and-population-statistics-wealth-quintile.

④ Ye H, Li Z, Zhang N, et al., "Variations in the Effects of Landscape Patterns on the Urban Thermal Environment during Rapid Urbanization (1990-2020) in Megacities," *Remote Sensing* 13 (2021).

⑤ 彭少麟、周凯、叶有华、粟娟：《城市热岛效应研究进展》，《生态环境》2005 年第 4 期。

⑥ Han, S., et al., "Seasonal Effects of Urban Morphology on Land Surface Temperature in A Three-Dimensional Perspective: A Case Study in Hangzhou, China," *Building and Environment* 228 (2023).

⑦ Voogt, J. A. and T. R. J. R. s. o. e. Oke, "Thermal Remote Sensing of Urban Climates," *Remote Sensing of Environment* 86 (2003).

⑧ Akbari, H., M. Pomerantz, and H. J. S. e. Taha, "Cool Surfaces and Shade Trees to Reduce Energy Use and Improve Air Quality in Urban Areas," *Solar Energy* 70 (2001): 295-310.

⑨ Feng, Y., Du, S., Myint, S. W., & Shu, M., "Do Urban Functional Zones Affect Land Surface Temperature Differently? A Case Study of Beijing, China," *Remote Sensing* 11 (2019).

有差异化的规划治理手段，[①②] 而作为衡量人类活动和景观设计的重要指标，城市功能区常作为地方尺度的典型视角和基础单位应用于城市规划和管理。

综上所述，本研究以北京市作为研究区，利用 GEE 平台提取 Landsat 9 遥感影像数据进行地表温度反演，并结合兴趣点（POI）数据划分城市功能区，深入研究功能区视角下景观格局指数与地表温度的相关性，从而可针对不同功能类型提出差异化的城市设计思路，为城市规划提供重要参考。

## 二 研究数据与研究方法

### （一）数据选择及预处理

作为提取底层地表信息以识别不同土地利用类型的遥感影像数据，[③] 地表温度（LST）通过单窗算法反演，记录了地表向外辐射的能量信息，本研究使用 2024 年 9 月 23 日的 Landsat 9 遥感影像数据，数据从 GEE 平台下载处理，空间分辨率为 30m，云量少于 10%，并通过北京市行政边界数据裁剪获得北京市的三幅地表温度遥感影像。

POI 数据因其数据量丰富、信息详细且现势性强的特点，能够精准记录人类活动的地理位置，在城市功能区识别、基础城市规划及空间热点分析中得到广泛应用，[④] 本研究选用北京市 2024 年 POI 数据，由 14 个大类以及 164 个中类组成，并依据城市用地分类与规划建设用地标准，[⑤] 将北京市划

---

① Chang, C. R., Li, M. H., & Chang, S. D., "A Preliminary Study on the Local Cool-island Intensity of Taipei City Parks," *Landscape and Urban Planning* 80 (2007).

② Gao, S., Zhan, Q., Yang, C., & Liu, H., "The Diversified Impacts of Urban Morphology on Land Surface Temperature Among Urban Functional Zones," *International Journal of Environmental Research and Public Health* 17 (2020).

③ Min, M., Lin, C., Duan, X., et al., "Spatial Distribution and Driving Force Analysis of Urban Heat Island Effect Based on Raster Data: A Case Study of the Nanjing Metropolitan Area, China," *Sustainable Cities and Society* 50 (2019).

④ 郭嘉宝、李利：《基于 POI 数据的公园绿地社会服务分布特征评价——以首都功能核心区为例》，《艺术教育》2022 年第 3 期。

⑤ 《城市用地分类与规划建设用地标准》，中国建筑工业出版社，2011。

分为居住、商业服务、公共服务、工业、交通、其他六个城市功能区类型。为确保数据一致性，本研究将 POI 数据统一至 WGS-84 坐标系。

### （二）研究方法

#### 1. 城市功能区的划分

本研究将各种 POI 数量统计到 600m 的渔网单元格之中并计算频数，将单元网格中 POI 占比最大的类型作为该网格的主导城市功能，将没有任何 POI 的网格定义为其他功能区。本研究根据以下分类标准将北京市分为居住、商业服务业（商服）、公共管理与服务（公服）、工业、道路与交通设施（交通）和其他区（见表 1）。

**表 1　POI 分类标准**

| 城市功能区 | 大类 | 中类 |
| --- | --- | --- |
| 居住 | 商务住宅 | 别墅区、住宅区、宿舍等 |
| 商业服务业 | 餐饮美食、购物消费、酒店住宿、金融机构、商务住宅 | 旅馆、市场、便利店、茶座、酒店等 |
| 公共管理与服务 | 科教文化、旅游景点、生活服务、汽车相关、休闲娱乐、医疗保健、运动健身 | 博物馆、动物园、科技馆、广场、图书馆等 |
| 工业 | 公司企业、商务住宅 | 产业园、工厂、农林牧渔等 |
| 道路与交通设施 | 交通设施 | 公交车、地铁、飞机等 |
| 其他 | 无 | 无 |

#### 2. 地表温度反演

本研究利用 GEE 平台，获取北京市 2024 年 9 月 23 日云量少于 10% 的 Landsat 9 遥感影像，并基于 GEE 平台对遥感影像进行去云、大气校正和辐射校正，并使用热红外波段计算地表温度后于 GIS 平台进行拼接处理。本研究以地表温度的平均值作为基准，与不同倍数标准差进行组合，对 LST 等级进行划分，减少背景差异影响，使 LST 更具有可比性。[①] 通过标准差分

① 陈松林、王天星：《等间距法和均值标准差法界定城市热岛的对比研究》，《地球信息科学学报》2009 年第 2 期。

类，将地表温度划分为低温区、亚低温区、中温区、亚高温区、高温区五个地表温度分类级别（见表2）。

**表2 北京市地表温度分类表**

| 类别 | 方法 | 取值范围 |
|---|---|---|
| 平均值 | $\mu$ | 22.73℃ |
| 标准偏差 | 标准 | 3.71℃ |
| 低温区 | $T\leq\mu$-标准 | $T\leq$19.02℃ |
| 亚低温区 | $\mu$-标准<$T\leq\mu$-0.5标准 | 19.02℃<$T\leq$20.87℃ |
| 中温区 | $\mu$-0.5标准<$T\leq\mu$+0.5标准 | 20.87℃<$T\leq$24.59℃ |
| 亚高温区 | $\mu$+0.5标准<$T\leq\mu$+标准 | 24.59℃<$T\leq$26.44℃ |
| 高温区 | $T$>$\mu$+标准 | $T$>26.44℃ |

3. 景观格局指数计算

景观格局指数能够较好反映出景观格局构成和空间分布，对构建景观格局与生态过程间的内在联系、全面研究景观格局的功能与变化具有重要意义。[①] 本研究通过城市功能区斑块的大小、形状和空间分布三个方面，选择以下景观格局指数，每个景观格局指数具体的生态学意义见表3。

**表3 选取的景观指数与生态学意义**

| 分类 | 景观指数 | 描述 |
|---|---|---|
| 斑块大小 | AREA_MN(斑块面积) | 斑块总面积,或者某一类型景观斑块总面积 |
| | PD(斑块密度) | 表现某种斑块在景观中的密度,可反映出景观整体的异质性与破碎度以及某一类型的破碎化程度,反映景观单位面积上的异质性 |
| 斑块形状 | SHAPE_MN(形状指数) | 斑块周长(米)除以斑块面积(平方米)的平方根,并通过一个常数进行调整,以适应正方形标准 |
| | FRAC_MN(面积分维指数) | 指景观不规则几何形状的非整数维数,反映景观形状复杂程度,该指数能在一定程度上反映出人类活动对景观格局的干扰程度 |

① 和丽欣、吴利：《基于景观格局指数的昆明市主城区地表温度与景观格局的关系》，《湖北理工学院学报》2024年第6期。

续表

| 分类 | 景观指数 | 描述 |
| --- | --- | --- |
| 空间分布 | AI(聚集度) | 反映每种景观类型斑块间的连通性,取值越小,景观越离散 |
| | COHESION(连通度) | 反映斑块在景观中的聚集和分散状态,数值在0~100 |
| | SPLIT(斑块破碎化指数) | 表征景观被分割的破碎程度,反映景观空间结构的复杂性,在一定程度上反映人类对景观的干扰程度 |

4. 移动窗口法

移动窗口法是分析空间格局变化中重要的一部分，该方法将选取的景观指数空间化，更直观地描述景观空间的异质性变化。①② 本研究基于 Fragstats 软件的移动窗口法计算景观格局指数，根据其他学者研究结果，选用 600m 作为研究窗口尺度。③④⑤

5. 相关性指数

在划分城市功能区的基础上，本研究采用 Pearson 相关性系数研究景观格局指数对地表温度的影响，相关性分析是对两个或多个具备相关性的变量进行分析，并衡量两个变量因素间的相关密切程度：

$$r = \frac{\sum (x - \bar{x})(y - \bar{y})}{\sqrt{\sum (x - \bar{x})^2}\sqrt{\sum (y - \bar{y})^2}}$$

$r$ 值的取值范围在（-1，1），$r>0$ 时，变量间有正相关；$r<0$ 时，变量

① 张金屯、邱扬、郑凤英：《景观格局的数量研究方法》，《山地学报》2000 年第 4 期。

② 李颖、张养贞、张树文：《三江平原沼泽湿地景观格局变化及其生态效应》，《地理科学》2002 年第 6 期。

③ 杨鹏、高祺、张艳品等：《基于 Fragstats4 的景观格局指数与地表温度的相关性——以石家庄市为例》，《气象科技》2021 年第 3 期。

④ 沈中健：《厦门市建设用地功能区的热环境分异研究》，《地理科学》2022 年第 9 期。

⑤ 苏王新、常青：《城市热缓解的基于自然的解决方案与实施路径——以北京市为例》，《风景园林》2022 年第 6 期。

间有负相关。[1] 本研究量化网格中的景观格局指数，并与地表温度进行相关性分析。

## 三　结果与分析

### （一）功能区空间分布

北京市城市功能区空间分布整体上呈现显著的圈层结构和分异特征。居住区集中分布在市中心，反映出核心城区高密度开发特征；商业服务业区紧邻居住区，在提升居民生活便利性的同时，进一步体现北京的经济活力；[2] 公共服务呈现点状空间分布特征，主要集中在核心城区和外围的次中心区域，表明公用设施在空间上具有较高的服务覆盖性，以满足城市各区域的公共需求，北京市作为涵盖金融、商贸、高科技及研发等领域的综合性城市，以金融为核心的高端产业高度集聚，[3][4] 因此由于其战略发展功能定位，在城市功能区分布上，北京市的商服区和公服区的占比较大。工业区则主要分布在城市外围，形成与核心城区相对隔离的布局，这种分布模式有效减少了工业活动对居民生活环境的影响。交通与道路设施的分布较为分散，构成了连接各城市功能区的骨架。除此之外，不含任何 POI 的其他区覆盖范围最广，主要分布在城市边缘和山区地带。

总体来看，北京市的城市功能区分布体现了较高的空间有序性，各功能区之间既保持了一定的独立性，又通过交通区域实现功能联动。然而，核心中心城区的高密度开发和外围功能区的快速扩张可能引发资源利用与生态保护之间的矛盾，在未来的城市规划建设中应当构建更具系统性、针对性和规

① 王玉荣编著《统计数据分析软件教程：SPSS13.0（试用版）及 EXCEL 的应用》，对外经济贸易大学出版社，2007。

② 卢扬、刘曼华：《北京人口经济活力稳步提升》，《北京商报》2024 年 12 月 9 日，第 2 版。

③ 武蓉蓉：《功能区块视角下京津冀城市群热岛影响因素空间分异》，中国地质大学（北京）硕士学位论文，2021。

④ 赵弘：《继续推进京津冀协同发展战略的思考》，《中国国情国力》2018 年第 5 期。

划衔接性的空间布局，既加强对生态空间的保护，也要侧重提升城市的可持续发展能力。

## （二）地表温度空间分布

北京市地表温度的分布特点因城市功能区的不同而存在显著差异。从箱型图［图1（a）］可以看出，居住、商服、公服用地的地表温度分布较为接近，其均值和中位数差异较小；而工业和交通用地的地表温度相对较高，并且两者的高温离群值更多，是因为工业区内工业生产所产生的废热以及尾气排放会伴随着大量的热量释放，以及城市道路材料以沥青、混凝土为主，具有较大的蓄热系数和较强的蓄热能力，会导致更高的热量储存在地表热环境中，①② 更容易产生热岛效应。北京市整体的地表温度范围较广，其温度离群值分布更为显著。不同用地类型的地表温度区域分布也表现出显著规律［图1（b）］。居住、商服、公服用地的中温区和亚高温区占比较高，而工业和交通用地的高温区占比较高，这与其地表不透水面积高及工业人为热排放密集直接相关。此外，其他区以及整体北京市的低温区和亚低温区占较高比例。北京市地表温度空间分布呈现出明显的空间梯度特征。高温区主要分布在中心城区及其周边的工业园区；中温区和低温区则集中在远郊及山区，尤其是西北部海拔较高的区域。

北京市不同功能区地表温度的分布规律反映了城市热岛效应的空间特性，揭示出工业和交通用地的地表温度较高。此外，应进一步优化城乡用地结构，缓解城区的热环境压力。

## （三）景观配置的识别

根据北京市不同功能区景观格局指数的计算结果，各项指标反映了城市功能区的空间格局特性及景观分布规律。从斑块大小上来看，居住

① Yang, C. -C., Siao, J. -H., Yeh, W. -C., Wang, Y. -M. "A Study on Heat Storage and Dissipation Efficiency at Permeable Road Pavements," *Materials* 14 (2021).

② Takashi Asaeda, Vu Thanh Ca, Akio Wake, "Heat Storage of Pavement and Its Effect on the Lower Atmosphere," *Atmospheric Environment* 30 (1996).

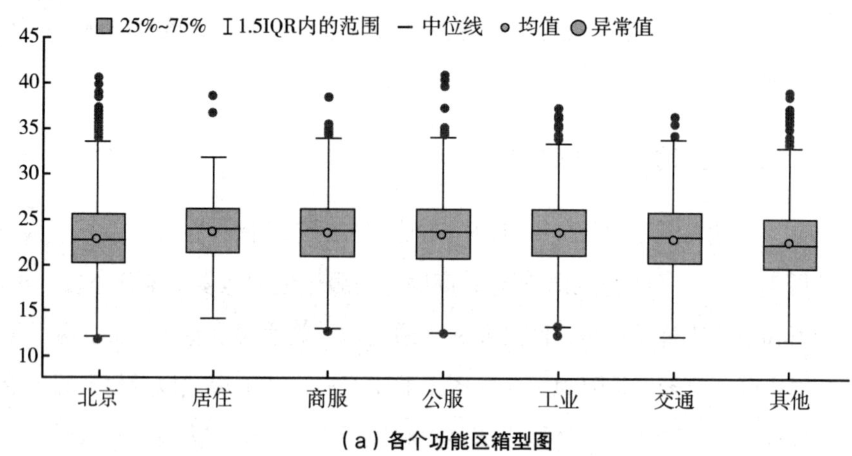


（a）各个功能区箱型图

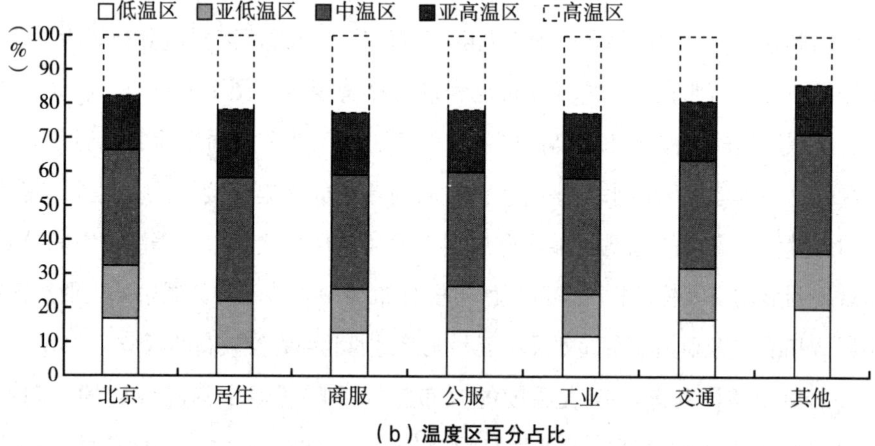


（b）温度区百分占比

**图 1　北京市地表温度**

（71.96）、商服（203.28）和交通（85.66）的 AREA_MN 值较小，商服（0.0524）、公服（0.0594）和交通（0.0459）的 PD 值较高，反映出其景观斑块的分布更为破碎化，与土地的集约化利用和高人类活动强度密切相关。①②

① 刘佳琦、栗云召、宗敏等：《黄河三角洲人类干扰活动强度变化及其景观格局响应》，《地球信息科学学报》2018 年第 8 期。

② 陈琳、任春颖、王宗明等：《黄河三角洲滨海地区人类干扰活动用地动态遥感监测及分析》，《湿地科学》2017 年第 4 期。

从形状上看，SHAPE_ MN 与 FRAC_ MN 显示了各功能区景观斑块的形状复杂性。商服（1.1871）和公服（1.2928）的 SHAPE_ MN 值以及其他区（1.0288）的 FRAC_ MN 值较高，表明其景观斑块形状更为不规则，可能与这些功能区内部的多样化设施分布有关。而居住的 SHAPE_ MN 值与 FRAC_ MN 值最低，仅为 1.0250 与 1.0055，表明其景观斑块形状相对规则，具有较强的规划性，符合其功能性和规划性要求。①②

从斑块空间分布上看，北京市整体的 COHESION 值达到 99.0394，与其他功能区（99.7990）同处于较高水平，表明整体景观具有良好的空间连通性。相较之下，居住和交通的 COHESION 值相对较低，分别为 66.5192 和 70.6083，显示这些区域的景观连通性较差，从空间分布上看可能是因为受到道路和建筑物分割的影响。SPLIT 进一步揭示了景观格局的特性，其中，居住的 SPLIT 值高达 4983676.54，表明该区域的景观斑块数量多且分布高度分散；公服和商服的 SPLIT 值相对较低，表明这些区域的景观斑块分布更加集中，具有较高的聚合度（见表 4）。

**表 4　北京城市功能区的各个景观格局指数**

| 项目 | AREA_MN | PD | SHAPE_MN | FRAC_MN | AI | COHESION | SPLIT |
|---|---|---|---|---|---|---|---|
| 北京 | 439.33 | 0.2276 | 1.2044 | 1.0214 | 84.3449 | 99.0394 | 3.9123 |
| 居住 | 71.96 | 0.0082 | 1.0250 | 1.0055 | 65.0616 | 66.5192 | 4983676.54 |
| 商服 | 203.28 | 0.0524 | 1.1871 | 1.0213 | 74.3363 | 90.9414 | 5369.61 |
| 公服 | 318.46 | 0.0594 | 1.2928 | 1.0278 | 75.2861 | 96.7527 | 492.12 |
| 工业 | 188.42 | 0.0424 | 1.2214 | 1.0233 | 72.2151 | 86.7936 | 34560.47 |
| 交通 | 85.66 | 0.0459 | 1.0699 | 1.0110 | 65.2442 | 70.6083 | 556132.87 |
| 其他 | 2978.81 | 0.0195 | 1.3369 | 1.0288 | 92.3029 | 99.7990 | 3.95 |

① 黄琴、何江林、郭海铭等：《成都市城市景观格局时空演变特征及生态效应驱动研究》，《四川林业科技》2022 年第 4 期。

② 刘玉卿、张华兵、孙小祥等：《1980—2018 年江苏里下河平原景观格局时空变化及其热点分析》，《浙江农林大学学报》2022 年第 1 期。

综上所述，北京市不同功能区的景观格局具有显著的空间异质性特征。商服、公服和交通表现出高破碎性和低连通性，建议未来在通过增加绿地连接性和优化功能布局来改善景观结构的同时，提高功能区的连通性。居住景观斑块的形状和连通性优于其他功能区，但仍旧应进一步提升其与周边功能区的生态连通性。

### （四）城市功能区下景观配置对地表温度的影响

北京市景观格局指数与地表温度的相关性分析见图 2，不同景观格局特征对地表温度有显著影响。在斑块面积上，AREA_ MN 与地表温度呈显著负相关（$p<0.01$），表明较大的景观斑块有助于降低地表温度，这可能与其增强生态调节功能有关，已有研究表明，较大的植被斑块可以显著缓解城市热岛效应。[①]

在景观形状方面，相关性分析结果较为一致，有研究指出，斑块形状指数越大表明斑块的形状越复杂，[②] 则越容易与周围环境发生能量、物质之间的交换。因此 FRAC_MN 的相关性系数中，其他（0.313）和交通（0.318）的相关性较高，表明景观边缘复杂度增加所带来的边缘效应，可能进一步影响地表温度的变化。SHAPE 指数的相关性较低，居住（0.030）的相关性相对较高。

景观格局的空间配置同样发挥着重要的作用，AI 和 COHESION 表现出负相关性，表明景观的连通性对热量扩散具有一定的积极作用，[③④] 并且研

---

① 吴健生、何海珊、胡甜：《地表温度“源—汇”景观贡献度的影响因素分析》，《地理学报》2022 年第 1 期。

② Wiens J. A.，Ims R A.，“Ecological Mechanisms and Landscape Ecology，” *Oikos* 66（1993）.

③ Chakraborti S.，Banerjee A.，Sannigrahi S，et al. “Assessing the Dynamic Relationship among Land Use Pattern and Land Surface Temperature：A Spatial Regression Approach，” *Asian Geographer* 36（2019）.

④ Soe Win Myint，Baojuan Zheng，Emily Talen，Chao Fan，Shai Kaplan，Ariane Middel，Martin Smith，Huei-ping Huang，Anthony Brazel，“Does the Spatial Arrangement of Urban Landscape Matter? Examples of Urban Warming and Cooling in Phoenix and Las Vegas，” *Ecosyst Health Sustain* 1（2015）.

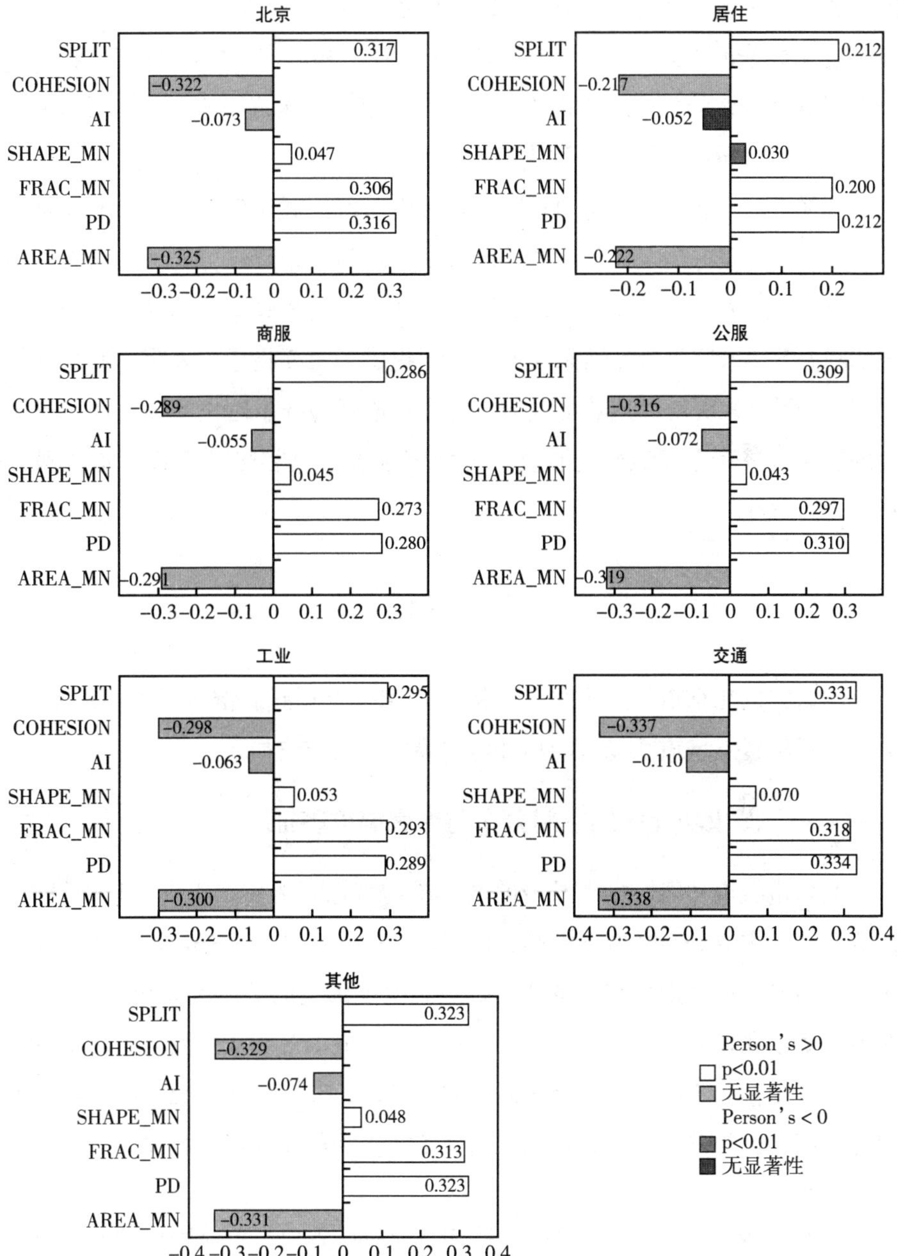


**图 2　城市功能区下景观格局指数与地表温度的相关性指数**

究表明热环境属性相似的斑块叠加也会导致热环境效应增强。[①] SPLIT 与地表温度呈显著正相关，特别是在交通（0.331）和居住（0.212）功能区中，表明高度破碎化的景观斑块由于分散分布和道路、建筑等的切割，削弱了绿地对热环境的缓冲功能，导致热岛效应加剧。[②]

总体来看，北京市不同功能区的景观格局特征对地表温度的影响差异显著，居住和商服这类人口聚集功能区表现出更高的景观破碎化，从而表现出更为显著的地表温度上升趋势，而聚合度和连通性较好的其他区则表现出较强的降温效应。这些研究结果为城市规划提供了重要指导，表明应通过优化景观格局设计来缓解局地热岛效应，应当在增强与降温斑块的连通性与聚合度的同时，减轻景观破碎化程度，为城市生态建设和热环境管理提供科学依据。

## 四　结论

本研究以北京市作为研究区，基于 Landsat 9 遥感影像数据和 POI 数据，分析景观配置下城市功能区的热环境差异，得出结论如下。

### （一）城市功能区的空间分布与地表温度特征

北京市城市功能区呈现显著的圈层结构特征，居住区集中于核心城区，工业和交通主要分布在城市外围，由于北京的战略功能发展地位，商服和公服体现出较高的集聚性和经济活力。地表温度的空间分布呈现出梯度差异，高温区集中在核心城区及其周边的工业园区，低温区和亚低温区则主要分布在远郊及山区。不同功能区地表温度差异显著，其中工业和交通的平均地表温度最高，这与其下垫面为不透水面及工业人为热排放密切相关。

---

① Guo Yu Qiu, Zhendong Zou, Xiangze Li, Hongyong Li, Qiuping Guo, Chunhua Yan, Shenglin Tan, "Experimental Studies on the Effects of Green Space and Evapotranspiration on Urban Heat Island in A Subtropical Megacity in China," *Habitat International* 68 (2017).

② 吴健生、何海珊、胡甜：《地表温度"源—汇"景观贡献度的影响因素分析》，《地理学报》2022 年第 1 期。

## （二）景观格局特征的空间异质性

城市功能区的景观格局呈现显著的空间异质性特征。居住区景观斑块面积较小但形状规则，表现出较高的规划性；商服和公服区则具有更高的破碎化程度和较复杂的斑块形状；工业和交通用地的景观连通性较低，而其他区的斑块聚合度和连通性最高。

## （三）景观配置对地表温度的影响机制

不同的景观配置特征对地表温度有显著影响。从斑块面积看，较大的景观斑块面积与地表温度呈显著负相关；在景观形状方面，斑块形状复杂性增加与地表温度呈正相关，尤其是在交通和其他功能区，复杂的边缘效应可能通过能量和物质交换影响温度变化；在景观空间配置上，景观连通性与地表温度呈负相关，表明较高的连通性有助于热量扩散，同时热环境属性相似的斑块叠加可能增强降温效应；景观破碎化程度则与地表温度呈正相关，尤其在交通和居住区，越破碎的景观格局伴随地表温度的上升越显著。

## （四）规划建议与展望

为缓解城市热环境压力，北京市未来的城市规划应注重在空间上提升城市功能区与降温斑块的连通性，优化工业和交通的空间布局，减轻景观破碎化程度。同时，应在城市功能区边界合理设置生态缓冲带，构建更均衡的空间格局，从而实现生态保护与城市可持续发展的双赢目标。

# 基于数字技术的北京中轴线空间格局演化分析与应用*

王 淼 陶迎春**

**摘 要：** 本文介绍了北京中轴线空间格局，阐述其作为城市核心在建筑、交通等方面的特点，分析数字技术在空间格局演化分析中的应用，涵盖优势、挑战及数据采集、空间分析、模型构建等，借助数字化手段，更好地理解和展示中轴线空间格局演化。强调基于数字技术的保护策略，如数字化监测、保护修复、宣传、管理及创新研发等，以维护中轴线完整性与可持续性。总结研究结论，指出数据获取、技术应用及跨学科研究不足，对未来保护工作提出加强法律保护、宣传推广与教育以及可持续发展与利用等期待。

**关键词：** 北京中轴线 数字技术 空间格局 演变分析 利用保护

## 一 引言

北京，作为中国的首都，其城市发展历史可以追溯到三千多年前，是一座承载着深厚历史文化的古城。[①] 在北京的城市规划中，中轴线是一个不可

---

* 基金项目：自然资源部部省合作项目“文化和自然遗产整体保护与活化利用管理平台及应用研究”（项目编号：2024ZRBSHZ055）。

** 王淼，北京市测绘设计研究院首都功能核心区部主任工程师，正高级工程师，注册测绘师，研究方向：城市空间数据获取、分析及创新应用服务；陶迎春，北京市测绘设计研究院副院长，正高级工程师，博士，研究方向：城市空间大数据中心建设与应用。

① 王丽玲、王瑞云：《河北省区域文化遗产保护与传承的研究》，《兰台世界》2013 年第 20 期。

忽视的重要组成部分。它不仅是城市历史与文化的象征，更是北京城市发展的重要脉络。随着城市的不断发展和变迁，中轴线的空间格局也发生了巨大的变化。这些变化不仅反映了北京城市的历史演变，也揭示了其空间结构的发展规律。因此，对北京中轴线空间格局的演化进行深入的研究和分析，对于理解北京城市发展的历史脉络、揭示城市空间结构的演变规律具有重要意义。

中轴线作为城市空间结构的重要组成部分，其演变过程与城市的政治、经济、文化等方面密切相关。通过对北京中轴线空间格局的演化分析，可以深入了解北京城市发展的内在规律和特点。随着数字技术的快速发展，如何运用数字技术对中轴线空间格局进行精准分析和高效应用，成为当前研究的热点和难点。通过对中轴线的数字化研究，可以建立中轴线的数字模型，实现对中轴线的精确测量、精细分析和精准预测。这不仅能提高中轴线研究的精度和效率，还可为文化遗产保护、城市规划等领域提供有力的技术支持，同时推动数字技术在文化遗产保护领域的广泛应用和发展。①

## 二　北京中轴线空间格局概述

### （一）中轴线的历史和文化内涵

中轴线作为北京城市空间布局的标志性要素，其历史和文化内涵深远且丰富。在历史沿革方面，北京中轴线自古便是这座城市的重要特色之一。自元代大都城的规划开始，中轴线就是城市的中心线，历经明清两代，逐渐形成了今天的空间格局。在漫长的历史进程中，中轴线不仅是城市空间的骨架，更见证了北京从古代都城到现代化大都市的变迁。

文化内涵方面，北京中轴线承载了深厚的文化内涵。它是古代城市规划

① 周奇：《非物质文化遗产数字化保护的现状及应用前景分析》，《大众文艺》2014 年第 14 期。

智慧的产物。在古代，城市规划者将天文学、地理学、哲学等多种思想融入城市规划中，形成了独特的中轴线布局。中轴线作为城市的核心，将宫殿、庙宇、官署等重要建筑有序地排列在两侧，形成了严谨和谐的城市空间格局。这种布局不仅体现了古代城市规划者的匠心独运，也体现了古人天人合一、和谐共生的理念。

北京中轴线还蕴含着深厚的历史文化意蕴。作为皇权的象征，中轴线上的建筑和布局都体现了皇家的威严。宫殿、庙宇等建筑位于中轴线的中心，高耸而庄重。同时，中轴线也是中国儒家礼仪文化的重要载体，古代的各种仪式和活动都在这里举行，体现了社会秩序。

### （二）空间格局的构成要素

北京中轴线的空间格局构成要素主要包括建筑、道路、广场等。这些要素相互交织、相互依存，共同构成了中轴线宏伟壮观的空间格局。

建筑：中轴线上的建筑群是中轴线空间格局的核心，这些建筑群包括宫殿、庙宇、祭坛等不同类型的建筑，它们通过巧妙的布局与精湛的建筑技艺，形成了独特的建筑风格与空间效果。

道路：中轴线上的道路是中轴线空间格局的骨架。这些道路宽敞笔直，依次连接着中轴线上的各个建筑群，形成了贯穿南北的交通干道；道路的布局与走向不仅体现了古代城市规划的思想，还为城市的交通与防御提供了便利。

广场：广场是中轴线空间格局的重要组成部分，这些广场宽敞开阔，是举行各种庆典与仪式的重要场所；广场的布局与形式不仅体现了古代建筑艺术的魅力，还为群众提供了休闲娱乐的公共空间。

### （三）中轴线空间格局的特点

在中国传统城市规划中，北京中轴线空间格局具有举足轻重的地位。这一规划方式不仅体现了中国古代的政治制度，也蕴含了深厚的文化意义与建筑美学。中轴线空间格局具有四个显著特点：对称性、层次感、整体性和活力与魅力。

1. 对称性

中轴线空间格局的对称性是其最为显著的特点之一。在古代城市规划中，中轴线通常被视为城市空间的骨架，左右两侧的建筑物和景观均按照严格的对称原则进行布局。以故宫为例，其左右对称的布局不仅体现了古代建筑美学，还代表着皇权的至高无上。这种对称性不仅体现在建筑的空间排列上，还体现在道路的规划、景观的设计等方面，营造了庄重、雄伟的氛围。

2. 层次感

中轴线空间格局的另一个重要特点是层次感。中轴线通常被划分成多个段落，每个段落都有其独特的景观格局和建筑风格。这些段落相互连接，形成了一个富有节奏感的城市空间格局。例如，从天安门到钟楼的路线，沿途经过了多个不同的广场和建筑物，每个广场和建筑物都有其独特的空间设计和历史文化背景，使整个中轴线充满了历史感和层次感。

3. 整体性

中轴线的空间格局具有整体性。中轴线上的各个要素相互交织、相互依存，共同构成了中轴线宏伟的空间秩序。这种整体性不仅体现了古代城市规划的科学性与艺术性，还为城市空间的可持续发展提供了有力支撑。

4. 活力与魅力

尽管中轴线空间格局具有显著的对称性和层次感，但它并不是一成不变的。随着时间的推移和城市的发展，中轴线上的建筑和景观也在不断演变和更新。这些变化不仅保持了中轴线的历史性和文化性，还为其注入了新的活力和生机。例如，王府井大街作为中轴线的一部分，在保留传统建筑风格的同时，也融入了现代商业元素，成为北京最繁华的商业街之一。这种传统与现代的结合使中轴线空间格局更加生动有趣，吸引了大量的市民和外地游客前来观光和休闲。

# 三　数字技术在中轴线空间格局演化分析中的应用

## （一）数字技术在中轴线保护中的应用

通过运用数字技术，可以对中轴线的历史演变、空间构成与文化内涵等方面进行深入研究与可视化表达，为中轴线保护与传承提供技术支持。

1. 三维建模

通过三维建模技术，可以构建中轴线的精细化三维模型，实现对其空间构成与建筑风貌的精准还原。这有助于我们深入了解中轴线的历史演变与空间特点，为保护与修复提供科学依据（见图 1）。

**图 1　北京实景三维中轴线效果**

资料来源：北京市测绘设计院实景三维中轴线平台，2021。

2. 虚拟现实

通过虚拟现实技术，可以模拟中轴线的历史场景与建筑风貌，实现对其文化内涵与建筑艺术的直观展示，有助于增强公众对中轴线的认知与了解，提高其文化遗产保护意识。[①]

3. 大数据分析

通过大数据技术，可以对中轴线的游客流量、游客行为等数据进行分析与挖掘，为保护与传承提供数据支持，有助于管理者制定更加科学合理的管理策略与保护措施，提高中轴线的保护水平，增强游客体验感。

### （二）北京中轴线空间格局的演化过程

1. 古代中轴线的形成与发展

元代大都的建设是北京中轴线形成的起点，它奠定了北京中轴线的基础，其城市规划布局严格遵循了“中轴线对称”的原则，在中国古代城市规划中占据了重要地位。在这一时期，城市规划者开始注重城市的整体布局和建筑的排列。他们以皇宫为中心，沿着一条直线向南北延伸，布置了官署、庙宇、市场等建筑，形成了初步的中轴线，其规划理念和建筑风格对后世的城市规划产生了深远影响。

明朝时期，北京中轴线进一步成熟和定形。明成祖迁都北京后，对其进行了大规模的改建和扩建，将皇宫扩建为紫禁城，并沿中轴线向南延伸，修建了天安门、端门等建筑，形成了现在的中轴线。这一时期的中轴线，建筑布局严谨，层次分明，气势恢宏，体现了中国古代城市规划的高超技艺和审美追求。

清朝时期，北京中轴线得到进一步的优化和延伸。清朝统治者对北京进行了多次修缮和扩建，使中轴线更加完整和壮观。修建了圆明园等皇家园林，丰富了中轴线的景观内容，也体现了皇家园林的精致和优雅。同时，还加强了京城的防御体系，修建了城墙、城门等建筑，使中轴线更加坚固和安全。

2. 近现代中轴线的变迁

民国时期，北京中轴线受到西方现代城市规划思想的影响，北京中轴线上的传统建筑逐渐被现代化的建筑所取代。城市功能也发生了转变，北京中轴线不再是单纯的政治中心，逐渐融入了商业、文化等多种功能，成为城市

---

① 李佳霖：《数字技术赋能文化遗产保护利用》，《中国文化报》2022 年 12 月 9 日。

发展的重要轴线。

新中国成立后，北京中轴线迎来了新的发展机遇。政府高度重视北京的城市规划和建设，将中轴线作为城市发展的重要空间轴线进行规划和局部改造。在这一时期，北京中轴线上的建筑和景观得到保护和修复，同时新建了许多具有时代特色的建筑和景观。同时，还注重中轴线的历史文化传承，将其打造成为展示中国传统文化和现代城市风貌的重要窗口。①

改革开放以来，北京中轴线也经历了更大的变革。随着城市化进程和经济发展，北京中轴线的功能和形态发生了巨大变化。在这一时期，北京中轴线不仅承担着政治、文化、商业等多种功能，还成为城市交通的重要枢纽。同时，越来越注重中轴线的生态环境建设，打造了一系列绿色生态景观，使中轴线成为北京城市的绿色生态廊道。

3. 当代中轴线的机遇与挑战②

在当代社会，北京中轴线不仅承载着历史文化的积淀，也面临着城市化进程中的诸多挑战与机遇。如何在保护与利用之间找到平衡，是当前亟待解决的问题。

（1）城市化进程中的机遇与挑战。城市规模的不断扩大，新的建设项目不断涌现，给中轴线的保护带来了巨大压力。同时，城市化的推进也带来了人口聚集、交通拥堵、环境污染等问题，这些都对中轴线的保护构成了威胁。然而，挑战往往伴随着机遇。城市化进程的推进也为中轴线的保护提供了新的思路和手段。例如，可以利用现代科技手段来加强中轴线的保护，提高其历史文化的传播力和影响力。

（2）文化遗产保护与城市建设发展的平衡。实现文化遗产保护与城市发展的平衡是中轴线保护与发展的关键。这需要对中轴线进行科学地规划和管理，合理控制建筑高度和风貌，避免过度商业化和过度开发。也要充分考虑城市发展的需要，将中轴线与现代城市功能相融合，推动

① 高长海：《安阳城市中轴线变迁及其对城市空间结构的影响》，《中国名城》2013 年第 11 期。

② 宁思文、宋洁：《北京中轴线文化遗产的保护与传承》，《文化产业》2024 年第 21 期。

历史文化的传承与创新。可以通过建设博物馆、文化中心等公共基础设施，将中轴线打造成一个展示北京历史文化的重要窗口，吸引更多的人来参观和学习。

(3) 数字技术在中轴线的应用。数字技术在中轴线的保护与发展中发挥着重要作用。通过虚拟现实、增强现实等技术手段，可以将中轴线的历史文化以更加生动、形象、直观的方式呈现，提高公众的认知度和参与度。同时，数字技术还可以为中轴线的保护提供有力的技术支持，如数字化保护、智能化管理、数智化监测等。

### （三）数字技术在中轴线空间格局演化中的作用

通过运用数字技术，可对中轴线的历史演变、空间构成与文化内涵等进行深入研究与可视化表达，为中轴线保护、传承和活化利用提供数据与技术支持。

一是揭示历史演变规律。通过数字技术，可以对中轴线的历史演变过程进行深入研究与分析，揭示其历史演变规律与空间构成特点。这有助于人们深入了解中轴线的历史背景与文化内涵，为保护与传承提供科学依据。

二是实现可视化表达。通过数字技术，可以将中轴线的空间格局与文化内涵进行可视化表达，形成直观、生动的图像与动画。这有助于增强公众对中轴线的认知与了解，促进中轴线文化遗产保护的公众参与。

三是辅助保护与修复工作。通过数字技术，可以对中轴线的文物建筑进行精准测量与建模，为保护与修复工作提供科学依据与技术支撑。这有助于我们保持中轴线的历史风貌与文化内涵，推动其可持续发展。

## 四　基于数字技术的中轴线保护策略与建议

### （一）数字技术在中轴线保护中的挑战

尽管数字技术在中轴线的保护中发挥着重要作用，但也面临着一些挑战。

一是数据质量和完整性问题是一个亟待解决的问题。由于数据来源的多样性和数据格式的复杂性，中轴线空间格局的数据往往存在缺失，甚至是错误。这会影响数据分析的准确性和可靠性，从而影响最终的结论。

二是技术限制和成本问题也是数字技术应用的重要挑战。虽然数字技术已经取得了很大的发展，但在中轴线空间格局的演化分析中，使用一些高精度的数字技术和设备仍然需要高昂的费用。这限制了这些技术在更广泛范围内的应用和推广。

三是数据安全和隐私保护也是不可忽视的问题。中轴线空间格局的数据涉及城市的历史、文化、经济等多个方面，这些数据的安全性和隐私性至关重要。在数字技术应用的过程中，需要采取有效的安全措施，确保数据的安全和隐私不受侵犯。

### （二）数字技术在保护中的应用策略

一是加强历史资料和数据的收集和整理。积极与相关部门和机构合作，共同收集和整理与中轴线相关的历史资料和数据。同时，利用现代技术手段，如遥感技术、无人机拍摄等，获取中轴线的现状数据和空间信息。

二是数字化监测与预警是数字技术在中轴线保护中的首要应用。利用遥感、航空摄影等数字化技术，定期对中轴线空间格局进行监测，可以及时发现并预警潜在的保护问题。这些监测数据为保护措施提供了科学依据，有助于制定更为精准的保护措施。同时，通过数据分析，还可以预测中轴线可能面临的风险，提前采取措施进行预防。

三是数字化保护与修复是保护中轴线的重要手段。针对中轴线上受损的建筑物、遗址等，采用数字化技术进行精确扫描与建模，可以实现数字化保护与修复。这种技术不仅可以保留原貌，还可以进行虚拟展示，为游客提供更加丰富的文化体验。同时，数字化保护与修复还可以减少对实体建筑的破坏，提高保护效率。

四是数字化宣传与教育对于提高公众对中轴线文化的认知度和保护意识

具有重要意义。通过数字技术制作互动性强、形式多样的线上宣传资料和教育课程，可以吸引更多人了解中轴线的历史和文化，提升公众的保护意识。同时，数字化宣传还可以打破地域限制，让更多人参与到中轴线的保护中来。

五是智能化管理与应用也是数字技术在中轴线保护中的重要应用。建设中轴线保护智能管理系统，可以实现对中轴线空间的智能化管理、调度和应急响应。这种管理方式可以提高保护效率，降低管理成本，为中轴线的保护提供有力保障。

### （三）对未来北京中轴线保护的期待

对于未来北京中轴线的保护，期待以下几个方面的发展。

一是持续加强保护和修复工作。继续加大对中轴线的保护和修复力度，确保其历史风貌和文化内涵得到完整保留。同时，加强对中轴线周边环境的整治和保护，持续提升整体品质和形象。

二是推动数字化保护和创新发展。充分利用数字技术推动中轴线的数字化保护和创新发展。通过构建数字化展示平台、开展数字化教育活动等方式，提高公众对中轴线的认识和了解程度。[①] 同时，探索将数字技术应用于中轴线的旅游、文化等领域的发展中，实现保护与利用的良性互动。

三是加强国际合作与交流。积极与国际文化遗产保护机构开展合作与交流活动，借鉴其先进经验和做法。同时，参与国际文化遗产保护项目和研究活动，共同推动中轴线的创新保护和传承工作。通过加强国际合作与交流活动，提升中轴线的国际知名度和影响力。

## 五　结语

北京中轴线汇集了13世纪以来中国历史上最为重要的国家纪念性建筑、

① 高明宇：《“北京中轴线”文化遗产的活化利用与社会价值重塑》，《嘉应文学》2024年第13期。

礼仪建筑和标志性建筑，是中华文明的独特见证。[①] 北京中轴线被正式列入《世界遗产名录》，为古老的北京城开启了新时代文化遗产保护的新篇章。以此次申遗成功为契机，要更充分运用数字化技术，加强北京中轴线历史文化和自然遗产的整体性、系统性保护，切实提高遗产保护能力和水平，守护好中华民族的文化瑰宝和自然珍宝，推动中轴线的保护和传承工作迈上新的高度。

① 李琛：《北京中轴线的历史变迁及其发展趋势》，《北京规划建设》2012 年第 2 期。

# 北京高校空间布局调整研究

肖亦卓*

**摘　要：** 自京津冀协同发展上升为国家战略以来，高度集中于北京中心城区的普通高校空间布局调整进入了新的阶段。本文从京津冀区域、北京市域空间层次回顾和研究北京普通本科高校空间布局调整演变状况，并与上海高校空间布局调整相对照，分析表明北京优质高校集中，高级人才培养和高教国际化方面优势突出；高校空间布局从向市郊高教园区近距集中迁建转向市域内远距离扩散，并向京津冀区域重要节点有序疏解。考虑国际地缘政治变化与新一轮科技变革、国家科教兴国战略，以及更好地满足大众对高等教育需求，北京高校布局调整应在多维政府目标导向下在不同地域尺度上灵活分类、渐次展开。

**关键词：** 高校空间布局　北京　上海　高教园区

历史上，现代意义的大学因其宗教起源曾刻意保持与世俗社会的距离。而知识中心与世界实力中心转移同向的规律，使其成为国家竞争中的战略机构而备受重视。知识经济时代新一轮产业革命即将来临，作为知识生产、传播和扩散的中心，高校在培育区域人力资本，激活、维系本地创新社区，服务经济社会发展等方面的重要性日益显现，与地方关系逐步深化。党的二十

* 肖亦卓，北京市社会科学院城市问题研究所助理研究员，研究方向：城市比较研究、城市发展战略。

大报告强调教育、科技、人才一体发展，教育强国战略、创新驱动发展战略和人才强国战略一体推进，为各地实践指明战略方向，即优化调整高教功能空间布局，提升区域人力资本，打造产学研融合的创新空间，为区域创新驱动转型提供战略支撑。本文试图通过对北京高校发展状况的分析、高校空间布局演变的历史回顾，以及与上海相对照，[①] 对自 20 世纪 90 年代末以来的北京高校空间布局调整形成整体认识，为当下和未来的调整提供借鉴。

## 一 北京高校发展现状

### （一）北京优质高校集聚，代表了我国高等教育的最高水平

北京突出的优势是中央部属高校多、双一流高校多。北京集中了 39 所中央部属高校，占全国 118 所部属高校的 1/3；上海与江苏均为 10 所，并列第二。北京拥有 34 所“双一流”高校，居全国第一位，多出江苏（第二位）、上海（第三位）一倍多。北京高校资源从数量到质量都处于绝对优势地位，体现了北京深厚的高等教育历史基础和作为首都在科技、文教领域长期建设成就（见表 1）。

服务区域经济社会发展目标，满足本地大众高等教育需求，是市属高校的主要办学目标。北京和上海的市属高校数量接近，2022 年北京 53 所、上海 54 所。近年来上海大力发展新型高职教育，面向新能源汽车、智能制造等新领域新创立 5 所公办高职院校，使上海市属高校达 59 所。2024 年按常住人口计算市属高校规模，北京约 2.42 所/万人，上海约 2.37 所/万人。

从区域层次看，普通高校数量上长三角地区比京津冀地区多 2/3。以办学质量和层次来衡量，京津冀“双一流”高校和中央部属高校总体多于长三角地区。主要与全国优质高教资源在北京单核集中有关。京津冀地区高校

① 参考相关高校官网、各校基建处官网、校区规划、历年本科教育质量报告，此处不一一列举。

布局一极集中，长三角地区则呈现沪苏双中心格局。

从高等教育在校生规模来看，尽管近年来严格控制招生规模，北京本科教育仍具有全国意义。北京在校博士生规模占比相当于整个长三角地区，代表北京在高级人才培养方面具有突出优势（见表2）。

**表1　2024年京沪及所在区域普通高等学校数和占全国比重**

单位：所，%

| 地区 | 普通本专科院校 | | "双一流"高校 | | 中央部属高校 | | 普通本科学校 | |
|---|---|---|---|---|---|---|---|---|
| | 学校数 | 占比 | 学校数 | 占比 | 学校数 | 占比 | 学校数 | 占比 |
| 京津冀 | 277 | 9.7 | 40 | 27.2 | 46 | 39.0 | 161 | 12.3 |
| 北京 | 92 | 3.2 | 34 | 23.1 | 39 | 33.1 | 68 | 5.2 |
| 天津 | 56 | 2.0 | 5 | 3.4 | 3 | 2.5 | 30 | 2.3 |
| 河北 | 129 | 4.5 | 1 | 0.7 | 4 | 3.4 | 63 | 4.8 |
| 长三角 | 466 | 16.5 | 37 | 25.2 | 23 | 19.5 | 227 | 17.4 |
| 上海 | 68 | 2.4 | 15 | 10.2 | 10 | 8.5 | 40 | 3.1 |
| 江苏 | 168 | 6.0 | 16 | 10.9 | 10 | 8.5 | 78 | 6.0 |
| 浙江 | 109 | 3.9 | 3 | 2.0 | 1 | 0.8 | 62 | 4.7 |
| 安徽 | 121 | 4.3 | 3 | 2.0 | 2 | 1.7 | 47 | 3.6 |

资料来源：据教育部《全国普通高等学校名单》（截至2024年6月20日）和《2023年教育统计数据》计算得到。

**表2　2023年京沪及所在区域高等教育在校生规模**

| 地区 | 本科 | | 博士占全国比重（%） |
|---|---|---|---|
| | 人数（万人） | 区位熵 | |
| 北京 | 56.8 | 1.8 | 24.5 |
| 天津 | 38.0 | 2.0 | 2.9 |
| 河北 | 98.6 | 0.9 | 1.0 |
| 京津冀 | 193.4 | | 28.4 |
| 上海 | 42.4 | 1.2 | 9.3 |
| 江苏 | 127.8 | 1.0 | 8.1 |
| 浙江 | 73.1 | 0.8 | 4.0 |
| 安徽 | 78.8 | 0.9 | 2.6 |
| 长三角 | 322.1 | | 24.0 |

资料来源：据教育部《2023年教育统计数据》计算得到。

## （二）北京是我国第一大留学目的地城市，但高等教育国际化水平和竞争力有待进一步提升

长期以来北京一直是我国第一大留学目的地城市。2014 年，北京来华留学生占全国比重接近 20%，高出上海近 5 个百分点。随着改革开放深入发展，京沪两市来华留学生占全国比重都有所下降。从区域来看，京津冀地区依然呈现集中于北京的单核结构。长三角则是除上海以外的地区国际学生增速较快，总体趋向均衡。2014 年之前京津冀国际学生规模高于长三角，2014 年两者持平。此后长三角地区国际学生持续增长，到 2018 年占全国比重高于京津冀地区约 8 个百分点（见表 3）。

**表 3　2018 年京沪及所在区域来华留学生规模和占全国比重**

单位：万人，%

| 地区 | 来华留学人数 | 占全国比重 |
|---|---|---|
| 北京 | 8.1 | 16.4 |
| 天津 | 2.4 | 4.8 |
| 河北 | 0.5 | 1.1 |
| 京津冀 | 11.0 | 22.3 |
| 上海 | 6.1 | 12.5 |
| 江苏 | 4.6 | 9.3 |
| 浙江 | 3.8 | 7.8 |
| 安徽 | 0.4 | 0.8 |
| 长三角 | 14.9 | 30.4 |

资料来源：根据教育部国际司发布的全国来华留学生数据统计计算整理，2018 年以后数据未公布。

从中外合作办学来看，京津冀区域呈北京集聚态势，长三角地区则相对均衡。尤其是目前我国 12 所由教育部认定、具有法人资格的中外/内地与港澳合作办学机构，长三角地区占 5 所，京津冀仅北京有 1 所，余下 6 所均在珠三角地区（见表 4）。

表 4　2024 年京沪和相关区域本科及以上层次中外合作办学机构和项目比较

单位：所，个

| 地区 | 中外/内地与港澳合作办学机构 | 其中:具有法人资格的合作办学机构 | 中外/内地与港澳合作办学项目 |
| --- | --- | --- | --- |
| 北京 | 12 | 1 | 81 |
| 天津 | 4 | 0 | 35 |
| 河北 | 6 | 0 | 47 |
| 京津冀 | 22 | 1 | 163 |
| 上海 | 20 | 1 | 87 |
| 江苏 | 24 | 2 | 108 |
| 浙江 | 18 | 2 | 77 |
| 安徽 | 1 | 0 | 23 |
| 长三角 | 63 | 5 | 295 |

注：将复核的中外合作办学机构和项目与依据《中外合作办学条例》及其实施办法批准设立和举办的中外合作办学机构和项目加总简化处理。

资料来源：教育部中外合作办学监管工作信息平台，截至 2025 年 2 月 21 日。

自新冠疫情暴发以来，全球人员流动受阻放缓。近期来华留学总体处于恢复发展态势。高等教育作为服务贸易的重要领域，长期存在的贸易赤字和影响力“赤字”需要逐步改善。北京要进一步发挥世界一流大学集聚的优势，高教国际化水平仍有较大提升潜力。

## 二　北京高校空间布局调整演进

### （一）高等教育扩招与高教园区建设

20 世纪 80 年代末北京城市发展迅猛，人口规模提前突破规划管控目标。随后，在 20 世纪 90 年代初城市总体规划修订时提出了“两个战略转移”，即城市建设重点逐步从市区向远郊区转移、市区建设从外延扩展向调整改革转移。20 世纪 90 年代末在亚洲金融危机和国企改制的双重影响下，国内需求不振、就业困难，经济形势严峻。同时，以信息技术、生物技术为代表的高新科技及其产业发展迅速，综合国力竞争日益激烈。在此背景下中央作出高等教育扩招决策。1999 年北京市提出在规划建设的卫星城中建设 2~3 个占地面积为 8000~10000 亩的高教园区的设想。[①]《北京市 2002 年国民经济和社会发展计划》中安排启动良乡、沙河一南一北两个高教园区的建设（见表 5）。

我国高校招生规模和办学规模快速增长，加剧了本就一直存在的办学资源短缺问题。北京各高校开始自行寻找新的办学资源和发展空间。新兴的民办高校采用市场化办学路径，较早突破市域界限寻找办学空间。1999 年北京外企服务总公司与廊坊市合作建设国内第一个大学城。次年吸引北京服装学院、北京工商大学、北京联合大学、北京城市学院等 7 所北京市属高校进驻。东方大学城在快速推进中出现违规圈占大量土地、高额借贷引发债务风险以及管理混乱等问题。[②] 最终由于 2003 年“非典”，异地教学受到严重冲击，北京高校基本撤出大学城。

高教园区采用市域近距集中迁建模式，由区投资开发公司引入房地产企业共同运作，征用农村集体土地或者置换原有工业企业用地。拆迁投入资金量大，涉及利益主体多、层级高，协调难度大，真正的校园建设推进慢。沙河高教园开发立项 7 年之后，始有中央财经大学首批学生入驻。北师大沙河校园于 2014 年开始动工，2018 年秋季学期启用。用近二十年完成规划中 6 所高校全部入驻园区的目标。

### （二）高教功能疏解与向区域节点集中

为破解北京“大城市病”和区域发展失衡问题，习近平总书记多次在京津冀视察调研，2014 年 2 月在北京主持召开座谈会，明确指出实现京津冀协同发展是一个重大国家战略。[③] 加快疏解北京非首都功能成为协同发展的

① 《中共北京市委 北京市人民政府关于深化教育改革 全面推进素质教育的意见》《北京市“十五”时期教育发展规划》。

② 《四城市高教园区开发建设情况审计调查结果》，审计署，2005 年第 2 号。

③ 《习近平主持召开座谈会听取京津冀协同发展工作汇报》，https：//www. gov. cn/ldhd/2014-02/27/content_2624901. htm。

表 5　沙河高教园和良乡大学城入驻高校概况

| 城区 | 园区 | 高校 | 主管部门 | 层次 | 建设方式 | 原校本部或主校区面积（亩） | 规划占地面积（亩） | 首次启用时间 | 办学规模（万人） | 规划指标（万人，公顷） | 地铁线路、开通时间 |
|---|---|---|---|---|---|---|---|---|---|---|---|
| 昌平区 | 沙河高教园 | 中央财经大学 | 教育部 | 双一流 | 征地新建 | 213 | 1185 | 2009 年 9 月 | 现状 3.5[②]<br>规划 7.1 | 常住人口 5.6，用地 787.6 | 昌平线一期，2010 年 12 月 |
| | | 北京航空航天大学 | 工信部 | 双一流 | 征地新建 | 2000 | 1458 | 2010 年 9 月 | | | |
| | | 外交学院 | 外交部 | 双一流 | 征地新建 | 84 | 433 | 2012 年 9 月 | | | |
| | | 中国矿业大学（北京） | 教育部 | 双一流 | 收购改造 | 318 | 200 | 2013 年 5 月 | | | |
| | | 北京邮电大学 | 教育部 | 双一流 | 征地新建 | 540 | 1348[①] | 2015 年 9 月 | | | |
| | | 北京师范大学 | 教育部 | 双一流 | 征地新建 | 882 | 1315 | 2018 年 10 月 | | | |
| 房山区 | 良乡大学城主园区 | 北京工商大学 | 北京市 | 高水平研究型大学 | 征地新建 | 315 | 930 | 2004 年 10 月 | 现状 4.8[③]<br>规划 6.2 | 常住人口 3，用地 663.7 | 房山线一期，2010 年 12 月，2012 年 12 月经由开通的 9 号线并入城区地铁线网 |
| | | 北京理工大学 | 工信部 | 双一流 | 征地新建 | 1063 | 3045 | 2007 年 9 月 | | | |
| | | 首都师范大学 | 北京市 | 双一流 | 征地新建 | 418 | 1027 | 2010 年 9 月 | | | |
| | | 中国社科院大学 | 中国社科院 | 高水平研究型大学 | 征地新建 | 37.8 | 610 | 2011 年 4 月 | | | |
| | | 北京中医药大学 | 教育部 | 双一流 | 征地新建 | 200 | 1433 | 2015 年 10 月 | | | |

注：①为一期规划占地数，协议高教园东扩后再增加 652 亩，达 2000 亩；②详规 2022；③大学城管委会提案答复 2024。

资料来源：作者整理。

重要方面。《北京城市总体规划（2016年-2035年）》中提出严控增量，疏解部分高教功能，统筹空间布局，使各区都有高校。“十三五”教育改革和发展规划进一步明确了各类高校可采取整体搬迁、办分校、联合办学等多种方式向郊区或津冀疏解。“十四五”教育改革和发展规划强调持续疏解中心城区部分教育功能，努力实现“区区有高校”的目标。从落实规划配套的新增产业禁限目录历次调整可以看出，就普通高等教育而言，限制指标越来越明确和严格，调控区域范围越发精准。2018年以来针对普通高等教育的限制目录基本稳定，为各类高校释放明确、持续的政策信号（见表6）。

至此，北京高校布局调整进入新阶段。政策敏感的民办高校率先向远郊甚至西部地区迁移。2015年北京城市学院将主校区迁至顺义区杨镇，原中关村校区转变为研发基地。2019年北京吉利学院与北京大学签订校区置换合作协议，北京吉利学院经教育部批准整体外迁至成都东部新区。北京大学利用其原校址建设昌平新校区，发展“新工科”。

市属高校向平原地区及远郊疏解的节奏明显加快。除沙河、良乡高教园区外，疏解范围扩展至城市副中心、平原新区和生态涵养区（见表7）。2023年5月，习近平总书记第三次视察雄安新区，强调增强非首都功能疏解的内生动力，扎实推动疏解任务的落实。[①] 当年年末，首批疏解的四所中央部属高校雄安校区落地开工。教育部、国家发展改革委和工信部等相关职能部门、雄安新区管委会与疏解高校直接沟通，形成首批疏解高校雄安校区建设工作周例会制度（见表8）。[②]

① 《习近平在河北雄安新区考察并主持召开高标准高质量推进雄安新区建设座谈会时强调 坚定信心保持定力 稳扎稳打善作善成 推动雄安新区建设不断取得新进展》，http://dangjian.people.com.cn/n1/2023/0511/c117092-32683517.html。

② 《疏解高校雄安校区建设工作周例会在雄安新区召开》，https://www.xiongan.gov.cn/2024-11/24/c_1212407891.htm。

**表 6 《北京市新增产业的禁止和限制目录》中关于普通高等教育限制类表述**

| 2014 年 | 全市 | 首都功能核心区 | 2015 年 | 全市 | 城六区 | 2022 年 / 2018 年 | 全市 | 首都功能核心区（中心城区） | 城四区（中心城区） | 首都功能核心区、城四区、北京城市副中心以外的平原地区 | 生态涵养区 |
|---|---|---|---|---|---|---|---|---|---|---|---|
| 不再新设立普通高等学校 | √ | √ | 不再新设立或新升格普通高等学校 | √ | √ | 不再新设立或新升格普通高等学校 | √ | √ | √ | √ | √ |
| 不再扩大高等教育办学规模 | √ | √ | 不再扩大高等教育办学规模 | √ | √ | 不再扩大高等教育办学规模（包括实有办学规模和国家批复办学规模） | √ | √ | √ | √ | √ |
| 高等教育学校不再新增占地面积 | √ | √ | 高等教育学校不再新增占地面积 | √ | √ | 高等教育学校不再新增占地面积 | | √ | √ | √<br>除疏解项目外 | √<br>除疏解项目外 |
| 高等教育不再校内扩建 | | √ | 不再校内扩建（存在安全隐患及未达标的除外） | | √ | 不在原校址基础上向周边扩展 | | √ | √ | √ | |
| | | | | | | 严控新增建筑面积（存在安全隐患的除外） | √ | √ | | | |

资料来源：《北京市新增产业的禁止和限制目录》2014 年版、2015 年版、2018 年版、2022 年版。

**表 7　2014 年以来北京高校市域内疏解**

| 区域 | 地区 | 高校 | 主管单位 | 层次 | 进展 |
|---|---|---|---|---|---|
| 城四区 | 丰台王佐镇 | 中央民族大学 | 国家民委 | 双一流 | 2021 年 9 月启用 |
| 城市副中心 | 通州潞城镇 | 中国人民大学 | 教育部 | 双一流 | 2024 年 9 月启用，进入先期运行阶段 |
| | 通州张家湾 | 北京服装学院 | 北京市 | 高水平特色型大学 | 2024 年选址 |
| 平原地区 | 顺义 | 北京城市学院 | 北京市教委 | 民办 | 2015 年启用 |
| | 昌平南口镇 | 北京化工大学 | 教育部 | 双一流 | 2017 年 9 月启用 |
| | 昌平马池口镇 | 北京大学 | 教育部 | 双一流 | 2021 年 9 月启用 |
| | 昌平 | 北京信息科技大学 | 北京市 | 重点建设的高水平特色型大学 | 2021 年 12 月启用 |
| | 良乡大学城拓展东区 | 北京工业大学 | 北京市 | 双一流 | 2025 年 1 月设计招标 |
| | 大兴 | 北京建筑大学 | 北京市 | 高水平特色型大学 | 2013 年 9 月启用 |
| | 大兴 | 首都医科大学 | 北京市 | 重点建设的高水平研究型大学 | 2023 年末已开工 |
| 生态涵养区 | 怀柔 | 北京电影学院 | 北京市 | 重点建设的高水平艺术类院校 | 2021 年 9 月启用 |
| | 延庆 | 首都体育学院 | 北京市 | 高水平特色型大学 | 2024 年 8 月建设启动，2028 年底建成 |
| | 延庆 | 北方工业大学 | 北京市 | 高水平应用型大学 | 2025 年校区规划方案公示 |

资料来源：作者整理。

表 8　雄安新区承接高校基本概况

<table>
<tr><th colspan="2">高校</th><th>主管部门</th><th>层次</th><th>入驻方式</th><th>京内校区面积(亩)</th><th>雄安校区面积(亩)</th><th>进展</th></tr>
<tr><td rowspan="4">第一批疏解高校位于起步区第五组团</td><td>北京交通大学</td><td>教育部</td><td>双一流</td><td>建新校区</td><td>1000</td><td>2600</td><td rowspan="4">2023 年末动工</td></tr>
<tr><td>北京科技大学</td><td>教育部</td><td>双一流</td><td>建新校区</td><td>1205</td><td>2450</td></tr>
<tr><td>中国地质大学(北京)</td><td>教育部</td><td>双一流</td><td>建新校区</td><td>788</td><td>1600</td></tr>
<tr><td>北京林业大学</td><td>教育部</td><td>双一流</td><td>建新校区</td><td>696</td><td>2200</td></tr>
<tr><td rowspan="5">第二批疏解高校位于起步区第一组团</td><td>华北电力大学</td><td>教育部</td><td>双一流</td><td>建新校区</td><td>1609</td><td>1132</td><td rowspan="5">2024 年 6 月已完成选址，推进新校区总体规划方案设计</td></tr>
<tr><td>中国传媒大学</td><td>教育部</td><td>双一流</td><td>建新校区</td><td>696</td><td>850</td></tr>
<tr><td>北京语言大学</td><td>教育部</td><td>重点大学</td><td>建新校区</td><td>495</td><td>710</td></tr>
<tr><td>北京理工大学</td><td>工信部</td><td>双一流</td><td>建新校区</td><td>4360</td><td>671</td></tr>
<tr><td>北京航空航天大学</td><td>工信部</td><td>双一流</td><td>建新校区</td><td>3000</td><td>497</td></tr>
</table>

资料来源：作者整理。

## 三　上海高校空间布局调整

### （一）市域范围内调整过程

21 世纪初扩招后上海高校布局调整思路是把上海高校布局结构调整纳入城市建设的总体规划，形成“2+2+X”的总体布局规划方案，[①] 即在历史形成的以重点大学为核心较为松散的东北片区和西南片区高校集聚区的基础上，新建松江、南汇两个大学园区，以及若干所特色高校的调整与产业发展的重点、重点产业园区结合，如将上海中医药大学及其附属医院整体迁入张江高科技园区，加快张江生物医药产业的发展。

松江、南汇两个大学园区都始于 20 世纪 90 年代末区（县）校自主合

① 王奇：《关于上海高校布局的构建与思考》，《中国高等教育》2003 年第 6 期。

作，后由市教委加以确认，进入上海高校总体布局规划。高校扩招背景下，1999年东华大学等高校与沪郊松江区协商合作。2000年由上海市教委与松江区签署协议，统筹高校松江新校区建设事宜。为改善本地教育条件，1997年当时南汇县与上海理工大学合作筹建上海理工大学基础学院，由此引入了若干市属大学和民办学院集聚南汇大学城。但区县层级调度的资源有限。虽然建成时间较早，直到2013年末为临港片区开发建设的地铁16号开通，才接入市区地铁网。在多所市属高校整体迁出后，面向市场的民办专科院校发展缺乏有力依托，出现办学资源闲置现象（见表9）。

在“2+2+X”框架基本形成的基础上，2007年上海持续调整高校空间布局，扩展成“2+2+2+X”布局。即增加奉贤、临港两大新城的高教园区。《上海城市总体规划（2017-2035年）》提出在杨浦区和闵行区打造全球顶尖水平的高校集聚区，在松江区、奉贤区、南汇新城、嘉定区等建设高水平高校集聚区，实现每个新城、每个城市副中心至少有1所大学。

### （二）浦东新区高教发展和布局

20世纪90年代初，浦东新区范围内只有1所船务专业高校。浦东开发以来，通过区外迁入、合作新建、社会力量办学等多种方式，实现了浦东新区高等教育跨越式发展。

2000年，浦东新区高校增加到3所。新建民办高校上海杉达学院，上海海关学院整体搬迁。此外，还成立了我国唯一一所由中外政府联合创建的商学院——中欧国际商学院。2010年，浦东新区全日制普通高校增加到12所，在校学生16.8万人。2010年以来，浦东新区高等教育连续取得重大突破。2012年创立的上海纽约大学是我国第一所中美合作办学，陆家嘴世纪大道上的校区是中国全方位对外开放的标杆，新启用的前滩校区占地面积扩大到100亩。2013年，上海市与中国科学院合作共建上海科技大学，打造小而精、高水平国际化的研究型大学。2024年，浦东新区全日制高等院校超20所。

表9　21世纪初上海新建大学园区

| 城区 | 园区 | 高校 | 主管部门 | 办学层次 | 投入使用时间 | 备注 |
| --- | --- | --- | --- | --- | --- | --- |
| 松江区 | 松江大学城 | 上海外国语大学 | 教育部 | 双一流 | 2001年10月 | 占地约533.3公顷，地铁9号线2007年末开通，2008年末并入市区地铁网 |
| | | 上海对外经贸大学/学院 | 上海市 | 重点 | 2001年10月 | |
| | | 上海立信会计金融学院 | 上海市 | 应用型大学 | 2001年10月 | |
| | | 上海视觉艺术学院 | 上海市教委 | 民办 | 2005年10月 | |
| | | 东华大学 | 教育部 | 双一流 | 2003年10月 | |
| | | 华东政法大学 | 上海市 | 重点 | 2003年10月 | |
| | | 上海工程技术大学 | 上海市 | 应用型大学 | 2003年10月 | |
| 浦东（南汇区） | 惠南镇南汇大学城 | 上海理工大学（基础学院） | 上海市 | | 1997年 | 2013年整体搬迁回杨浦校区 |
| | | 上海水产学院 | 上海市 | 双一流 | 2004年 | 2008年更名上海海洋大学，整体迁入临港 |
| | | 上海电力学院 | 上海市 | 特色型大学 | 2001年 | 2018年更名上海电力大学，整体迁入临港；土地和房屋转让给上海民航职业技术学院 |
| | | 复旦大学太平洋金融学院 | | | 2004年 | 因合规问题，2011年停止招生，2012年撤销建制 |
| | | 上海民航职业技术学院 | 交通运输部 | 公办专科 | 2018年 | 2018年接收上海电力学院土地房屋办学 |
| | | 上海思博职业技术学院 | 上海市教委 | 民办专科 | 2003年 | 、 |
| | | 上海工商外国语职业学院 | 上海市教委 | 民办专科 | 2001年 | |
| | | 上海兴伟学院 | 上海市教委 | 民办本科 | 2014年上海托普职业技术学院更名 | |

资料来源：作者整理。

浦东新区高校空间布局特点是与重点产业园区相结合。浦东新区内金桥出口加工区、外高桥保税区、张江高科技园区和陆家嘴金融贸易区四大国家级开发区均匹配有相关高校（见表10）。

**表10　浦东新区代表性高校空间布局**

| 区域 | 高校 | 入驻方式 | 入驻年份 | 备注 |
|---|---|---|---|---|
| 金桥出口加工区 | 上海第二工业大学 | 跨区迁入 | 1999年 | |
| | 上海杉达学院 | 区内迁移 | 1998年 | 最早的民办高校 |
| | 上海交通职业技术学院 | 跨区迁入 | 2003年 | |
| 世博板块 | 上海海关学院 | 跨区迁入 | 1999年 | |
| 外高桥保税区 | 上海立信会计金融学院 | 跨区迁入 | 2003年 | |
| 张江科技城 | 中欧国际工商学院 | 合作新建 | 1994年 | 第一所中欧合作 |
| 张江高科技园区 | 上海中医药大学 | 跨区迁入 | 2003年 | |
| | 上海科技大学 | 合作新建 | 2013年 | 高水平研究型大学 |
| 前滩商务区 | 上海纽约大学 | 合作新建 | 2012年 | 第一所中美合作 |
| 南汇新城（临港） | 上海海事大学 | 区内迁移 | 2008年 | |
| | 上海海洋大学 | 跨区迁入、区内二次迁移 | 2018年 | 双一流 |
| | 上海电力大学 | 跨区迁入、区内二次迁移 | 2018年 | |
| | 上海电机学院 | 跨区迁入 | 2006年 | |
| | 上海建桥学院 | 区内迁移 | 2015年 | |

资料来源：作者整理。

## 四　总结与评价

从前述回顾可以看出，20世纪90年代末以来北京高校布局调整经历了自发到统筹、扩张发展到规模严控、向市郊近距转移到京津冀广域疏解的演变过程。在当时的经济社会发展背景下，第一阶段的调整由市场化土地开发模式主导，涉及利益主体多、层级高、协调难度大，整体推进较为缓慢。中央部属高校集中的沙河高教园，在规划近二十年后实现了所有入驻高校新建校区的首次启用。配套地铁开通并网的时滞较小。与之相对照，几乎同时规划的上海松江大学城用时 5 年完成这一过程。不过配套地铁 9 号线开通，并入市区地铁网的时间较为滞后，对入驻师生的通勤影响较大。

从布局总体结构来看，到 21 世纪 10 年代中期，传统的高校集聚地学院路加上沙河、良乡两个高教园的格局初步形成。第二阶段，具有政策和市场双重敏感的民办高校较早向远郊或外地迁移，市属高校开始导入平原地区，中央部属高校启动向京津冀区域的疏解，共有 16 所高校向外疏解转移学生 10.8 万人，[①] 北京高校布局调整已经全面展开。与之对照，上海高校空间布局调整较早完成了“2+2+X”框架。从增加新城布局的“2+2+2+X”，到提出每个城市副中心和新城有 1 所高校，上海市域内的高校空间布局结构基本成形。在多政策目标导向下，空间布局快速调整，出现短期内主校区二次迁移、早期开发园区办学资源闲置的现象。

目前，世界处于人工智能等高科技取得突破性进展引发产业革命的前期。对高等教育发展规律亟待重新认识，人才观念亟待更新。高校空间布局调整既事关地缘政治格局变动下的大国竞争，又直接影响师生发展和成长。近期上海反思科研与教学环节远距分离，新城应用型高校集中，产教脱节[②]等问题。在高校布局调整与疏解中，如何保证人才与创新培育的链条不被随意打断，保持科教融合特色，[③] 有利于产学研结合，北京还需要更多听取科学界意见，做更多探索。

① 李奕：《千年大计 教育先行》，《前线》2024 年第 2 期。

② 《从“投资驱动”转向“创新驱动”——上海“五个新城”产业调查（中）》，https：//www.shanghai.gov.cn/nw4411/20230424/b20070ae0fac4c5e9a6434f86be486b4.html。

③ 《席南华院士在国科大搬迁座谈会上的讲话》，2020 年 9 月 2 日。

# 产业经济篇

# 北京市高技术产业转移与各要素水平对产业发展的影响

## ——来自北京市16区的证据*

李曦辉　宫骅芮　王贵铎**

**摘　要**：进入新时代以来，北京市东城区、西城区、朝阳区、海淀区等核心区域高技术产业的发展因土地等要素成本的上升而受限，北京市各区之间各要素水平比较优势的变化在影响区域内高技术产业发展的同时也引发了区域间的产业转移。本文首先通过产业赫芬达尔指数和区位熵分析了北京市区域间高技术产业转移的变化趋势，更进一步地，在理论分析的基础上结合现有研究提出相应研究假说并设计回归模型，利用北京市16区的面板数据，定量考察了土地成本、劳动力成本两种传统要素以及信息化水平、教育水平等新要素对于北京市不同区域高技术产业发展的影响。结果表明：①整体来看，北京市高技术产业集中度呈现出不同的发展态势，整体上呈现先下降后上升的趋势，具体到各区来看，丰台区最具备承接北京市高技术产业转移的优势；②对北京市各区来说，土地成本的上升会抑制地区高技术产业的发展，而劳动力成本对于产业发展并没有显著影响；③教育水平以及信息化水平的提升能够抑制北京市各区

* 本文为国家社科基金重大项目“中国特色社会主义少数民族经济发展及其国际比较研究”（项目编号：19ZDA173）阶段性成果。

** 李曦辉，北京产业经济学会会长，中央民族大学管理学院教授，博士生导师，研究方向：理论经济、区域经济；宫骅芮，中央民族大学经济学院博士研究生，研究方向：区域经济；王贵铎，中央民族大学经济学院博士研究生，研究方向：区域经济。

土地成本对高技术产业发展的负向影响，起到负向的调节作用。通过研究，提出以下政策建议：科学调控土地成本，在提升地区教育水平的同时，逐步取消学区限制，依托数字技术打造全市范围内高技术产业信息共享平台。

**关键词：** 高技术产业　土地成本　劳动力成本　产业转移

## 一　引言

改革开放以来，中国进入了快速发展期，北京市作为首都，产业结构也发生了巨大变化。2005 年，国务院批复《首钢实施搬迁、结构调整和环境治理方案》，以首钢为代表的一批重工业企业逐渐从首都迁出，传统工业进一步瘦身，制造业五大高耗能产业生产总值占比从 2001 年的 26.4%下降至 2018 年的 8.3%，生产向北京市外转移。与此同时，医药制造业、电子及通信设备制造业、计算机及办公设备制造业等高技术制造业，以及信息传输、软件和信息技术服务业，科学研究和技术服务业等高技术服务业进驻首都，北京市各区各自形成了相应的优势产业，北京经济技术开发区、中关村国家自主创新示范区也随之设立，北京市制造业走向了“高精尖”产业，到 2018 年，北京市汽车、电子、医药行业生产总值均达到千亿元规模，同年北京市第三产业无论是增加值占比（81%）、产出效率（24.4 万元/人），还是吸纳就业规模（1010.2 万人）都已成为北京市主导产业，形成以信息传输和服务、金融服务、科学研究和信息技术等服务业为主的第三产业主导格局。总体来看，高技术产业逐渐成为北京市的市场主体。

进入新时代以来，北京市土地、劳动力等传统要素成本迅速上升，这些传统要素依旧深刻影响着北京市各区的产业结构，东城区、西城区、朝阳区、海淀区等核心区域高技术产业的发展因土地成本的上升而受限，北京市高技术产业分布也因此发生变化，向周边区域转移。与此同时，新要素的影响也在逐渐加深，地方信息化水平以及营商环境中的公共服务环境也影响着企业的个体选择，进而影响北京市区域内部产业结构变动和区域产业分布的调整。那么，北京地区高技术产业呈现出什么样的转移趋势？不同要素在这种区域内产业转移和发展过程中扮演什么样的角色？承接高技术产业转移的地区又应该如何应对？这些问题不仅是学术研究关注的焦点，也有助于为北京地区高技术产业的发展以及区域内部的协调提供理论依据和思路参考。

本文首先通过产业赫芬达尔指数和区位熵分析了北京市区域间高技术产业转移的变化趋势，更进一步地，在理论分析的基础上结合现有研究提出相应研究假说并设计回归模型，利用北京市 16 区的面板数据，定量考察土地成本、劳动力成本两种传统要素以及信息化水平、教育水平等新要素对于北京市不同区域高技术产业发展的影响，以期为政策决策者提供建议依据。

## 二 理论分析与研究假说

### （一）理论分析

产业转移是生产力空间布局优化、生产链重构、合理产业分工体系形成、经济发展方式调整的重要途径。在理论研究方面，经济学家们从资本、劳动力、土地等方面论述了这些要素对于产业发展和转移的重要作用。魁奈在《谷物论》中提到“大人口和大财富，则可以使生产力得到更高的发挥”,[①] 强调了资本和劳动力对于生产的重要性，随后亚当·斯密从分工的视角提出了“劳动生产力”的概念，并分别对资本、土地成本（地租）以及劳动力成本（工资）展开了论述。[②]

斯密之后，经济学家对资本、土地以及劳动力对生产的影响展开了更加深入的研究和探讨。弗农提出了产品生命周期理论，[③] 之后区域经济学家将

① 《谷物论》，载《魁奈经济著作选集》，关斐丹、张草纫选译，商务印书馆，1979。

② 〔英〕亚当·斯密：《国富论》，杨敬年译，陕西人民出版社，2001。

③ Vernon, R., “International Investment and International Trade in the Product Cycle,” *Quarterly Journal of Economics* 80 (1966).

这一理论引入区域经济学中，形成了梯度转移理论。产业梯度转移是生产要素供给或产品需求条件发生变化后，某些产业从某一国家或地区转移到另一国家或地区的经济行为和过程。雁阵理论认为，产业转移直接产生于土地成本、劳动力成本等比较优势的动态变化。①② 因此，当前学界主要依托于传统的产业转移理论，如梯度转移理论以及雁阵理论等解释国际产业转移或地区间的产业转移以及相应影响因素，土地作为基本生产要素之一，在产业区位形成中还具有重要作用，③ 土地成本和劳动力成本的上升对产业发展存在挤出效应。④⑤

随着经济社会的发展，研究者在研究产业发展和转移时对其影响因素的考虑也更加全面，除资本、土地以及劳动力等传统要素以外，政府投入、教育水平、医疗水平以及信息化水平等要素的作用也被纳入考虑范围。李国平等拓展了传统的梯度推移理论，开创了广义梯度推移理论，将政府投入以及教育和医疗等公共服务水平也纳入了指标体系，构建区域梯度水平评价模型。⑥ 与之相类似的，地区营商环境也包括政务环境（政府支出）和公共服务环境（教育、医疗等）等内容，营商环境的优化有助于促进企业的高质量发展。⑦⑧ 此外，进入数字时代后，随着数字经济的迅速发展，信息技术对经济发展的影响作用日趋显著。美国经济学家约翰·奈斯比特在《大趋

① 蔡昉、王德文、曲玥：《中国产业升级的大国雁阵模型分析》，《经济研究》2009 年第 9 期。

② 杨亚平、周泳宏：《成本上升、产业转移与结构升级——基于全国大中城市的实证研究》，《中国工业经济》2013 年第 7 期。

③ Hanson，G. H.，“Regional Adjustment to Trade Liberalization，” *Regional Science and Urban Economics* 28（1998）.

④ Tabuchi，T.，“Urban Agglomeration and Dispersion：A Synthesis of Alonso and Krugman，” *Journal of Urban Economics* 44（1998）.

⑤ Fujita M.，Krugman P. and Venables A. J.，*The Spatial Economy：Cities，Regions，and International Trade*（MIT Press，1999）.

⑥ 李国平、许扬：《梯度理论的发展及其意义》，《经济学家》2002 年第 4 期。

⑦ “中国城市营商环境评价研究”课题组、李志军、张世国等：《中国城市营商环境评价的理论逻辑、比较分析及对策建议》，《管理世界》2021 年第 5 期。

⑧ 张兆国、徐雅琴、成娟：《营商环境、创新活跃度与企业高质量发展》，《中国软科学》2024 年第 1 期。

势》中指出“信息产业”的大发展是第三次产业膨胀最重要的内容,① 同时，内生经济增长理论表明技术创新引起的技术进步是经济增长的主要源泉,②“数字+”“互联网+”等模式使企业能够更高效地运作，地区信息化水平的高低往往意味着企业获取信息的难易程度以及产业链上下游企业之间是否能够更便捷地进行互动，因此地区信息化水平在影响企业个体选择的同时也影响着整个产业的运行效率。

## （二）研究假说

土地成本和劳动力成本等要素水平的梯度差异和比较优势，为核心地区的产业向周边地区扩散和转移提供了条件。北京的高技术产业发展在其区域内部存在明显的异质性，在东城区、西城区、朝阳区以及海淀区的显性成本优势逐渐丧失后，其余地区就具备了承接高技术产业转移的低成本优势。在理论分析的基础上，结合北京市高技术产业的实际状况，本文提出土地成本以及劳动力成本两个传统要素仍然是影响北京市高技术产业转移和产业发展的主要因素，同时教育水平、信息化水平带来的影响也不可忽视。

由于产业转移的前提是两区域处于不同的发展阶段，客观上存在经济势差。③ 从经济势差的角度出发具体分析经济影响因素，可以发现，成本是影响产业转移的重要因素，一般包括土地价格、原材料成本、地产租金等。正如生产三要素论所言，土地作为生产必备要素，其成本对产业发展影响重大。④ 关于地产价格与产业转移的关系，赫尔斯利和斯特兰奇指出土地的稀缺将制约产业集聚的程度,⑤ 高波等从生活成本的角度出发，引入房价因素，对新经济地

① 〔美〕约翰·奈斯比特:《大趋势：改变我们生活的十个新方向》，梅艳译，中国社会科学出版社，1984。

② Romer, P. M., “Increasing Returns and Long-run Growth,” *Journal of Political Economy*, 94 (1986).

③ 雒海潮、苗长虹:《承接产业转移影响因素和效应研究进展》,《地理科学》2019 年第 3 期。

④ 〔法〕萨伊:《政治经济学概论》，陈福生、陈振骅译，商务印书馆，1998。

⑤ Helsley, Robert W. and William C. Strange, “Matching and Agglomeration Economies in a System of Cities,” *Regional Science and Urban Economics* (1990).

理学模型进行拓展，发现区域房价差异导致劳动力流动，从而诱发产业转移。[①]从企业角度出发，由于企业是产业的主体，企业迁移是产业转移最重要的步骤，企业经营以营利为目的，而土地成本是企业成本的重要组成部分。据此提出本文的研究假说1。

假说1：土地成本的上升会抑制地区高技术产业的发展。

劳动力因素对于产业发展和产业转移的影响不可忽视。现有研究从企业和不同区域尺度角度分析，提出企业作为产业转移的微观主体受到资本存量、经济规模、劳动力成本、人力资源等因素的影响较大。其中，学者们对于劳动力成本是产业转移的重要影响因素这一观点存在普遍共识。改革开放后的非均衡经济发展战略使东部地区劳动力成本上涨，东中西部地区的经济与产业梯度明显形成，出现产业从高梯度的东部地区往中西部地区转移。[②③④]从北京市的实际情况来看，核心地区用地指标的紧张和居高不下的土地成本与高技术产业发展的矛盾愈加突出，相较而言，北京市同行业企业为求发展大多采用统一薪资标准，同时高技术产业内部从业者的劳动生产率差距较小，北京市的劳动力供给也相当充分，因此北京市地区内部的劳动力成本差异对产业发展和转移的作用不如土地成本明显。据此提出本文的研究假说2。

假说2：劳动力成本不会对北京市高技术产业发展造成主要影响。

当企业发展依赖于高技术人才时，企业的选择会受人才需求的影响。虽然北京市同行业劳动力工资差距不大，但是对于劳动力的考虑，还涉及地区教育水平，地区教育水平提升有助于营商环境的优化，营商环境的好坏与否则影响着企业的收益与发展，从微观上来看，教育水平的匹配对企业的劳动

① 高波、陈健、邹琳华：《区域房价差异、劳动力流动与产业升级》，《经济研究》2012年第1期。

② 冯根福、刘志勇、蒋文定：《我国东中西部地区间工业产业转移的趋势、特征及形成原因分析》，《当代经济科学》2010年第2期。

③ 陈秀山、徐瑛：《中国区域差距影响因素的实证研究》，《中国社会科学》2004年第5期。

④ 王小鲁、樊纲：《中国地区差距的变动趋势和影响因素》，《经济研究》2004年第1期。

者要素的职业发展、工作稳定性和工作满意度都有很强的影响力,[①] 二者共同影响着企业的个体选择（迁出或入驻），进而影响到整个产业的发展以及区域间的产业转移。[②③] 结合北京市教育资源区域配置不均衡的现状，高技术人才对子女教育资源与提升劳动力自身素质的需求会出现寻租行为，扎堆拥挤在教育资源好的学区，阻碍了人才随企业均匀分布的更有效生产方式的实施，迫使企业为了招聘到更高质量的人才，而考虑企业设立地址，从而影响企业在产业转移过程中所做的决策。据此提出本文的研究假说 3。

假说 3：地区教育水平的提升会抑制土地成本上升对高技术产业发展的负向作用。

信息化水平在影响企业个体选择的同时也影响着整个产业的运行效率。企业层面，信息化水平高的地方意味着较低的信息或数据收集成本以及企业间沟通的成本，信息不对称性也因此降低，企业之间也就形成了公平有效的竞争环境,[④] 有效减少资源浪费并实现资源的合理分配,[⑤⑥] 企业出于“降本增效”的考虑更倾向于选择在信息化水平较高的地区发展，进而影响产业发展和产业转移。北京作为我国首都以及经济发展的核心地区，不同区域的信息化水平差异主要源自信息服务水平的不同，即信息服务业的发展差距，信息产业能够通过对其他产业的扩散效应以及产业融合来推动产业发展。[⑦⑧⑨]

① 李文华、李桂荣：《教育匹配的就业质量效应研究》，《首都经济贸易大学学报》2022 年第 4 期。

② 刘新智、黎佩雨、张鹏飞：《营商环境优化、技术进步与产业转型升级——基于长江经济带的实证分析》，《西南大学学报》（社会科学版）2023 年第 1 期。

③ 刘志彪、王兵：《营商环境、产业转移与区域协调发展》，《河北学刊》2024 年第 2 期。

④ Štefan Bojnec, Imre Fertö, “Impact of the Internet on Manufacturing Trade,” *Journal of Computer Information Systems* 50 (2009).

⑤ Hammer M., “The super efficient company,” *Harvard Business Review* 79 (2001).

⑥ 杨曼、王仁祥：《制度悖论、产业链信息化密度与企业研发联盟倾向》，《科学学研究》2017 年第 7 期。

⑦ 田海峰：《信息产业发展与我国产业结构升级的关联分析》，《现代经济探讨》2003 年第 6 期。

⑧ 刘美平：《信息化是实现城乡产业结构升级的根本途径》，《经济纵横》2002 年第 8 期。

⑨ 周振华：《信息化及产业融合中的结构高度化分析》，《东南学术》2004 年第 3 期。

高新技术产业是知识密集型和技术密集型产业，其对信息服务和信息技术供给的需求也更大，因此地区信息化水平成为高技术产业发展与转移的重要因素。据此提出本文的研究假说 4。

假说 4：地区信息化水平的提升会抑制土地成本上升对高技术产业发展的负向作用。

## 三　研究设计

### （一）产业转移测算思路及方法

1. 测算思路

产业集聚与产业转移都是生产资源、生产力在不同空间的布局变化过程，[①] 由于产业集中所带来的集聚效应，产业转移往往由产业集中度低的地区向产业集中度高的地区转移，具有产业转移先导作用的行业在地区产业体系中最好具有一定的产业集中度。[②] 参考已有研究，本文选择产业赫芬达尔指数以及区位熵数进行测度。数据方面，根据国家统计局分类，高技术产业可以分为高技术制造业和高技术服务业两类，限于相关数据可得性，无法完全按照国家统计局分类分析北京市高技术产业的产业转移情况，因此本文选择使用技术市场成交额来衡量高技术产业的整体发展情况。

2. 方法构建

首先，计算高技术产业赫芬达尔指数，计算公式为：

$$H_j = \sum_{j=1}^{n} \left( \frac{x_{ij}}{X_i} \right)^2 \tag{1}$$

其中，$X_i$ 为 $i$ 产业在全北京市的发展情况（本文选择使用技术市场成交

① 王向、汲国强、吴陈锐：《中国区域间制造业转移与承接趋势研究——基于 2010-2021 年分省分行业用电量的分析》，《中国电力》2024 年 3 月 18 日网络首发。

② 于强：《京津冀协同发展背景下北京制造业的产业转移——基于区位熵视角》，《中国流通经济》2021 年第 1 期。

额来衡量高技术产业的发展情况，下同），$x_{ij}$ 表示北京市 $j$ 区 $i$ 产业的总产出。产业赫芬达尔指数度量某产业是平均分布于北京市各区还是集中于少数几个区。

其次，计算北京市各区高技术产业的区位熵，计算公式为：

$$L_{ij} = \frac{x_{ij}}{x_j} / \frac{X_i}{X} \tag{2}$$

其中，$L_{ij}$ 为北京市 $j$ 区 $i$ 产业的区位熵；$x_{ij}$、$x_j$ 分别为 $j$ 区 $i$ 产业的总产出以及 $j$ 区对应的地区生产总值；$X_i$、$X$ 分别为全北京 $i$ 产业的总产出以及全北京的地区生产总值。$L_{ij}$ 大于 1 时表明 $j$ 区 $i$ 产业在北京市具有一定优势，产业集中度相对其他区更高。

## （二）模型设定

### 1. 面板固定效应模型

前文从理论和实际两个视角，探讨了北京市土地成本和劳动力成本对高技术产业的影响。为了进一步验证前文的理论假说，本文构建如下面板固定效应模型：

$$Ind_{it} = \alpha_0 + \alpha_1 HP_{it} + \sum_k \alpha_k Control_{it} + \delta_i + \eta_t + \varepsilon_{it} \tag{3}$$

$$Ind_{it} = \alpha_0 + \alpha_1 HP_{it} + \alpha_2 Lab_{it} + \sum_k \alpha_k Control_{it} + \delta_i + \eta_t + \varepsilon_{it} \tag{4}$$

其中，被解释变量 $Ind_{it}$ 为北京市 $i$ 区在 $t$ 年的高技术产业发展状况；解释变量 $HP_{it}$ 表示北京市 $i$ 区在 $t$ 年的土地成本，$Lab_{it}$ 表示北京市 $i$ 区在 $t$ 年的劳动力成本；$Control_{it}$ 表示一系列可能影响被解释变量 $Ind_{it}$ 的控制变量；$\delta_i$ 和 $\eta_t$ 分别表示个体固定效应和时间固定效应；$\varepsilon_{it}$ 为随机扰动项。

### 2. 调节效应模型

根据前文理论分析，教育和信息对北京市各区土地成本与高技术产业发展的关系中有着重要影响，因此构建如下调节效应模型：

$$Ind_{it} = \gamma_0 + \gamma_1 HP_{it} + \gamma_2 T_{it} + \gamma_3 HP_{it} \times T_{it} + \gamma_4 \sum_k \gamma_k Control_{it} + \delta_i + \eta_t + \lambda_{it} \quad (4)$$

其中，$T_{it}$ 为调节变量；交互项系数 $\gamma_3$ 为关注重点，如果 $\gamma_3$ 正向显著，表明调节变量起到负向的调节作用，反之为正向调节作用。

## （三）数据来源与变量设置

本文选取 2012~2022 年北京市 16 区的面板数据探讨北京市各区土地成本、劳动力成本两种传统要素以及信息化水平、教育水平等新要素对于区域高技术产业发展的影响，所用数据来自历年《北京统计年鉴》《北京区域统计年鉴》《中国城市统计年鉴》、各区《统计年鉴》以及各区《国民经济和社会发展统计公报》，部分缺失值通过临近点的线性趋势补齐。

1. 被解释变量与核心解释变量

被解释变量为北京市各区高技术产业的发展状况（*Ind*），限于数据可得性，本文通过北京市各区技术市场成交额占地区生产总值的比重来衡量地区高技术产业的发展状况。核心解释变量土地成本（*HP*）为北京市各区商品房年平均售价，劳动力成本（*Lab*）为北京市各区城镇单位在岗职工平均工资。

2. 控制变量

控制变量包括人口规模、消费水平、投资水平、政府支出水平、医疗水平等 5 个层面变量。其中，人口规模（*Pop*）通过年末总人口表示；消费水平（*Cons*）以社会消费品零售总额来表示；投资水平（*Inv*）以固定资产投资总额来表示；政府支出水平方面，根据本文研究主题，选择分别控制教育支出（*Edu_exp*）、科技支出（*Sci_exp*）以及医疗支出（*Med_exp*），来表示地方政府对于教育、科技以及医疗的重视程度；医疗水平（*Med*）以每万人卫生技术人员数表示。

3. 调节变量

根据前文的理论研究北京市的现实情况，教育是企业是否入驻的重要影响因素，已有研究表明，教育水平对于产业发展有着重要影响。①② 同时，进入数字时代后，信息成为影响企业运行效率的重要因素，地区信息化水平的提升推动着企业之间的互动联通以及产业的发展。③④ 本文通过每万人中小学专任教师数量表示地区教育水平（*Edu*），以北京市各区信息传输、软件和信息技术服务业上市企业营业收入来表示地区信息化水平（*Inf*）。

各变量描述性统计见表 1，回归时除被解释变量外均进行标准化处理。

**表 1　主要变量的描述性统计**

| 变量名 | 均值 | 标准差 | 最小值 | 最大值 | 样本容量 |
|---|---|---|---|---|---|
| *Ind* | 0. 1202 | 0. 1348 | 0. 0020 | 0. 5850 | 176 |
| *HP* | 43194. 27 | 27660. 29 | 8279 | 128952 | 176 |
| *Lab* | 121215. 1 | 49409. 27 | 45061 | 261476 | 176 |
| *Pop* | 85. 3952 | 62. 1226 | 24. 83 | 245. 5 | 176 |
| *Cons* | 7753285 | 8829959 | 598800 | 3. 55e+07 | 176 |
| *Inv* | 4754396 | 3442230 | 699314 | 1. 36e+07 | 176 |
| *Edu_exp* | 400817 | 283595. 9 | 78000 | 1456400 | 176 |
| *Sci_exp* | 40717. 66 | 72917. 98 | 1977 | 596169 | 176 |
| *Med_exp* | 172234. 1 | 120768. 6 | 28500 | 598800 | 176 |
| *Med* | 162. 1049 | 61. 2468 | 69. 5746 | 293. 8686 | 176 |
| *Edu* | 91. 1657 | 15. 0189 | 68. 4599 | 131. 8098 | 176 |
| *Inf* | 5381436 | 2. 08e+07 | 22514. 79 | 1. 78e+08 | 176 |

① 马光明：《产业结构升级、教育提升与中国城镇女性就业——基于教育水平与产业结构协同发展的视角》，《山西财经大学学报》2023 年第 3 期。

② 顾海峰、卞雨晨：《财政支出、金融及 FDI 发展与文化产业增长——城镇化与教育水平的调节作用》，《中国软科学》2021 年第 5 期。

③ 梁红艳：《中国制造业与物流业融合发展的演化特征、绩效与提升路径》，《数量经济技术经济研究》2021 年第 10 期。

④ 李向阳、冯谓：《信息化与工业企业科技创新融合水平测度及提升策略研究》，《工业技术经济》2020 年第 12 期。

## 四　实证结果与数据分析

### （一）赫芬达尔指数分析

表2为高技术产业赫芬达尔指数的计算结果，图1为高技术产业赫芬达尔指数的变化趋势。根据表2的计算结果，结合图1赫芬达尔指数变化趋势，2012~2022年北京市高技术产业整体上呈现先下降后上升后稍有下降的趋势，这表明北京市高技术产业在2020年以前整体集中度逐渐下降，逐渐向各区分散，2020年后集中度有所提升，北京市高技术产业再次向着个别地区集聚，具体是否发生产业转移，本文将进一步用高技术产业区位熵进行测算。

**表2　2012~2022年产业赫芬达尔指数**

| 年份 | 赫芬达尔指数 |
|---|---|
| 2012 | 0. 2844 |
| 2013 | 0. 2732 |
| 2014 | 0. 2635 |
| 2015 | 0. 2484 |
| 2016 | 0. 2321 |
| 2017 | 0. 2164 |
| 2018 | 0. 2113 |
| 2019 | 0. 1984 |
| 2020 | 0. 1894 |
| 2021 | 0. 2201 |
| 2022 | 0. 2154 |

### （二）区位熵分析

为进一步考察高技术产业在北京市各区的集中程度，参考于强的做法，[①]

① 于强：《京津冀协同发展背景下北京制造业的产业转移——基于区位熵视角》，《中国流通经济》2021年第1期。

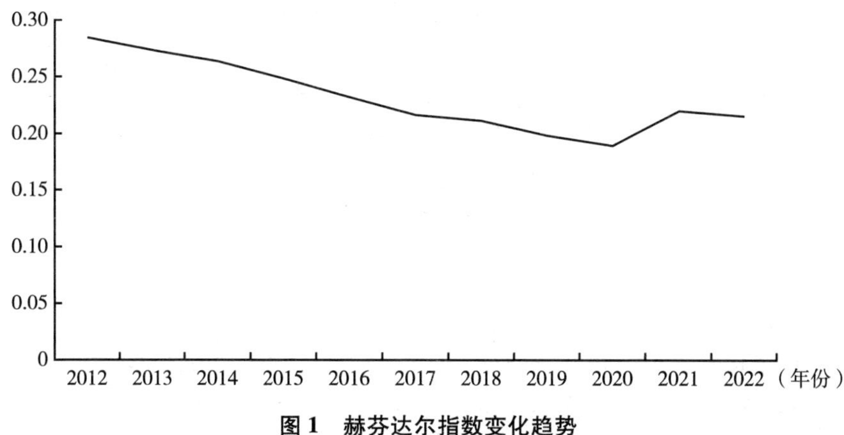


**图 1　赫芬达尔指数变化趋势**

通过（2）式计算北京市各区 2012~2022 年高技术产业的区位熵，并将结果进行均值化处理，计算结果见表 3。根据计算结果来看，北京市高技术产业区位熵大于 1 的地区有大兴区、东城区、丰台区以及海淀区，其中产业集中度最高的是丰台区，丰台区高技术产业初具规模，具有较大的发展潜力；大兴区高技术产业集中度较高，同样具备了一定的高技术产业规模；东城区、海淀区高技术产业区位熵虽然大于 1，但高昂的土地成本可能会限制高技术产业的进一步发展。综合来看，丰台区最有可能承接北京市高技术产业的转移。当前，丰台区已有轨道交通、航空航天两个千亿元级产业集群，新一代信息技术、新材料、医药健康以及智能制造四个百亿元级产业集群，同时也在积极推进新能源、特种机器人等新型产业发展。丰台区还出台了《丰台区加快实施倍增计划追赶行动推进高质量发展实施意见（2023－2025 年）》，正在建设北京看丹独角兽创新基地、丽泽国际金融城、万泉寺国际人才社区，丰台在积极做好承接产业转移的准备。

**表 3　北京市各区平均区位熵及产业规模**

| 地区 | 高技术产业区位熵 | 2022 年高技术产业规模（万元） |
| --- | --- | --- |
| 大兴区 | 1.6988 | 4720778.89 |
| 密云区 | 0.1344 | 60642.16 |
| 平谷区 | 0.0271 | 28262.28 |

续表

| 地区 | 高技术产业区位熵 | 2022 年高技术产业规模(万元) |
|---|---|---|
| 延庆区 | 0.2508 | 168217.78 |
| 怀柔区 | 0.2686 | 65508.82 |
| 东城区 | 1.1207 | 8577794.76 |
| 西城区 | 0.3077 | 3223569.34 |
| 朝阳区 | 0.9372 | 13573580.33 |
| 丰台区 | 3.0112 | 3159923.72 |
| 石景山区 | 0.7285 | 2077469.94 |
| 海淀区 | 1.7710 | 33803839.53 |
| 顺义区 | 0.1167 | 947147.75 |
| 通州区 | 0.9903 | 5021795.40 |
| 房山区 | 0.0599 | 173736.76 |
| 门头沟区 | 0.2499 | 246987.09 |
| 昌平区 | 0.7560 | 3625856.61 |

## （三）基准回归结果及分析

表 4 为北京市各区土地成本上升对高技术产业发展的作用。列（1）、列（2）分别为不添加控制变量和添加控制变量后的结果，*HP* 系数均在 0.1 的显著性水平下负向显著，即对北京市各区来说，随着土地成本的上涨，高技术产业在经济中的比重明显下降，前文研究假说 1 得到验证。这可能是因为，北京市房价的上升往往伴随着地价上涨以及更加高昂的生产经营成本，同时海淀区等核心地区土地资源稀缺，导致高技术企业的发展受限，再由此引发了北京市各区内部的高技术产业转移。

表 4　基准回归结果

| 变量名称 | *Ind* | |
|---|---|---|
| | (1) | (2) |
| *HP* | -0.0167*<br>(0.0099) | -0.0294*<br>(0.0162) |

续表

| 变量名称 | *Ind* | |
|---|---|---|
| | (1) | (2) |
| 常数项 | 0.1202***<br>(0.0046) | 0.1202***<br>(0.0038) |
| 控制变量 | 否 | 是 |
| 个体固定效应 | 是 | 是 |
| 时间固定效应 | 是 | 是 |
| 样本数 | 176 | 176 |
| $R^2$ | 0.8280 | 0.8855 |

注：*、**、***分别表示在10%、5%、1%的显著性水平上显著；括号内为聚类稳健标准误，下同。

## （四）稳健性检验

### 1. 内生性检验

由于高技术产业发展也可能对地区房价造成影响，因此高技术产业发展与地区土地成本之间可能存在一定的内生性问题，同时考虑到可能存在的影响高技术产业发展的遗漏解释变量问题，参考郭文伟和李嘉琪的研究,① 将土地成本（*HP*）设定为内生变量，采用其1阶和2阶滞后项作为工具变量，通过2SLS方法进行稳健性检验，检验结果见表5。将检验结果同基准回归结果相比，显著性水平以及系数绝对值大小均有所提升，即土地成本上升对高技术产业发展的负向影响显著增强。Kleibergen-Paap rk LM统计量的值为12.278，其$p$值为0.0022，小于0.01，不可识别检验通过，即工具变量与内生解释变量显著相关；Hansen J统计量的值为2.224，其$p$值为0.1359，大于0.1，过度识别检验通过，工具变量是外生的；Kleibergen-Paap rk Wald F统计量的值为20.814，大于10%的临界值19.93，拒绝弱工具变量的假

① 郭文伟、李嘉琪：《房价泡沫抑制了经济高质量增长吗？——基于13个经济圈的经验分析》，《中国软科学》2019年第8期。

设；内生解释变量的内生性检验结果为 5.030，其 $p$ 值为 0.0249，小于 0.05，因此解释变量的内生性检验通过。总的来看，工具变量设置合理，前文回归结果可靠。

**表 5　内生性检验结果**

| 变量名称 | 第一阶段 | | 第二阶段 | |
|---|---|---|---|---|
| | *HP* | | *Ind* | |
| | （1） | （2） | （3） | （4） |
| *HP* | | | −0.0506***<br>（0.0158） | −0.0725***<br>（0.0228） |
| *L1. HP* | 0.4723**<br>（0.1809） | 0.3646**<br>（0.1809） | | |
| *L2. HP* | 0.2755*<br>（0.1551） | 0.2819*<br>（0.1526） | | |
| 常数项 | 0.5556***<br>（0.1482） | 0.5708***<br>（0.1830） | 0.2067***<br>（0.0211） | 0.2112***<br>（0.0645） |
| 控制变量 | 否 | 是 | 否 | 是 |
| 个体固定效应 | 是 | 是 | 是 | 是 |
| 时间固定效应 | 是 | 是 | 是 | 是 |
| 样本数 | 144 | 144 | 144 | 144 |

2. 排除异常值影响

为了排除异常值影响，本文对被解释变量 *Ind* 分别进行 1%和 5%的缩尾处理，然后再进行回归。根据表 6 稳健性检验结果中模型（1）和模型（2）的估计结果，在进行缩尾处理后，核心解释变量 *HP* 的系数依旧显著为负。

3. 控制非平行趋势

控制变量的时间趋势可能会对结果造成干扰，在式（3）的基础上加入控制变量与时间趋势项的交互项，排除由控制变量的时间趋势导致的差异，根据表 6 稳健性检验结果中模型（3）的估计结果来看，在控制控制变量的时间趋势后，核心解释变量 *HP* 的系数依旧显著为负。

4. 排除潜在时变遗漏变量影响

部分潜在的时变遗漏解释变量可能会对基准回归的估计结果造成一定干扰，例如北京市不同区之间的经济差异变化、样本期 2012~2022 年期间出台的区域发展政策以及其他可能会影响地区高技术产业发展的规划。为了降低上述问题可能导致的估计偏误，通过控制地区与时间交乘项的固定效应，吸收区域层面随时间变化的潜在干扰因素。表 6 中模型（4）的结果表明，在排除潜在时变遗漏变量影响后，土地成本的上升仍然会抑制地区高技术产业的发展。

**表 6　稳健性检验结果**

| 变量名称 | *Ind* | | | |
|---|---|---|---|---|
| | (1) | (2) | (3) | (4) |
| *HP* | −0.0295*<br>(0.0162) | −0.0293*<br>(0.0156) | −0.0305*<br>(0.0162) | −0.0283*<br>(0.0163) |
| 常数项 | 0.1202***<br>(0.0038) | 0.1167***<br>(0.0033) | 0.1202***<br>(0.0038) | −12.5356**<br>(5.8793) |
| 控制变量 | 是 | 是 | | 是 |
| 缩尾 1% | 是 | | | |
| 缩尾 5% | | 是 | | |
| 控制变量 * 时间趋势 | | | 是 | |
| 地区 * 时间固定效应 | | | | 是 |
| 个体固定效应 | 是 | 是 | 是 | |
| 时间固定效应 | 是 | 是 | 是 | 是 |
| 样本数 | 176 | 176 | 176 | 176 |
| $R^2$ | 0.8858 | 0.8984 | 0.8850 | 0.8860 |

## （五）劳动力成本对高技术产业发展的影响

表 7 为北京市各区劳动力成本对高技术产业发展的作用。添加控制变量后 *Lab* 系数不显著，即对北京市各区来说，劳动力成本不是影响高技术

产业发展的重要因素，前文理论分析得到验证。首先，北京市作为全国的经济、政治中心，市内各区的劳动力成本差异不大；其次，高技术产业中各大企业的中坚人才主要为技术人员和研发人员，产业内员工的工资水平不会有较大差异，因此劳动力成本不再是北京市各区高技术产业发展的重要影响因素。

**表 7　劳动力成本对高技术产业发展的影响**

| 变量名称 | *Ind* | |
|---|---|---|
| | （1） | （2） |
| *HP* | -0.0395**<br>（0.0181） | -0.0481**<br>（0.0230） |
| *Lab* | 0.0734*<br>（0.0443） | 0.0596<br>（0.0400） |
| 常数项 | 0.1202***<br>（0.0045） | 0.1202***<br>（0.0038） |
| 控制变量 | 否 | 是 |
| 个体固定效应 | 是 | 是 |
| 时间固定效应 | 是 | 是 |
| 样本数 | 176 | 176 |
| $R^2$ | 0.8346 | 0.8897 |

## （六）异质性分析

由于北京市各区之间在人口规模上存在较大差异，为进一步探讨不同人口规模下土地成本上升对高技术产业发展是否存在异质性，本文根据 2022 年北京市各区年末总人口的均值，将样本划分为人口较多和人口较少两部分进行异质性分析，分析结果见表 8。从表 8 的回归结果来看，在人口较多的地区，土地成本上升对高技术产业发展的挤出效应更加明显，而在人口较少的地区，土地成本的上升反而会在一定程度上推动高技术产业的发展。一方面，人口较多的地区竞争激烈且生活成本较高，而技术人才是高技术产业发展的重要人力资本，激烈的竞争和高昂的生活成本可能会导致技术人才的外流，不利于高技术产业发展；另一方面，“地广人稀”意味着更低的生产经营成本，更加容易吸引人才流入以及产业集聚。

**表 8　异质性分析结果**

| 变量名称 | *Ind* | |
|---|---|---|
| | 人口较多 | 人口较少 |
| | (1) | (2) |
| *HP* | −0.1550*<br>(0.0881) | 0.0229*<br>(0.0118) |
| 常数项 | −0.6016<br>(0.4543) | −0.0523<br>(0.0870) |
| 控制变量 | 是 | 是 |
| 个体固定效应 | 是 | 是 |
| 时间固定效应 | 是 | 是 |
| 样本数 | 66 | 110 |
| $R^2$ | 0.8512 | 0.8476 |
| 系数组间差异检验 *P* 值 | 0.002 | |

注：系数组间差异检验 *P* 值表示费舍尔组合检验（抽样 1000 次）计算得到。

## （七）教育水平和信息化水平的调节效应分析

教育水平和信息化水平的调节效应检验结果见表 9。如表 9 第（1）（2）列所示，在模型中加入教育水平（*Edu*）后，核心解释变量 *HP* 的系数在 0.1 的显著性水平下显著为负，进一步加入二者交互项后，交互项系数在 0.05 的显著性水平下显著为正。结果表明，教育水平起到负向的调节作用，教育水平的提升会抑制北京市各区土地成本对高技术产业发展的负向作用。根据表 9 第（3）（4）列的结果，在模型中加入信息化水平（*Inf*）后，核心解释变量 *HP* 的系数在 0.1 的显著性水平下显著为负，进一步加入二者交互项后，交互项系数在 0.1 的显著性水平下显著为正。结果表明，信息化水平起到负向的调节作用，信息化水平的提升会抑制北京市各区土地成本对高技术产业发展的负向作用。这表示，虽然土地成本的上升会导致高技术产业向成本更低的地区转移，其在土地成本较高区域内经济中的占比下降，但是教育水平和信息化水平的提升会抑制这种趋势。土地成本虽然是影响高技术产业发展的重要因素，但是考虑到北京市的现实状况，教育水平作为衡量地区营商环境的要素之一，会影响到企业的个体选择以及企业未来的发展，同时，地区信息化水平决定着企业获取信息的难易程度以及整个产业的运行效率，对高技术产业的发展会产生重要影响。

**表 9　调节效应结果**

| 变量名称 | *Ind* | | | |
|---|---|---|---|---|
| | （1） | （2） | （3） | （4） |
| *HP* | -0.0311*<br>（0.0177） | -0.0317*<br>（0.0169） | -0.0643*<br>（0.0327） | -0.0391<br>（0.0275） |
| *Edu* | 0.0038<br>（0.0202） | -0.0049<br>（0.0196） | | |
| *HP* * *Edu* | | 0.0140**<br>（0.0078） | | |
| *Inf* | | | 0.0030<br>（0.0075） | -0.2462*<br>（0.1281） |
| *HP* * *Inf* | | | | 0.0779*<br>（0.0420） |
| 常数项 | 0.1202***<br>（0.0038） | 0.1201***<br>（0.0038） | 0.0856<br>（0.1277） | 0.0602<br>（0.1310） |
| 控制变量 | 是 | 是 | 是 | 是 |
| 个体固定效应 | 是 | 是 | 是 | 是 |
| 时间固定效应 | 是 | 是 | 是 | 是 |
| 样本数 | 176 | 176 | 176 | 176 |
| $R^2$ | 0.8856 | 0.8880 | 0.8959 | 0.8983 |

## 五　结论与建议

本文通过对北京市实际情况的分析以及相关研究的论述提出相应研究假说，并进一步通过应用高技术产业赫芬达尔指数以及区位熵，分别考察了高技术产业在北京市的整体分布情况以及在各区的集中程度，利用2012~2022年北京市16区面板数据，分析了土地成本和劳动力成本对于北京市各区高技术产业发展的影响，并进一步探究了教育水平和信息化水平对于土地成本与高技术产业发展之间的调节效应。结果表明：①整体来看，北京市高技术产业集中度呈现出不同的发展态势，整体上呈现先下降后上升的趋势；具体到各区来看，丰台区最具备承接北京市高技术产业转移的优势；②对北京市各区来说，土地成本的上升会抑制地区高技术产业的发展，而劳动力成本对于产业发展并没有显著影响；③教育水平以及信息化水平的提升能够抑制北京市各区土地成本对高技术产业发展的负向影响，起到负向的调节作用。

通过研究，提出以下政策建议。

第一，科学调控土地成本。一方面，发挥要素成本的资源配置作用，合理引导和支持中心城区不适应要素成本变化的企业转移到土地成本较低的丰台、大兴等区。通过优化调整土地规划和用地计划指标，利用土地机会成本的“推”“拉”角色吸引高技术产业转移，促进高技术产业发展，与此同时，加大对土地资源丰富、土地成本较低地区新增建设用地计划指标的支持力度，保证符合条件的转移项目落地。另一方面，针对科技创新人才出台优惠购房政策，满足人才居住需求，在给予企业和人才一定优惠政策的同时，严格执行土地最低出让标准，合理调控房价，平衡土地成本和产业发展，避免将来在要素成本差距消失和土地指标受限情况下，难以持续获得低成本优势，出现转移产业难以“扎根”的现象。

第二，优化营商环境，逐步取消学区限制。一方面，加强交通建设，优化交通网络，做好配套措施，完善医疗、文化等公共服务设施以优化营商环境，重点加大教育投入，在产业周边合理配套教育资源。在教育资源有限的情况下，有序推进优质教育资源重组并鼓励教师校际交流轮岗，同时加强引进优质师资的力度，调整教师考核着力方向，以教师的授课能力、教育成效为主要考核标准。在教育经费和师资方面向薄弱学区倾斜，可以进一步扩大优质教育资源覆盖面并有效促进学区之间均衡发展，提升地区教育水平，进而从公共服务供给方面优化地区营商环境，吸引高技术企业入驻。另一方面，通过推进“租购同权”政策，逐步赋予租房者子女同等的优质学区就近入学权利，以打破学区限制，以避免因地区间教育水平差距而影响企业入驻意愿和高技术产业的承接。

第三，依托数字技术，打造全市范围内高技术产业信息共享平台。通过构建政府、企业、高校、科研机构、中介机构等多主体组建的技术信息共享交流平台，利用多网、多终端应用开发，推进区域间技术资源全过程流通，实现信息共享、多级关联，以此破除信息垄断。一方面，信息共享平台的建设可以避免因地区间信息化水平差异而影响高技术产业发展和企业入驻；另一方面，能够提升企业自身与整体产业链、产业链与市场之间的匹配和运行效率，更易形成规模与范围经济。

# 北京自贸区的新征程

刘春生*

**摘　要：**北京自由贸易试验区是中国自贸区总体战略下的重要一环，自成立以来，北京自贸区不断推动制度创新，优化营商环境，2024 年，北京自贸区建设硕果累累，在贸易便利化、金融创新和科技创新方面取得了一系列突破。展望未来，北京自贸区发展机遇与挑战并存，需要不断进取，努力实现高质量发展。

**关键词：**自由贸易试验区　制度创新　贸易便利化

## 一　中国自由贸易试验区提升战略下的北京自贸区：特色与定位

自 2013 年上海自由贸易试验区设立以来，中国的自由贸易试验区战略逐步推进并形成了全方位、多层次的开放格局。自由贸易试验区作为深化改革、扩大开放的试验田，在制度创新、贸易便利化、投资自由化等多方面承担着先行先试的重任。

从地域分布来看，自贸区已从沿海地区逐渐向内陆拓展，涵盖了东部发达地区、中西部重要城市等不同经济区域。这一布局旨在通过不同区域的特

* 刘春生，中央财经大学国际经济与贸易学院副教授，研究方向：国际贸易、数字贸易。

色试点，探索适合各地发展的开放模式，进而带动全国的经济转型升级与开放型经济体系建设。例如，上海自贸区侧重于金融创新、贸易便利化和国际化营商环境打造；广东自贸区对接港澳，在粤港澳大湾区建设中发挥独特作用，重点推进服务业开放与粤港、粤澳深度合作；天津自贸区围绕京津冀协同发展，在融资租赁、先进制造业等领域创新探索。

在制度创新方面，各自贸区不断探索负面清单管理模式，减少政府对市场的直接干预，给予企业更多的经营自主权。同时，在海关监管、税收优惠、金融开放等领域也进行了一系列改革尝试，如海关的“单一窗口”建设提高了通关效率，部分自贸区的企业所得税优惠吸引了大量企业入驻，金融领域的资本项目可兑换、跨境人民币业务创新等为企业跨境投融资提供了便利。这些制度创新举措不仅在自贸区内激发了市场活力，也为全国的经济体制改革提供了宝贵的经验借鉴，推动了中国整体营商环境的优化，增强了中国在全球经济治理中的话语权与竞争力。

北京自贸区于2020年正式揭牌，涵盖科技创新片区、国际商务服务片区和高端产业片区等三个片区。其中，科技创新片区重点聚焦新一代信息技术、生物与健康、科技服务等领域。以中关村科学城等为核心载体，依托北京强大的科研实力与创新资源，旨在打造具有全球影响力的科技创新中心。这里汇聚了众多高校、科研机构和高新技术企业，是北京科技创新的高地，为自贸区在前沿技术研发、科技成果转化等方面提供了坚实的支撑。国际商务服务片区则以国际商务服务和服务业开放为重点，涵盖了北京商务中心区（CBD）、天竺综合保税区等区域，在金融服务、文化贸易、数字贸易等领域开展创新试点。例如，在金融服务方面，进一步推动跨境金融业务开展，吸引国际金融机构入驻，提升北京作为国际金融中心的影响力；在文化贸易领域，借助北京丰富的文化资源，探索文化产品和服务的国际化运营模式，促进中华文化“走出去”。高端产业片区主要布局在大兴国际机场临空经济区等区域，重点发展航空物流、高端制造等产业。大兴国际机场作为全球重要的航空枢纽，为高端产业片区带来了巨大的物流、人流和信息流优势。临空经济区通过发展航空指向性强的高端制造业，如航空航天装备制造等，以及高附加值的航空物流产业，促进产业集聚与升级，构建临空经济产业集群，带动区域经济发展。

北京作为全国科技创新中心，其自贸区在全国自贸区战略布局中承担着科技创新引领的重任。与其他自贸区相比，北京自贸区拥有独一无二的科研资源优势，众多顶尖高校和科研机构为科技创新提供了源源不断的智力支持。通过在自贸区开展科研管理体制创新、科技成果转化机制创新等试点，如探索赋予科研人员职务科技成果所有权或长期使用权，能够加快科技成果从实验室走向市场的进程，为全国的科技创新与产业升级提供示范。

在服务业开放领域，北京自贸区处于全国前沿阵地。尤其是在金融、文化、数字贸易等高端服务业方面，北京具有深厚的产业基础和国际化的市场环境。[①] 通过进一步放宽外资准入限制、优化服务业监管模式等措施，北京自贸区能够吸引更多全球知名服务业企业入驻，打造具有国际竞争力的服务产业集群，为全国服务业的开放与国际化发展探索道路，推动中国在全球服务贸易格局中地位的提升。

在京津冀协同发展战略背景下，北京自贸区是区域协同发展的重要枢纽。一方面，通过产业转移与协同创新，北京自贸区能够将部分非核心产业向津冀地区疏解，同时带动津冀地区相关产业的升级与创新发展；另一方面，在交通互联互通、生态环境协同治理等领域，北京自贸区也能够发挥示范引领与资源整合作用，促进京津冀地区形成统一开放、竞争有序的市场体系，提升区域整体竞争力，为全国区域协同发展提供可复制的模式。

北京自贸区最大的特点之一就是创新资源的高度集聚。这里集中了全国一流的科研机构、高校和创新企业，形成了完整的创新生态链。例如，在人工智能领域，有众多科研团队从事基础算法研究，同时也有大量企业将这些算法应用于智能安防、智能交通等实际场景中，这种产学研的紧密结合使创新成果能够快速迭代与转化。这种创新资源集聚优势使北京自贸区在探索科技创新相关制度创新时具有得天独厚的条件，能够在科技金融、知识产权保

① 董方冉：《北京自贸区：当好服务贸易“领头羊”》，《中国金融家》2020 年第 10 期。

护与运用等方面开展更具深度和广度的试点。

北京自贸区在服务业开放方面呈现出深度与广度兼具的特点。从深度来看，在金融服务领域，不仅涉及传统的银行、证券、保险等业务的创新，还深入金融科技、绿色金融等新兴领域的探索。例如，在金融科技监管沙盒机制方面进行试点，允许金融科技企业在可控的环境下进行创新产品和服务的测试与推广。从广度来看，涵盖了文化、教育、医疗等多个服务业领域的开放举措。在文化贸易方面，开展多种形式的文化产品跨境交易模式创新；在教育领域，探索国际教育合作新模式，吸引国外优质教育资源与国内教育机构合作办学；在医疗领域，推动国际先进医疗技术和药品的引进与临床试验合作等。

北京自贸区在建设过程中注重与国际规则对接。由于北京作为中国国际交往中心的地位，其自贸区在贸易规则、投资规则等方面积极对标国际高标准经贸规则。例如，在数字贸易规则方面，参照国际上关于数据跨境流动、数字产品关税等相关规则探讨，结合中国国情制定适合北京自贸区的数字贸易规则框架，既保障数据安全与主权，又促进数字贸易的自由化与便利化。[①] 在知识产权保护方面，按照国际知识产权保护公约的要求，加大执法力度，提高侵权成本，建立与国际接轨的知识产权纠纷解决机制，为国内外企业在自贸区的创新与投资营造良好的法治环境。

## 二　2024年北京自贸区发展的总体态势与建设成果

北京自贸区自设立以来，一直致力于在制度创新、产业升级、开放合作等多方面发挥示范引领作用。截至 2024 年底，北京自贸区的注册企业数量已超过 15 万家，较上年同期增长约 12%。其中，外资企业占比达到 18%，显示出其对外资的较强吸引力。例如，在国际商务服务片区，众多知名跨国

① 周凡煜、吴子倩、杨瀛、李林泰：《贸易便利化对北京自贸区贸易额影响实证研究》，《全国流通经济》2021 年第 29 期。

企业如埃克森美孚、西门子等纷纷设立区域总部或功能性机构。以埃克森美孚为例，其在北京自贸区设立的新能源研发中心，计划在未来五年内投入超5亿美元用于清洁能源技术研发与应用推广，预计将带动上下游产业新增投资超20亿美元，创造数千个高技能就业岗位。2024年前8个月，北京自贸区进出口3017.3亿元，同比增长2.3%，占地区进出口总值的12.6%。其中，高新技术产品出口表现突出，高端芯片、生物医药制品等成为出口的主力军。[①] 以中关村科学城所在的科技创新片区为例，区内某生物制药企业2024年出口额突破50亿元人民币，同比增长80%，其自主研发的抗癌新药在欧美市场获得广泛认可，订单量持续攀升。

北京自贸区进一步缩减外商投资负面清单，2024年版负面清单条目较上一年减少10%，仅保留30余项特别管理措施。在金融领域，除特定金融监管业务外，基本实现外资准入前国民待遇。例如，一家新加坡的金融科技公司，在负面清单缩减后，顺利进入北京自贸区开展跨境支付业务试点，与区内多家银行和电商平台合作，为跨境电商企业提供高效便捷的支付解决方案，业务量在半年内突破1亿元人民币。

北京自贸区推行“一站式”项目审批服务平台，将企业投资项目从立项到施工许可的审批时间压缩至30个工作日以内。以高端产业片区的一个航空航天制造项目为例，通过该平台，原本预计需要6个月的审批流程，仅用了2个月就完成，使项目提前开工建设，预计将缩短项目整体建设周期20%，节省建设成本约15%。

在贸易便利化方面，北京自贸区结合北京跨境贸易的特点，完善“智慧海关”建设，货物通关时间平均缩短至2小时以内。例如，在大兴国际机场临空经济区的航空物流企业，通过与海关的智能通关系统对接，实现货物自动分拣、快速验放。某国际知名快递企业在2024年通过该系统处理的货物量达到100万吨，同比增长30%，运输效率提升显著，客户满意度提高

① 《外贸稳定增长 彰显韧性活力 2024年1月至8月北京进出口2.39万亿元》，https：//www.gov.cn/lianbo/difang/202409/content_ 6976143.htm。

到95%以上。在此基础上，北京自贸区建立了“信用+风险”的贸易监管模式，对信用良好的企业实施低风险快速通关，对高风险企业重点监管。区内一家大型贸易企业，凭借多年良好的信用记录，在2024年享受了90%以上的货物免检快速通关待遇，其贸易周转次数从原来的每年6次提高到8次，运营成本降低10%。

北京自贸区不断深化金融创新，允许区内企业在一定额度内自主开展跨境融资业务，无须逐笔审批。某科技企业利用这一政策，在2024年从境外融得低成本资金2亿美元，用于研发投入和海外市场拓展，资金成本较国内融资降低约3%，推动企业在国际市场的竞争力大幅提升，当年海外市场销售额增长50%。区内还设立了金融科技监管沙盒，已有20余家金融科技企业入盒测试创新产品。例如，一家区内的区块链金融服务企业在监管沙盒内试点开展基于区块链的供应链金融服务，为区内中小微企业提供了高效、透明的融资渠道。在试点期间，累计为500余家中小微企业提供融资服务，融资金额达30亿元人民币，有效缓解了中小微企业融资难问题。

在科技创新与人才发展制度创新方面，北京自贸区也力争走在全国前列，出台政策鼓励高校、科研机构科研人员离岗创业或兼职创新。某高校科研团队将其研发的新型人工智能算法技术作价入股一家区内企业，占股20%。该企业在2024年基于该技术开发的智能安防产品销售额突破3亿元人民币，科研团队获得股权分红3000万元人民币，极大地激发了科研人员的创新积极性。自贸区还实施“高端人才自由港”计划，为高端人才提供出入境便利、住房补贴、子女教育等一站式服务。2024年，共引进海外高端人才500余人，国内顶尖人才800余人。例如，一位从美国归来的人工智能专家被引进到科技创新片区的一家企业，其带领的团队在一年内取得了5项人工智能领域的核心技术突破，推动企业在智能语音识别技术方面达到国际领先水平，企业估值增长50%。

在制度创新和高质量营商环境的加持下，北京自贸区的特色产业发展成果丰硕。科技创新片区内，以新一代信息技术、生物医药、高端装备制造等为代表的高新技术产业蓬勃发展。截至2024年，高新技术企业数量达到

8000余家，占区内企业总数的50%以上。例如，在人工智能领域，聚集了百度、字节跳动等头部企业，以及众多专注于人工智能芯片研发、算法优化的初创企业。它们共同构建了完整的人工智能产业生态链，从基础研究到应用开发，形成了强大的产业集聚效应。2024年，该片区人工智能产业产值达到1500亿元人民币，同比增长35%。

国际商务服务片区依托北京的金融、文化、商务等资源优势，在金融服务、文化贸易、专业服务等领域取得显著进展。在金融服务方面，各类金融机构林立，除传统银行、证券、保险机构外，还吸引了大量私募股权基金、风险投资机构等。例如，一家专注于新能源产业的私募股权基金2024年在区内设立总部，管理资金规模达100亿元人民币，已投资20余个新能源项目，推动了新能源产业在京津冀地区的快速发展。在文化贸易方面，以国家文化出口基地为依托，文化产品和服务出口态势良好。如某动漫企业的原创动漫作品在全球范围内授权播出，授权收入达到2亿元人民币，成为中国文化“走出去”的典型案例。

高端产业片区围绕大兴国际机场临空经济区，重点发展航空物流、高端制造等产业。在航空物流方面，已吸引了DHL、FedEx等全球知名物流企业入驻。例如，DHL在区内建设的航空物流转运中心，2024年货物处理量达到200万吨，成为其在亚太地区的重要物流枢纽之一。在高端制造方面，航空航天装备制造、智能装备制造等产业加速集聚。某航空航天零部件制造企业在2024年获得了波音、空客等国际航空巨头的大量订单，产值突破100亿元人民币，带动上下游配套企业50余家，形成了较为完整的航空航天制造产业链。

北京自贸区积极推动京津冀协同发展，在产业转移、创新协同等方面取得重要成果。在产业转移方面，已有300余家企业将部分生产制造环节转移至河北、天津等地。例如，一家北京的汽车制造企业将零部件生产基地迁移至河北廊坊，在降低生产成本的同时，带动了廊坊当地汽车零部件产业的升级发展，新增就业岗位5000余个。在创新协同方面，京津冀三地共建了50余个协同创新中心，联合开展科研项目200余项。如京津冀生物医药协同创新中心，在2024年成功研发出一款针对心血管疾病的新型药物，已进入临床试验阶段，有望在未来为全球心血管疾病患者带来新的治疗方案。

北京自贸区在国际开放合作方面不断拓展。在“一带一路”倡议下，与国家和地区的贸易往来和投资合作日益密切。例如，北京自贸区的一家工程建设企业在东南亚地区承接了多个基础设施建设项目，合同金额累计达50亿美元，带动了中国的工程技术、建筑材料等出口。在国际合作园区建设方面，与新加坡、德国等国家合作建设了产业园区。如中德国际合作产业园，已吸引了50余家德国企业入驻，在智能制造、汽车零部件制造等领域开展深入合作，成为中德企业合作的重要平台。

## 三　北京自贸区建设面临的挑战与展望

随着全球经济格局的深度调整与中国经济高质量发展的持续推进，北京自贸区在2025年站在了新的发展十字路口，既拥有诸多前所未有的机遇，也面临着一系列严峻挑战。

国家对自贸区建设的战略支持力度不减，北京自贸区作为全国自贸区布局中的重要一环，将继续受益于一系列优惠政策。北京坐拥丰富的科研资源与强大的创新生态。2025年，随着人工智能、量子计算、生物技术等前沿科技领域的加速突破，北京自贸区能够将这些科技创新成果迅速转化为实际生产力。以人工智能产业为例，区内众多科技企业可借助北京高校和科研机构的研发力量，开发出更先进的智能算法与应用场景，推动智能制造、智能物流、智能金融等相关产业的迭代升级。这不仅将提升北京自贸区在全球产业链中的地位，还将吸引全球高科技企业和创新人才的集聚，形成创新驱动发展的良性循环。① 在全球经济一体化的大趋势下，尽管贸易保护主义时有抬头，但区域合作与多边经贸往来仍在持续深化。北京自贸区可凭借中国在全球经济中的影响力以及自身的国际化定位，积极参与“一带一路”建设、

① 刘薇：《新型贸易背景下北京自贸区建设》，《企业管理》2022年第4期。

区域全面经济伙伴关系协定（RCEP）等国际合作框架。例如，与共建“一带一路”国家在基础设施建设、能源资源开发、数字贸易等领域开展广泛合作，推动区内企业“走出去”，拓展海外市场。同时，通过举办各类国际经贸活动和高端商务论坛，加强与世界各国的交流与沟通，提升北京自贸区的国际知名度和影响力，吸引更多国际投资和优质项目落地。

中国庞大的国内市场为北京自贸区的发展提供了坚实的后盾。随着居民消费结构的升级，对高端商品、优质服务以及创新型产品的需求日益旺盛。北京自贸区可充分发挥自身在商贸服务、文化创意、医疗健康等领域的优势，满足国内消费者的高品质需求。此外，京津冀协同发展战略的深入推进，使北京自贸区能够与天津、河北形成产业互补、资源共享的协同发展格局。例如，北京的科技创新成果可在天津、河北实现产业化落地，带动区域整体经济发展，同时河北的制造业基础和天津的港口物流优势也能为北京自贸区的发展提供有力支撑。

不过，自贸区发展也面临着众多挑战。全球范围内，众多国家和地区纷纷设立自贸区或类似的特殊经济区域，竞争态势日益激烈。新加坡、中国香港等传统国际金融和贸易中心凭借其成熟的制度体系、优越的营商环境和丰富的国际运营经验，在吸引全球资源方面具有很强的竞争力。美国、欧盟等发达经济体也在不断调整贸易政策和投资规则，试图巩固其在全球经济治理中的主导地位。北京自贸区在吸引跨国公司总部、国际金融机构、高端创新人才等方面面临着巨大的竞争压力，需要不断提升自身的综合竞争力，才能在全球自贸区竞争中脱颖而出。

经过多年的改革探索，北京自贸区在制度创新方面已经取得了显著成效，但随着改革进入深水区，进一步突破面临诸多困难。在监管制度创新方面，如何在实现贸易便利化和投资自由化的同时，有效防范金融风险、维护市场秩序、保障数据安全等，是亟待解决的问题。例如，在金融开放过程中，跨境资本流动的突然波动可能对区内金融稳定造成冲击，需要建立一套科学有效的风险预警和监管机制。此外，不同部门之间的政策协调与衔接也存在一定难度，可能导致制度创新在落地实施过程中出现“中梗阻”现象，影响改革的整体推进效率。

人才是自贸区发展的核心要素之一。北京虽然在教育、科研、文化等方面具有较强的吸引力，但在高端人才竞争方面仍面临诸多挑战。一方面，国内上海、深圳、杭州等城市纷纷出台优厚的人才政策，吸引高端人才和创新创业团队，与北京形成激烈的人才竞争局面。另一方面，北京的高房价、高生活成本等因素可能导致人才留存困难。对于北京自贸区来说，如何打造具有竞争力的人才发展环境，提供有吸引力的薪酬待遇、良好的职业发展空间、优质的生活配套服务等，成为吸引和留住高端人才的关键所在。

当今时代，数字化转型已成为全球经济发展的重要趋势。北京自贸区在数字化基础设施建设、数字贸易规则制定、数据跨境流动监管等方面面临着一系列挑战。在数字贸易规则方面，由于各国在数据主权、数字隐私保护、数字产品税收等问题上存在较大分歧，北京自贸区需要在国际合作与国内监管之间寻求平衡，制定既符合中国国情又能与国际接轨的数字贸易规则。同时，数字化转型对区内企业的生产经营模式、管理理念和技术创新能力提出了更高要求，部分传统企业可能面临数字化转型的困境，需要自贸区提供相应的技术支持、培训服务和政策引导，帮助企业顺利实现数字化转型。[①]

总之，2025 年北京自贸区机遇与挑战并存。在充分利用政策红利、科技创新、国际合作等机遇的同时，必须正视国际竞争、制度创新、人才竞争和数字化转型等挑战，通过深化改革、创新驱动、优化环境等多方面举措，努力实现高质量发展，在全国乃至全球自贸区建设中发挥示范引领作用。

① 张遥、孙晟铭、王明悦：《北京自贸区建设中的数字贸易发展问题研究》，《中国商论》2023 年第 11 期。

# 培育壮大北京新型消费业态的路径研究

蒋金洁*

**摘　要：** 2024年9月26日召开的中共中央政治局会议明确提出“要培育新型消费业态”。随着数字经济的蓬勃发展，互联网、大数据、人工智能等先进技术深度融合应用，显著扩展了消费的业态和范畴，催生了新型消费形态，赋予了新型消费个性化、智能化及高效便捷的新特性。这一系列变革不仅有效回应了消费者不断提升的高品质与多元化需求，还加速了产业结构的优化升级与经济增长模式的革新。本文通过分析新型消费的内涵，梳理了北京培育壮大新型消费的实践与存在的问题，提出了下一步北京顺应消费升级趋势、培育壮大新型消费业态的路径。

**关键词：** 新型消费　消费模式创新　数字经济

新型消费作为经济发展的新引擎，正以其独特的魅力和强大的动力，深刻影响着经济社会发展的方方面面，它不仅引领了消费升级的新趋势，满足消费者日益多元化和个性化的需求，更在推动产业升级、优化经济结构、创造就业机会、促进技术创新以及增强国际竞争力等方面发挥着举足轻重的作用。2025年，商务部将“培育新型消费，增强消费动能。推进首发经济、银发经济、冰雪经济，推动‘人工智能+消费’，发展数字消费、绿色消费、

* 蒋金洁，北京市科学技术研究院科技智库中心副研究员，研究方向：数字消费、文化创意产业。

健康消费”作为推进提振消费专项行动的重点举措。[①] 北京作为全国政治中心、文化中心、国际交往中心和国际科技创新中心，拓展新型消费不仅是响应国家推动经济高质量发展的号召，更是实现自身经济转型升级的关键举措。作为首批国际消费中心试点城市，通过拓展新型消费，能够进一步激发北京消费市场活力和内需潜力，推动消费结构和相关产业的优化和升级，打造出具有独特竞争力的消费品牌和产品，吸引更多的国际消费者和投资者，助力北京城市品牌形象和国际影响力提升。

## 一　新型消费的内涵与多维重构

新型消费以其独特的魅力和创新力量，深刻改变着人们的消费方式和消费理念。它不仅打破了传统消费的单向购买模式，实现了消费模式的创新，还在消费内容、消费技术、消费场景以及消费理念等多个方面进行了全面升级和革新。新型消费的这些“新”体现，满足了消费者日益增长的多元化和个性化需求，同时促进了经济的持续增长，并带动了产业结构的优化和升级。

### （一）新型消费的内涵

新型消费是指基于新技术、新业态形成的消费行为和消费方式，[②] 代表了消费升级的发展方向。新型消费以绿色、健康、智能等为代表，依托5G、人工智能、互联网、物联网、区块链等新一代技术的创新与应用，以线上线下一体化的模式构建数字化的交互界面、沉浸式场景以及个性化体验，精准对接并满足了数字经济时代消费者日益增长的多样化服务需求，是数字经济时代消费方式与内容的系统性变革。[③] 新型消费不仅限于具体的商品或服

① 《商务部：培育新型消费，推进首发经济、银发经济等》，http：//www.chinadevelopment.com.cn/news/zj/2025/01/1930657.shtml。

② 陈涵旸、袁小康、王雨萧、王君宝：《壮大新型消费　点燃内需“新引擎”》，《经济参考报》2025年1月10日。

③ 保海旭：《新型消费的发展态势与前景》，《人民论坛》2024年第10期。

务，是一种融合了技术创新、消费升级和产业转型的全新消费模式，更是消费方式与内容的系统性变革。

### （二）新型消费的多维重构

1. 消费模式的出新

新型消费打破了传统消费的单向购买模式，转变为互动型消费。这种转变使消费者在购买过程中能够更多地参与到产品的设计、定制和反馈中，能够为消费者提供更加个性化的产品和服务，从而满足其个性化需求。企业通过分析消费者的购买历史、浏览行为、兴趣爱好等数据，精准推送符合其需求的商品和服务。此外，随着 3D 打印、虚拟现实等技术的成熟，消费者可以参与产品设计，实现个性化定制。创新的消费模式不仅提高了消费者的购物享受，还促进了企业生产效能的提高以及市场竞争力的增强。

2. 消费内容的创新

新型消费在内容上也有了显著的升级。随着居民收入水平的提高和消费观念的转变，消费者不再仅满足于基本的物质消费，而是更加注重休闲消费、文化消费和绿色消费等。从以商品消费为主向商品与服务消费并重转变，从物质消费向物质与精神文化消费并举转变，从生存型消费向兼顾发展和享受转变，从大众性消费向大众与个性化消费相结合转变，从低品质消费向中高品质消费提质升级转变。[①] 例如，文化消费在新型消费中占据了重要地位，“国潮”消费的兴起就是典型代表。国货品牌通过加强产品与传统文化的融合，与消费者产生了强大的精神联结，为传统商品的消费注入了创新动能。此外，绿色消费也日益受到消费者的青睐，低碳环保的消费方式成为新的潮流。

3. 消费技术的革新

新型消费的发展离不开技术的革新，利用互联网、大数据、云计算、人工智能等技术手段，实现了消费过程的便捷化和高效化。这些技术不仅优化

---

① 胡畔：《如何把握新型消费的“新”意》，《中国经济时报》2024 年 3 月 26 日。

了消费流程，提高了消费效率，还为消费者提供了更加智能化、个性化的消费体验。消费者可利用手机、电脑等终端设备在任意时间、地点完成购物与支付等活动，极大地提升了消费的便利性。便捷化服务不仅满足了消费者随时随地购物的需求，还促进了电子商务和移动支付等产业的快速发展。

4. 消费场景的更新

数字化技术驱动和赋能下，新型消费在消费场景上也有了很大的创新，涌现出网络购物、“互联网+服务”、线上线下融合、平台经济等新消费场景，为消费者提供了更加多元化、便捷化的消费场景。直播带货、社交电商等新兴消费模式的兴起，为消费者提供了更加直观、互动的消费体验。此外，以“文旅+科技”“农业+电商”等产业跨界融合为特征的新型业态催生出新消费形态，使消费者在购买过程中能够享受到更加智能化、便捷化的服务。

5. 消费理念的焕新

消费需求分层化，消费需求从功能消费转变为价值消费。“Z 世代”“新中产”“银发经济”等群体的崛起，催生对品质化、个性化、情感化消费的差异化需求。从“物质满足”转向“精神共鸣”，消费者更愿为文化附加值（如 IP 联名）、情绪价值（如宠物经济）付费。年轻人偏好“国潮”品牌、体验型消费，中高收入群体关注健康管理、高端定制服务。消费理念的转变使消费者在购买过程中更加注重产品的文化内涵、品牌价值和环保属性，也更加注重消费过程中的个性化、差异化体验。

综上所述，新型消费的“新”体现在消费模式的创新、消费内容的升级、消费技术的革新、消费场景的创新以及消费理念的转变等多个方面。这些新的特点和趋势不仅迎合了消费者日益增长的多元化与个性化需求，还促进了经济的稳健增长和产业结构的优化调整。

## 二　北京培育壮大新型消费的实践

北京在推动新型消费发展方面展现出了前瞻性的布局与多元化的发展策略，通过出台支持政策、创新消费模式、打造新型消费地标和商圈、促进消费与科技的深度融合以及积极培育新型消费增长点等措施，北京正逐步构建一个充满活力、高效便捷且富有特色的新型消费体系。这些实践不仅顺应了消费趋势，满足了人民群众对美好生活的新期待，也为北京国际消费中心城市的建设奠定了坚实基础，进一步激发了市场活力，促进了经济的高质量发展。

## （一）新型消费蓬勃发展

近年来，北京持续拓展消费新场景和新业态，新型消费潜力已然显现。2024 年，北京市全年实现社会消费品零售总额 14073.6 亿元，限额以上批发和零售业、住宿和餐饮业企业触网率达 49.5%，较上年提升 1.5 个百分点，其中，餐饮业为 61.8%，较上年提升 1.3 个百分点（见图 1）。全市实现限额以上批发和零售业、住宿和餐饮业网上零售额 5786.6 亿元，同比增长 1.7%，占全市社会消费品零售总额比重超四成，为年度最高水平。其中，即时零售模式愈发受欢迎，限额以上便利店、超市、仓储会员店等业态通过公共网络合计实现的零售额增长 9.4%，较上年提升 4.9 个百分点。[①]

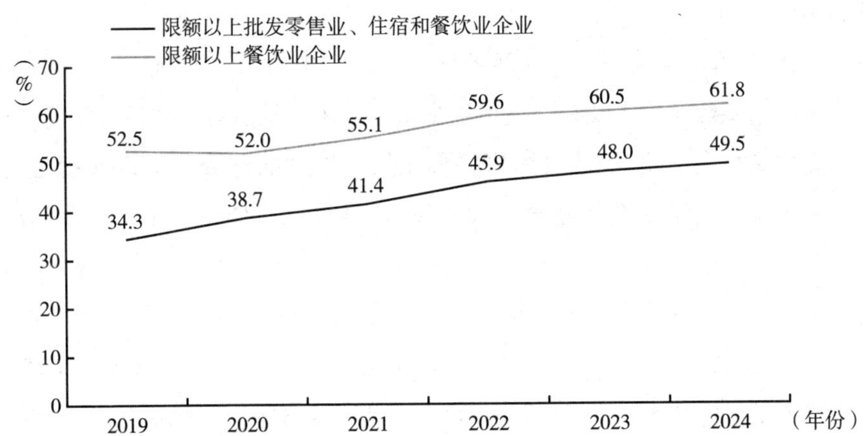


**图 1　2019~2024 年限额以上批发和零售业、住宿和餐饮业企业触网率**

资料来源：根据北京市统计局发布数据整理。

① 《消费品市场恢复放缓　新型消费表现活跃——2024 年北京消费品市场运行情况解读》，https：//tjj.beijing.gov.cn/tjsj_31433/sjjd_31444/202501/t20250121_3994278.html。

## （二）打造新型消费地标和商圈

北京近年来积极推动消费升级，通过“科技+文化”双轮驱动、空间重构与政策创新，打造了一批具有全国乃至全球影响力的新型消费地标与商圈。这些地标不仅重塑了城市商业格局，也成为消费升级的试验田与示范窗口，北京新型消费地标和商圈已从“商业空间”进化为“城市文化符号”。

科技赋能体验升级。首钢园是工业遗址转型的“科技+文体”融合地标，利用冬奥遗产滑雪大跳台变身“城市秀场”，举办电竞比赛、音乐节，吸引腾讯体育、当红齐天等30余家科技文化企业入驻，落地百度“希壤”元宇宙体验中心，打造虚拟与现实交互的消费场景。2024年首钢园游客量超1300万人次。SKP-S是全球首个“沉浸式科幻策展型商业体”，定位“未来零售实验室”，推行艺术与商业融合发展模式，与GENTLE MONSTER合作打造火星主题场景，引入机械羊群、AI机器人等装置艺术，客群黏性高，“90后”消费者占比超50%，社交媒体曝光量年均超10亿次。

文化IP价值加速释放。2024年7月，北京中轴线正式列入世界文化遗产名录。东城区发挥中轴线申遗保护主力军作用，重点打造故宫—王府井—隆福寺“文化金三角”，故宫周边将形成集中连片的四合院式产业新空间，王府井区域将建设永不落幕的“戏剧谷”，隆福寺二期将再添10万平方米文化新空间，进一步擦亮老城复兴“金名片”、建设文化消费新地标。① 环球影城将文化资源转化为消费吸引力，带动城市副中心消费升级。通过开发本土化IP商品（如功夫熊猫联名款），年衍生品收入占比超30%。2023年接待游客量达到988万人次，环球影城吸引环球商圈的人流达到了1600万人次，② 北京城市副中心旅游消费地标加快形成。

大力发展首店经济。通过引入国内外知名品牌的首店，提升商圈的知名

---

① 李瑶：《东城以首善标准建设好文化名城》，《北京日报》2024年10月8日。

② 《通州地标商圈蓬勃发展，见证副中心一路成长》，文旅北京微信公众号，2024年12月26日。

度和吸引力，撬动线下消费。三里屯太古里是国际潮流文化聚集地，也是北京发展首店经济的标杆。2021~2023 年引入 Apple 亚洲旗舰店、Arabica 中国首店等 120 余家首店，南区打造“24 小时活力街区”，引入 Livehouse、小众美术馆等商业，截至 2024 年 11 月底，三里屯太古里吸引首店近 80 家，打造国际级消费体验区。

## （三）促进消费与科技的深度融合

北京在促进消费与科技深度融合方面，通过引入 5G、物联网、人工智能等前沿技术，推动零售行业的数字化转型，提升消费效率和体验。截至 2024 年 11 月，北京市累计建成 5G 基站 13.35 万个，每万人拥有 5G 基站数达 61 个；已建成 5G-A 基站 1.2 万个。5G 移动电话用户数 2418.4 万户，实现乡镇以上地区 5G RedCap 升级，累计建设 5G 行业虚拟专网 1062 个，应用聚焦智慧教育、医疗、文旅、融媒体、车联网及工业互联网等各个方面。[①] 积极推动商圈的数字化改造，通过引入智慧零售、智能支付和个性化推荐系统等高科技手段，提高商圈的运营效率和用户体验。例如，西城区基于区块链技术打造搭建了“西城消费”文化平台，创新形成“云逛街”等消费新业态，推动数字商圈建设，拓展数字文化新消费。通过数字人民币试点，提升消费便利性。目前，北京数字人民币可使用的小额高频场景持续丰富，各大线上主流消费平台，京东、美团、携程、滴滴等均支持数字人民币支付，线上应用场景落地近 50 万个；线下“食、住、行、游、购、娱”等应用场景落地近 17 万个，其中包括王府井、金融街、八达岭长城等北京著名商圈及景区，北京两大国际机场商户实现数字人民币受理全覆盖。[②] 北京作为历史悠久的文化名城，拥有众多老字号品牌。这些老字号企业在传承经典的同时，也积极拥抱数字化转型，通过线上销售、直播带货等方式，将传

---

① 《风正海阔千帆竞　北京 5G 应用规模化发展“扬帆”再启航》，https：//www.cnii.com.cn/rmydb/202501/t20250107_629633.html。

② 《北京数字人民币试点增量扩面，线下应用场景落地近 17 万个》，https：//baijiahao.baidu.com/s？id=1797585168194084666&wfr=spider&for=pc。

统产品与数字消费相结合，实现了品牌焕新。老字号企业开展直播销售、直播场景化改造等，最高可获得市商务局 100 万元资金支持。[①] 截至 2023 年底，北京老字号总数达 244 家，年销售收入近 1800 亿元，实现“九成触网、七成直播”。[②]

### （四）发展首发经济、冰雪经济、银发经济等新型消费形态

在首发经济方面，通过积极制定相关政策，对品牌首店和新品发布活动进行资金支持。在 2023 年 3 月北京市商务局发布的首店首发申报指南中，对零售品牌亚洲首店、中国（内地）首店的最高支持分别为 500 万元和 200 万元，而北京首店、旗舰店、创新概念店最高可获 100 万元支持，对于国内外知名时尚消费类品牌在京举办的新品发布活动，最高可支持 200 万元。[③] 通过持续优化营商环境，以稳定、透明、可预期的营商环境吸引海外企业来华投资，北京市 2024 年前三季度新开设 717 家品牌首店、旗舰店、创新概念店，717 家首店中，105 家为国际品牌，较 2023 年同期增长 40%。[④] 通过为国内外品牌搭建首发首秀展示平台，持续打造品牌消费新地标，营造更具个性化风格的消费场景和消费体验。朝阳区持续加强文商旅体等消费业态融合，将发展“首店、首牌、首秀、首发”经济作为拉动消费活力的着力点，推动形成品牌消费新地标。[⑤]

在冰雪经济方面，充分利用冬奥遗产，进一步推动冰雪消费与多业态的有机融合。制定《北京市进一步促进冰雪消费三年行动方案（2023—2025 年）》，明确提出充分运用冬奥遗产，推动冬奥遗产利用效益最大化，持续

---

① 《北京“真金白银”支持老字号传承发展》，《中国食品报》2023 年 10 月 18 日。

② 《北京老字号创新发展，专家：实现“九成触网、七成直播”》，https：//baijiahao. baidu. com/s？id=1788692950127011341&wfr=spider&for=pc。

③ 《北京发布首店首发申报指南，亚洲首店最高支持 500 万元》，https：//baijiahao. baidu. com/s？id=1759894444867865198&wfr=spider&for=pc。

④ 《积极发展首发经济　各方如何做?》，https：//baijiahao. baidu. com/s？id=1818643113525679769&wfr=spider&for=pc。

⑤ 韩秉志、薛海燕、蒋波、谢瑶：《首发经济激发消费新活力》，《经济日报》2025 年 1 月 5 日。

推动冰雪消费与商务、文化、旅游、科技、会展等业态有机融合。依托冬奥场馆，重点打造首钢园、五棵松、奥林匹克公园、首都体育馆、延庆奥林匹克园区等五个冰雪运动消费聚集区。国际顶级冰雪赛事“扎堆”在北京上演，让北京再次受到全球瞩目，作为“双奥之城”，2024~2025 赛季北京举办滑冰、滑雪、冰球、雪车、雪橇 5 个冬奥大项的 9 项国际顶级赛事，其中多项赛事为米兰 2026 年冬奥会积分赛。①

在银发经济方面，随着人口老龄化趋势的增强，面向老年人的消费品与服务的需求持续攀升，这为银发经济的繁荣开辟了广阔前景。北京着力扩大养老服务供给，培育高精尖产品与服务，鼓励和发展养老助餐、居家上门、社区便民、老年健康、养老照护、老年文体、农村养老等方面的服务，以满足老年人多样化、多层次的需求。

### （五）多措并举激发新型消费潜能

北京在培育壮大新型消费方面采取了多项具体政策，涵盖了推动国际消费中心城市建设、促进消费品更新换代、促进商文旅体多元消费业态融合发展、支持企业发展和创新以及其他政策措施等多个方面。政策的实施有助于激发北京消费潜能，培育壮大新型消费业态，稳定和扩大传统消费，提升消费市场的活力和竞争力。

2021 年 9 月，北京市政府发布了《北京培育建设国际消费中心城市实施方案（2021—2025 年）》，提出建设成为引领创新生态的数字消费和新型消费标杆城市。

2024 年 3 月，北京市政府工作报告中提出，培育壮大新型消费，实施数字消费、绿色消费、健康消费促进政策，积极培育智能家居、文娱旅游、体育赛事、国货“潮品”等新的消费增长点。

2024 年 4 月，北京市商务局等 8 部门印发《促进多元消费业态融合高质量发展行动方案》，优化迭代电子商务创新示范项目支持政策，鼓励

① 《赛事点燃“热雪”引擎》，《创意世界》2025 年第 2 期。

企业积极触网转型，推动直播电商、即时零售等新业态新模式发展，促进新型消费提质扩容。同月，北京市发展改革委等6部门发布《北京市积极推动设备更新和消费品以旧换新行动方案》，提出23项具体措施，涉及基础设施、公共安全和公共服务、产业发展、消费品以旧换新、循环利用五大领域，共23条措施。

2024年9月，中共北京市委贯彻《中共中央关于进一步全面深化改革推进中国式现代化的决定》的实施意见，提出“完善扩大消费长效机制，建立促进服务消费政策体系，支持发展数字消费、绿色消费、健康消费等新型消费”。北京市大数据工作推进小组印发《北京市“数据要素×”实施方案（2024—2026年）》，提出充分发挥数据要素的放大、叠加、倍增作用，将“数据要素×商贸流通”作为十八个重点工作之一，提出“促进消费升级，融合客流、消费、交通等数据，开展精准推送、智能导流、虚实交互等应用，打造智慧商圈、智慧街区和智慧商店，培育网订店取、自助售卖、直播电商等新型数字消费，深化国际消费中心城市建设”。

## 三　北京培育壮大新型消费面临的问题和挑战

北京在推动新型消费和数字经济发展中面临多重挑战，包括关键核心技术受制于国际水平、新型市场主体培育不充分、传统发展范式向数字化转型困难重重，以及顶尖与跨界数字人才供给不足等问题。这些问题制约了北京在推进新型消费建设中的步伐，亟需政府、企业和社会各界协同努力，以政策引导、技术创新、市场主体培育及人才培养为突破口，全面推动新型消费的高质量发展。

### （一）关键核心技术制约

尽管北京在数字技术领域已取得一定成就，但与国际顶尖水平相较，仍存在一定的差距。特别是高端芯片和高频器件等核心元件的自主研发能力偏弱，尚未实现完全的国产替代。这在一定程度上限制了北京在新型消费领域的技术创新和产品升级。关键元件依赖进口，可能会导致供应链的不稳定，增加生产成本，影响产品的市场竞争力。此外，人工智能是新型消费领域的重要发展方向之一。目前北京在人工智能技术的基础理论、核心算法以及关键设备等方面与发达国家还存在较大差距，缺少重大原创成果，很大程度上限制了北京在人工智能领域的竞争力，影响了新型消费市场的拓展和升级。

### （二）新型主体培育不足

新型消费的发展需要新型的市场主体来推动，包括数字零售企业、数字内容提供商等。然而，目前北京在发展新型消费时面临新型主体培育不足的问题，这主要表现在创新型企业数量不足、企业规模偏小、竞争力不强。新型消费领域的创新型企业是推动市场发展的重要力量，但这类企业的数量相对较少，而且大多数企业规模偏小，缺乏行业领军企业，市场竞争力不强。新兴商业模式发展不够成熟。随着数字技术的不断发展，一些新兴商业模式如共享经济、平台经济等在北京涌现，这些新兴商业模式在发展过程中仍然面临诸多挑战，如市场规模不够大、商业模式不够成熟、法律法规不完善等，导致其发展速度较慢，限制了新型消费市场的创新和活力。

### （三）发展范式转变困难

传统消费模式向新型消费模式的转变需要经历一系列的变化，包括商业模式、营销方式、消费者行为等方面的转变，对于企业和消费者来说都需要一定的适应期。传统企业缺乏创新精神和转型动力，传统商业模式与新型商业模式之间的竞争加剧，传统产业在数字化转型过程中面临技术、人才、资金等方面的困难，需要政府和企业共同努力推动，积极引导企业和消费者适应这种转变，推动新型消费市场的快速发展。

### （四）人才资源供给不足

随着全球数字经济的不断发展，各地都在积极布局新型消费领域，市场竞争日益激烈。新型消费的发展需要大量的专业人才支持，包括数据分析师、数字营销师、数字内容创作者等。目前北京在新型消费领域的人才供给方面还存在不足，这限制了新型消费市场的创新和发展，今后需要加强对数字消费人才的培养和引进，为市场的发展提供充足的人才资源。

## 四　培育壮大北京新型消费业态的路径探索

随着人工智能 ChatGPT、Sora、DeepSeek 等的横空出世，新一轮全球科技和产业革命正在上演，国家、企业之间展开算力角逐，带动信息、通信、互联网产业和各种新的数字产业发展。北京作为国际科技创新中心，要充分依托科技赋能，大力发展科技消费为引领的新型消费，拓展新型消费应用场景，打造世界级智慧商圈，赋能数字消费等新消费发展，塑造新型消费“金名片”。

### （一）创建全球科技消费首发地

创设北京国际科技消费生活节，布局一批科技消费网红打卡地，推出一批 AI 购物、电子竞技、虚拟娱乐、智慧游览、VR 训练等数字网红打卡体验消费项目，展示北京引领未来的智慧化、沉浸式消费生活方式。积极发展反向定制、数字零售、社交电商、在线健身、在线诊疗、云旅游、云演出等消费新模式。重点在电子竞技、数字社交、数字情感等领域实现流量变现，催生兴趣社群、陪伴机器人等一系列数字消费新模式、新产品。推动科技创新元素与影视拍摄、动漫游戏、时尚购物、文旅康养等消费相结合，优先将精品旅游路线和网红打卡地开发成为虚拟文创旅游产品。

### （二）提升特色数字消费商圈国际影响力

加快推动消费领域新技术新产品在商圈的示范应用，探索体验式、综合式购物模式，构建数字化、特色化、沉浸式的商业消费体系，推出一批“本地人常去，外地人必去”的特色数字商圈。加大数字孪生、区块链 AR/

VR、全息云系统、语音交互、人工智能等底层技术应用力度，加快推动智能购物、AR 互动、无感支付等应用场景落地，落地知名品牌数字消费超级体验店，打造全国“数字商城”标杆。立足年轻、潮流、时尚等定位，通过采用虚拟现实、增强现实编辑制作、北斗定位等技术，打造“AR 潮流玩物”“AR 品牌专柜”等沉浸式营销游戏，实现科技与新奇好玩的创意的有效结合。

### （三）聚焦文化特色，拓展一批智慧消费应用新场景

聚焦“中轴线文化”“古都文化”“红色文化”“京味文化”等，采用仿真模拟、环境感知、CG 先行视觉等技术，推动“科技与北京文化 IP”相结合，打造数字光影、古场景虚拟再现、智能互动大屏等具体场景，满足消费者沉浸式购物及品味特色北京文化的需求。推动科技创新元素与影视拍摄、动漫游戏、时尚购物、文旅康养等消费相结合，优先将精品旅游路线和网红打卡地开发成为虚拟文创旅游产品。推动数字内容创作，在挖掘系列 IP 的基础上，围绕虚拟娱乐、动漫制作、数字影视等重点领域，研发代表北京品质的数字文化消费产品、沉浸式数字演艺娱乐品牌。

### （四）加大科技赋能传统商圈改造

打造贯通商务、市场监管等部门数据及银联商务、通信运营商等社会数据的数字经济平台，对商圈人流动态、商家经营情况、业态景气程度等进行实时统计监测，动态掌握行业总坪效，实现大数据支撑的精准招商。采用顾客分层画像、双目立体视觉及高位视频的人群密度统计等技术，搭建 AI 个体客流、电子导购等系统，实现对传统商业街个体客流、商家经营情况业态景气程度、商业热区等的统计监测和消费分析，促进商圈业态优化布局和商业结构调整。

### （五）培育一批消费科技领军企业

充分发挥政府部门的组织、协调、管理作用，借助央企行业龙头地位，

挖掘超大规模市场消费潜力，构建融合全国科技消费资源的集聚网络。培育在国内具有较强影响力的科技消费领军企业，形成龙头企业牵头、中小企业参与的智慧商圈场景联合体，激发市场主体活力。鼓励企业开展个性化定制、柔性化生产、精准化营销，引领全球消费业态创新趋势。

# 基于国际消费中心城市建设的北京旅游产业发展研究

袁　蕾*

**摘　要：** 本文探讨了国际消费中心城市建设与旅游业的相互促进关系，发现北京旅游业发展迅速，但与建设国际消费中心城市的要求相比，产品结构、服务质量和营销模式等有待提升。提出优化旅游产品、多业态融合、激发旅游消费潜力和提升服务质量等对策建议，以实现北京建设“国际消费中心城市”与“世界级旅游城市”的双重目标。

**关键词：** 国际消费中心城市　旅游业　北京

随着全球化进程的不断推进，国际消费中心城市凭借其显著的消费吸引力和影响力，成为促进城市高质量发展的关键动力。2021 年，国务院批准了包括北京在内的五个城市首批开展国际消费中心城市建设。北京拥有深厚的历史文化底蕴和独特的城市景观，旅游业在其构建国际消费中心城市的过程中起到极其重要的作用。应以建设国际消费中心城市为契机，探索促进消费与旅游融合发展之道，努力打造成为“全球游客向往的文化旅游消费目的地”。

---

* 袁蕾，北京市社会科学院城市问题研究所副研究员，研究方向：城市发展战略、城乡统筹发展。

## 一　国际消费中心城市的特征及与旅游业关联性

国际消费中心城市的定义是在全球化背景下，那些拥有强大消费吸引力、资源配置能力和全球影响力的城市。这些城市通常具备如下几个显著特征：①它们提供了丰富的消费场所和多样化的商品与服务选择，使零售业、文化产业以及会展经济能够相辅相成地发展，满足来自不同背景消费者的各种需求；②这类城市往往展现出卓越的创新能力，在消费模式、商业模式乃至制度方面不断探索创新，持续激发市场活力，并且能够频繁地创造出新的消费趋势，成为引领世界潮流的先锋；③国际化水平高、便于访问的基础设施也是其重要标志之一，包括但不限于实施有利于游客购物的免税政策、提供方便快捷的支付手段、建立覆盖多语言的服务体系，以及构建高效便捷的交通运输网络与现代化的商业设施，共同营造开放而友好的环境。

在北京构建国际消费中心城市的进程中，旅游业扮演着至关重要的角色。一方面，凭借丰富的旅游资源作为吸引国内外游客的强大动力，北京能够显著提高自身的国际知名度和吸引力，从而吸引更多消费者。另一方面，随着旅游需求日益多样化和个性化，北京不断推出创新的旅游产品和服务，例如文化体验游、夜间经济活动以及主题公园游等，不仅丰富了消费选择，也提升了消费品质，促进了城市消费升级。此外，通过与商业、文化和科技等领域相结合，旅游业催生了一系列新型消费形式和模式，如文化创意商品及智慧旅游服务，这种跨领域的融合不仅拓宽了旅游业的发展领域，还为其他行业带来了新的发展机遇，共同推动了消费结构向更高质量方向转变。更重要的是，通过组织诸如北京国际旅游节、世界旅游城市联合会香山旅游峰会这样的国际性旅游活动和赛事，北京进一步巩固了其作为全球重要旅游目的地的地位，并增强了其国际影响力。这些举措不仅有助于吸引更多国际访客，也为北京打造成为国际消费中心城市营造了一个更加有利的外部环境。

此外，构建国际消费中心城市亦为旅游业的发展提供了宝贵机遇。优化消费基础设施和服务网络，能够显著提升游客的体验感，延长其访问时长，进而提高旅游行业的经济收益。促进旅游业与其他相关产业的深度融合，开发更多元化的旅游产品，将有助于吸引更广泛的游客群体。同时，城市整体环境与服务设施的改善，也为旅游业的持续健康发展奠定了坚实的基础。

北京市应当把握住建设国际消费中心城市的契机，促进旅游行业的高品质发展与消费需求的同步提升。

## 二 北京旅游业发展现状及问题

作为中国的首都与世界闻名的历史文化名城，北京汇聚了丰富的旅游资源和悠久的文化遗产，拥有八处联合国教科文组织认定的世界文化遗产地以及大量的国家级风景名胜区和文物保护区。北京也是世界上独一无二的既举办过夏季奥运会又举办过冬季奥运会的“双奥之城”。基于其历史遗产、现代都市景观及自然美景，北京构建了多样化的旅游产品体系，在全球旅游目的地排名中长期名列前茅。2024 年，北京市全年共接待游客 3.71 亿人次，同比增长 12.5%。[①]

为了促进旅游业的发展，北京采取了一系列措施，比如推动各大景区取消预约制度，并在 20 家博物馆试行延长开放时间，同时简化大型活动的审批流程等。此外，还推出了一批具有地方特色的文化旅游项目，例如“漫步中轴”“骑游中轴”“大美中轴”等。开发了 15 条高品质的文化体验路线；亮马河国际风情水岸夜游项目也吸引了众多游客的目光；“京彩灯会”等新形式活动迅速获得了广泛认可。促进文商旅体的深度融合，其中，“会展+旅游”“赛事+旅游”的模式成为典范。举办了北京国际汽车展览会、WTT 中国大满贯等共计 1931 场次的重大活动，同比增长 20.9%。与此同时，为改善外籍游客的服务体验，北京全面优化了过境免签政策，并且针对外国游客从入境到游览直至消费支付整个过程中的各个环节进行了细致入微的服务升级。比如率先设立了机场支付服务示范区和服务中心，打造了国内

① 资料来源：《北京市 2024 年国民经济和社会发展统计公报》。

首个“入境消费友好型商圈”，并在全国范围内首次实现了城市轨道交通支持境外银行卡直接刷卡进站的功能。此外，还开展了外国人在线申请 SIM 卡、线下领取的服务试点。这些举措极大地推动了入境旅游市场的发展，使北京全年接待海外游客达到 394.2 万人次，同比增长 186.8%，旅游外汇收入达到 349.4 亿元人民币，较上年提高了 150.6%。①

然而，北京旅游业的发展仍面临着一系列挑战。第一，旅游消费结构需要进一步优化。尽管北京拥有丰富的历史文化资源，但开发与利用程度仍然有限，导致其对门票收入的高度依赖，而游客在目的地内的二次消费相对不足。此外，文化体验类产品的种类较为单一，新兴业态如夜间经济和沉浸式体验的开发力度不够，文化旅游产品呈现出较高的同质化现象，针对追求个性化与高品质体验的游客群体的高端旅游产品供不足。同时，产业链上下游之间的协作关系尚待加强，这影响了整个旅游产业的竞争力。第二，在国际旅游市场的竞争中，虽然北京已经具备了一定的品牌知名度，但相较于部分世界著名旅游城市而言，其吸引的国际游客比例较低，在旅游产品创新和服务水平提升方面仍有改进空间。第三，服务品质亟需改善，尤其是在提供多语言支持以及建立国际化标准服务体系上存在明显不足，智慧旅游技术的应用场景也有待拓展。第四，营销策略缺乏新意，新媒体平台和技术工具的运用不够广泛，构建国际化市场推广网络的步伐较慢。第五，基础设施建设方面的短板也不容忽视，例如重点景区周边交通拥堵严重、旅游集散体系不健全、无障碍设施普及率低等问题持续存在，给游客带来了不便。上述问题制约北京旅游业持续健康发展，亟须采取措施加以解决，特别是在推动北京建设成为国际消费中心城市的过程中寻求新的突破点。

## 三 基于国际消费中心城市建设的北京旅游业发展对策

在建设国际消费中心城市的愿景下，北京市旅游业的发展目标为成为

① 资料来源：《北京市 2024 年国民经济和社会发展统计公报》。

"国际顶尖旅游城市及全球旅行目的地"，旨在通过提升旅游业质量来促进消费水平的整体提高。预计到2029年，旅游业对GDP的贡献率将超过5%，每年接待游客数量的增长率不低于2%，旅游总收入则有望实现年均约4%的增长，其中来自海外的游客人数预计将以年均约5%的速度增长。

## （一）优化旅游产品，打造消费新亮点

优化古都游产品。围绕中轴线及古城的保护与复兴，构建具有独特文化氛围的旅游产品体系，实施"漫步北京"计划，并推动包括中轴线、天坛—先农坛—天桥在内的十条精品文化旅游线路的开发。同时，加快大运河、长城以及西山永定河沿岸重要旅游项目的建设步伐，创立中国（北京）国际运河文化节，以发掘新的历史文化旅游亮点。充分利用北京的世界文化遗产、著名人士故居、胡同里的会馆以及知名的古镇村落等资源，精心设计一系列展现古都魅力的国际化高端旅行路线。

开发京味旅游产品。加强对诸如胡同、四合院等地标性地点的文化价值的挖掘，妥善保护并合理利用烟袋斜街、大栅栏等具有历史意义的空间，以此强化人们对老北京的记忆，并创建一系列能够代表"最地道北京文化"的体验点。同时，需深化对京味文化的探索与转化工作，推动如京剧文化之旅等相关项目的实施，使之成为展现中华传统文化精髓的重要窗口。此外，还应进一步推进"演艺之都"的发展策略，推出更多具有沉浸感、互动性和独特魅力的旅游演出活动，打造"跟着演出去旅行"这一文旅品牌。鼓励举办各类时尚文化事件及艺术区建设，积极推广北京传统美食等多方面文化旅游产品。

加快红色文化旅游产品的开发。利用北京大学红楼、卢沟桥（宛平城）、中共中央北京香山革命纪念地等关键革命遗址资源，深入挖掘其历史文化价值，创建以这些地点为核心的旅游项目。通过连接中国共产党早期革命活动、抗日战争及"进京赶考"建立新中国这三个主题区域内的红色文化景点，精心规划一系列高质量的红色旅游路线。

进一步拓展新型工业旅游。通过创新的方式，将首都核心区域的老厂

区、城市副中心的旧厂房以及新首钢、长辛店二七厂、门头沟“一线四矿”等地的工业遗产进行转化利用，构建一系列如工业博物馆、遗址公园和文化创意旅游园区等设施，以此作为推动北京城市复兴的重要标志。同时，加强对废弃矿山及仓储空间的再开发力度，旨在打造具有工业主题特色的精品酒店与沉浸式体验场所。此外，建设以传统品牌为主题的博物馆、体验馆及工坊，为游客提供更加丰富多彩的工业旅游体验空间。

提高乡村地区的旅游质量。依托于传统村落，开发集滑雪、登山、徒步等户外活动于一体的京郊休闲度假区，促进乡村旅游与新型城镇化相融合，构建具有历史记忆和地方特色的旅游小镇。通过提高郊区的游客接待能力和改善服务设施，加快精品酒店与优质乡村民宿的建设步伐，并推动登山路径、自行车道以及景观走廊的发展，以丰富游客体验。

## （二）加强产业融合，拓展消费空间

促进旅游业与其他行业的深度融合，激发新的消费热点。深入探索传统文化遗产，设计沉浸式的文化体验活动；借助虚拟现实和增强现实技术，构建高科技的主题乐园及互动展览馆；开发夜间经济潜力，推出具有首都特色的夜游项目。此外，应当激励旅游企业创新商业模式，创造符合个人偏好的定制旅行方案，以满足游客多样化的旅行需求。例如，加强旅游与文化创意产业之间的联系，研发体现北京地方特色的文化创新商品；推动旅游与科技领域的结合，推进智能旅游和数字化旅游的发展；支持旅游与农业的协作，拓展休闲农业和乡村旅游市场。同时，还应提倡跨领域合作，建立综合性的消费场所，比如集文化、旅游于一体的综合体或商业旅游街区等，为消费者提供全方位的一站式服务体验。

促进旅游与商务会展业的融合发展。在朝外、望京及国贸等商务资源丰富的区域，打造高质量的商务休闲旅游目的地。提升雁栖湖国际会都、中国国际展览中心、国家会议中心以及北京新国展等大型会展设施的服务能力，吸引包括会展服务、文化创意和商业金融在内的各类企业在此落户，形成一个集中举办商业活动的区域。同时，在新首钢地区推进大型会展设施建设，并通过组织中国国际服务贸易交易会来加强京西地区的商务会展旅游业功能。此外，还应探索将大兴国际机场临空经济区及城市副中心等地作为扩展商务会展旅游业潜力的新空间。

促进旅游业与科技资源的深度融合，围绕“新景点、新旅游、新赋能”的主题，开发一系列科技旅游应用场景，旨在向国内外游客全面展示首都科技创新成果。倡导北京的大型高科技企业和科研机构在特定条件下对外开放，以开发富有创意和创新性的旅游产品，并规划推出具有科技特色的旅游路线。进一步丰富研学旅行的内容，利用博物馆、科技馆、天文馆以及青少年科技馆等场所的优势资源，策划出多样化的研学旅行线路。同时，充分利用5G通信技术和超高清视频技术等先进手段，打造一批既体现科技魅力又富含北京特色的新颖打卡点。

大力发展体育旅游，塑造“跟着赛事去旅行”的品牌。构建京张体育文化旅游带，拓宽体育旅游产业的链条，旨在形成服务于全国乃至全球市场的体育、休闲与旅游产业集聚区。增强奥林匹克中心区域在国际体育文化交流方面的功能，积极争取将具有国际影响力的顶级体育赛事引入北京，使之成为国际体育赛事的重要举办地。加快新首钢地区的建设，使其成为一个集专业体育比赛、世界级时尚运动体验和高端服务于一体的体育产业示范区域。利用中国网球公开赛、北京马拉松等体育活动的优势，开发国家级别的体育旅游精品线路。进一步挖掘和发展从北京延庆到张家口崇礼之间的冰雪旅游系列项目。

推动健康养生旅游的发展。借助中医药文化场所，构建一系列集康复理疗、养生保健及文化体验功能于一体的中医药健康文化旅游示范点。通过整合美丽乡村资源、温泉以及山区疗养设施，为老年人提供更多元化的休闲娱乐与健康养生选择，特别是面向京郊地区的养老服务，以此拓宽老年群体的健康旅游市场。同时，利用京郊生态涵养区丰富的自然资源优势，积极发展生态旅游和森林康养等新型旅游项目。

### （三）全面激发旅游消费潜力

进一步推进国家文旅消费试点城市的建设工作，举办一系列文旅消费季活动，并推出多样化的高品质夜间文化旅游项目。策划并实施“北京礼物”设计竞赛，在各大旅游景区、商业区以及公园内设立专门的“北京礼物”主题商店，同时鼓励文化遗产单位、景区及风景名胜地开发具有创意的文化产品，以此拓宽旅游商品的销售渠道。构建体现首都文化特色的休闲街区，培育新型消费平台，促进文化旅游消费领域内新兴业态与模式的发展。依托环球影城主题公园、798 艺术区等重要景点，打造国际级旅游消费中心。发展以传统老字号品牌结合现代“国潮”元素为主题的中国文化消费圈。支持更多商家申请成为离境退税指定店铺，并扩大即购即退政策适用范围。鼓励文化产业园区及特色街区增设小型剧场和文化创意零售空间，以此激活文化和旅游业的增长潜力。培育新的网络热门打卡地点，满足年轻一代对时尚潮流的需求。推出丰富多彩的夜间文化游览项目，加快国家级夜间文旅消费聚集区的建设步伐，全力以赴促进夜间文化旅游消费。

### （四）完善服务体系，提升旅游体验

为了进一步提高旅游业的服务质量，需要提升旅游服务的标准化与国际化水平，并且建立健全多语言服务体系，以提升智慧旅游的发展水平。这包括制定符合国际标准的旅游服务质量规范，以及加强从业人员的专业能力培养；同时，还需扩大外语服务的支持范围，从而提升对外交流和服务的能力。此外，“一部手机游北京”项目的推进也十分重要，它旨在通过智能化手段覆盖整个旅行过程中的各项服务需求。与此同时，加强对旅游市场的监管，对保持良好的市场运营环境同样不可或缺。

为了进一步提升国际化的程度并增强其全球吸引力，北京市应当积极寻求与更多国际旅游组织的合作机会，以此扩大北京旅游业在世界范围内的影响力。引入国际上享有盛誉的酒店品牌及旅游服务提供商，提升本地旅游服务质量，推动其向国际化标准迈进。此外，还需要加大对多语言支持系统的投入力度，确保来自世界各地的游客都能方便地获取所需信息。同时，举办各类具有国际影响力的旅游活动或赛事也将有助于巩固北京作为世界级旅游目的地的地位。

为了增强北京旅游业的国际影响力，有必要采取一系列创新性的营销策略。其中包括建立一个融合线上与线下渠道的综合营销体系，并加强与在线旅行社（OTA）的合作；通过短视频和直播等新兴媒体形式实施创意性推广活动；运用大数据技术进行细致分析，从而实现精准定位客户群体并提供个性化服务；积极寻求与国际旅游机构的合作机会，拓宽海外市场的宣传途径。

改善重点景区周边的交通布局，进一步完善旅游集散网络；推动旅游景区智能化升级，增强游客满意度；强化无障碍环境建设，推动旅游业对所有群体的开放；优化旅游指示牌系统，提高城市的旅游友好程度。

## 参考文献

黄璜：《建设世界城市对北京旅游发展的促进机制研究》，《北京社会科学》2011 年第 1 期。

焦莉莉、王志芳、张丹：《京津冀文化、体育和旅游产业与国民经济各产业关联关系及其演化——基于中国区域间投入产出表的测算》，《大理大学学报》2025 年第 1 期。

王佳莹、张辉：《中国旅游业高质量发展的现实逻辑与战略路径》，《旅游学刊》2024 年第 12 期。

# 北京市氢能产业发展研究

张文彦*

**摘　要：** 新一轮科技革命与产业变革正在重塑世界经济发展新格局，以氢能产业为代表的未来产业成为世界各国经济竞争的新焦点、新赛道。本文围绕氢能，分析了行业发展情况，重点分析了北京市氢能发展现状、存在问题和下一步发展建议，以期为下一步发展氢能产业、布局氢能相关设施等提供借鉴参考。

**关键词：** 氢能　绿色发展　应用场景

推进氢能产业是我国达成“碳排放达峰后稳中有降”愿景、加速绿色低碳转型、全方位提升资源利用效能的关键策略。首都北京率先构建氢能创新链条与产业体系，此举在贯彻首都高质量发展方针、助力京津冀能源格局优化、引领全国氢能技术革新及产业推进方面扮演着举足轻重的角色。当下，逾 50 个国家和地区已颁布氢能发展蓝图，纷纷将氢能提升至国家级战略层面，抢占发展制高点，全球范围内的氢能技术探索与示范应用正加速驶入高速发展轨道。氢能应用已逐步拓展至电力、交通、建筑等场景，其中交通领域是目前最主要的应用场景。

---

* 张文彦，中咨海外咨询有限公司项目促进中心副主任，研究方向：区域发展、新能源。

# 一　北京市氢能产业发展现状

## （一）产业链条已具雏形

北京氢能产业发展具有得天独厚的条件，氢能技术研发在国内率先起步，已基本建立从制氢、储运、加注到终端应用的全产业链。作为国内氢能产业链最健全的区域之一，京津冀产业链已实现衔接，凭借政策扶持、科技革新、产业根基及市场推广等优势，在全国范围内独占鳌头。

## （二）科创资源优势突出

北京聚集了众多一流高校和科研院所，如清华大学、北京大学、中国科学院等，这些机构在氢能技术研发方面具有雄厚的实力，在氢能制备、储运、燃料电池等关键技术领域开展了大量前沿研究，为氢能产业提供了丰富的技术储备。依托三大科学城（中关村科学城、未来科学城、怀柔科学城）的创新资源，北京建立了多个氢能相关的科研平台和实验室，如中关村氢能与燃料电池技术创新产业联盟正不遗余力地推进氢能技术的革新与实际应用。

## （三）技术创新成果显著

北京在氢能技术研发方面取得了显著成果，涵盖了制氢、储运、燃料电池、应用等多个环节，不仅提升了氢能产业的核心竞争力，还为氢能的大规模商业化应用奠定了基础。

制氢技术。围绕电解槽技术，亿华通创新电解槽控制专利，提升可再生能源制氢的稳定性。随着深远海海上风电开发的推进，北京也在探索海风制氢技术。

燃料电池技术。随着质子交换膜及催化剂等关键部件的国产化应用稳步落地，核心性能参数实现了巨大提升。

国氢科技企业成功研发的新型氢燃料电池引擎，其功率密度由原先的每升4千瓦跃升至每升5.4千瓦，关键部件的故障率显著下降，整体稳定性得到明显增强。在探讨极寒条件下的启动性能时，北京冬奥会期间配备“氢腾”燃料电池系统的氢能巴士，能够在零下30摄氏度的严寒环境中顺利启动，核心材料已实现自主可控。

### （四）示范应用与市场推广稳步落地

北京市在氢能示范应用方面取得了显著进展，涵盖了交通、能源、工业等多个领域。在北京冬奥会之际，逾千辆氢能驱动车投入交通护航，既展现了首都氢科技与产业链的雄厚实力，又为其实力做了集中的展示与实证。截至2024年7月，京津冀三地已累计推广了约5800辆燃料电池汽车。推进氢能货运示范线路的普及，于京津冀地带成功搭建起氢能货运通道，逐步完成氢燃料电池牵引车及载货车的有序更迭，预计“十四五”期间，累计替换车辆将达到4400辆。围绕氢内燃机，全球首个氢内燃机批量发电项目在北京亦庄启动，年发电量最高可达100万度，每台设备每年累计可减碳约800吨。围绕氢能无人机，2024年国内氢能在巡检无人机、液氢飞机等技术上取得了多项首台套突破，氢能驱动的无人机在城市配送、偏远地区物资补给中的应用有望逐步实现。

同时，一批示范应用项目稳步落地。北汽福田氢能示范园区项目致力于打造氢能示范园区，助推氢燃料电池汽车的研发、制造与推广，构建完整的氢能产业链生态体系；“一线四矿”氢能应用示范项目涵盖了氢燃料电池汽车、分布式能源等多个应用场景；光储氢一体化多能耦合综合能源站项目，实现太阳能、风能与氢能的耦合应用；分布式冷热电氢源网荷储多能互补项目，积极探索氢能技术在分布式能源中的应用。

### （五）氢源供应多元化

在工业副产氢方面，燕山石化公司凭借丰富的工业副产氢资源，拥有石化原料氢制备及工业副产品氢生产的核心技术研发与供应能力，正全力推进

1 万标准米$^3$/小时的氢气净化设施优化工程，预计该项目的氢供应能力将由现阶段的每日 4 吨跃升至逾 20 吨。在可再生能源制氢方面，依托河北的风能和太阳能，北京具备大规模绿氢制取的能力。

## （六）产业布局集聚发展

北京目前已基本形成了“一南一北”的氢能产业布局，即京南氢能高端装备制造与应用示范区和京北氢能产业科技创新应用示范区，形成了从技术研发到应用示范的完整产业链条。

1. 京南氢能高端装备制造与应用示范区

大兴、房山及北京经济技术开发区正全力推进氢能高端装备生产及应用示范区的建设，氢能完整产业链的生态体系已初具规模。

大兴国际氢能示范区打造“3+N”氢能产业生态圈，囊括加氢示范站点、体验展示馆、科技园区等多重平台，建立产业资本、企业联合体、专项扶持政策、实践培训基地等全方位支撑架构。目前注册入园企业近 200 家，入园办公企业近 70 家。园区内已落成全球规模最宏大的氢能补给枢纽——海珀尔加氢示范站，其日常峰值氢气补给量可达 4.8 吨，可有效支撑约 500 辆燃料电池汽车对氢能的日常需求。

房山区已建设氢能材料及装备产业化基地，推进氢气制备、储运供应产业链及装备产业化发展，包括高纯氢提纯设施及配套系统、氢气液化示范项目、一体化运氢物流及加氢基础设施等建设。

2. 京北氢能产业科技创新应用示范区

昌平区依托未来科学城的“能源谷”，助力国有企业、中央企业与科研院所、高等院校展开深度研发协作。全面开展氢能应用示范，包括氢燃料电池车辆、分布式能源、热电联供等相关工作。昌平区推动多个氢能项目落地，如北汽福田氢燃料商用车基地、卡文新能源汽车上市等。

海淀区作为北京市氢能产业“一南一北”战略布局中的关键一环，凭借雄厚的科研底蕴携手昌平共同构筑氢能产业核心技术攻关与科技创新先行示范区，助力氢能科技的革新与跨越，吸引了众多氢能领域的企业落地，形成了良好的产业生态。目前，已设立国际氢能中心，联动上下游企业开展氢燃料电池发动机、电堆、双极板等关键核心技术攻关。国际氢能示范区北区正式投运，已入驻企业近 50 家，南区一期、二期 4.7 万平方米建成投用、基本满租。

## （七）京津冀区域协同推进

京津冀作为国内最早开展氢能产业链相关研发和示范应用的区域之一，具有研发技术实力突出、供给方式多元、应用场景丰富等基础优势，氢能产业链各环节初步形成。三地各自出台了氢能产业布局蓝图及多项产业促进措施，为氢能产业的集群化推进、市场化运作、规模化扩展奠定了优越的环境基础。在 2023 年，京津冀三地主管部门共同签署《京津冀重点产业链协同机制方案》，该方案明确将氢能产业列为重点协同发展的产业链之一，旨在推进“六链五群”的区域性合作进程。三地已大体完成氢能完整产业链的无缝衔接，涵盖氢气制备、储存运输、加氢设施及终端应用等诸多关键节点。

北京历经近二十载的持续研发与企业机构的孵化培育，已全面掌握氢能产业链中各技术路径的核心要领，在技术革新、要素配置、示范推广等多个维度展现出显著的领先地位。汇聚了众多的研发要素和多样化的应用场景，着力攻克关键性技术难题，助力京津冀交通与工业领域等创新应用。

天津具有丰富的工业副产氢资源，在氢气的储存、运输、充装，燃料电池系统的构建，燃料电池客车的研发，以及燃料电池汽车检测等产业链的核心节点上，均已展开战略布局，产业链的初步框架已然显现。目前，天津已凭借其在氢能检测及港湾物流领域的显著优势，着力打造氢燃料电池汽车评测与试验的服务基地。

河北在氢能的制取、储运、加注、示范应用产业链相关环节上已具有一定基础，张家口率先推进氢能应用示范，成效显现。依托河北省充沛的可再生能源底蕴，张家口具有大规模绿氢生产潜能，积极推进氢储存运输、燃料电池整车及其配套设备、氢能轨道交通技术运用及装备制造等产业集群发展。①

## 二　北京市氢能发展存在的问题

### （一）加氢站数量不足

依据《北京市氢能产业发展实施方案（2021～2025年）》，到2025年全市加氢站增至70多座，然而，截至2024年，实际投入使用的站点尚不足10座。氢能补给站点总量少且空间分布失衡，难以支撑大批量氢动力电池车辆的运行需求。加氢站建设面临技术、安全、成本等多方面挑战。如，加氢站的关键设备（如加氢枪、压缩机、储容器等）在常温或极端温度下容易发生故障，且核心零部件制造能力有限。加氢站建设和运营成本极高，设备维护、人工和电费等费用巨大，导致加氢站盈利能力差，甚至亏损。

### （二）技术瓶颈待突破

氢气的电解制备涵盖了碱性电解、质子传导膜电解、阴离子传输膜电解以及固体氧化物电解等多种技术路径。氢燃料电池、储氢材料等，仍存在技术瓶颈，部分关键材料依赖进口，影响了产业的自主可控能力，特别是质子交换膜、催化剂、碳纸等核心材料对外依存度高。如，燃料电池的性能和寿命仍需提升，膜电极的制备技术与国外先进水平有差距。碱性电解水制氢技术虽产业化发展迅猛，但与可再生能源（如风能、太阳能）的有效结合仍面临巨大挑战。②

---

① 郝旭暖：《张家口加快推进氢能全链条发展研究》，《产业创新研究》2024年第7期。

② 马国云：《我国氢能产业发展现状、挑战及对策》，《石油化工管理干部学院学报》2021年第2期。

### （三）产业配套不足

氢能产业链配套不完善，特别是制氢、储运等环节的产业配套不足，导致项目成本高，应用推广受限。产业协同不足，氢能产业链各环节之间存在薄弱环节，制氢、储运、加注和应用等环节尚未完全成熟。[①] 京津冀等地区虽有产业协同基础，但政策协同、应用场景、基础设施等方面仍存在不足。氢能终端应用领域较为狭窄，氢能的适用范围较窄，主要聚焦于交通行业，而在工业、建筑等领域的推广运用尚处于摸索阶段，多领域应用限制着氢能大规模产业化的推进速度。

### （四）政策与标准体系不完善

氢能产业发展涉及多个部门，政策协同性不足，部分政策落地困难。氢能产业标准体系不完善，缺乏统一的技术规范和安全标准，特别是在加氢站建设、运营和氢能应用等方面。尽管当下氢能领域已发布一批各环节的相关标准，但部分标准依旧欠缺。在氢能应用及其检测规范方面尚有明显的缺漏，部分核心技术因缺少配套的标准化指导，导致研发与生产费用攀升，并引发安全隐患等一系列问题。氢气的制备与净化，以及储存、运输和加注等标准制定，目前明显滞后。例如，国内高压氢气瓶的压强上限仍停留在 25Mpa，然而市场上现有技术已能轻松突破 45Mpa 的水平。

## 三　下一步措施建议

### （一）持续推进技术创新与突破

一是持续开展基础共性技术研发。以自主革新为基石，紧扣全球氢能产

① 陈思宇、王集杰、李灿等：《氢能产业链的关键问题及对策建议》，《前瞻科技》2024 年第 4 期。

业演进脉络，凭借首都科技资源的深厚底蕴，清晰勾勒产业发展蓝图，攻克基础材料、关键部件、核心工艺及高端设备等“瓶颈”技术，推进氢气制备、储存运输、注入应用等技术革新，针对满足条件的氢能创新设施提供财政扶持。

二是实施强链工程。鼓励行业龙头引领，聚焦氢能产业核心链条，进一步建立健全协同创新联盟，推进联合技术研发，优化产业链及供应链体系。

三是强化科技创新平台建设。鼓励氢能领域的创新主体在北京设立国家级、市级氢能重点实验基地、产业创新枢纽等创新支撑平台，深化产学研协同联动。

### （二）强化示范项目推广应用

聚焦交通行业，助力京津冀地区燃料电池汽车示范城市群的构建，进一步推进氢能燃料电池汽车的示范推广。促进氢能源在电力生产、热电联合供应、工业运输工具等领域的示范应用，建立一批更多元化的氢能应用场景。在京津冀区域内，积极开拓电力和热力供应的商业化应用场景，探索氢能源在轨道交通、船舶航运、无人机飞行，以及医疗保健、农业生产、食品加工等多领域的示范性应用实践。

在京津冀协同发展战略框架下，构建涵盖京津冀三地的氢能产业协同统筹体系，促进形成彼此借力、差异化布局、互利共荣的产业协同发展新局面。综合部署京津冀地区固定线路货运车辆更新方案及其多元化应用，协调推进加氢站、储运等氢能基础设施的系统性布局。

### （三）加强配套设施建设

一是推进加氢站建设。鼓励推进新建及改（扩）建工程，打造适合本市产业发展方向的氢能加气站，并对落成的氢站提供更加有力的资金扶持政策。探索大规模加氢站建立的经济模式。二是推进储运设施建设。探索构建环保型氢能输送网络，启动管道氢气传输的可行性分析及路径布局研究，推进内蒙古至北京地区风能光伏制氢及长途管道输氢综合示范项目。

## （四）打造氢能产业人才基地

深化氢能行业人才培育体系，完善氢能人才激励措施。鼓励高校及科研院所开设相关学科，强化氢能源领域人才培育的深度与广度。设立氢能职业教育课程，培育具备产业技术专长的实用型人才。汇聚全球顶尖的研发力量与行业翘楚，强化氢能领域尖端技术积淀及创新驱动实力。完善氢能产业的人才激励体系，拟定分阶段的具体方案，全面彰显氢能领域人才的重要价值；打造包容、协作、互惠、竞进的科研环境，充分激发氢能领域科技人员的创新潜能。

# 统筹优化人口布局，支撑城市副中心高质量发展对策研究

古靖言*

**摘　要：** 京津冀协同发展实施十年来取得显著成效，进入全方位、高质量深入推进的关键阶段，需要下更大气力推进、重点突破。创新经济时代，人是区域经济社会发展的主体，基于这个视角，本文深入分析北京城市副中心及通州区，廊坊三河市、香河县和大厂回族自治县等周边区域人口现状、特征及布局存在的主要问题矛盾，结合区域人口、产业和城市功能综合分析判断，提出从人才引进、住房补贴、交通配套、教育配套、医疗配套等方面优化北京城市副中心及周边区域人口布局的政策建议，合力推动京津冀协同发展迈上新台阶。

**关键词：** 城市副中心　人口布局　京津冀协同

《京津冀协同发展规划纲要》实施十年来，在党中央、国务院坚强领导下，在北京、天津和河北紧密配合和共同努力下，三地区域协同发展不断加速。北京城市副中心作为北京发展新骨架的“一核两翼”中重要“一翼”，肩负着重构京津冀协同发展格局的重要使命，一方面要在北京行政功能的嵌入下，带动资源要素流动，促进非首都核心功能疏解转移。另一方面也要形

* 古靖言，中咨海外咨询有限公司项目经理，研究方向：城市发展研究、新能源。

成重要增长极，带动盘活廊坊三河市、香河县和大厂回族自治县（简称北三县），促进京津冀空间格局再调整。北京城市副中心在与廊坊北三县深度融合过程中，有必要立足于“人”这一核心要素，放眼通州区、廊坊北三县区域大空间尺度，统筹考虑人的集聚和协同与产业发展、城市建设的相互关系，提出优化区域人口布局的政策建议。

## 一　北京城市副中心及区域人口现状特征

### （一）基本情况

北京城市副中心。规划范围为原通州新城规划建设区，总面积约155平方公里，外围控制区即通州全区约906平方公里。根据《北京城市副中心控制性详细规划》，到2035年城市副中心城乡建设用地规模控制在100平方公里，非建设用地规模控制在55平方公里，开发强度控制在65%以内。城市副中心控制性详规中规划2035年通州区和副中心就业和常住人口比为0.54~0.58，重点发展政务服务、高端商务、文化旅游、科技创新等产业领域。

通州区。通州全区约906平方公里，占北京市总面积的5.5%，占中心城区总面积的66.2%。到2023年末，通州区常住人口184.5万，占北京市总量的8.4%，规划到2035年常住人口规模控制在200万~205万人，就业人口规模控制在115万~120万人。根据2023年《北京统计年鉴》，2023年通州区就业与常住人口比为0.39，约占北京市就业与常住人口比（0.52）的75%，规划到2035年达到0.54~0.58。通州区目前形成三、二、一产业格局，第三产业占比远低于全市平均水平，产业整体竞争力有待进一步提升。

北三县。廊坊北三县总面积1258平方公里，是通州区整体面积的1.3倍。独特的区位优势使其在区域发展格局中具有重要的地位，具备发展成为北京城市副中心发展腹地的重要基础。按照副中心控规要求，辖区面积30%可以用作城乡建设用地。2023年末，北三县常住人口总量约为200万人（估算），规划2035年北三县常住人口250万人，北三县将成为北京市人口疏解的重要承接地。2023 年，北三县就业与常住人口比约为 0.37。产业结构以二、三产为主，且占比相当，第二产业以现代制造、食品加工、生物医药等为主；第三产业以健康养老、现代物流和文化创意为主。

### （二）现状特征

人口规模呈稳定态势。在北京推进减量发展、控制人口规模的大背景下，通州区与北三县作为承接北京外溢需求和人口疏解转移的双重载体，人口规模呈现集聚增长趋势。2023 年末，通州区常住人口为 184.5 万人，与 2020 年通州区第七次全国人口普查常住人口 184 万人基本持平，其中常住外来人口占 48.3%。北三县人口规模近几年保持稳定，2023 年底，燕郊镇作为北京外溢人口的重要集聚地，常住人口突破 94 万人，三河市常住人口约为 140 万人、香河县常住人口约为 45.3 万人、大厂县常住人口约为 18 万人，北三县常住人口总量突破 200 万人。

人口规模效率有明显差距。2023 年，通州区实现地区生产总值 1303.6 亿元，约占北京市总量的 3%。按照常住人口计算，通州区人均 GDP 为 6.1 万元，远低于北京市 20 万元的水平。按照北三县常住人口 200 万人估算，2023 年北三县 GDP 为 1042.5 亿元，人均 GDP 约为 5.2 万元，比通州区 2023 年人均 GDP 低 0.9 万元。

人口结构呈“三低”现象。通州区与北三县的城市化水平、老龄化程度和人口受教育程度均低于北京市平均水平。在城市化水平方面，根据《北京市通州区统计年鉴（2023）》和《河北省 2023 年国民经济和社会发展统计公报》，2023 年通州区常住人口城镇化率为 67.6%，北三县户籍人口城镇化率约为 53%，远低于北京市 87.8% 的水平；在人口年龄结构方面，根据《北京市 2023 年国民经济和社会发展统计公报》，北京市常住人口 2154.2 万人，60 岁及以上人口 494.8 万人，占比 22.6%；2023 年，通州区老龄化率为 17.2%，北三县的老龄化率也明显低于北京市水平，劳动年龄人口占比具有优势，潜在人口红利明显；在人口素质结构方面，人口质量最直观的体现是受教育程度，据《通州区 2023 年国民经济和社会发展统计公报》，截至2023年底，通州区具有大专及以上学历的有63.92万人，占常住人口的35%，比北京市平均水平（42%）低7个百分点。北三县具体数据不全，但就2020年廊坊市第七次人口普查数据看，大专及以上学历人口只占15.1%，因该数据还含廊坊市区，北三县可能更低。

人口分布呈局部集聚现象。通州区人口呈现环层分布，北三县人口紧邻北京的东部地区人口多、西部地区人口少，以三河市为例，紧邻通州区东部的燕郊经济技术开发区户籍人口约32.5万人，占到三河市户籍总人口的41.8%。

人口就业呈“一少一多”且以传统为主的特征。通州区和北三县人口就业呈现本地就业少和跨界通勤多两个显著特征，就业方向以传统产业为主。根据统计分析，通州区2023年常住人口184.5万人中，本地就业人数约为72.8万人，就业人口集中于制造业和服务业中的批发零售业，就业与常住人口比为0.39，只占北京市就业与常住人口比（0.52）的75%；北三县本地就业人数约为74万人，制造业、建筑业和批发零售业等传统产业就业占比较高，就业与常住人口比为0.37，占北京市就业与常住人口比的71%。据统计分析，通州区约有24万就业人口流向北京城区，北三县日通勤进京人数约30万，到通州区工作人数约12万，工作地集中在朝阳、通州、大兴和顺义。以三河市为例，就业人数约51万人，其中本地就业人数约21万人，占比41.2%。①

## 二　基于人产城关系综合分析核心制约问题

### （一）人口总量与就业人口的矛盾

区域人口规模增加，产业支撑就业的能力不足，职住分离现象突出，难以支撑城市副中心高质量发展。从现状来看，通州区与北三县的人口总量规

① 资料来源：《北京市通州区统计年鉴（2023）》《河北省2023年国民经济和社会发展统计公报》。

模保持稳定，2023 年末，通州区与廊坊北三县常住总人口超过 380 万人，规划至 2035 年，常住总人口规模控制在 450 万人左右，增量空间有限。但是，就业人员水平明显偏低，2023 年通州区参加企业职工基本养老保险的统计人数为 72.8 万人，仅占北京市总量的 4.0%，就业人口远低于东城、西城、朝阳、海淀等城区，就业与常住人口比也远低于北京市平均水平。深层次矛盾主要是产业对就业的吸引力不够、难以支撑就业人员需求，通州区与北三县产业规模小、产业层次低、产业结构不合理、就业岗位不足、就业待遇缺乏吸引力。通州区和北三县的劳动力更倾向于离开本地以搜寻与自己匹配的工作岗位。

### （二）人口结构与城市功能的矛盾

人口素质结构与高精尖产业功能不匹配，人口文化和技术程度制约高质量产业的导入与发展。通州区与北三县目前整体劳动力素质偏低，难以支撑协同区域未来的高质量产业发展。根据规划要求，通州区未来以培育三大战略性新兴产业和四大新兴服务经济为主，这对人口的平均受教育水平有很高要求；当前通州区可劳动的大专或本科以上学历人数占常住总人口比重远低于北京市，其在京就业的人口即便留在本地就业，也受限于其文化程度，难以适应和推动高新产业发展，与通州居住高端人才、北三县为通州提供岗位专业人才的愿景不相符。

### （三）人口分布与城市供给的矛盾

人口密度分布不均，增加公共服务供给难度。通州区与北三县人口主要聚集在副中心地区和燕郊地区。通州区人口集中在第一、二环层；北三县的燕郊经济技术开发区则以其地理区位优势和园区集聚优势吸引了大量人口，其常住人口估算已经占到北三县人口的 50% 以上。从副中心的规划来看，副中心地区人口仍有容量，2035 年通州区常住人口密度将在现有基础上提升约 30%，届时人口密度基本上是目前朝阳区和海淀区的水平；燕郊地区人口已经严重超载，目前人口密度不仅超过 2035 年北三县的平均规划要求，甚至已经超过2035年副中心的规划要求。公共服务供给会受地区面积的限制，过高的人口负载可能会使原本正常的公共服务体系失效。燕郊目前的公共服务和城市建设水平远不足以支撑燕郊现有人口的日常生活需求，以教育资源分配为例，原本三河市的学校资源已经多数集中在燕郊，但仍然出现中小学“大班额”问题，表明燕郊人口已经严重超载。

### （四）产业引力与人口配置的矛盾

产业对人才的“流水效应”尚未形成，难以支撑城市副中心高质量发展。通州区与廊坊北三县的产业层次不高，对高素质就业人口吸引力不够。北三县一二产业就业人口偏高，表明一二产业仍未升级且效率较低。按照规划，通州区与廊坊北三县已经确立主要发展总部经济、科技创新、文化旅游、财富管理、设计咨询等高精尖产业，且在园区和重点区域乡镇制定了侧重方向。虽然目前两地产业资源引进工作逐步开展，但整体进展较慢，目前资源引进尚显不足，数量和质量还有待提升，对高端人才的吸引力不足。

### （五）交通压力与人口协同配置的矛盾

通州区与廊坊北三县交通压力大，对人口资源流动配置形成一定阻力，导致职住分离现象和跨界交通拥堵尚未改善。区域内部交通拥堵现象严重，向外交通的比较优势尚未形成，制约职住分离现象改善。从目前情况来看，通州区与北三县互联交通网络不完善，局部拥堵和不便程度已超中心城区带来的交通压力。区域间互联交通建设滞后及交通受行政管制并存，现行进京通行证政策不利于人员在通州区和北三县之间的往来通勤；由于通州区和北三县分属两个行政区划，从道路检查站的设置到道路交通管制管理均不互通，北三县与通州区间的交通往来阻隔实际上来源于河北省和北京市间的交通管制差异。对于北三县人口而言，当外地就业机会优于本地就业时，通州区和北三县的常住劳动力人口更倾向于外部就业，造成了北三县人口跳过通州区进入中心城区就业的现象，加剧职住分离问题。

## 三　优化区域人口布局的政策建议

### （一）人才引进政策建议

引进领军人才。面向全球实施世界级顶尖人才及团队引进计划。支持领军人才安家落户和兴业发展，在落户、税收、住房、子女入托入学等方面给予政策上的支持。引导其到副中心的科技创新等组团工作，并在组团周边配套居住区域。承接疏解人才和回流人才。亦庄新城（通州部分）优先承接北京中心城区疏解的重点人才和吸引回流人才，在就业、创业及稳定居住等方面给予政策支持。通州区新市镇和特色小城镇优先承接北京中心城区疏解的人才和吸引通州区回流的人才，居住在以镇中心区为主要空间载体的区域。北三县三大组团及四大开发区优先承接北京中心城区疏解人口和吸引本区域回流人才。争取河北省政策支持，针对重点领域的高端人才，且有意愿在北三县落户的，积极支持办理落户手续，加强对高端人才的吸引和安置。

### （二）人才住房政策建议

结合人才结构和需求，多措并举降低人才住房成本、促进区域职住平衡。结合区域棚户区改造，增加公共租赁住房、自住型商品住房等保障房占比，建设并完善与就业人群住房支付能力相匹配的住房供应体系。借鉴香港地铁上盖物业建设经验，在地铁站点及周边建设只租不售的低成本人才公寓。针对重点人才提供住房补贴。对于区域发展所需重点产业、重点人才，明确条件和范围，分层级提供住房租金补贴和购房优惠等政策支持。

### （三）交通配套政策建议

构建市郊铁路网络。利用既有客运货运铁路线，开通城郊铁路，与地铁网络和公交网络相衔接，建成便捷快速的城郊轨道运输网络。加快区域间公交线网规划与建设，以公共交通为核心骨架解决两地居民通勤需求，加快大厂等地的“P+R”综合公交场站建设。推进区域检查站建设公交专用线，实现车辆分类检查通行，提高车辆的检查通行效率。创新北三县车辆限购政策，参照北京市车辆限购办法，研究北三县区域范围内的车辆限购政策，为北三县区域范围内车辆数量的有序调控和通州区与北三县区域范围内车辆的统一管理奠定基础。研究北三县车牌进入通州区办理特许通行证政策，支持通州区与北三县间必要的就业通勤。根据跨区域实际通勤的频率和跨区域就业与居住需求，研究按照月度、季度或年度定期办证、连续通行等支持政策，逐步放宽通行要求，方便区域内就业人员往来通勤。

## （四）教育配套建议

引进优质教育资源。鼓励北京优质教育资源在通州区与北三县自主办学或者建立分校区。由各地教育主管部门统筹对接，通州区和北三县积极承接北京二中、首师大附中、景山学校、人大附中、北京五中、北京四中等市级优质中小学教育资源。建议对中小学教师出台相关鼓励政策，支持北京市教师在通州区和北三县地区流动任教，制定协同区自主教师职称评定和待遇政策。建议对中小学教师出台相关鼓励政策，支持北京市教师在通州区和北三县地区任教，制定协同区自主教师职称评定和待遇政策。制定两地教师交流式教学方案，平衡统一教育资源，逐步统一通州区与北三县的基础教育设施标准。北京城市副中心、亦庄新城（通州部分）组团、燕郊组团、三河组团、香河组团和大厂县城，优先利用棚户区改造和单位腾退用地补齐区域欠缺的基础教育设施。

## （五）医疗配套建议

通过机构合作、设置分院等方式，推动在京服务全国和区域的优质医疗资源向北三县纵深布局。引入高质量医疗资源。建议对接引入北京妇产医院、东直门医院、首都儿研所等市级优质医疗机构，大力引进市级养老机构在副中心连锁化经营。建议分散重症医院布局，增加街道医院数量和门诊数量。深化医疗服务信息互联互通、医生跨区域多点执业等。建立协同区统一医疗管理网上系统，为门诊预约提供便利。建立“医联体”和双向转诊试点。打通异地医疗壁垒，在北京市与北三县两地实现分级诊疗、统一收费，制定科学的转诊流程，鼓励患者和“医联体”签约，保证双向转诊通道顺畅。

# 社会文化篇

# 北京市长期护理保险的试点进展

张文娟　张　硕*

**摘　要：** 本文利用实地调研资料分析北京市石景山区长期护理保险试点的实施情况。北京市试点在制度设计、覆盖人群、服务体系与民众认可度等方面取得了积极成效。然而，试点过程中也面临着一些挑战，如受益人群范围有限、资金筹集机制不完善、评估结果准确性不足、服务供给能力欠缺等。结合不同方案下受益人群规模和照护成本分析，本文提出了北京市进一步推广长期护理保险的建议，包括完善筹资机制、优化评估流程和服务供给、加快信息化建设、合理扩大受益人群、推动服务体系标准化等。

**关键词：** 长期护理保险　石景山区　试点进展　制度优化

## 一　引言

随着人口老龄化加剧，北京市的老年人群对照护服务的需求愈加迫切。面对日益严峻的老龄化挑战，探索建立长期护理保险（以下简称“长护险”）制度，是党中央、国务院为积极应对人口老龄化与健全社会保障体系作出的一项重要部署。目前，我国已有 49 个城市开展了长护险试点。北

---

* 张文娟，中国人民大学老年学研究所教授、健康中国研究院副院长，研究方向：老年健康、养老服务与社会政策分析；张硕，中国人民大学人口与健康学院博士研究生，研究方向：老年健康与养老服务。

京市石景山区自 2018 年 4 月启动试点（鲁谷街道、八角街道、八宝山街道），当时享受服务人员达 300 人。[①] 2020 年，石景山区被列为国家级试点地区，明确在石景山区全域进行全要素、全流程、全方位试点。经过几年的探索实践，初步摸索出了可推广、可持续的长护险制度框架。

北京市立足首都城市战略定位和人口老龄化趋势，在积极推进老年友好型社会建设的过程中，聚焦老年人的急难愁盼，以及多元化、多样化、多层次服务需求，突出资源的统筹与调配，强调养老服务资源向弱势群体倾斜。在此背景下，总结石景山区试点经验，统筹规划，推动在全市范围内建立长护险制度，不仅符合积极应对人口老龄化国家战略，更契合民生工作关注弱势群体的基本理念。本文围绕石景山区长护险试点情况，基于相关政策内容与实地调研中收集到的数据资料，分析目前的制度运行状况、取得的成效以及面临的主要问题与挑战，在此基础上探讨了北京市推广长护险的可能路径，并对长护险全市推开的准备工作提出了相应的建议。

## 二　北京市石景山区长护险试点运行情况

### （一）长护险运行的基本状况

根据《北京市长期护理保险制度扩大试点方案》，石景山全区范围内（含河北迁安市首钢矿区）参加城镇职工医保和城乡居民医保的人员（暂不含学生、儿童）被纳入参保范围，但由于参保人员数量庞大、资金支持力度有限，仅规定因年老、疾病、伤残等原因经评估达到重度失能标准的参保人员才能享受长护险待遇；资金筹集方面，筹资标准暂定为 180 元/（人·年），由医保基金和个人按照 5∶5 的比例分担；待遇支付方面，对于符合规定的长期护理费用，待遇保障水平为 3000 元/月，基金支付标准为 70%左右；提供机构护理、机构上门护理和居家护理三种护理方式，包括 32 个服

① 信息来自作者的实地调研访谈。

务项目，基本满足重度失能人员日常的护理服务需求。[①] 石景山区充分发挥企业优势，委托第三方参与长护险试点经办服务，将部分经办业务以购买服务的方式委托给商业保险公司，实施协议管理。目前，由爱心人寿保险股份有限公司和泰康养老保险股份有限公司作为长护险商保经办机构开展相关业务工作，[②] 先后签约 6 家评估机构和 78 家护理服务机构，相关从业人员 2000 余人，重度失能家庭照护压力和经济压力得到极大缓解。至 2024 年 5 月，每年参保人数超过 42 万人，累计待遇享受 4868 人（实时享受 2613 人）。[③]

### （二）试点取得的成效[④]

在石景山区长护险试点工作中，政策目标不仅是为失能老年人提供必要的服务和经济支持，更在于通过制度设计和服务优化，探索出适合本地、可复制、可推广的长护险模式。因此，评估分析试点地区的实际成效，不仅可以检验现行政策是否达到预期目标，还可以通过了解目前政策实施的效果，为全市范围内推广提供经验和数据支持。本文从多个维度考察石景山试点的成效，包括制度设计、覆盖人群、服务体系以及民众认可度等方面。

第一，制度设计具有高度可行性。石景山区长护险制度设计遵循“政府主导、政策引导、市场化运作、社会化服务”的总基调。先后编制印发包括试点实施方案、实施细则和机构管理、基金监管、档案管理、邻里互助方案等配套文件在内的“1+1+N”个政策文件，从制度层面保障政策落实落细，同时确保档案材料的真实、完整、可查。扩大长护险试点以来，累计基金收入 3.14 亿元，支出 1.95 亿元，每年基金支付比重接近 80%，符合社保基金“收支平衡、略有结余”的原则。石景山区初步形成的可复制、可

① 《北京市医疗保障局　北京市财政局　关于印发〈北京市长期护理保险制度扩大试点方案〉的通知》，https://ybj.beijing.gov.cn/tzgg2022/202011/t20201123_2798234.html。

② 《商保经办机构名单》，https://www.bjsjs.gov.cn/gongkai/zwgkpd/ztzl/2023/chxzdzl/zcjd/fwgk/202304/t20230419_69015.shtml。

③ 信息来自作者的实地调研访谈。

④ 信息来自作者的实地调研访谈。

推广、可持续的政策体系、评估体系、服务体系和运行管理机制，为长护险全市推开奠定基础。

第二，政策覆盖人群和待遇享受人群扩大。石景山区每年长护险参保人员超过 42 万，明确保障对象和内容，更加精准地解决失能人员的实际问题。积极开展跨区服务，推进跨区评估、护理服务、督查指导等工作，对居住在大兴、朝阳、通州、房山、西城等，以及河北迁安的重度失能人员开展服务。累计待遇享受人员 4000 余人，重度失能家庭照护压力得到极大缓解。

第三，评估和服务体系发展完善。石景山区首批协议护理服务机构有 35 家，目前增加到 78 家（区内 37 家、区外 41 家），还有 6 家签约评估机构。组织开展技能竞赛、“十佳护理员”评选等活动，提升了护理人员专业化水平。指导各机构定期组织护理人员及重度失能人员家属开展业务知识学习、照护技能培训及考核超过 200 场，提升了家庭照护者的服务质量。探索“邻里互助”服务新模式，已有 4 位辖区居民经专业培训后，为邻里重度失能人员提供上门护理服务，培育发展了社会养老服务队伍。长护险试点政策实施带动了护理服务产业及社会就业的发展，社会资本投入超过 1.5 亿元，新增就业岗位 1500 余个，促进护理服务市场的良性竞争和有序发展。

第四，民众知晓度和认可度不断提升。通过政策宣传 100%全覆盖，提高居民对长护险试点的知晓度。制作折页①、一封信等 10 余万份宣传材料和视频向全区所有机关事业单位、街道、社区发放。组织政策宣讲团向全区 160 家企业开展政策宣传，涉及人数超过全区参保总人数的 70%。在中央、市区级主要媒体平台开展专题宣传报道 20 余次，由宣传部、网信办等相关部门实时做好社会面舆情管控。同时，长护险提供的服务切实降低了家庭成员的照护难度和经济压力，提升了失能老人及其亲属的生活幸福感，从而得到民众的高度认可。

---

① 《长期护理保险宣传折页》，https：//www. bjsjs. gov. cn/gongkai/zwgkpd/ztzl/2023/chxzdzl/zcjd/fwgk/202304/t20230420_69150. shtml。

## 三　长护险发展面临的主要问题与挑战

尽管石景山区长护险试点在一定程度上取得了积极成效，但在实施过程中仍然面临一些挑战和问题。这些问题不仅影响着长护险的顺利运行，也制约着其进一步推广和完善。因此，深入分析当前长护险在实际操作中遇到的挑战，对于优化政策设计和提升实施效果具有重要意义。本文基于实地调研与访谈中获得的信息，具体从长护险的受益人群、筹资机制、评估流程、服务供给以及监督协作等方面分析石景山区长护险运行中面临的主要问题与挑战。

### （一）合理确定制度受益人群是充分发挥长护险作用的前提

目前试点将重度失能人员作为受益对象，提供的照护支持可以延长这些重度失能者的存活时间，却无法有效降低老年人的失能风险。随着人口高龄化的加剧，失能老年人群体对预防干预、康复护理等服务的需求日益增大。但是，现行保障体系未将其他失能程度的人员纳入覆盖范围，导致其无法享受应有的保障，同时也限制了服务资源的合理配置，整体服务效率降低。此外，重度失能老年人比例较低且分布稀疏，导致服务递送成本较高，对农村等偏远地区的影响尤甚。对于服务机构来说，承接服务递送面临着较高的固定成本，由于服务对象较为狭窄而又无法通过规模化运营降低单位服务成本，特别是偏远或人口稀少的区域，机构难以拓展业务，服务的可持续性受到严重挑战。服务机构可能因服务覆盖不足而面临财务困境，进一步限制了服务多样性和灵活性。

### （二）完善筹资机制是长护险可持续发展的首要问题

石景山区长护险资金来源过于单一，面临可持续性压力。目前长护险资金主要依赖于医保基金和财政补贴，直接从医保账户和财政拨款中扣除，未建立独立的个人缴费渠道。相对充足的资金来源保障了石景山区长护险实现城乡全覆盖，但是实际上主要覆盖的是职工医保参保人群，居民医保参保者寥寥无几。未来的制度设计若同时覆盖职工和居民医保人群，实现个人缴费将面临很大挑战，亦会给财政带来沉重压力。同时，个体缴费能力不同，而缴费方式又缺乏灵活性。城乡居民和灵活就业人员的收入波动性较大，尤其是农村地区居民，整体收入水平较低，较高缴费标准可能带来较大经济负担。尽管政府为此提供一定比例的补贴来减轻缴费压力，但补贴持续性和稳定性存在不确定性。如果补贴未能长期保持或增幅有限，低收入群体参保意愿可能降低。

### （三）优化评估流程是保证服务精准性的重要基础

评估过程不完善，各部门评估标准不统一。一是社区预评估质量较差，未起到有效筛查作用，增加了正式评估的工作量，评估时间和成本由此增加。二是评估结果复评环节缺乏初评机构回避机制，初评和复评单位可能是同一家机构，影响复评结果的公正性与可信度。三是不同部门在老年人能力评估标准上不统一，市民政、残联、医保等部门在实际操作中采用不同评估标准，造成评估结果无法共享和互认，增加重复评估的负担，影响政策实施效率。

动态评估机制缺乏服务供给的精准度不够。老年人健康状况通常会随时间推移而发生变化，而现有评估体系大多是一次性评估，或仅在特定时间段内评估，未能及时跟进老年人健康状况和护理需求变化。这种静态评估方式导致失能老人健康状况变化后，缺乏持续跟踪和定期评估，无法得到及时的护理服务调整，导致护理资源分配不够精准、护理服务滞后或过度，老年人护理需求无法完全得到满足。

现有的评估人员素质较差，整个评估队伍专业能力不足。北京市当前由社区卫生服务机构承担失能等级评估工作，评估人员需要具备医疗护理知识和评估技能。然而，部分评估人员缺乏相关的医疗背景和系统的专业评估培训，导致评估过程中对老年人失能状况判断不够准确，无法全面识别老年人多方面需求，影响评估结果科学性和公正性。

### （四）服务供需匹配是长护险平稳运行的关键因素

长护险服务目前供需不平衡，护理服务机构提供的服务主要集中在生活照料类，医疗护理类服务供给不足。现有32项服务无法满足老年人个性化和多样化需求，尤其是老年人对夜间陪护、康复性服务（如医疗性康复训练、肢体功能恢复）和精神慰藉等服务的需求日益增加。服务包缺乏动态调整机制，未能根据老年人不断变化的需求及时更新。此外，专业护理人员数量不足、专业性较差导致供需矛盾更加突出。护理人员年龄大、流动性大、学历低、薪酬待遇水平低等问题突出，护理人员专业培训和留存问题成为制约服务质量的关键因素。由于薪酬待遇较低，岗位吸引力不足，年轻且受过良好教育的人才不愿进入这一行业，导致护理员整体素质不高。同时，护理人员专业培训体系不够完善，难以系统化、常态化地提升技能水平，导致服务质量参差不齐。此外，护理人员的职业保障也面临着挑战。特别是，家属骚扰等事件使护理人员的安全问题逐渐显现，这不仅影响了他们的工作情绪和积极性，也对长期留任形成了威胁。

在服务递送方面，偏远地区的递送成本较大。尤其是人口密度较低的远郊地区，服务覆盖范围广，服务需求集中程度较低，导致服务递送周期较长。交通不便、护理场所分散以及出行安全性较低等因素降低了护理人员对偏远地区的服务意愿。此外，长距离的交通成本和时间成本增加了服务机构运营成本。服务机构不仅需要支付护理人员的额外交通费用，还可能需要承担长时间出行所带来的补贴费用。同时，由于偏远地区护理需求相对分散，机构难以通过增加服务密度来摊薄成本，经济负担加剧。

### （五）健全监督与协作机制是长护险高质量发展的重要保障

长护险信息化建设滞后，导致数据共享不畅。长护险涉及多个部门和机构，如医疗机构、护理服务机构和商业保险经办机构等，在申请、评估和支付等环节高度依赖信息系统。石景山区医保局首先核对经办机构推送的数据，再将数据最终汇总到市民政局养老服务平台进行对接。然而，每月补贴是动态的，相关数据也发生变动，很多老年人这个月享受补贴，下个月可能不再享受，变动较大。为确保资金安全，数据核对主要依赖人工操作，工作量大、效率低，且易出现数据延迟。此外，部门间数据未实现有效共享，信息流通不畅，服务衔接不够紧密。

就监督机制而言，长期照护服务尚未建立起完善的标准化体系，不同服务机构的服务内容、质量要求和评估标准各不相同。现有监督机制更多依赖于定期检查或事后评估，而护理服务评估、记录和监管仍主要依赖人工，效率低且易出现数据不准确或延迟情况，缺乏实时监控和反馈机制。护理服务实际情况可能与记录结果不符，但由于信息反馈周期较长，问题被发现后往往已造成影响，加重了经办部门的稽核负担，增加了保险资金管理和发放的难度。

## 四　北京市推广长护险的可能路径分析

### （一）北京市推广长护险的可能路径

在分析北京市推广长护险的可能路径时，综合长护险制度框架以及其他省市的试点实施情况来看，本文主要考虑两个关键因素：首先是覆盖群体的选择，即是否仅覆盖城镇职工医保参保者，还是同时将城乡居民医保参保者纳入其中；其次是针对失能群体的分类，即仅覆盖重度失能人群，还是覆盖重度和中度失能人群，还是同时覆盖重度、中度和轻度失能人群。基于此，对两个关键因素的不同选择可形成如下多种可能的路径方案：①城镇职工+重度失能人群；②城镇职工+重度中度失能人群；③城镇职工+重度中度轻度失能人群；④城镇职工与城乡居民+重度失能人群；⑤城镇职工与城乡居民+重度中度失能人群；⑥城镇职工与城乡居民+重度中度轻度失能人群。需要注意的是，考虑到现有数据无法区分城镇职工医保与城乡居民医保参保者，本文暂时以“城镇”和“农村”作为替代变量进行分析，以便更好地理解不同地区的社会经济差异及老年人群体的照护需求。通过这种方式，本文力图为北京市在不同覆盖群体和失能程度下推广长护险提供理论依据和政策建议。

选择不同的覆盖对象范围会对制度的实施效果产生显著影响。首先，仅覆盖重度失能人员的方案具有相对较低的资金需求和较强的可操作性，能够集中资源为最需要帮助的群体提供高质量的照护服务。然而，这种窄覆盖可能导致中度和轻度失能人员缺乏必要的支持，进一步加重家庭负担。其次，若同时覆盖中度和重度失能人员，能更全面地响应他们的照护需求，减轻家庭照护压力，但这将增加整体资金需求和资源分配的复杂性，同时对服务质量监管提出更高的要求。最后，覆盖轻度、中度和重度失能人员的方案则具备最广的覆盖面，能够满足不同失能等级的多样化需求，降低经济压力并预防病情恶化，但实施这一方案会对资金和资源的需求提出更高的挑战。政策设计需充分考虑各类失能人员的个体差异，以确保服务的针对性和有效性。因此，选择合适的覆盖策略需综合考量受益人群规模、资金、服务资源等多个因素，以确保制度的可持续发展。

### （二）不同推广方案下的受益人群规模和照护成本测算

根据2020年北京市第七次人口普查数据，城镇老年人口为3675228人，占总老年人口的85.50%，农村老年人口为623362人，占总老年人口的14.50%。从不同年龄组来看，城镇60~69岁组老年人口占比为60.07%，农村为59.91%；城镇70~79岁组占比为24.75%，农村为27.94%；城镇80岁及以上组占比为15.18%，农村为12.15%（见表1）。

**表1　2020年北京市城乡老年人口年龄构成**

单位：人，%

| 年龄组 | 城镇 | | 农村 | |
|---|---|---|---|---|
| | 人数 | 占比 | 人数 | 占比 |
| 60~69岁 | 2207770 | 60.07 | 373431 | 59.91 |
| 70~79岁 | 909522 | 24.75 | 174192 | 27.94 |
| 80岁及以上 | 557936 | 15.18 | 75739 | 12.15 |
| 合　计 | 3675228 | 100.00 | 623362 | 100.00 |

资料来源：笔者根据2020年北京市第七次人口普查数据整理得到。

基于北京市的第七次人口普查数据信息，借助2018年的中国老人健康长寿影响因素研究（CLHLS）、中国健康与养老追踪调查（CHARLS）、中国老年社会追踪调查（CLASS）三个老年专项调查合并数据计算得到的分年龄、分性别不同失能标准的失能率；并根据石景山区的待遇给付方案确定支出水平，本文对北京市长护险受益人群规模和照护成本进行测算，具体参数设置如下。

（1）在待遇给付方面，根据石景山区目前的长护险待遇给付标准3000元/月，基金支付比例保持在70%左右，以及参考广州市的长护险给付标准，本文将成本参数设置为，重度失能老年人给付标准为每人每月2100元，中度失能老年人每人每月567元，轻度失能老年人每人每月189元。

（2）在失能标准方面，考虑到《长期护理失能等级评估标准（试行）》的日常生活自理能力维度采用Barthel指数评定量表来评估，其评判结果对最后的失能等级划分具有关键作用，本文选择Barthel指数评定量表作为失能评估以及等级划分的工具。[①] Barthel指数评定量表主要通过对进食、穿衣、面部与口腔清洁、大便控制、小便控制、用厕、平地行走、床椅转移、上下楼和洗澡等10个项目加以量化，兼具BADL和IADL两个层次。与仅是IADL受损的老年人相比，BADL受损的老年人对长期照护服务的需求会更加迫切。根据量表得分结果分为4个等级：重度失能（0~40分）、中度失能（45~60分）、轻度失能（65~95分）和完全独立（100分）。

（3）本文的测算方案具体分为三种情况：①低水平方案仅考虑重度失能老年人；②中水平方案同时考虑重度和中度失能老年人；③高水平方案包括重度、中度、轻度失能老年人。图1提供了不同测算方案下分性别、分年龄的老年人口失能率曲线。

需要指出的是，本文的测算方案仅考虑了60岁及以上老年人群中的长期照护服务受益人群规模及其照护成本，而实际受益人群会涵盖60岁以下的年轻失能者，因此未来的受益人群规模及成本将略高于测算结果。

---

① 《国家医保局办公室　民政部办公厅关于印发〈长期护理失能等级评估标准（试行）〉的通知》，https：//www. gov. cn/zhengce/zhengceku/2021-08/06/content_5629937. htm。

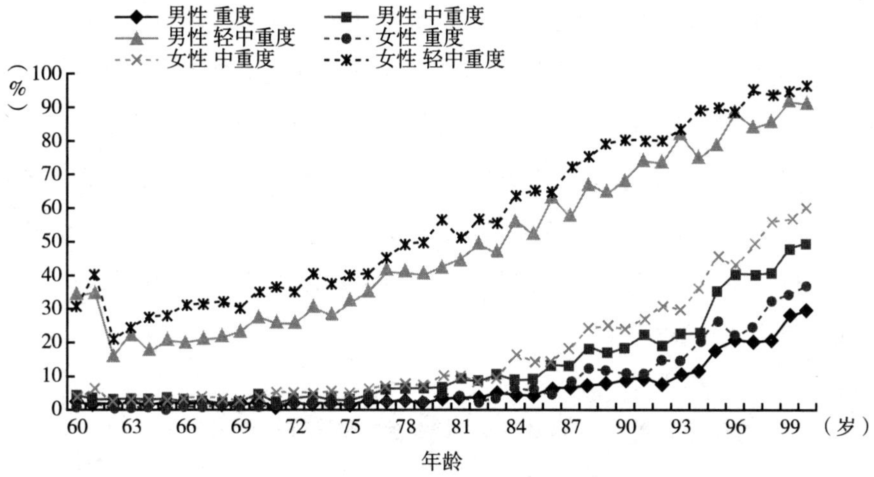


**图 1　分性别、分年龄、分等级的老年人口失能率曲线**

资料来源：笔者借助 2014 年和 2018 年的中国老人健康长寿影响因素研究、中国健康与养老追踪调查、中国老年社会追踪调查三个老年专项调查合并数据计算得到。

随着长护险覆盖范围由重度失能老年人扩大到中度、轻度失能老年人，受益人群规模及其照护成本大幅度上升。在不同水平的测算方案中，覆盖轻中重度失能老年人的高水平方案的受益人群规模最大。从年龄角度来看，在低、中水平方案下，80 岁及以上高龄老年受益人群规模相对更大，这可能是因为这一群体的失能率水平明显提升。在低水平方案中，北京市老年人长期照护服务成本为 19179. 63 万元，中水平方案的照护成本为 27015. 64 万元，高水平方案的照护成本为 50170. 77 万元（见表 2）。

**表 2　北京市老年人长护险受益人群规模和照护成本**

单位：人，万元

| 覆盖范围 | 低水平方案 | | 中水平方案 | | 高水平方案 | |
|---|---|---|---|---|---|---|
| | 受益人群规模 | 照护成本 | 受益人群规模 | 照护成本 | 受益人群规模 | 照护成本 |
| 60~69 岁 | 29627 | 6221. 75 | 83872 | 9297. 43 | 682653 | 20614. 39 |
| 70~79 岁 | 20746 | 4356. 62 | 54354 | 6262. 19 | 390105 | 12607. 90 |
| 80 岁及以上 | 40958 | 8601. 26 | 91307 | 11456. 02 | 381913 | 16948. 48 |
| 合　计 | 91331 | 19179. 63 | 229533 | 27015. 64 | 1454671 | 50170. 77 |

从分城乡来看，无论是从低水平方案到中水平方案，还是从中水平方案到高水平方案，农村受益人群规模和照护成本的增长幅度均高于城镇。城镇80岁及以上高龄受益人群规模在低、中水平方案中显著高于60~69岁、70~79岁年龄段。在照护成本方面，在低、中、高水平方案中，城镇老年人的长期照护服务成本分别为14262.71万元、19233.00万元、34486.50万元，农村老年人的照护成本分别为2893.84万元、4132.66万元、7834.45万元（见表3和表4）。

**表3　北京市老年人分城乡长护险受益人群规模**

单位：人

| 覆盖范围 | 城镇 | | | 农村 | | |
|---|---|---|---|---|---|---|
| | 低水平方案 | 中水平方案 | 高水平方案 | 低水平方案 | 中水平方案 | 高水平方案 |
| 60~69岁 | 15633 | 37342 | 393133 | 5236 | 15119 | 115395 |
| 70~79岁 | 11075 | 32609 | 259678 | 3915 | 9876 | 68744 |
| 80岁及以上 | 41210 | 85627 | 309830 | 4630 | 10634 | 47351 |
| 合　计 | 67918 | 155578 | 962641 | 13781 | 35629 | 231490 |

**表4　北京市老年人分城乡长期照护服务成本**

单位：万元

| 覆盖范围 | 城镇 | | | 农村 | | |
|---|---|---|---|---|---|---|
| | 低水平方案 | 中水平方案 | 高水平方案 | 低水平方案 | 中水平方案 | 高水平方案 |
| 60~69岁 | 3282.86 | 4513.76 | 11238.21 | 1099.52 | 1659.91 | 3555.13 |
| 70~79岁 | 2325.73 | 3546.70 | 7838.31 | 822.08 | 1160.09 | 2272.69 |
| 80岁及以上 | 8654.12 | 11172.54 | 15409.98 | 972.24 | 1312.67 | 2006.63 |
| 合　计 | 14262.71 | 19233.00 | 34486.50 | 2893.84 | 4132.67 | 7834.45 |

总之，北京市老年人受益人群规模和照护成本具有以下特征。第一，在考虑不同失能程度的老年人时，随着失能标准的逐渐放宽，长护险受益人群规模及其照护成本大幅度上升。第二，在不同方案中，城镇受益人群规模和照护成本明显高于农村。第三，随着保障人群覆盖范围逐步扩大，农村受益

人群规模和照护成本的增长幅度更加明显。因此，长护险覆盖范围需谨慎扩大，总体思路为，从仅覆盖重度失能人员的低水平方案起步，考虑适当扩大至中度失能人员，未来再逐渐扩大至轻度失能人员，其中长期照护服务对象应更加关注高龄、农村老年人。

## 五　北京市长护险推开准备工作建议

在北京市长护险推开过程中，必须同时关注两个关键层面的问题，以确保制度的有效性和可持续性。首先，目前的制度设计本身暴露出了一系列问题，包括制度覆盖面较窄、资金来源单一、评估过程不完善、服务给付有待优化等，这些问题直接影响了老年人的服务利用和照护质量。其次，长护险推开过程中面临的制度选择难题亦不可忽视。不同地区的经济、社会和文化背景差异，决定了长护险推开必须灵活应变，探索适合本地实际情况的制度设计与实施路径。

### （一）建立多元化的筹资渠道和动态调整机制

要始终明确个人、单位、政府等多方筹资机制，建立多元化的筹资渠道。[①] 在北京市长护险制度推广过程中，在制度实施初期，可以考虑采取从医保基金统筹账户中直接划拨，辅之以单位缴费、财政补贴、个人缴费、社会捐赠等手段，提高资金规模和制度运行的可持续性。同时，可适当降低个人缴费比例、加大财政投入，提高民众对长护险的参与积极性。但是，随着制度不断成熟和运行相对稳定，一方面应将长护险与医疗保险逐渐剥离，明确其独立险种的地位；另一方面，适当调整各方筹资比例，进一步明确个人缴费机制，以及单位在筹资过程中的责任，同时充分发挥财政补贴、社会资本的作用，通过合作与共享机制缓解财政压力，从而实现资金的多元化与可

---

① 鲁晓明、洪嘉欣：《构建长期护理保险多元筹资机制的法治进路》，《学术研究》2024 年第 6 期。

持续性，提升整体服务质量。

着力建立个人缴费渠道，提供个性化缴费选项。依据年龄和收入设立阶梯缴费标准,[①] 确保低收入群体的参与意愿，尤其是对于城乡居民和灵活就业人员。同时，完善财政补贴政策，确保补贴的持续性和稳定性，特别是在经济较为落后的地区，考虑增加财政支持力度，确保低收入群体参保意愿不因经济压力而下降。

### （二）优化评估流程，提高评估结果的准确性和服务利用效率

统一评估标准，逐步提升评估质量。一是提升社区预评估质量，强化基层人员培训，确保预评估能够有效筛查，减轻正式评估的工作负担。二是建立初评和复评回避机制，确保复评由独立机构进行，增强评估结果公正性和可信度。同时推动市民政、残联、医保等多部门统一评估标准，制定全市统一的老年人能力评估标准，用以判断其符合哪种社会福利政策要求。通过跨部门数据共享平台实现评估结果互认，避免重复评估。

建立长护险动态评估机制。一是根据老年人健康状况开展定期评估，确保服务内容根据失能程度变化进行调整。二是建立健康档案和评估系统，通过智能设备监测老年人健康指标，实现实时数据采集与分析，便于动态调整护理服务。鼓励跨部门协作，实现医疗、社保、民政等部门数据共享，确保评估结果互通有无，避免重复评估。此外，引入家庭医生或社区护理人员参与老年人健康管理和跟踪服务，通过定期回访和健康监测，提升评估及时性和准确性。

提高评估人员专业素质与能力。一是加强评估队伍专业培训，特别是针对医疗护理知识和失能等级评估技能的系统培训，确保评估人员具备必要的专业背景和操作能力。二是建立评估人员考核与认证机制，定期监督评估工作，确保评估人员专业水平符合标准。此外，推动评估工作规范化和标准化，制定统一的评估流程和操作指南，提升整体评估队伍的专业性。

---

① 朱铭来：《我国长期护理保险制度全面推行的难点与重点》，《人民论坛》2024年第20期。

## （三）优化服务供给，提升护理人员素质

优化护理服务供给，建立动态调整机制。通过定期评估老年人的需求变化，根据实际情况合理调整服务包。推动医疗护理与生活照料类服务整合，[①] 增加医疗性康复和健康管理服务供给，确保老年人在日常护理中能获得全面的健康支持，如考虑增加夜间陪护、康复性服务及精神慰藉等项目。

多措并举综合应对偏远地区服务递送。一是设立中心护理机构、基层服务站点和移动护理队伍，构建覆盖广泛的服务网络，提升服务可及性。其次，运用远程护理技术，为偏远地区老年人提供健康监测和护理建议，减少上门服务频次，降低递送成本。同时，实施差异化薪酬和交通补贴，激励护理人员前往远郊服务。此外，财政支持需向农村等偏远地区倾斜，通过专项补贴和资源调度平台，确保护理资源和资金供给充足。

提升护理人员素质，保证长护险服务质量。一是建立完善的护理人员职业培训体系，强化技能培训并实行资格认证，确保护理人员具备专业化水平。[②] 同时，通过提高薪酬待遇、提供职业晋升渠道和稳定的工作保障，增强岗位吸引力，降低人员流动性。二是政府和相关部门需出台针对护理人员的职业保障政策，特别是在法律层面加强对护理人员的安全保护，防止家属骚扰和其他不当行为。此外，通过政府补贴、奖学金等形式吸引更多年轻人加入护理行业，保障服务质量稳步提升。

## （四）加快信息化建设，完善监督机制

加快信息化建设，实现数据共享畅通。一是加大对信息化基础设施的投入，建立统一信息平台，实现各部门和机构间的数据实时共享互通，整合各类服务数据，提升数据流通性和时效性。二是推动智能化技术应用，减少人

① 张文娟、梅真：《长期护理保险与社会养老服务体系的协同发展策略——基于对长期护理保险试点经验的分析》，《北京行政学院学报》2024 年第 6 期。

② 彭希哲、艾静怡：《长期护理政策的国际经验与中国探索》，《社会保障评论》2024 年第 2 期。

工核对，提升数据处理自动化水平，确保动态补贴调整能够迅速准确地反映在系统中，减少延迟和错误。最后，建立健全数据安全和隐私保护机制，确保数据交换的安全性和可靠性。

完善监督机制，提升服务质量。一是制定和细化各项服务内容及其质量要求和标准，实现服务机构和评估机构的服务标准化，加大商保经办机构的监管力度。二是推动实时监控技术的应用，引入智能化管理系统，提升监督效率和准确性。通过建立实时数据采集与反馈机制，及时发现并纠正问题，防止服务质量波动。此外，加强跨部门协作，实现各相关部门间的协同监督，提升监督的广度和深度。

### （五）合理确定政策受益人群，在制度可持续的前提下实现效用最大化

在北京市长护险制度推广过程中，覆盖人群对制度可持续发展至关重要，直接决定了照护服务的需求规模，进而影响照护服务供给水平和长护险资金支付水平。目前，石景山区现行制度实现了城乡全覆盖，但主要为重度失能的服务对象提供支持，未能充分满足其他失能程度群体的照护需求。需要注意的是，较大的制度覆盖范围虽能满足更多失能人员的照护需求，但面临长护险资金压力、服务供给及质量监管的挑战；而较小的覆盖范围虽易于实施，但可能导致未被覆盖群体的支持缺失，增加其家庭负担。因此，为合理确定制度的覆盖人群规模，在制度全面推开之前，需要联合各区政府（街道）、残联及民政部门摸排各区不同失能程度的人员数量，整体上把握有长期照护服务需求的人群规模，合理测算长护险资金支付规模，确定受益人群的范围。[①] 考虑到照护服务供给、财政资金压力等因素，长护险制度覆盖范围可适当扩大至中度和重度失能人员。

---

① 薛惠元、张永高：《共同富裕目标下长期护理保险的发展困境与优化路径——基于“路径-目标”理论的分析框架》，《学习与实践》2024年第6期。

### （六）从产业发展、服务规范与制度建设推动评估和照护服务体系标准化

在评估服务方面，支持发展专业的失能评估机构，培养专业人才，促进评估服务产业发展。借助大数据和人工智能等技术手段，构建智能化评估系统，实现失能等级评估标准化与精细化，提高评估效率和准确性。在服务规范方面，建立统一的失能等级评估标准和流程，确保不同地区和机构在评估过程中遵循统一规范，减少评估结果差异性。从制度建设角度，将失能等级与照护需求评估体系纳入长护险政策框架中，确保其与保险赔付、服务提供和资源配置相匹配，形成系统化的政策支持。

在照护服务方面，出台相关政策促进长期照护服务产业发展，支持各类服务机构的建设，鼓励社会资本进入。针对不同失能等级和照护需求的服务标准，明确护理服务的内容、流程和质量要求，确保服务统一性和规范性。从制度建设的角度，长期照护服务体系必须与长护险政策相结合，确保保险赔付、服务提供和资源配置之间的顺畅衔接，从而提升政策实施的效率和效果。

# 北京市老年教育发展现状及未来进路

魏彦彦*

**摘　要：**随着人口老龄化程度持续加深，北京市大力发展老年教育，积极应对人口老龄化。本文系统梳理了北京市老年教育的发展背景、现状及存在的问题。当前，北京市老年教育体系逐步完善，教育资源日趋丰富，师资力量逐步增强，“互联网+老年教育”的模式也逐渐成熟。然而，老年教育管理主体间缺乏统筹、教育资源配置不均、老年教育的内涵较为单调、缺乏规范化标准等问题仍制约其高质量发展。未来需从六方面构建北京市老年教育的进路：一是用终身教育的理念引领老年教育政策；二是优化老年教育资源体系；三是构建老年教育多元协同业态；四是加强基层社区老年教育建设；五是合理规划老年教育的数字化发展；六是大力发展老年教育产业。本文为北京市发展老年教育提供实践路径，也为中国超大城市应对人口老龄化挑战提供参考范式。

**关键词：**老年教育　终身学习　积极老龄化　数字赋能

## 一　背景

### （一）人口老龄化程度持续加深

北京市自20世纪90年代就开始进入人口老龄化时代，且老龄化程度高

* 魏彦彦，中国老龄科学研究中心《老龄科学研究》编辑部主任，副研究员，研究方向：老龄文化、老龄产业、老龄政策。

于全国平均水平。随着人口规模调控和京津冀协同发展战略实施，外来人口趋于分散，稀释作用减弱，老龄社会甚至超老龄社会将成为北京市人口的基本常态。《2023 年北京市老龄事业发展报告》显示，北京市老年人口总量持续增加，人口老龄化程度进一步加深。2023 年全市 60 岁及以上常住人口为 494.8 万人，占总人口的 22.6%，高出全国平均水平 1.5 个百分点。60 岁及以上户籍人口为 431.6 万人，占户籍人口的 30.2%，首次突破 30%。人口老龄化程度进一步加深，趋势愈发显著。全市 80 岁及以上户籍人口为 64.8 万人，占户籍人口的 4.5%。①

### （二）老年教育的政策支持力度加大

北京市老年教育的发展离不开国家的政策引导，国家层面先后出台了一系列政策扶持老年教育的发展。2016 年先后发布了老年教育领域的两个重要文件，一是老年教育领域的纲领性文件——《老年教育发展规划（2016—2020 年）》，正式把老年教育纳入终身教育体系，并进一步明确了老年教育的发展方向及发展目标。二是《教育部等九部门关于进一步推进社区教育发展的意见》，明确提出老年教育是社区教育的重要内容及未来需要完成的重点任务。2021 年，《“十四五”国家老龄事业发展和养老服务体系规划》明确提出，要推动老年教育向基层延伸，支持社会力量参与老年教育。

近年来，北京市也先后出台了一系列重要文件，包括《北京市学习型城市建设行动计划（2021—2025 年）》《北京市关于加快发展老年教育的实施意见》等，进一步明确老年教育是终身教育体系的重要组成部分，要统筹部署，扩大老年教育资源供给。

### （三）终身学习的理念更加普及

随着社会进步，终身学习理念更加深入人心。北京市通过学习型城市建

① 《北京市老龄事业发展报告（2023）》，https：//mzj. beijing. gov. cn/attach/0/e579da4186d440e7890d97711cc87d91. pdf。

设，将老年教育纳入终身教育体系，明确老年人享有平等学习的权利。终身学习理念在老年群体中的快速普及，成为推动老年教育发展的重要动力，也深刻影响了老年人的生活方式，他们不仅关注健康养老，还希望通过学习提升自我价值，丰富精神生活。

### （四）新老年群体学习观念更加主动

逐渐进入老年期的“60后”新老年群体与“40后”“50后”的老年人相比，有较为明显的差异，他们的经济状况、健康状况、受教育程度都有了较大改善，他们的社会参与意识和终身学习观念更加主动。因此，随着北京市人口老龄化进程的不断加快，越来越多的“60后”新老年群体成为老年教育的主要服务对象，老年教育也由此迈向新的发展阶段。

## 二　北京市老年教育发展现状

### （一）老年教育体系在持续发展中逐渐完善

北京是全国较早进入老龄化社会的地区，老年教育工作开展得早，基础扎实，历经了四十年富有成效的发展。1984~1992年为初创与探索期、1992~2016年为稳定与扩展期、2016~2019年为规范与提升期，以及2019年至今为提质与增效期。如今，北京市已逐步构建起多学科、多学制、多层次、多样化的老年教育办学体系。[①]

办学机构不断丰富，教育体系逐步健全。1984年，北京市的第一所老年大学——海淀老龄大学正式成立。1987年，北京老干部大学成立，标志着北京市老年教育体系正式开始构建。1996年，北京老年电视大学成立，办学主体从单一走向多元，覆盖范围迅速扩大。依托北京老年开放大学及各区分校

① 陈琢、齐媛：《新时代首都老年教育实践与思考——以北京市朝阳区为例》，《继续教育研究》2024年第7期。

办学体系，向街道、乡镇、社区、村延伸办学，扩大了老年教育的覆盖面，增强了可及性。老年教育的质量持续加强，北京市持续开展老年学习示范校（点）申报认定工作，树立先进典型，以点带面，提升整体办学水平。

## （二）老年教育资源呈现日益丰富的趋势

老年教育资源数量、种类日益丰富，覆盖范围日益扩大。这种变化不仅满足了老年人多样化的学习需求，也为构建终身学习型社会奠定了坚实基础。一是老年教育机构数量显著增加。据不完全统计，截至2023年底，北京市共有4300多个老年学校（含老年大学、学校及各级各类教学点等），其中市级老年大学5个、区级老年大学36个、街乡级老年学校250个、村社级老年教学点4007个、其他老年教育机构30余个。① 二是老年教育供给主体多元化。高等院校、职业院校、各大行业单位等机构纷纷增加老年教育学位供给；一些具备条件的养老机构也探索开展老年教育，把老年教育活动与机构日常开展的文娱活动有机结合。三是老年教育课程内容更加丰富。我国的老年教育发端于老干部工作，最初的课程设置以休闲娱乐和保健养生等为主。随着老年教育日趋成熟以及老年群体的更迭，老年教育内容也更加丰富，课程设计更加贴近老年人的实际需求，时政、法律、文学、艺术、科技、语言类课程深受老年群体的欢迎。

## （三）老年教育师资力量逐步增强

近年来，为满足老年教育的需求，北京市通过增加专职教师数量、提升教师专业化水平以及壮大志愿者队伍等方式逐步增强师资力量。一是鼓励高校开设老年教育相关专业，培养专职教师，职业院校通过定向培养和校企合作等方式，为老年教育输送专业化人才。但专职教师主要集中在城区老年教育机构，郊区以及农村地区仍然缺少专职教育人才。二是逐步完善老年教育

① 《北京市老龄事业发展报告（2023）》，https：//mzj. beijing. gov. cn/attach/0/e579da4186d440e7890d97711cc87d91. pdf。

专业教师培训体系，统筹推动老年教育师资队伍专业化发展，不断提升教学业务能力和应用创新能力。如北京市开放大学举办老年教育专业教师培训，进一步优化教学实践，赋能优质课堂，推动老年教育提质增效。三是大力推动老年教育志愿队伍的建设工作。北京市持续招募老年教育志愿者，广泛吸纳不同年龄、职业和专业背景的人员，通过开展专业技能培训，为老年群体提供精准化、个性化服务。2021 年，全市共有老年教育志愿者 57633 人、志愿者团队 2328 个。[①]

### （四）探索完善“互联网+老年教育”服务模式

在互联网时代，借助技术手段赋能是老年教育拓宽覆盖范围的必要路径，同时，通过教育帮助老年人跨越数字鸿沟也是实现积极老龄化的题中应有之义。因此，北京市积极探索，凝聚全社会力量，力求为全体老年人提供优质的教育服务。通过系统整合公共文化资源，逐步推出一系列特色鲜明的适老化学习平台，如“京学网”和微信服务号“京学”“京学在线”“乐龄学苑”等，全方位满足老年人多元化、个性化学习需求。

《北京市老龄事业发展报告（2023）》显示，2023 年全市网络注册学员数约为 7.2 万人。北京老年开放大学开展线上教学，与现有的养老服务机构进行充分合作，打破传统老年教育资源分散、服务对象有限的局限，拓宽了老年教育的覆盖范围，让更多的老年人有机会获取丰富的学习资源。各类公共服务场馆也为老年人参与老年教育提供更多渠道和场景，共促老年教育发展。

## 三　北京市老年教育发展存在的问题

### （一）老年教育管理主体之间缺乏统筹

老年教育工作具有一定的综合性，多部门均涉及相关管理职能。但管理

① 陈琢、齐媛：《新时代首都老年教育实践与思考——以北京市朝阳区为例》，《继续教育研究》2024 年第 7 期。

主体之间缺乏有效的统筹协调，导致资源分散、效率降低，制约了老年教育的发展。教育、民政、文化、卫健等部门各自为政，缺乏统一的规划与协作机制，资源整合不足，重复建设现象普遍。例如，同一社区可能同时存在多个部门开设的类似课程，造成资源浪费；政策执行过程中因部门目标不一致，导致效果打折扣。

实际上由于存在多种类型的老年教育机构，衍生出多种老年教育管理模式，教育部门领导、民政部门领导、老龄委领导、组织部老干部局领导等模式并存，为老年教育的发展带来了一定的阻碍。[①] 北京市老年教育机构类型多样。开办者和管理者不同，直接导致了行政管理上的复杂情况，很容易造成实际上的“多头管理，却又无人管理”的现象。

### （二）老年教育资源配置不均

随着人口老龄化程度不断加深，老年教育受重视程度也越来越高，已经成为老年文化教育事业的重要组成部分。随着经济的快速发展，北京作为首都，养老的物质保障越来越充足，同时，老年群体的精神文化需求也越来越迫切。近年来，老年教育需求快速增长，老年大学“一座难求”现象被很多媒体报道，老年教育机构短缺问题日益凸显。一是机构数量不足，教育资源有限。现有机构远远无法满足广大老年人的教育需求，导致老年人受教育机会受限。二是老年教育城乡分布不均，基层学习点较少。优质老年教育机构主要集中在城区，远郊区县及农村地区的老年教育机构仍然短缺。三是现有机构的服务能力不均等。从全市来看，各区老年教育工作存在较大差异，现有机构的资源和能力发展不均衡。

### （三）老年教育的内涵较为单调

近年来，随着终身教育发展，老年大学教育内涵不足、教育功能和文化

① 杜鹏、吴赐霖：《中国老年教育的新定位、多元功能与实现路径》，《中国人民大学教育学刊》2022 年第 5 期。

功能发挥不到位等问题受到普遍关注。[①] 一是由于老年教育发端于老干部工作，因此，最初课程设置集中于文体活动和健康保健知识。而随着“60后”新老年群体进入老年期，他们的学习兴趣以及对课程设置的要求都有了较大改变。因此，老年教育供给与老年人需求错配问题，以及老年教育内涵不足的问题就更为突出。[②] 二是由于老年教育机构分属不同的部门管理，他们对老年教育的定位和属性方面的认识不尽相同。所以，老年教育机构受限于管理主体的工作思路和指导思想，存在教育功能和文化功能发挥不到位的现象。

### （四）老年教育标准体系缺失

目前，北京市的老年教育仍然缺乏相关建设和评估标准，未能明确各类机构的责任和义务。也还没有建立老年教育统计调查制度，并缺乏一套可行、合理和科学的统计指标体系来评价各级各类老年大学的办学规模、办学模式、办学条件和教育质量。所以，老年教育机构的质量参差不齐，主要存在设施设备不齐全，对老年教育场所的空间布置、设施配备尚无统一的标准；课程设置缺乏科学规划和统一标准，缺乏权威的学科体系分类以及统一的教材；没有明确的师资准入门槛和专业标准，教学能力和专业素养参差不齐等问题。这些缺失会影响教学质量和老年人学习的积极性，降低资源利用效率，制约老年教育的整体发展。

## 四　北京市老年教育的未来进路

### （一）用终身学习的理念引领老年教育政策

随着时代的发展，终身学习已经成为国际上普遍认同的教育理念。老年

① 许翯翯：《老年教育发展的实践逻辑与未来趋向》，《成人教育》2019年第11期。

② 李晶：《中国老年教育的现实需求和供给对策》，《中国远程教育》2022年第5期。

教育拓展了终身学习的理论与实践，把人的全生命周期纳入教育的视野当中。在老龄社会背景下，用终身学习的理念引领老年教育政策，是应对老龄化社会挑战、提升老年人生活质量的重要路径。终身学习强调学习贯穿人的一生，老年教育作为终身教育体系的重要组成部分，应通过政策设计为老年人提供持续学习的机会和资源。

政府应当从积极老龄化的角度出发，以老年人需求为导向，将老年教育纳入终身教育体系，明确老年教育作为基本公共服务的定位，构建更加完善的老年教育支持政策。这不仅有助于满足老年人的精神文化需求，更是实现积极应对人口老龄化国家战略的重要举措。具体而言，政策应注重以下几点：一是将老年教育纳入整体教育发展战略中，明确其作为基本公共服务的定位；二是推动教育资源的均衡分配，特别是向农村和偏远地区倾斜，缩小城乡差距；三是建立激励机制，如学分银行制度，将学习成果与奖励挂钩，激发老年人的学习积极性。通过终身学习理念的引领，老年教育政策不仅能够满足老年人的学习需求，还能促进社会和谐与经济发展，助力积极老龄化社会的建设。

### （二）优化老年教育资源体系

在积极老龄化的视域下，优化老年教育资源体系是提升老年教育质量、满足老年人多样化需求的关键举措。一是均衡资源配置。教育部门应充分利用首都的教育资源优势，在整合资源的基础上，进一步扩大老年教育的规模，同时，加大对农村的资源倾斜，均衡城乡发展。可以通过推广流动老年学校的模式，弥补农村老年教育机构的不足。二是建设多样化系统化的课程体系。从老年人的实际需求出发，开发多元化课程，课程体系可以分为三大类，分别是基本素质教育课程、休闲娱乐课程和专业技术课程。可以根据不同老年群体的兴趣、需求和学习能力提供定制化课程，并定期动态调整课程内容。跨领域进行课程整合，把老年教育和养老、医疗、文化等领域相结合，开发综合性课程。三是加强老年教育的师资建设。增加专职教师数量，建立并逐步完善教师培训体系，提升教学质量，满足老年人多层次的学习需求。另外，还应充分发挥高等教育系统的师资力量，整合专家资源，组建老年教育师资库，为开展老年教育研究指导与教育培训提供师资保障。①

## （三）构建老年教育多元协同业态

推动老年教育的开放共享，拓展老年教育的途径和内容。建立跨部门协调机制，整合教育、民政、文化等多个部门资源，探索老年教育的共建共享模式。发挥政府、企业、社会组织、社区等多方资源的力量，探索老年教育+多元业态的发展模式。

一是将老年教育与老干部工作相结合。老干部具有较高的政治素养和社会影响力，通过积极参与老年教育活动，可以发挥示范引领作用，带动更多的老年人参与学习。同时，老干部中拥有大量的高级专业人才，具有丰富的经验和专业知识，要充分引导和鼓励他们发挥专业特长及经验优势，继续彰显人生价值和社会价值。二是将老年教育与中小学教育相结合。设计代际融合课程，开发“隔代教育”“青少年心理学”等理论和实践课程，提升老年人与青少年群体的代际交流与共同发展能力。组织老年人与青少年共同参与文化活动和志愿服务，开展“代际对话”“祖孙共读共学”等活动，增进相互理解，促进代际融合。三是将老年教育与社会工作相结合。老年教育和社会工作作为应对老龄化挑战的两大领域，具有互补性，通过理念根植与能力培养，老年教育机构可以借助社会工作者的专业能力，提供心理辅导、法律维权等综合服务。两者的结合不仅可以满足老年人的多样化需求，还能改善老年人的心理健康并提升其社会参与度。

## （四）加强基层社区老年教育建设

基层社区老年教育是老年教育体系的重要组成部分，加强基层社区老年教育也是促进教育公平、提升老年人生活质量、增强社区凝聚力的重要路径。目前北京市大部分老年人的学习需求仍然以基础学习和休闲娱乐为主，

① 于杰：《新时期北京市朝阳区老年教育发展形势与策略研究》，《成人教育》2023 年第 1 期。

社区老年教育更灵活，可及性更强，能够惠及更多老年人。一是依托社区公共服务设施提供嵌入式老年教育服务。利用社区养老驿站、老年人活动中心、文化中心等场所，成立“社区老年学习共同体”，提供“家门口”的学习机会，让老年人就近参与学习，形成“15 分钟学习圈”。二是动员基层老年人协会等各方力量聚智聚力，引导低龄老年人参与志愿服务，帮助高龄老人共同参与学习，形成“年龄友好型”互助学习网络。三是把老年教育融入基层养老服务体系建设中，推进“养”和“教”的一体化协调发展，实现资源共享，扩大教育服务的覆盖面。

### （五）合理规划老年教育的数字化发展

互联网技术的迅猛发展给人类带来了新的学习革命，老年教育的数字化发展也面临着深刻变化。一是推动“互联网+老年教育”的基础设施建设和系统合作，让更多老年人享受均等的教育机会。缺乏网络知识的老年人群体数量仍然较大，对信息技术的疏离形成了一种由年龄构筑的数字落差。推进老年教育的信息化、智能化建设，可帮助缩小新兴科技与老年生活的“数字鸿沟”，加快信息技术与老年人学习的深度融合，从而保障“互联网+”时代老年人的学习权，促进代际教育公平。[①] 二是根据老年人日益多元化的学习需求，科学规划“互联网+老年教育”的立体化课程资源体系。鼓励互联网企业和老年教育机构合作，充分应用互联网技术，开发数字化教材和微课，丰富课程资源内容，优化课程资源层次结构，建设智慧化的学习资源。三是要在老年教育的数字化发展中注入人文关怀。既要满足老年人的数字化学习需求，让老年人感受到科技进步带来的便捷，也要分层次分领域理性发展，协同推进“互联网+老年教育”新格局。

### （六）大力发展老年教育产业

教育属于社会公益事业，是政府公共服务的重要组成部分。在老龄社会

---

① 马丽华、叶忠海：《中国老年教育的嬗变逻辑与未来走向》，《南京社会科学》2019 年第 9 期。

背景下，老年人的学习需求日趋多样化，公共事业无法完全满足其日益旺盛的精神文化需求。老年教育产业作为银发经济的重要组成部分，具有巨大的市场潜力，能够带动教育、科技、文化等相关产业的发展，成为新的经济增长点。

一是加大政策扶持力度。制定老年教育产业发展的专项规划，明确发展目标与重点任务。提供政策支持，包括土地使用、场所设施与税收优惠等政策，鼓励社会力量积极参与老年教育。二是加强产业链协同。推动老年教育产业与养老、医疗、科技、文化等产业融合发展，形成协同效应。三是创新商业模式。推广“政府引导+市场运作+公益支持”模式，政府通过统筹规划为产业发展提供保障；企业通过市场化运作，为产业发展提供高质量产品及服务；社会组织通过志愿服务和资金捐助支持产业发展。

# 新时期建立和完善具有首都特色城市养犬管理制度研究

柴浩放*

**摘　要：** 随着经济发展和社会结构转型，宠物犬加速进入家庭，给城市管理和社区治理带来诸多挑战，宠物犬管理成为超大城市精细化治理的重点及难点问题。《北京市养犬管理规定》实施已有20年，在新形势下存在条款老化，实践中存在协调不足、服务短板等问题。本文通过分析问题，结合首都实际，提出构建具有首都特色城市养犬管理制度的政策建议，即统分结合，实现服务集成和权能分解相结合；严管和厚爱相结合，提升免疫率和登记率；应对新形势实施差异化养犬准入；赋能社区在涉犬管理中的作用；适度营造宠物友好环境，营造和谐人宠关系，助力国际交往中心建设。

**关键词：** 养犬管理　首都特色　社区治理

宠物加速进入家庭是一个在全球范围内被广泛观察到的现象，这一现象背后隐藏的原因与人均收入增长、家庭结构变化、现代性压抑促使个体追求情绪价值等因素相关。家养宠物中猫和犬占据绝大多数，犬类作为宠物相较于猫表现出更多的外部性，犬会占用更多外部空间（比如遛狗），其行为模式（犬吠、外出便溺）也会给周遭带来环境方面的负面影响，大型犬管理

* 柴浩放，北京市社会科学院城市问题研究所副研究员，研究方向：公共管理、城乡统筹。

不当更可能造成人身伤害。因此，宠物犬客观上需要更详尽的公共管理措施，无论是法律层面的，还是社区共识层面的，都可以起到抑制养犬外部性，同时增加养犬社会整体收益的效果。但养犬管理涉及诸多平行部门，流程多、事务杂、涉及面广，现实中涉犬矛盾多发，网络上民意两极分化，非常考验管理方的管理手段和方法。文明养犬 2024 年度被纳入北京市“每月一题”专项治理清单，显示基层养犬矛盾和冲突日益突出。本文在总结北京养犬管理中存在的一些问题和隐患的基础上，提出优化建议，助力构建和完善具有首都特色的城市养犬管理制度。

## 一　现状与趋势

### （一）城市宠物犬数量增长趋势明显

《2025 年中国宠物行业白皮书（消费报告）》显示，2024 年，我国宠物犬数量为 5258 万只，比上年增长 1.6%。如将考察期拉长，则宠物增长的趋势更为明显。相关行业报告显示，2012~2022 年中国宠物猫狗数量年复合增速达 10.4%。① 宠物数量的刚性增长有律可循，与收入增长、人口老龄化、家庭结构小型化、空巢化正相关。当一个国家人均 GDP 达到 3000~8000 美元时，宠物会加速进入家庭，相关产业也会快速发展。② 有文献显示，养犬家庭占比较高的是 54~65 岁的空巢家庭、家中有 8 岁以下的儿童的家庭以及四口以上的家庭。而在高密度社区和租住公寓的人群中，养犬家庭占比较低。③ 而现在情况又有所变化，随着城市中家庭小型化以及单身人士的增加，这类人群的养宠意愿也迅速增加。

第七次全国人口普查显示，北京市共有家庭 8230792 户，按全国平均

① 《报告解读：2023 中国宠物行业发展报告》，http：//www.world-pet.org/newsinfo/868214.html。

② 柴浩放：《城市养犬——从限制向规范引导转变》，《城市管理与科技》2017 年第 1 期。

③ 韦海涛：《宠物的社会问题与管理》，《中国比较医学杂志》2010 年第 Z1 期。

22%的宠物渗透率计算，北京市家养宠物数量估算为 181 万只（忽略一户多宠情况）。如按 50%的宠物为犬估算，北京市宠物犬数量下限为 90 万只。考虑到城市经济发展水平、老龄化程度及家庭小型化程度均与养宠偏好正相关，北京市的宠物犬存量应比 90 万只更高。北京市养犬协会估测，目前北京养犬数量约 200 万只。

### （二）养犬管理复杂程度加大，管理不当易引发舆情事件

宠物管理是一项涉及城市管理、城市文明的重要事项，与人民群众的人身安全、城市环境卫生、传染病防治等民生福祉密切相关。鉴于犬相比猫等宠物具有更强的外部性，多数城市均出台了相关地方法规。截至 2023 年底，中国各地已颁布了 528 部养犬相关的地方法规。这些法规在一定程度上规范了养犬行为、促进了文明养犬，但也暴露出法规知晓率低、法律空转、部门协调不足、运动式执法等问题。

随着宠物犬加速进入家庭，养犬基数的扩大进一步提高了人犬冲突的概率，管理难度日益加大。一方面养犬提升了幸福感，已成为一部分人群对美好生活追求的现实需求；另一方面，由于一些不文明养犬行为及涉犬恶性事件的存在，养犬群众与部分不养犬群众，在养犬议题上尖锐对立，养犬问题已经成为网络上的撕裂议题之一，容易引发舆情事件。不文明养犬行为影响社会和谐，易造成矛盾蓄积。一些恶犬伤人事件，往往会引发全社会关注，如 2023 年底被广泛报道的成都两岁女童被罗威纳犬撕咬致重伤事件，不仅引发网络声讨声浪，更触发其他地区运动式、严打式养犬管理。另外，一些虐宠和毒宠事件也容易成为网络吸睛热点。北京近期虽未发生犬只致人重伤事件，但也因典型社区投毒毒杀宠物犬事件数次登上新闻热搜。

## 二　北京市养犬管理中存在的问题

依照制度—执行—反馈的线性逻辑考察，可以将北京市现有城市养犬管

理制度存在的问题依照三个层面进行分析，分别是法规层面、实操层面和养犬群众感受层面。

## （一）法规层面

北京有《北京市养犬管理规定》《北京市养犬登记和年检管理办法》《北京市文明行为促进条例》《北京市动物防疫条例》四份与养犬相关的地方法规，但前两部法规均颁布于2003年，距今已20年有余。现有法规基于当时的经济社会发展水平，立法初衷倾向于通过设置较高的养犬管理费用来限制养犬。在养犬需求日益旺盛和显性化的新时期，存在一些不足和盲区。

1. 现有养犬法规对新的经济社会形势应对不足

宠物数量的刚性增长与人均GDP增长、人口老龄化水平、家庭结构小型化、人口空巢化正相关。与养犬法规出台的2003年相比，北京的人均GDP增长5.46倍，达到20万元，60岁及以上老龄人口占比由13.6%增至22.6%。2023年中国养宠家庭户数渗透率为22%，相比美国69.7%仍有较大提升空间，包括年度养犬管理费等经济和行政手段的限制并不能改变这种趋势，同时养宠可以降低老龄人口医疗负担和促进儿童心理发育，[①] 既有法规对这些新形势、新趋势应对不足。

2. 现有养犬法规存在管理空白

登记和免疫是涉犬管理的两项核心内容，但现有法规仅对违反登记义务进行了处罚规定，未对免疫义务设置处罚条款。全球80%的狂犬疫苗都是在中国施打的，但中国的狂犬病发病率仍居全球第二位，原因就在于中国动物免疫的普及率仍然不高。社区走访发现，虽然绝大多数饲主出于卫生和传染病因素会主动免疫，但仍存在个别免疫缺口，如遗忘了免疫时间、怕老年犬不耐受疫苗等。有关动物保护组织、民间流浪狗收容场所的犬只管理，在法规中仍属于空白，尤其是通过鼓励收养以减少流浪动物的内容仍显不足。

① 郑日昌，傅纳，Bruce Headey：《宠物犬对“空巢父母”身心健康影响的研究》，《心理科学》2005年第6期。

还有一些需要明确的管理细节难觅踪迹。如禁遛犬的主要道路名录，应由市人民政府确定，向社会公布。但一般养犬群众很难了解这些详细规定，上网搜索也未得到更详细的规定。

## （二）实操层面

既有法规对维护北京养犬管理秩序、促进文明养犬等方面发挥了巨大作用。但也存在文明养犬仍有待提升、犬只登记率不高、法规执行的刚性不足、部门协同不够、社区作用发挥不充分等问题。

1. 养犬不文明行为突出

北京市养犬登记率和免疫率较高，居于全国前列，但仍难以做到掌握底数和应登尽登、应免（疫）尽免。典型社区调查显示，犬只登记率在40%~80%波动。大型犬及攻击性犬种管理较为严格有效，避免了涉犬恶性事件发生。但养犬不牵狗绳、宠物犬随地便溺等不文明现象仍多发，且治理难度大，调查问卷显示，68%的人遇到过宠物犬随地便溺等不文明行为。此类行为存在违法行为多发散发、取证难、处理难等问题。强化执法和运动式管理往往引发猫鼠游戏式的游击式回避，法规存在空转风险。

2. 齐抓共管促进文明养犬

养犬事务的一机关主管、多机关协同配合的管理制度看似面面俱到，但实践中因违法情况复杂、部门平级等原因，导致协同度不高。北京市宠物犬的管理现状呈现事实上的多头管理特征。公安部门作为主责部门，负责登记及日常管理；农业部门负责涉犬免疫管理；卫生疾控部门负责涉人狂犬病防治。现在的架构，看似分工明确，但在日常工作中，大量养宠行为的规范和管理处于实际的缺位状态，表现在属地处于疏于管理甚至无人管理的状态。

以每年 5 月 1 日公安机关发布养犬登记通告为始，会形成一个登记、免疫、文明劝导等涉犬工作的小高峰，但随着时间延续趋冷。全年性工作有演化成松紧不一的阶段性工作的趋势。这种阶段性有时也会因为某些外地的涉犬舆情事件或恶性治安事件而突然强化，形成不定期的运动式治理。例如，针对不牵狗绳等不文明行为，警察的现场执法可以起到一定的警示作用，但一方面执法成本高企，另一方面，如果是针对轻微不文明行为（如不牵狗绳、随地便溺）严峻“执法”（如没收犬只），往往具有“小错重罚”的特点，容易引发养犬人反弹，往往不可持续，最后沦为运动式执法。

促进文明养犬这项基础性工作，因其显效慢、吃力不讨好、成效显示度不高，难以形成齐抓共管的内生动力。社区作为养犬行为的实际承载地，事实上应具备属地管理的职能，但物业和居委会均无执法权，有的只是针对饲主的文明养犬的劝导义务，而这种劝导义务又依上级各类阶段性重点任务的变化而处于重心漂移的状态，例如，当文明养犬被列入 2024 年度北京市接诉即办“一月一题”目录时，养犬事务便会在社区各项工作任务中重心前移，养犬人的感受是能更频繁接收到关于文明养犬的提示。而当社区面临的各项年度重点任务变化时，养犬事务的关注度也会趋冷。

### （三）养犬群众感受层面

#### 1. 养犬群众的公共服务获得感不足

现代社会宠物情绪价值的凸显和向家庭成员身份的转变，意味着饲养者对涉宠服务的要求也越来越高。涉犬服务包括商业性服务和公共服务，市场可以敏锐快速地发现和跟上这种需求变化，而公共服务也应该跟上这一新变化。一些犬主表示，缴纳管理服务费后，除了可以免费施打一针几十元的狂犬病疫苗之外，并没有得到相对应的服务。

#### 2. 养犬管理的电子化协同水平不足

涉犬部门分散管理导致相关公共信息分散在公安、农业农村、环卫等不同部门的规章中，具体的养犬犬种管理、免疫管理、区域管理、狂犬病门诊等详细规定，缺乏一个统一的窗口，方便群众查阅、办理业务。公安、农业等部门出于方便群众考虑，均致力于智慧化、电子化业务的打造。但现状是不同业务部门，以专项主管业务为主依托打造，形成的是多种电子化便民服务平台平行并存的状态。如公安部门作为养犬主责部门，在平安北京微信公众号中，实现了犬只登记管理的电子化，方便了养犬群众办理登记和年检。

农业兽医部门依托北京广播电视台官方新媒体平台“北京时间”客户端打造建立“爱宠频道”，可在线生成宠物免疫身份证。卫生健康部门也在网站上列出了狂犬病免疫门诊名单。

在经济社会事务数字化、智慧化的大背景下，应通过电子化手段进一步提高养犬服务的“集成度”，整合各相关管理部门的网络服务资源，建立北京市统一的养犬管理网站或App，并在首都之窗、手机微信小程序上提供相关链接。目前的年度养犬管理公告，严肃有余，但服务的特点不突出。可以通过专业网站的形式使公文更加具象化、图谱化，深入浅出地宣传养犬政策及相关知识、办事指南、各种相关法律责任、涉犬民事案件典型案例、文明养犬提示等。

## 三　探索建立新时期具有首都特色的养犬管理制度

国内贵阳、福州、重庆等城市都已完成了适应新形势的养犬管理条例的修订。上海市也已启动新版养犬地方法规的修编。各地新条例呈现注重服务集成、机构协调联动、发挥社区作用等亮点。不少城市以城市管理进社区为载体，充分发挥网格在犬只管理中的乘数效应，将涉犬矛盾化解在基层。一些城市打造数字化犬类管理平台，推动增值化集成服务，确定合规的宠物医院提供代办电子犬证、年审等服务，方便犬主在为犬只打疫苗时一并办理。通过政府采购并给予注射补助的形式，实行狂犬病免费免疫接种。建议借鉴其他地区管理经验，并结合北京地区特点，构建具有首都特色的城市管理制度。

### （一）统分结合，实现服务集成和权能责任分解相结合

提高养犬管理服务集成度，方便养犬群众办理业务。如整合现有各部门涉犬服务网络资源，建立一个统一的服务养犬群众的集成式电子门户，实现养犬事务全链条统办。在养犬事务的权能和责任划分上，将与养犬相关的责任分解为免疫责任、犬种准入及治安责任、环境卫生及邻里关系责任等，由

相关的属地或主责部门统领。不同部门间建立起数据共享和统办业务链条，并及时发现和划转跨部门管理问题，真正实现齐抓共管。

### （二）严管和厚爱相结合，提升免疫率和登记率

针对群众反映强烈的犬吠扰民、犬只伤人等现象，严格落实处置机制。同时通过更优质、便捷的服务，提升养犬群众的获得感、幸福感，进而提升犬只年度登记的吸引力。建议进一步推进犬只登记和年审常态化，实现全年全时段登记和年审。加强免疫提醒，可由免疫主管部门，根据往年免疫记录，在次年免疫期来临前，通过公益短信等方式对饲主加以提醒。开发养犬责任险，研究借鉴交通强制险的形式，将目前收取的年度养犬管理费部分转化为保险费用。

### （三）应对新形势实施差异化养犬准入

养犬的需求日益扩大，具有某种刚性特征，养宠业已成为越来越多的人追求美好生活、提高幸福感的有机组成部分。未来应顺应这种变化，尝试通过差异化政策，在抑制养犬外部性的同时，分阶段尝试放开小型犬只的限制性饲养措施。比如研究减免 60 岁以上老年人饲养已绝育小型伴侣犬的收费。再比如细化收费标准，按体型大小和是否绝育阶梯式收取养犬管理费，用经济手段体现鼓励小型犬、绝育犬的原则。

### （四）赋能社区在涉犬管理中的作用

犬只的主要活动地是社区，涉犬纠纷的主要发生地和调解地也均在社区。社区在现有养犬管理中实际承担了很大一部分“属地”管理责任。建议年度犬只的登记管理费，按照社区犬只的登记数量，由财政按一定比例返还社区，社区可以统筹用于包括养犬在内的各项社区文明建设，为减轻社区考核工作压力，不作为专项经费单独考核。通过社区引导强化养犬群体自律共同体建设，作为政策宣传和文明宣导的重要阵地和窗口，提升养犬人自律意识。

2021 年 5 月开始实施的《中华人民共和国动物防疫法》，已经将一部分动物管理职能（流浪动物管理）明确授予基层人民政府（街道办事处、乡级人民政府），街道办事处、乡级人民政府组织协调居民委员会、村民委员会，做好本辖区流浪犬、猫的控制和处置，防止疫病传播。因此，由于管理精细化的需求和囿于公安机关针对养犬的日常执法力量有限，可以在用好联防联动机制和下沉力量的基础上，由基层人民政府牵头统筹关于文明养犬的劝导、引导工作。由居委会（村委会）协同物业部门、志愿力量强化日常规劝和文明宣导，同时针对长期、多次拒绝更改不文明养犬行为的当事人，打通与公安部门的一体化执法渠道。

### （五）适度塑造宠物友好环境，营造和谐人宠关系，助力国际交往中心建设

北京市现行养犬管理条例禁止犬只进入公园等公共场所。但现实中养犬人在小区内、街道上遛犬，导致其与大众人群的密切接触程度，并不亚于公园等目前被禁止遛犬的区域。遛犬是现实需求，但现有的规定仅突出了限制的特点，而没有主动为养犬群众提供更适宜的活动场所和空间。扩大合法合规的户外犬只活动空间和设施，是减少养犬人际冲突的一个有效方式，这不仅有助于犬只的管理，也能促进社会和谐，提升犬只福利。福州市 2024 年 1 月实施的新版城市养犬管理条例，已不再明确限制宠物犬进入公共绿地、公园。

现有法规对犬只活动空间限制的色彩突出，而疏导不足。应该疏堵结合，适度拓展和规划群众的遛犬空间，通过拓展犬只合法活动空间，降低人宠冲突概率。可以以示范性宠物（犬）公园建设为抓手，引领、培养、传播、扩散文明养犬行为。北京正大力推进公园绿地建设，面临公园同质化的挑战，可试点建设集养犬政策宣传、传染病知识传播、文明养犬行为规范与塑造于一体的示范性犬公园。试点公园应突出示范性，通过强化犬只在公园内的服务和管理工作，寓服务于管理，在半强制半柔性的管理中营造氛围，改变不文明养犬习惯。比如，拥有电子标签的犬只，可以免费入园。再比

如，入园时向饲主发放一次性粪便拾取袋，回收（粪便）时给予一定奖励，如下次入园的门票折扣。还比如，入园时犬只须严格佩戴牵引绳，大型犬严格佩戴口笼。通过半强制性的行为塑造，引导饲主将文明养犬行为日常化。公园的设计应该体现宠物友好导向，利于饲主间的互动和沟通。通过公园内的饲主互动，加强以宠物为纽带的人际交流，构建和谐人宠关系。通过良好养宠行为的引导和塑造，减少养宠人群与非养宠人群间的潜在冲突。

宠物文化作为一种流行文化，在国际民间交往中具有先天的适配性，是国际跨文化情感交流中的“通用货币”。2025 年初，大批美国网民涌入中文互联网媒体小红书，他们纷纷用上传自己宠物照片交“宠物税”的形式向中国互联网用户问好，形成了一次罕见的中西文化互动。因此，在北京国际交往中心建设过程中，通过适度放松宠物的公共空间管制，营造宠物友好的氛围，增加宠物在城市公共空间中的显示度，可以借力“宠物文化”来营造更加国际化的氛围。

## 参考文献

徐科朋、欧倩倩、薛宏等：《传统宠物主义：养宠人身份、宠物类型与宠物特质对宠物道德地位的影响》，《心理学报》2023 年第 10 期。

张茂杨、彭小凡、胡朝兵等：《宠物与人类的关系：心理学视角的探讨》，《心理科学进展》2015 年第 1 期。

黄梅：《营造舒适的宠物公园》，《现代城市研究》2013 年第 8 期。

# 首都老年友好型社会建设的进展与发展建议*

曲嘉瑶**

**摘　要：** 老年友好型社会建设是实施积极应对人口老龄化国家战略的重要举措，是以人民为中心的发展思想的具体体现。2014 年习近平总书记考察北京并发表重要讲话以来，北京市顶层设计不断完善，在老年宜居环境、无障碍环境、智慧助老及社会敬老氛围建设等方面取得了显著进展。新时期，为了高质量推进首都老年友好型社会建设，建议牢固树立老年友好型社会发展理念、持续加强老年友好型社会建设工作、全面推动首都软硬件环境建设、着力提升农村社会环境老年友好水平、探索大城市群老年友好型社会建设新路径、以新质生产力推动老年友好型社会高质量发展。

**关键词：** 以人民为中心　老年友好型社会　积极应对人口老龄化

习近平同志在中国共产党第二十次全国代表大会上的报告中强调，要增进民生福祉，提高人民生活品质。① 老年友好型社会建设是以人民为中心的

* 本文为北京市社会科学院一般课题“北京市养老产业发展研究”（项目编号：KY2025C0387）阶段性成果。

** 曲嘉瑶，博士，北京市社会科学院城市问题研究所副研究员，研究方向：老年友好型环境、老龄公共政策。

① 习近平：《高举中国特色社会主义伟大旗帜　为全面建设社会主义现代化国家而团结奋斗——在中国共产党第二十次全国代表大会上的报告》，载《中国共产党第二十次全国代表大会文件汇编》，人民出版社，2022。

发展思想的具体体现，是实施积极应对人口老龄化国家战略的重要举措。《国家积极应对人口老龄化中长期规划》《中共中央 国务院关于加强新时代老龄工作的意见》等重要文件均强调要构建老年友好型社会。

老年友好型社会指有利于老年人和全体公民老年期保持健康、独立、融入社会、参与社会的设施、服务和文化因素。推动老年友好型社会环境建设是保障和改善民生，提高人民生活品质的题中之义。新征程上，应继续以习近平新时代中国特色社会主义思想为指引，贯彻落实积极应对人口老龄化国家战略，推动首都老年友好型社会向更高水平、更高质量建设的目标发展。

## 一　首都老年友好型社会顶层设计逐步完善

习近平总书记 2014 年 2 月在北京考察工作时发表重要讲话并提出要求："努力把北京建设成为国际一流的和谐宜居之都。"① 面对快速发展的人口老龄化形势，近年来，北京市全面贯彻落实习近平总书记关于大城市养老工作及北京发展的重要指示精神，从完善首都老龄事业发展规划、丰富涉老政策法规，以及出台专项行动方案等方面发力，不断探索和完善老年友好型社会建设的顶层设计，助力首都国际一流和谐宜居之都建设。

### （一）城市规划融入老年友好型社会建设

北京市老龄工作委员会印发《北京市"十三五"时期老龄事业发展规划》及《北京市"十四五"时期老龄事业发展规划》，着力将老年友好型社会建设的理念贯穿城市规划、建设、治理的全过程，营造包容、接纳和尊重老年人的社会风尚，促进老年人全面融入社会，让老年人有更好的自主生活和社会参与机会，享有健康和有尊严的老年生活。2021 年，为落实北京城

① 《习近平强调：在建设首善之区上不断取得新成绩》，https：//www. gov. cn/ldhd/2014-02/26/content_2622819. htm。

市总体规划“优化全市养老服务设施空间布局”的要求，市民政局联合市规划和自然资源委员会共同编制《北京市养老服务专项规划（2018 年—2035 年）》，将“建设老年友好型社会”作为专章进行论述和部署，明确创建国际一流老年宜居环境、普及公共基础设施无障碍建设、提升交通适老化功能、提高为老服务的科技化水平、提升城市老年宜居水平等发展路径，积极推进首都老年友好型社会建设，对开启全面建设社会主义现代化国家新征程具有重大意义。

### （二）相关老龄政策法规不断完善

从 2015 年开始，北京市密集出台了多项涉老软硬件环境的政策、法规，引领首都老年友好型社会建设。第一，在养老服务方面，制定了多部国内领先的法规及文件。出台全国首部居家养老地方性法规《北京市居家养老服务条例》，推动养老服务发展提质增效；市老龄工作委员会印发《北京市支持居家养老服务发展十条政策》，推动提高养老服务的普惠性水平；《北京市居家养老服务条例》出台，填补了国内居家养老行业的服务标准空白；印发《关于加快推进养老服务发展的实施方案》及《关于完善北京市养老服务体系的实施意见》，打造具有首都特色的养老服务体系；印发《北京市关于进一步推进医养结合发展的实施方案》，推动医养结合服务深入开展。第二，在硬件环境方面，围绕无障碍环境建设、养老服务设施建设、老旧小区改造及老年人家庭适老化改造出台了多个地方性政策文件，包括《北京市无障碍环境建设条例》《关于开展社区养老服务驿站建设的意见》《关于老旧小区综合整治实施适老化改造和无障碍环境建设的指导意见》《关于进一步推进老年人居家适老化改造工程的实施意见》等。第三，在智能应用方面，为落实《关于切实解决老年人运用智能技术困难实施方案》，市发展改革委、市卫生健康委联合建立北京市切实解决老年人运用智能技术困难联席会议制度，细化了 2021~2023 年工作台账，推出 141 项解决“数字鸿沟”的惠老措施；发布《北京市老年人数字化出行服务指南》，帮助老年人学习使用适老化交通出行服务。

### （三）专项行动方案“友好九条”出台

2021 年，北京市老龄工作委员会出台首个专项建设指导文件《北京市推进老年友好型社会建设行动方案（2021—2023 年）》（以下简称“友好九条”），紧紧围绕老年人在日常生活和社会参与等方面存在的不适老、不宜居、不友好等问题精准施策，打造首都生活服务、健康服务、居家生活、社区环境、交通出行、社会参与、人文环境、智能应用、家庭关系九个维度的友好环境，有力推动了“十四五”时期首都老年友好型社会建设。立足基层，持续推进老年友好型社区创建工作，2021~2023 年，北京共创建 93 个“全国示范性老年友好型社区”，较好发挥了老年友好型社会建设引领示范带动作用。

## 二　首都老年友好型社会建设取得明显成效

北京市顺应人口老龄化发展趋势，立足首都城市战略定位，切实推动“友好九条”落到实处，老年友好型社会建设成效显著。首都老年人居住环境更加适老宜居，老年公共服务更加完善，敬老人文环境更加美好，老年友好型社会建设不断向更高质量迈进。

### （一）老年宜居环境建设有序推进

大力开展老旧小区改造民生工程。一方面，推进困难家庭适老化改造。累计完成 2.31 万户特殊困难老年人家庭适老化改造。[①] 另一方面，持续开展老旧小区改造工作。优先解决老楼加装电梯等老年人的急难愁盼问题。截至 2023 年底，全市累计将 2118 个小区列入改造项目，累计开工 1347 个小区，完工 681 个小区；累计加装电梯 3550 部，3.2 万余名老年人出行受益。

① 《本市晒出老年友好型社会建设三年“成绩单”2 万套（间）保障房为老人优化门槛》，https：//www.beijing.gov.cn/ywdt/gzdt/202311/t20231109_3297832.html。

全年建设楼栋单元出入口无障碍设施 2863 处，新建改建停车位 1.5 万个，极大提升了老年人生活的便利度。[①] 自推进实施老旧小区综合整治以来，首都老旧小区面貌大幅改善，居民满意度和获得感不断提高。

## （二）无障碍环境建设力度持续加大

市残联、城管委、园林局等多部门持续推动北京市无障碍环境建设，从单一场所无障碍设施改造转向区域性、全要素无障碍环境建设。将无障碍环境建设纳入北京市施工图数字化监管平台，对设计单位和设计人员执行无障碍专项的技术性规定进行监督监管，推动北京市无障碍环境建设从“有标准可依”向“有标准必依”转变。

首先，加大对老年残疾人居家环境无障碍改造工作的支持力度，自2020 年以来，累计为 12643 名 60 岁及以上老年残疾人完成居家环境无障碍改造，在残疾人中占比达 68.58%，老年残疾人已经成为残疾人居家环境无障碍改造工作的主要受益人群。

其次，注重老年人从家庭到公共活动空间行动无障碍建设，重点关注单元门、坡道、扶手等公共区域建筑节点，住宅楼出入口无障碍改造、住宅楼单元门消除门槛高差等基础类必改内容。2023 年累计改造人行道坡化 482 处，增设或修建小区及周边道路、照明、休憩座椅等 4425 个点位。推动公厕无障碍改造，全年共完成 200 座公厕无障碍设施改造。

再次，持续推进交通设施无障碍建设。开展全市人行横道信号灯排查，对行人过街自助式按钮进行升级；在 500 余处路口设置盲人语音提示交通信号设施；推动公共交通设施适老化改造，全市无障碍公交车由 2014 年的5200 辆[②]增至 2022 年的 1.2 万辆[③]，公交车“老幼病残孕”专座已实现全覆盖；所有城市轨道交通车站出入口均设置了无障碍设施位置示意图，所有

---

① 资料来源：《北京市老龄事业发展报告（2023）》。

② 资料来源：《北京市 2014 年老年人口信息和老龄事业发展状况报告》。

③ 《好消息！北京今年改造提升 30 处无障碍游览路线》，https：//m. gmw. cn/baijia/2022-03/10/1302838037. html。

车站均配备辅助轮椅通行的设施，并提供无障碍预约服务和现场招援服务。深化交通秩序治理，以老年人普遍反映的影响出行体验问题为导向，推动全市信号灯绿波带调整优化工作，在养老机构周边、市区主干道等道路优化调整绿波道路 100 条，覆盖信号灯控制路口 581 处，提升老年人出行满意度。

最后，推进公园无障碍设施建设，重点对公园出入口坡化、低位服务设施、无障碍卫生间、无障碍游览指示牌等设施进行优化和改造；北京市 240 家公园已完成了 770 个点位的无障碍设施整治，推动实现特殊群体游览公园无障碍化。①

### （三）智慧助老服务更加完善

老年公共服务更加便利。2022 年，全市 481 个政务中心已完成适老化无障碍环境建设改造，② 并配置了无障碍交流设备，轮椅、拐杖等辅助器具，开设“爱心窗口”，优先接待老年人。保留传统服务方式，市商务局、市卫生健康委、市金融监管局等部门出台文件，保证涉及老年人的高频消费场所保留现场排队、现金缴费等传统服务方式。

开展线上助老服务，提升网上政务服务平台适老化水平，完善亲友代办等功能，方便老年人网上办事。推进“北京通”App 及“京通”小程序无障碍化改造，增加长者版入口和专属服务，实现了大字化、页面操作简约化，资讯服务支持语音播报，帮助老年人更便利地线上操作。继续开展智能技术培训活动，依托北京市人口老龄化国情市情教育基地，开展线上线下相结合的“智慧助老”体验和培训，向老年人普及智能手机、电脑等知识。

开展助老智慧出行活动。北京市社会保障卡加载了交通出行功能，能够满足包含老年人在内的所有持卡人乘坐公共交通的需求，并享受优惠政策；交通部门推动网约车平台优化代人叫车付费等功能，开发线上便利老年人打车模式；启动“助老暖心出行计划”，建设小区内助老打车暖心车站，设置

① 《好消息！北京今年改造提升 30 处无障碍游览路线》，https：//m. gmw. cn/baijia/2022-03/10/1302838037. html。

② 资料来源：《北京市老龄事业发展报告（2022）》。

叫车二维码，实现不出小区可手机扫码“一键叫车”服务，北京市已有 800 余个助老打车暖心车站投入使用，是全国暖心车站服务里程累计最多的城市。[①] 推广城市轨道交通“爱心预约”乘车服务，上线运行北京地铁“96123”App 爱心预约服务，实现“一次预约、覆盖全网”功能，实现出租汽车“电话约车”、网约车“一键叫车”全覆盖，保障老年人出行需求。

### （四）社会敬老氛围更加浓厚

构建有首都特色的养老、孝老、敬老的社会环境。深化人口老龄化国情市情教育，开展系列公益讲座，启动教育读本《老龄知识百问百答》《老龄热点问题大家谈》编写等项目。开展全市“敬老月”系列活动。2014~2023 年，北京市已举办九届京津冀“银发达人”评选活动，以及“喜迎二十大，欢度老年节”第十一届老年节短视频评选等活动。举办“孝顺榜样”等评选活动。持续北京市“孝顺榜样”命名工作；通过评选“北京榜样”“身边好人”等，广泛传播模范榜样助老、敬老、爱老的故事。积极发挥媒体传播力量。2014 年以来，孝文化宣传逐渐由广播电视媒体向网络媒体延伸。拍摄制作“孝”主题宣传片并在主流媒体、主流视频网站集中投放；制播“孝顺榜样”事迹宣传片、“构建新时代首都北京老年友好型社会”专访短视频等，大力推动孝亲敬老文化宣传。

## 三　高质量推进老年友好型社会建设的建议

北京市老年友好型环境建设应持续围绕“七有”“五性”民生保障需求，落实积极应对人口老龄化国家战略，持续提升社会环境的老年友好水平，积极建设与国际一流和谐宜居之都相适应、与首都城市功能定位及京津冀协同发展战略相协调的具有首都特色的老年友好型社会。

---

① 《助力老年人跨越“数字鸿沟”工信部：组织发布信息无障碍相关标准》，https://www.bjnews.com.cn/detail/1698051959169313.html。

### （一）牢固树立老年友好型社会发展理念

我国已经进入老龄社会，人口老龄化水平还将继续加深。因此，各部门、各领域在开展工作时，都要首先树立老年友好型社会发展理念。应通过人口老龄化国情教育等形式，积极宣传老年友好型社会的概念、内涵及重点发展领域，推动机关、企事业单位、社区、养老机构等场所积极查找社会环境中现存的不宜居、对于老年人不友好的突出问题，让全体社会成员以“自上而下”和“自下而上”相结合的视角，共同加深老年友好型社会发展理念，推动社会环境积极适应我国的老龄化形势，尽快实现从青年友好型向老年友好型转变。

### （二）持续加强老年友好型社会建设工作

一方面，要继续做好示范性老年友好型社区的创建工作，社区内居住环境关系绝大多数老年人的生活质量，至关重要。老年友好型社区建设为有效实施居家养老政策、强化家庭养老功能提供了重要的环境保障。应按照《关于开展示范性全国老年友好型社区创建工作的通知》（国卫老龄发〔2020〕23号）文件的要求，推进示范性城乡老年友好型社区创建工作，并总结创建的工作经验和工作模式，扩大老年友好型社区的覆盖面。

另一方面，应注意加强对老年友好型社会建设的督导工作。积极引导社会化力量参与全市老年友好型社会的监督和指导工作，充分发挥“啄木鸟”志愿监督员队伍的监督作用，对老年友好型社会建设开展常态化监督活动。持续开展城乡社区环境友好、交通出行友好和公共服务友好等方面的监督活动，针对突出问题形成专项报告并向政府有关部门提供建议，切实推动“友好九条”落到实处。

### （三）全面推动首都软硬件环境建设

老年友好型社会的建设目标为不断优化物理环境、服务环境和文化环境，促进老年人保持健康、活力和融入社会，提升老年人生命生活质量，增强老年人获得感、幸福感和安全感。可见，老年友好型社会不是仅仅指物理环境适老，还要做到软硬要素兼顾，共同发展。首先，打造无障碍、适老化的物理环境。在老旧小区综合整治中协同推进适老化改造，普及老年人急需的紧急呼叫设备、燃气及火灾报警设备等适老化设施，做好对坡道、电梯、扶手等设施的改造；打造老年友好出行环境，加大对公交车、地铁等公共交通工具，及道路、过街天桥等设施的适老化改造力度；加快老年文体活动场地、老年教育场所等设施建设。其次，打造便利、人性化的服务环境。积极打造“15 分钟养老生活圈”，通过老年助餐、陪同就医、社区智慧助老行动等服务，让老年人在家门口就能享受到全方位、多层次的养老服务。最后，打造孝老敬老的文化环境。做好《老年人权益保障法》普法教育活动；积极开展积极老龄观、敬老文化的宣传教育；开展代际互助活动，倡导代际和谐的社会文化；营造老年友好的社会参与环境，支持老年人参与老年志愿活动、实现再就业。

### （四）着力提升农村社会环境老年友好水平

首都农村地区，特别是门头沟、密云等生态涵养区的人口老龄化比例较高，但农村地区的养老服务设施和服务体系建设基础较薄弱，老年友好型社会的建设面临更大挑战。因此，应在实施乡村振兴战略的同时，注意加强老年友好型社会建设。通过乡村建设行动及“百村示范、千村振兴”工程，尽快补齐农村地区软硬件环境短板。健全农村养老服务体系，丰富公共文化产品供给和服务，推进乡镇区域养老服务中心和农村邻里互助养老服务点建设，加快发展老年助餐服务和互助养老服务，帮助农村老年人提升收入水平，确保农村老年人“老有所养”，广泛营造尊老敬老助老的社会氛围。

### （五）探索大城市群老年友好型社会建设新路

京津冀养老服务协同已成为京津冀协同发展战略的重要内容，应协同推进区域老年友好型社会建设，共同应对人口老龄化挑战。一是加快京津冀工作机制协同，整合健康、养老产业政策资源，形成统筹协调的政策体系和工作计划。二是加快京津冀健康服务协同，推动区域内医师执业资质互认，鼓励三地通过共建医养服务机构、长护险定点机构，促进北京优质医疗资源辐射津冀地区。三是加快京津冀养老服务协同，建立共享数据平台，共建养老服务领域统计制度。开办养老护理学院，推动区域内养老服务人才合理流动和有效配置。四是推进老龄产业协同发展，重点发展智慧养老科技应用，打造京津冀区域全产业链养老产业园区，推进老龄产业跨区域合作。

## （六）以新质生产力推动老年友好型社会高质量发展

老年友好型社会建设有利于推动养老领域新质生产力发展，而新质生产力发展会进一步推动老年友好型社会高质量发展。一方面，从需求侧来看，老年友好型社会建设能加快培育银发消费。首都老年群体对康复辅具、照护服务、文化旅游、适老化改造等需求巨大，银发经济发展空间十分广阔。应完善相关规划和扶持政策，加速释放银发经济消费潜力。另一方面，以新质生产力赋能老年友好型社会高质量发展。从供给侧结构性改革发力，增强科技创新能力，顺应老年人消费升级以及老年友好型社会建设趋势，扩大适老化产品供给，提升产品与服务的质量和水平。要坚定不移地以新质生产力为抓手，打造优质高效的老龄产品和服务供给体系，推动首都老年友好型社会高质量发展。

# 城市更新过程中的场所叙事和场所营造*

宋　梅**

**摘　要：** 城市更新面临的困境是如何在实现现代化的同时回归地方本源，如何整合历史进步并保存文化传统和可用性。困境的背后是当代人在全球化、技术驱动中对家园以及地方持有不同看法。场所作为文化叙事的载体，为全球化进程中的去根源和同质化提供了一剂解药。

**关键词：** 城市更新　场所叙事　场所营造

据住房和城乡建设部披露，2024 年我国共实施城市更新项目 6 万余个，完成投资约 2.9 万亿元，2024 年有约 10.4%的专项债资金投向旧改、棚改、城中村改造等城市更新项目。城市更新旨在以符合城市发展目标的方式创建或改善地方的计划，对城市传统地区进行管理和其他形式的干预，这引发了一系列问题：与地方的关系、对地方的态度以及什么样的更新行为会影响居民对更新的态度和对地方感丧失的遗憾，建立在感知和体验基础之上的地方叙事对居民非常重要。

---

* 基金项目：2024 年北京市社会科学院一般课题“地方依恋视角下的首都社区商业空间升级研究”（项目编号：KY2024C0199）。

** 宋梅，北京市社会科学院城市问题研究所副研究员，研究方向：城市社区治理。

## 一　城市更新的地方困境

城市更新面临的一个主要困境与现代化困境相似：如何在实现现代化的同时回归地方本源，如何整合历史进步并保存文化传统和可用性，困境的背后是当代人在全球化、技术驱动中对家园以及地方的不同看法。

马丁·海德格尔在《只有上帝才能拯救我们》中指出："一切本质的事物和一切伟大的事物都源于人类拥有家园并扎根于传统。"伊曼努尔·列维纳斯在《海德格尔、加加林和我们》中则指出："一个人对某个地方的依恋，正是人类向本地人和陌生人的分裂。"大部分"未知"的地理区域最终被规划师绘制出来，城市不断蔓延的动态变化一方面转化为一个市场经济不断增长的新神话，另一方面与汽车文化相关，职住平衡被打破。这两种现代化力量都使当代城市人保持流动，而且往往将他们赶出他们定居和扎根的地方。流动使新城市人已经完全忘记了当地的传统和具体地方的历史。为了弥补地方的无根性，人们呼吁文化复兴，老市民们希望城市更新"既要向前看，也要向后看"。

城市规划领域兴起了一种反对现代国际风格中无地方性和缺乏认同感的思潮，开始对地方或特定地理区域的特征给予高度关注，这种思潮通常伴随着对全球资本主义消费文化的批判。由于地域主义者假定人与地方之间存在一种特殊的关系，这种关系通常取决于拥有"家"或一个人对直接的地缘文化环境的"家的感觉"。在日益全球化的时代，家的概念对个体的心理健康至关重要。地域主义者批判工业社会特别强调城市聚集和改变地方文化地理的倾向，坚持表达对现代环境的不满情绪。现代性不仅不断受到来自外部的攻击，而且事实证明，它也不能免受其自身文化边界内反现代因素的影响。

## 二　地方空间的当代叙事

家和社区在建立、维护和延续城市记忆中起着关键作用。城市更新文化的传播是最重要的政治行为，不是因为文化本身具有改变既定事实的力量，而是因为历史记忆决定性地影响着变革的集体政治意愿。城市既是一个想象空间，也是一个市民空间。

肮脏、混乱、不卫生被用来描述旧城的状况，并用来解释它急需被拆除的原因。翻阅报纸上关于城市更新的文章，可以发现一系列的图片和图像都会显示出这个地方垃圾乱倒、有安全隐患，脏、乱、差是城市空间管理不合时宜的集中表达，它揭示了关于什么应被认为是“规范”和什么应被贴上禁忌的标签。破败的建筑和不卫生的条件表明需要新的空间和建筑管理，城市遗产结构被认为摇摇欲坠，需要政府以征用和强制立面翻新的形式迅速干预。城市更新的重点是重新安排城市景观，并在视觉上净化社区。城市再开发与现代社会的新愿景密切相关：机械化、福特主义意义上的标准化、现代化的新首都，将没有垃圾和污垢与社会和文化清洁感联系起来。空间的纯净意味着现代化，意味着肮脏和繁忙的市场被拆除和搬迁。

如果说现代科学是现代性标志的一个重要领域（至今它仍未完成），那么对地方和地区的依恋以及对它们向全球文化空间转变的抵制同样是反现代主义的鲜明表现。地方和空间、定居和流动文化形式之间的紧张关系似乎在结构上是现代化进程中所固有的。如果地方为了维持经济发展和增长的持续，不断被现代性空间所压制，那么“地方性”就变得格外重要：作为记忆和生活传统的场所，需要嵌入具体的地理环境及其多样化的文化历史中，其对人的意义而始终存在。地点作为文化叙事的载体，为全球化进程中的去根源和同质化提供了一剂解药。随着全球化的全面展开，人们对家乡、地区和地方的叙事需求也随之增加。然而，真实的地方，即人们所了解、认识和与之相关的地方，往往在这些叙事中缺席。

成功的城市更新常被描述为“活跃”的空间，邻里交往的中心，强调购物者、围观者和行人高度的融合感。与更新“场所”的物理结构关系不大，更多的是与市场商业和非正式互动交织产生的社会文化环境有关。但城市规划者和市政参与者使用的词汇则强调与广场、街道和公园改造相关的法律规范，美学、交通联系和公共空间网络的景观连续性问题。因此，在技术和物理要求方面，关于公共空间的设计似乎与许多市场用户充满互动的描述有交集。“城市规划者 vs 技术愿景”和“市场参与者 vs 社会”的这种分离是客观存在的，在城市更新的过程中，需要充分考虑二者之间的分歧：市政参与者的意图和期望与许多市民对公共空间的功能和意义的期望是不一致的。

城市更新的故事不断延续，与现实越来越脱节，这促使人们意识到需要更仔细地观察：回到普通人的叙述中，参考居民的日常生活和生活经验，并在现场进行实地观察，以便将城市叙事锚定在客观现实中。为了在转型和地方发展之间取得适当平衡，需要所有相关参与者参与。

随着城市成为可以宣传的消费产品，区域传播活动变得无处不在，一个地区或一个社区为了向公众推介形象，使用口号或标志等传播工具，这一现象已相当普遍。

城市更新对记忆的抹除在以下几个方面起作用：①身体上的遗忘，通过拆毁被认为危险的老房子，为城市更新做准备；②去除贫困户；③社会擦除；④经济擦除。这些更新方式都削弱了贫困群体在中心城区的存在，并创造了一种与阶层相关的城市空间秩序和对生活方式的特殊理解。人们对城市的记忆方式影响着城市的建设和重新想象，因此公共空间变得与一系列公共记忆紧密相连：老、破、旧的空间要么是危险的，需要警察、消防多加管理，要么是充满阳光的高级住宅区，中高收入的社会成员们可以负担得起更高的生活质量，因为他们的购买力和地位胜过其他人，确保地方的叙事成功和场所的营造一直是花园城市和新城市主义运动的主要目的。但有些面向精英群体的城市更新失败了。更罕见的是，拆迁户拥有了更优质的居住环境，但也更新失败了，城中村改造，可能会将破旧、拥挤的住宅转变成整洁的公园和维护良好的房屋，商业地产也融入更新的社区空间中，但拆迁村民还是会表达对公共空间的组织、社交设施以及对公园使用的不满，这使他们对进入这个新场所产生了疑问。居民关于社区的历史叙事是场所创造的过程，一旦在公共话语中占据主导地位，就会影响到社区应是什么样和社区不应是什么样的叙事。这种象征性的表达有助于确定社区的需求。

城市景观包括自然特征、街道、建筑和居住模式，它构成了许多人的记忆，而且往往比许多人的一生都要长久。野蛮的“城市更新”和“再开发”让许多社区认识到：当城市景观遭到破坏时，重要的集体记忆就会被抹去。土著文化被默认为城市的遗产，由于土著人居住的建筑、常去的商业和休闲场所被关闭，推动这些变化的城市更新项目需要在新的城市景观中融入土著文化的色彩方案和美学元素，以此向“遗产”致敬。这种符号将土著人的存在指定为一个遥远的时间点，而不是活的文化，有效地消除了他们对重新开发的景观主张社会权利的能力。遗产不仅与经济和社会问题联系在一起，而且通过建造新的更高价位的住房，与私有制和房地产价值问题联系在一起。老城区的房屋被市政当局接管，翻新或改造成多个单元，然后出售，这一过程可能会造成中心城区的绅士化，富有的开发商寻找一个有个性、传统和位置好的老街区进行整体开发，营造一个房地产噱头，旨在吸引买家，历史的遗产和当地记忆定格在城市商业化的更新和周围的生活体验之中。更新后的地方是一个既存在又不存在的地方，物理空间就在那里，然而文化意义和环境已经移动、转移和消失了。

城市空间更新的主导叙事被新自由主义理论所垄断，这是一种遗憾，被“衰落”和减少“公共性”的概念所包裹，这些概念源于更新空间的私有化、商业化、同质化、被排斥和评论者阐述的其他压力，但这肯定不是故事的全部，甚至不是主导。虽然城市更新的故事结局里并非一切都是美好的，但城市更新的案例中有大量取得积极成效的故事。一方面，是因为私营部门在城市设计中主导空间更新理念的创新，另一方面，是因为政府和公共部门对空间更新产生了兴趣，政策和投资再次聚焦于城市的存量空间。这不是重大损失，而是一个城市公共空间范式回归的故事。

虽然大城市可以提供差异和多样性的空间，但不能试图迎合每个社会成员。在这方面，城市更新空间的新叙事是远离城市大规划设计，寻找对所有人都具有同等吸引力的完美公共领域的理想蓝图，满足用户多样化的需求。随着空间在设计、开发、使用和管理过程中被塑造和改造，空间在其生命周期中不断演变，这个生命周期可长可短，是一个正常的场所形成连续体的一部分，创新和变革是而且应该是一个关键特征。城市是所有人的，但同样需要意识到，不是每一个空间都会或应该对每一个公民产生同等的吸引力，空间是一种包容而非排斥的形式，它承认城市人口生活方式和偏好的多样性，城市应该在合适的地点为每个人提供一些东西，而不是任何地方的任何人都需要的东西，这很容易导致最小公分母的设计，也不会吸引任何地方的任何人。从这个意义上说，包容是一个解决多种需求的战略概念，就平等使用和获取而言，这也是一种地方市民的权利。在城市更新过程中建造大型封闭建筑群总是会限制自由流动和使用公共资源，并产生一种不健康的“我们和他们”的感觉，但公共和私人空间的适当划分是良好的城市规划的必要和重要功能。事实上，与创造既不明显是公共的也不明显是私人的空间相关的问题已经得到很好证明。因此，仍然需要仔细划定城市的公共和私人领域，从建筑延伸到城市的外部空间，在适当的地方，私人休闲空间（无论是个人的还是公共的）与城市的公共共享部分同样重要。同样，在错误的地方提供公共空间可能比根本没有公共空间更成问题。

支持和建议的“新叙事”，应该就像解读城市空间一样，用开放和灵活的方式来解读“良好”的公共空间，根据城市、地方、社区具体情况进行解释。

## 三　城市更新过程中的场所营造

大部分信息都是意识形态的，它过分简化了城市的复杂现实和研究学者的发现。例如，城市的形象被规划界夸大其词的论述所影响，这些论述将城市描述为“激进转型过程”的舞台，是“创新城市发展政策”“壮观的物理干预”“出色的公共管理”“公民文化的创造性计划”。城市建设的过程被定义为一套“超越传统城镇规划话语”的实践，“城市建设过程”不仅作为物理空间，而且作为“社会和精神”被重新定义。

通过公平和具有参与性的过程，实现经济竞争力、社会包容和尊重环境。政策包括将中心与城市和地区整合在一起、增加居住人口、提高居民生活质量、保护和恢复文化遗产、提高该地区的竞争力、恢复该地区的正面形象以及促进城市改造。换句话说，更新计划旨在巩固市中心的商品和服务供应、中心与环境的相互依存关系以及促进其竞争优势和独特优势。从最具体和最直接的角度来看，它意味着开发多功能城市结构，既提供有吸引力的居住空间，又为来自国内外的游客提供丰富的活动和高质量的公共空间。

“高质量的公共空间规划有助于城市中心的社会和经济活力”，公共空间中的节点也构成了地方身份感的一部分，促进居民对他们日常空间的占有和使用。虽然城市更新中的常用专业术语“邻里”“活力”“占有”“使用”暗示了公共空间规划的社会因素，但如何实现这一点却往往表现出技术上的一致性，重点是确保整个更新中心的一致性，翻新立面，改善停车的场地以及建立喷泉和公共艺术品，通过使用特定的材料、颜色，和植被类型甚至包括大理石、树木、安全屏障和道路标识，以及关于石头颜色渐变、人行道高度、树木和长凳之间的间距的注释、安放合适的路边盆栽植物。这意味着精心的设计是公共空间更新成功的关键，好的设计会带来邻里活力。

城市更新空间的等级也被事先设计，中心的景观分为两类，每一类都有三个重要级别。因此，城市中心的街道和广场要么是历史中心，要么是紧邻历史中心的街区。对于“历史中心”这一类别，空间可以是主要广场、主要街道、只有当地人才能进入的街道和较小的购物街。对郊区来说，可以是主要广场、主要购物街或交通轴，以及当地使用的街道和较小的购物街。市中心的物理结构和高速公路、道路、旅游步道和城市规划层揭示了广泛的城市结构和视觉文化。技术专家们更新的公共空间是有形的，它被想象为同质的。如果公共空间旨在帮助创造邻里身份，那么这是一种来自周围街道和广场的物理组成部分的身份，但这种严格的街区划分难以让市民和游客进行直接的社会和文化互动。

对当代建筑黯淡、标准化设计的批评呼应了人们对工业文明的长期担忧，这种担忧可以追溯到浪漫主义时代。人们开始主张建筑应该尊重其周围环境并使用当地的建筑材料。回归自然美学，对当代建筑设计标准化和模仿的批评说明了越来越多的建筑屈服于现代技术的支配，这也是现代文明的贪婪性的表现，表明资本和市场对本土文化传统的漠视以及其日益趋向统一和标准化的内在倾向。

场所具有复合性质，当场所通过建筑而连接在一起时，它们会形成更大、更广阔的空间。人类并不居住在预先存在的空间中，而是通过建筑行为来构建空间。

城市生活从根本上是以居住为前提的概念。在当今这个快速变化的全球化世界中，家园意识已经成为人们并不容易达成共识的概念。现代人在城市之间流动，他们会更重视家乡的地方传统而非文化变革、重视具体地点而非跨区域空间、重视乡村生活的稳定而非城市的脱根和异化，立足于“家”的概念，并非所有建筑都满足这一先决条件。要为现代人提供住所，仅仅推动房屋建设是不够的。真正的居住困境不是住房短缺，真正的居住困境在于“重新寻找居住的本质”。

技术作为一种启蒙、解放力量无法充分应对这些新挑战。由于地方既有价值（即作为房地产），又在文化上被贬低或低估，因此建造一个家不仅仅需要一块土地，而且需要想象力。地方和家的概念都是从想象中提炼出来的概念，所以叙述告诉我们如何正确地与它们相处，在其中生活。

城市空间更新有可能失败，一个脏、乱、差、喧闹的菜市场可能会因为改造变成一个缺乏生机的商业场所，口袋公园中有一大片精心挑选的石头和抛光的长椅，但几乎没有多少人有兴趣。通过有意识地为城市更新提供意义并试图生成另一种新的意义，城市更新的空间可以视为市政和规划师对城市空间有抱负的实践基地，但不一定成为社区整合的节点。当规划愿景与用户、居民、摊贩和当地店主的生活和感知空间相遇，但因不匹配产生摩擦，这就需要进一步探讨当地历史、记忆、社区空间的产生以及由此产生的“空白空间”之间的联系。城市更新可能会造成物理擦除（市场的移除）和文化擦除（某些社区记忆的丧失）。有些空间会被移除、被推到一边，有些场所会被迫从居民居住的社区视觉空间中消失。个人记忆是情感和感官的，它是对特定时间和地点的感受，声音、气味和声音塑造了这种体验。历史记忆是直观的、真实的，并通过媒体、书籍和对事件的正式描述提醒着人们。

## 四　文化、身份与技术的冲突

新公共空间的创造是一个法律和技术的过程，始于设计图纸上的每一条线，建筑设备和工人的劳动将图纸转化为混凝土覆盖的街道，并通过司法程序将这一新的物质空间转移到公共领域。公共空间既有物质定义，又受法律保护，它是城市规划部门和法律部门共同合作的产物。新空间的创造与城市发展以及新住宅和商业区的建立密切相关，只有在新地点建成后，市政文化部门才会引入文化和社会活动。

虽然从法律意义上，公共空间的定义是不可分割、不可转让和持久的，这表明理论上公共空间不能被另一种用途所侵占。如果空间是公共的，各种各样的行为者可以协商使用、进入、改变和占据一个场所，那么市政行为者在计划中进行重大改变的能力会遭到质疑，如重新界定公共空间的能力、从时代发展中提取某些意义以建立新的社会文化用途的能力。城市的公共空间处于不断流动的状态，新的空间被创造出来，现有的被移除或再生，长期被忽视的空间被重新创造。退化的和剩余的城市空间通常被停车场、辅助服务功能、交通和废弃空间所占据，有时隐藏在城市街区内，有时作为连续街道结构的一部分暴露出来。城市更新为正式退化的空间提供了建立积极的新场所的潜力，从宏大到日常和偶然。城市肌理作为一个整体，可以从中寻找到塑造新空间的机会，通常是以小型公共空间设施的形式呈现；更新的空间对投资者和居民来说很重要，而退化的空间会对竞争地位产生不利影响，既需要加强启动资金投资，又需要持续投入相当多的管理资源，活动空间的规划和更新，可以赋予剩余空间新的功能，精心设计的公共空间可以为互动和休闲提供条件，而退化的活动空间提供了反思空间功能的机会。

城市更新针对的是物质和社会结构，旨在创造新的城市身份、新的公共空间，并建立一种不断发展的区域遗产意识和建筑保护措施。征用、强制改造和拆除市中心结构，以及新博物馆、绿色广场和高档住宅楼的出现，带来低收入居民的搬迁和旧城区的有效中产阶级化，改变了老城区的社会经济构成。

城市吸引投资者、游客和新居民的能力取决于不同的因素，包括物质因素（基础设施和公共服务）、经济因素（地方税、劳动条件、土地价格）和人口因素（合格劳动力）。然而，除了这些方面之外，城市空间的形象、身份或表现形式起着决定性的作用，并且从这个意义上讲，当地的文化、城市化或社会政策可以参与城市或地区的经济发展。传统建筑和民居深深地融入了当地文化及其各自的传统，但陈旧、一成不变的文化习俗中显示出明显的惰性，也会对一个地方的创造力构成严重威胁。因此，任何受沉积符号和一成不变的文化图像影响的艺术创作都有可能变得陈旧和庸俗。与一套工具或习俗不同，文化传统只是积累并与一个地区或城市的整体历史发展融为一体。只有不断地自我更新，才能保持活力。就像一个不断生长和改变形状的有机体一样，地方文化虽然以文化连续性和可识别的文化传统为前提，但也会复兴和更新。正是文化传统具有这种不断改变和重塑自身的能力，才使地方文化的多样性与跨国技术文明的同质性形成鲜明对比。

## 参考文献

Filep, Crystal Victoria, Michelle Thompson-Fawcett, and Murray Rae, "Built Narratives," *Journal of Urban Design* 19 (2014).

Atmodiwirjo, Paramita, Mikhael Johanes, and Yandi Andri Yatmo, "Mapping Stories: Representing Urban Everyday Narratives and Operations," *Urban Design International* 24 (2019).

Budd, Leslie and Whimster, Sam, "An urban narrative and the imperatives of the city," *Global Finance and Urban Living. International Library of Sociology; eds. Budd, Leslie and Whimster, Sam*, (Routledge, 1992).

Havik, Klaske, Bruno Notteboom, and Saskia De Wit, *Narrating Urban Iandscapes*, (NAi Publishurs, 2017).

# 银发离婚潮：北京市离婚率变动趋势及特征分析*

王　菲　尹尚菁　李　艳**

**摘　要：**在我国婚育率持续走低的同时，离婚率却在不断攀升，持续引发大众关注。文章选取 2010～2022 年统计年鉴的分省粗离婚率数据，勾勒北京离婚率真实格局，通过可揭示离婚人群差异的离婚态指标，呈现全国各地区离婚态状况并分析北京离婚态人口特征，其中性别差异与中老年"离婚潮"突出。以"离婚冷静期"正式实施为分界点，构建多元线性回归模型，研究结果表明，政策及老龄化程度对北京市离婚率具有显著影响，其他因素影响并不显著。针对北京市呈现的离婚率图景及离婚态特征，可借鉴日本应对"熟年离婚"做法，促进婚姻家庭和谐及社会稳定。

**关键词：**离婚率　离婚态　人口老龄化　性别差异　银发离婚潮

## 一　引言

随着中国社会经济快速发展、人民生活质量不断提高、思想观念持续转

* 基金项目：中华女子学院校级科研课题"社会性别视角下城市老年人社会参与研究"（项目编号：KY2020-0312）老年婚姻与家庭部分的阶段性成果之一。

** 王菲，中华女子学院（全国妇联干部培训学院）社会工作学院讲师，研究方向：老年社会学；尹尚菁，国家开放大学副教授，研究方向：人口社会学；李艳，中华女子学院（全国妇联干部培训学院）社会工作专业研究生，研究方向：婚姻与家庭。

变，我国婚姻家庭关系也发生了显著变化，当代青年“晚婚晚育、不婚不育”现象愈发普遍。在我国婚育率持续走低的同时，离婚率却在不断攀升，持续引发大众的关注。虽然离婚是个人行为，在某种程度上是对不美满婚姻的一种解脱，但是离婚率上升，还关系社会的发展和稳定，且具有较强的溢出效应。[①]

学界对离婚率的研究既有纵向分析也有横向对比。纵向从历史视角探寻我国婚姻解体态势及嬗变规律，新中国成立以来我国共经历三次“离婚浪潮”已成为共识，[②] 离婚态势走高和婚姻脆弱性风险增加，在凸显平等性、主体性和现代性的同时也暴露出挤压性、自我性和传统性衰退等客观问题。[③] 通过国际横向对比可知中国婚姻仍具有较强稳定性，短期内离婚风险不会大幅度增加，[④] 普婚仍是我国婚姻制度的基本特征。国内地区研究方面，李在军等运用面板数据对省域间离婚率进行空间异质性分析，发现地区间离婚差异在不断缩小但仍存在分异，学者们对高离婚率的地区，如四川、东北等局地也有较深入研究。[⑤] 在大众的认知中，北京离婚水平较高，如穆光宗认为北京离婚登记率在全国各大城市中居于前列。[⑥] 现有研究成果中较少涉及北京市离婚水平研究，相关文献限于十年前的两篇成果以及一篇研究京津冀地区离婚状况的学位论文，虽有提及北京但数据时效性有限，较难得知当前北京真实离婚图景及其影响因素。

本文采用 2010~2022 年统计年鉴的分省粗离婚率数据，勾勒出北京离

① 张冲、陈玉秀、郑倩：《中国离婚率变动趋势、影响因素及对策》，《西华大学学报》（哲学社会科学版）2020 年第 2 期。

② 杨菊华：《中国离婚潮的变动轨迹与性别模式——经验数据中的理论逻辑》，《探索与争鸣》2023 年第 9 期。

③ 穆光宗、林进龙、江砥：《当代中国人口婚姻嬗变及风险治理》，《杭州师范大学学报》（社会科学版）2021 年第 5 期。

④ 於嘉、赵晓航、谢宇：《当代中国婚姻的形成与解体：趋势与国际比较》，《人口研究》2020 年第 5 期。

⑤ 李在军、刘帅宾、马志飞等：《中国省域离婚率的空间异质性分析》，《地理科学进展》2017 年第 10 期。

⑥ 穆光宗：《离婚率增长背后折射了什么社会问题——提高新生代中国人“爱人”之能力》，《人民论坛》2019 年第 23 期。

婚率在全国的大致水平，同时探讨各因素与粗离婚率走势的相关性，特别是以“离婚冷静期”正式实施为分界点，构建多元线性回归模型，旨在准确定位影响北京离婚率的影响因素，以期为首都政策的制定或完善提供参考。

## 二　全国地区离婚水平分异及北京走势

国际上通用的离婚指标是粗离婚率，虽然有一定的局限性，如易受人口年龄结构的影响、把非适婚人口也计算在内、分子分母的口径存在差异等，在一定程度上低估离婚率，但因为这种算法应用广泛，可以代表离婚水平的总体走势，并且与离结比的变动趋势基本保持一致，因此本文仍选用粗离婚率来描述全国不同地区的离婚水平。粗离婚率的定义是“某一时期离婚件数与该时期平均人口之比”。计算公式的分子是当年离婚对数，分母是该地区当年的平均人口数，在我国统计年鉴中采用“当年离婚对数×2”作为分子来计算，用公式表示，则有：

$$粗离婚率 = \frac{年内离婚事件人数}{年平均人口数} \times 1000(‰) \tag{1}$$

汇总各省区市2010年以来的粗离婚率数据，以此反映各地不同的离婚趋势。由表1可见，数年来北京基本上未处在全国前列，在《民法典》正式实施之后，2022年北京市的离婚率已经跌至中等偏下的水平。具体来看，2010年与天津市并列第七，2011年名列第五，2012年与河北省、湖北省并列第九，2013年排名第九，2014年第八，2015年第五，2016年第二，2017年第十，2018年第十一，2019年第九，2020年第七，2021年第十，2022年降至第十六。排名最高的2016年北京粗离婚率为4.89‰，但并不是惯常表现。2022年降幅较大。从全国范围来看，传统的离婚高发地区如东北三省，巅峰时的2019年辽宁、吉林、黑龙江的粗离婚率分别达到4.06‰、4.83‰、4.98‰，其中黑龙江更是在2017年达到5.19‰的水平，远高于北京。天津作为后起之秀，在2020年之后就一直超越东北三省，排在国内靠前的位置。此外，直辖市重庆一路走高，而且在2022年排在全国第三。贵州的离婚率从 2017 年起一直处于较高的水平，到 2022 年一跃成为全国榜首。西藏的离婚率一直处在国内较低位次。

**表 1　2010~2020 年中国各省区市的粗离婚率（港澳台地区除外）**

单位：‰

| 地区 | 2010年 | 2011年 | 2012年 | 2013年 | 2014年 | 2015年 | 2016年 | 2017年 | 2018年 | 2019年 | 2020年 | 2021年 | 2022年 |
|---|---|---|---|---|---|---|---|---|---|---|---|---|---|
| 北京 | 2.37 | 3.45 | 2.35 | 3.06 | 3.08 | 3.79 | 4.89 | 3.71 | 3.43 | 3.89 | 3.77 | 2.30 | 2.02 |
| 天津 | 2.37 | 3.24 | 2.57 | 3.07 | 2.98 | 3.36 | 4.24 | 3.78 | 4.11 | 4.78 | 4.92 | 3.00 | 2.95 |
| 河北 | 2.04 | 2.14 | 2.35 | 2.44 | 2.52 | 2.68 | 2.96 | 3.1 | 3.11 | 3.37 | 3.14 | 1.80 | 1.75 |
| 山西 | 1.23 | 1.37 | 1.46 | 1.68 | 1.8 | 1.97 | 2.09 | 2.23 | 2.36 | 2.45 | 2.27 | 1.68 | 1.64 |
| 内蒙古 | 2.31 | 2.72 | 2.83 | 3.23 | 3.54 | 3.66 | 3.92 | 4 | 3.9 | 3.93 | 3.48 | 2.29 | 2.18 |
| 辽宁 | 2.94 | 3.27 | 3.22 | 3.47 | 3.48 | 3.48 | 3.65 | 3.81 | 3.95 | 4.06 | 3.49 | 2.26 | 2.21 |
| 吉林 | 3.43 | 3.72 | 4.03 | 4.51 | 4.44 | 4.63 | 4.71 | 4.9 | 4.75 | 4.83 | 4.07 | 2.68 | 2.52 |
| 黑龙江 | 3.6 | 3.89 | 4.09 | 4.65 | 4.88 | 4.98 | 4.91 | 5.19 | 5.12 | 4.98 | 3.97 | 2.70 | 2.60 |
| 上海 | 2.08 | 3.39 | 2.22 | 2.88 | 2.54 | 2.76 | 3.41 | 2.43 | 2.44 | 2.54 | 2.7 | 1.46 | 1.23 |
| 江苏 | 2.04 | 2.23 | 2.29 | 2.73 | 2.75 | 2.87 | 3.27 | 3.59 | 3.54 | 3.71 | 3.26 | 2.12 | 2.07 |
| 浙江 | 2.09 | 2.43 | 2.24 | 2.41 | 2.47 | 2.52 | 2.65 | 2.8 | 2.71 | 2.64 | 2.26 | 1.46 | 1.60 |
| 安徽 | 1.82 | 1.75 | 2.23 | 2.59 | 2.82 | 2.95 | 3.54 | 3.89 | 3.88 | 3.93 | 3.81 | 2.4 | 2.39 |
| 福建 | 1.66 | 1.89 | 2 | 2.19 | 2.3 | 2.33 | 2.51 | 2.72 | 2.72 | 2.83 | 2.63 | 1.66 | 1.80 |
| 江西 | 1.46 | 1.49 | 1.68 | 1.9 | 1.97 | 2.08 | 2.24 | 2.41 | 2.7 | 2.83 | 2.75 | 1.77 | 1.90 |
| 山东 | 1.76 | 1.9 | 2.03 | 2.31 | 2.4 | 2.45 | 2.58 | 2.73 | 2.74 | 2.83 | 2.57 | 1.84 | 1.82 |
| 河南 | 1.42 | 1.28 | 1.7 | 2.23 | 2.45 | 2.66 | 2.93 | 3.32 | 3.4 | 3.7 | 3.22 | 2.02 | 1.93 |
| 湖北 | 2.03 | 2.03 | 2.35 | 2.6 | 2.71 | 2.85 | 3.13 | 3.38 | 3.4 | 3.58 | 3.3 | 2.18 | 2.23 |
| 湖南 | 2.13 | 2.09 | 2.34 | 2.5 | 2.62 | 2.67 | 2.85 | 3.03 | 3.1 | 3.58 | 3.15 | 1.95 | 2.14 |
| 广东 | 1.23 | 1.66 | 1.47 | 1.66 | 1.67 | 1.78 | 1.95 | 1.99 | 2.03 | 3.19 | 2.04 | 1.32 | 1.46 |
| 广西 | 1.54 | 1.45 | 1.83 | 1.97 | 2.13 | 2.18 | 2.35 | 2.47 | 2.62 | 2.88 | 2.74 | 1.89 | 1.99 |
| 海南 | 1.04 | 1.22 | 1.36 | 1.47 | 1.57 | 1.66 | 1.83 | 1.93 | 2.1 | 2.27 | 2.35 | 1.51 | 1.48 |
| 重庆 | 3.93 | 3.74 | 4.27 | 4.5 | 4.45 | 4.55 | 4.6 | 4.93 | 4.96 | 5 | 4.55 | 2.82 | 2.79 |
| 四川 | 2.72 | 2.57 | 3.11 | 3.31 | 3.38 | 3.49 | 3.61 | 3.76 | 3.76 | 3.81 | 3.59 | 2.37 | 2.59 |
| 贵州 | 1.82 | 1.72 | 2.33 | 2.45 | 2.73 | 3.07 | 3.43 | 3.77 | 4.22 | 4.59 | 4.31 | 2.78 | 3.12 |

续表

| 地区 | 2010年 | 2011年 | 2012年 | 2013年 | 2014年 | 2015年 | 2016年 | 2017年 | 2018年 | 2019年 | 2020年 | 2021年 | 2022年 |
|---|---|---|---|---|---|---|---|---|---|---|---|---|---|
| 云南 | 1.5 | 1.64 | 1.76 | 1.95 | 2.14 | 2.3 | 2.52 | 2.66 | 2.77 | 2.79 | 2.99 | 2.10 | 2.37 |
| 西藏 | 0.67 | 0.68 | 0.43 | 0.57 | 0.84 | 0.73 | 1.08 | 1.2 | 1.37 | 1.5 | 1.75 | 1.48 | 1.26 |
| 陕西 | 1.72 | 1.76 | 1.89 | 2.14 | 2.26 | 2.57 | 2.67 | 2.84 | 3.34 | 3.53 | 3.27 | 2.07 | 2.02 |
| 甘肃 | 1.09 | 1.13 | 1.28 | 1.49 | 1.63 | 1.78 | 1.94 | 2.07 | 2.2 | 2.35 | 2.29 | 1.70 | 1.64 |
| 青海 | 1.43 | 1.7 | 1.86 | 1.87 | 2.16 | 2.17 | 2.58 | 2.76 | 2.85 | 3.04 | 3.05 | 2.28 | 1.92 |
| 宁夏 | 1.91 | 2.08 | 2.32 | 2.43 | 2.4 | 2.64 | 2.92 | 3.27 | 3.33 | 3.51 | 2.93 | 2.31 | 2.26 |
| 新疆 | 4.51 | 4.81 | 4.62 | 4.82 | 4.74 | 4.31 | 3.98 | 3.07 | 2.41 | 2.90 | 2.88 | 2.83 | 2.54 |

资料来源：2010~2022年中国统计年鉴。

由此可见，离婚水平具有时空差异和历时变动性，需在动态变化过程中把握总体的格局。北京市离婚率并非持续走高，对于经济发展水平名列前茅的首都北京来说，其离婚人口的特征更值得深入探究。

## 三　地区离婚态差异及北京人口统计特征分析

### （一）全国地区离婚态差异

本文引入离婚态占比的概念，离婚状态是指失去婚姻之后持续处于这种状态的人口（简称离婚态），分子是某时点所有处于离婚状态的人数，分母是同时点15岁及以上人口，其计算公式如下：

$$\text{离婚态占比} = \frac{\text{某个时点所有处于离婚状态人数}}{\text{15 岁及以上人口数}} \times 1000(‰) \qquad (2)$$

因其分母去除了15岁以下少年儿童，与粗离婚率将平均人口数作为分母相比，得到的数据更加贴近实际，且离婚态可分析不同人群存在的差别。但离婚态的数据资料只有在普查年份才能获取，具有一定的时间局限性。因此本文以2020年七普数据为基础，呈现全国各地区离婚态状况并分析北京离婚态人口特征。

由图 1 可见，2020 年北京在全国各地区离婚态占比中排名依然是居于中间位次，排名第十三位，相比同年粗离婚率的排名（2020 年北京市粗离婚率排名第七位），离婚态占比排名相对靠后。从全国地区粗离婚率及离婚态占比水平分异可见，需修正对北京离婚情况的认知，理性看待北京离婚率，深入分析其离婚人口特征，把握地方相关政策重点。

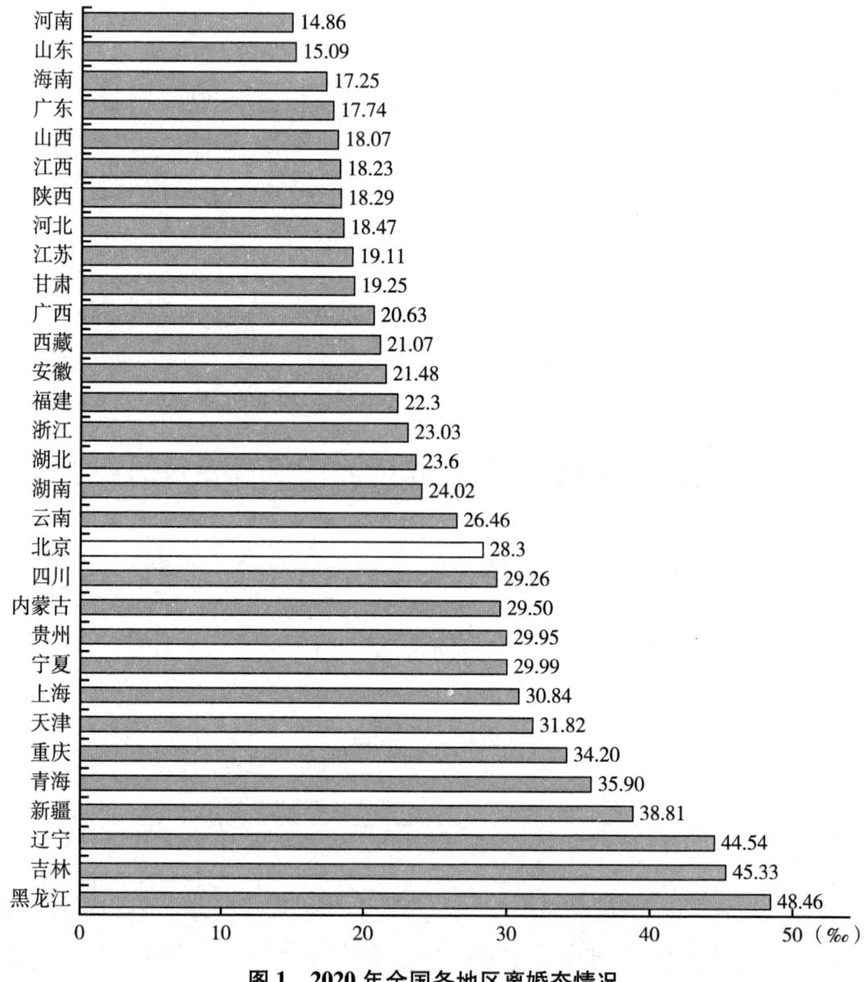


**图 1　2020 年全国各地区离婚态情况**

资料来源：2020 年第七次人口普查数据。

## （二）北京离婚态人口统计特征分析

通过数据初步分析可看出北京市不同性别、居住地、年龄组、职业、受教育程度、人口性质的离婚水平差异，这也是下一步影响因素分析的依据。已有研究表明，男女两性间离婚特征存在一定的差异，杨菊华研究表明全国男性离婚态的占比始终高于女性，但女性离婚态的占比涨幅大于男性，[①] 而在北京市离婚态性别差异中，除个别数据项外，女性离婚态占比远高于男性，说明在北京女性离婚多于男性已成为显著趋势。因此本研究以分性别数据为基础，探讨不同性别居住地、年龄组、职业、受教育程度、人口性质的离婚态占比，由此探寻不同人群离婚的状况是否存在差别，并进一步分析其分异的程度。

1. 居住地：农村女性离婚的“桎梏”

如表 2 可见，总体上城市的离婚态高于镇高于乡且存在的差距较大，但镇与乡的差距较小。这与我国城镇化进程不断加快密不可分，与离婚率相同，其高低与城市化程度呈正相关，结合全国地区离婚态占比差异可知，人口流动也是影响离婚态占比的重要因素。值得注意的是，在女性离婚态的占比普遍高于男性情况下，北京乡村女性的离婚态占比却远低于男性。一般而言，在人口结构的影响下，农村老年人口较多且男女寿命存在差异，导致处于丧偶状态的老年女性占比高；传统家庭性别分工差异影响下，农村留守妇女比例也更高，以上两方面都会导致女性离婚态占比高于男性，但现实情况恰恰相反，说明农村女性在离婚后物质条件及道德伦理观念等方面仍然受到诸多束缚。

2. 年龄组：年过半百后的“离婚潮”

由于 30 岁以下离婚人数的占比非常小，因此在计算时排除了 30 岁以下的数据。总体上，离婚态随年龄增长呈倒“U”形变化趋势，由表 2 可见，

① 杨菊华、孙超：《我国离婚率变动趋势及离婚态人群特征分析》，《北京行政学院学报》2021 年第 2 期。

离婚集中在35~64岁之间，55~59岁组为峰值组，离婚态占比为50.07‰。处于离婚态人口的峰值年龄组在不同时点存在差异，近年来总体呈现“老龄化”趋势，峰值年龄组不断推延。随着结婚年龄的推迟，离婚年龄也有所推后，人们在年过半百迎来了离婚高峰，中老年夫妻极有可能在子女成家立业或事业稳定后选择离婚来提高自身生活质量。

从性别模式看，以往研究①中指出在各时点的各年龄段，离婚态比例都是男性高于女性，低龄组的性别差异较小，且性别差异随时间推移而不断缩小。而本研究在分析不同年龄组离婚态性别差异后得出不同结果，各个年龄组女性的离婚态占比均明显高于男性，年轻时差距还不太明显，越往中老年阶段差距越大，50~54岁组男性的离婚态占比为37.87‰、女性的离婚态占比则高达61.10‰，55~59岁组女性占比高于男性18.68个千分点，到65岁及以上组又回归较小的差距，但女性还是明显高于男性。

女性离婚态峰值组在一定程度上说明，中老年夫妻双方或一方退休后生活重心转移，夫妻生活差异放大，家庭内部矛盾更易激化，由此成为离婚的重要推力。退休后离婚成为很多中老年女性挣脱过往的方式，此阶段的离婚潮也与社会对离婚人群的宽容度增大有关。

3. 职业：离婚资本的“博弈”

通过数据统计发现，在职业类型中，不便分类与农林牧渔人员离婚占比非常小，因此计算排除了相应数据。可以看出，党政机关、企事业单位负责人离婚态占比最高，专业技术人员离婚态占比最低。这既有职业性别结构影响，更反映出职业背后经济资本、社会资本、文化资本等深层要素对婚姻可替代性、离婚成本和再婚成本的影响。

具体而言，专业技术人员和生产制造人员中男性的离婚态占比高于女性，此类人群生活一般比较稳定，工作环境相对固定简单，因而最不容易离婚，且职业群体本身性别比例不平衡，往往是男多女少，能坚持下来的女性

① 杨菊华：《中国离婚潮的变动轨迹与性别模式——经验数据中的理论逻辑》，《探索与争鸣》2023年第9期。

通常是家室稳定型。在党政机关、企事业单位负责人组，女性的离婚态占比为53.05‰，男性为25.68‰，女性离婚态占比是男性的2倍多，女性领导往往性格要强，工作压力大，家庭关系更容易紧张导致离婚，且中国家庭中女性领导的配偶也更容易因为尊严、地位等心理压力而选择离婚。生产生活服务人员与办事人员的离婚态占比差别不大且同样是女性多于男性，职业性质决定其性别结构，复杂的工作环境与琐碎的事务可能使女性的工作和家庭生活失衡，其婚姻解体可能性也更大。

4. 受教育程度：非简单线性相关关系

北京不同学历离婚态呈非线性变化趋势。在北京初中以下教育水平所占比例非常低，因此可忽略不计。初中及以上人群的离婚态占比分布中，最高值见于高中学历，其次是初中、大学专科、大学本科、研究生。随着受教育水平的提升，离婚态呈现降低趋势，无论男性还是女性，规律基本相似，这与“女性学历高更倾向离婚”的说法不一致，各组的离婚态占比，女性远远高于男性。现有研究也表明受教育程度与离婚率二者关系复杂，是动态变化的过程。① 如崔晓楠等②、郭云蔚③的研究都发现受教育程度的分性别影响存在年代差异，于女性而言，较早年代受教育程度越高则离婚风险越大，但随着时间推移，不同教育程度女性在婚姻稳定性上的差距正逐渐缩小；于男性而言，较早年代受教育水平对其婚姻稳定性无影响。

教育不仅仅是个体获取知识和培养素质的途径，对其人生发展都具有深远的影响。因此，教育水平往往会联结其他因素对离婚率及离婚态占比产生影响，在离婚率逐渐走高和高等教育普及背景下，教育作为重要因素如何形塑离婚态及其影响路径仍需通过实证研究加以系统考察。

---

① 黄曦：《中国离婚率影响因素的STATA分析》，《武夷学院学报》2022年第6期。

② 崔晓楠、钱佳：《个体受教育程度对婚姻稳定性的影响——基于性别和时间的视角》，《青年探索》2023年第6期。

③ 郭云蔚：《受教育水平对离婚风险的影响及其时代变化》，《人口研究》2021年第6期。

5. 人口性质:“不同寻常”的离婚态

七普数据显示，[①] 截至 2020 年 11 月，北京市常住人口为 2189. 3 万人，其中外来人口 841. 8 万，占常住人口的 38. 5%。北京市外来人口众多，外省来京人口与常住人口的离婚态占比有所分异。由表 2 可见，北京市常住人口的离婚态高于外来人口，这与已有的研究结果相矛盾，通常学者认为外来人口更容易选择离婚，流动夫妻在城市生活的重压下，原本就不稳定的婚姻关系遭遇更大冲击导致婚姻解体，但北京市工作和生活压力相对较低的常住人口离婚态反而较高，背后的原因值得探究。

北京作为一线城市，能够落户的除了常住本土居民，更多是各行各业高精尖人才，在一定程度上，无论是物质方面的离婚成本还是观念方面的包容度，其对离婚的接受度显著高于劳动型外来流动人口。此外，相关政策也发挥重要影响作用，外来人口异地申请离婚只能通过诉讼途径进行，在确定管辖法院方面也更为复杂，增加了外来人口离婚成本，一定程度上抑制了其离婚需求。

同时也可以看到常住人口与外来人口的离婚态占比都是女高于男，男性在两组间的差距小于女性。与当代大趋势一致，随着社会性别主流化发展，女性地位提升与独立意识增强，女性在婚姻解体中主导性变强，离婚成为赋权女性的一个显性表征。[②] 值得注意的是，当前女性婚姻观念变化与对离婚的包容不仅是社会进步、社会性别观念改变的结果，更是万千女性自身勇敢的实践。如学者对中国女性离婚微观实践观察发现，当前越来越多的离异女性主动在网络上自我披露离婚状态，有勇气结束失败婚姻并向大众展示离婚后独立、自由的生活态度，体现了勇敢自洽心态的后女性主义话语。[③]

---

① 《北京市第七次全国人口普查主要数据情况》，https：//www. beijing. gov. cn/gongkai/shuju/sjjd/202105/t20210519_2392877. html？ivk_sa＝1024320u。

② 杨菊华：《中国离婚潮的变动轨迹与性别模式——经验数据中的理论逻辑》，《探索与争鸣》2023 年第 9 期。

③ 沈奕杉、陈胜：《中国女性离婚短视频中的自我呈现与后女性主义话语实践——以小红书为例的网络民族志观察》，《新闻爱好者》2024 年第 7 期。

表 2　2020 年不同居住地、年龄组、职业、受教育程度、人口性质的分性别离婚态占比

单位：‰

| 项目 | | 男 | 女 | 合计 |
|---|---|---|---|---|
| 居住地 | 城 | 23.60 | 34.98 | 29.34 |
| | 镇 | 22.19 | 27.25 | 24.51 |
| | 乡 | 25.70 | 21.41 | 23.76 |
| 年龄组 | 30~34 岁 | 17.78 | 19.92 | 18.82 |
| | 35~39 岁 | 29.73 | 34.87 | 32.23 |
| | 40~44 岁 | 33.09 | 47.20 | 39.81 |
| | 45~49 岁 | 35.24 | 58.35 | 46.34 |
| | 50~54 岁 | 37.87 | 61.10 | 49.11 |
| | 55~59 岁 | 40.79 | 59.47 | 50.07 |
| | 60~64 岁 | 35.00 | 47.65 | 41.51 |
| | 65 岁及以上 | 17.25 | 21.06 | 19.30 |
| 职业 | 党政机关、企事业单位负责人 | 25.68 | 53.05 | 33.85 |
| | 专业技术人员 | 16.38 | 12.32 | 21.81 |
| | 办事人员 | 25.15 | 33.08 | 28.76 |
| | 生产生活服务人员 | 23.63 | 34.31 | 27.90 |
| | 生产制造人员 | 30.81 | 14.73 | 24.44 |
| 受教育程度 | 初中 | 30.28 | 38.03 | 33.94 |
| | 高中 | 32.76 | 50.04 | 41.40 |
| | 大学专科 | 24.14 | 41.41 | 24.78 |
| | 大学本科 | 16.43 | 27.43 | 22.01 |
| | 研究生 | 12.94 | 22.80 | 17.97 |
| 人口性质 | 常住 | 23.81 | 32.90 | 28.30 |
| | 外来 | 17.04 | 24.08 | 20.34 |

资料来源：2020 年第七次人口普查数据。

## 四　北京离婚率影响因素分析

### （一）指标选取

已有研究对离婚率影响因素进行较为全面深入的探究，主要包括宏观社

会因素与微观个体影响：宏观层面如经济发展、城镇化工业化加速、相关法律制度及政策完善[①]、社会人口流动加速[②]、人口结构改变[③④]、社会观念变革[⑤]等都会在不同程度上影响离婚态势；[⑥] 微观层面如家庭性别分工、抚养比、个体可支配收入、受教育程度、性格特征差异等也会成为婚姻解体催化剂。[⑦⑧] 通过不同人群的离婚态分析可知，离婚在不同性别、居住地、职业、受教育程度及人口性质的人群间有所不同。因离婚态占比只有在普查年份才可以获得，本研究选用粗离婚率描述北京离婚水平的走势。性别用男女性别比（女性为1）来衡量，居住地用城镇化率，年龄组用老年人口比重（60岁及以上人口构成），受教育程度用高等教育占比（大学专科以上占5岁以上人口的比重），职业用城镇登记失业率，人口性质用流动人口占比（常住人口与户籍人口的差值与常住人口的比例）来衡量。

通过文献研究，选用了可能对离婚产生影响的两个经济发展指标，一是人均GDP，二是商品房平均销售价格。原本计划加入上网数据作为影响因素，经分析发现北京市互联网普及率一直处于全国第一、第二的位置，2010年为69.4%，居全国第一位，2022年升至89.7%，位居第二，说明在北京上网已经成为普遍的生活事件，不能以此作为衡量离婚率的主要因素。因此，汇总了2010~2022年上述指标的变化，结果如表3所示。

① 崔宝敏、冯泓铭：《我国离婚现状与影响因素分析》，《山东工会论坛》2021年第2期。

② 彭小辉、张碧超、史清华：《劳动力流动与农村离婚率——基于劳动力双向流动视角》，《世界经济文汇》2018年第4期。

③ 谭远发、宋寅书：《人口结构变动对粗离婚率攀升的影响研究》，《人口学刊》2015年第2期。

④ 吴昌南、王进：《中国人口性别结构失衡、婚姻挤压与房价》，《当代财经》2021年第5期。

⑤ 林移刚：《农村弱势男性婚姻边缘化与乡村文化记忆传承》，《云南民族大学学报》（哲学社会科学版）2018年第5期。

⑥ 朱海忠、蔡砚秋：《增加离婚成本能否降低离婚率》，《南通大学学报》（社会科学版）2010年第5期。

⑦ 张韬、潘琦：《当代中国女性社会地位变迁及性别角色重构》，《沈阳师范大学学报》（社会科学版）2021年第3期。

⑧ 何林浩：《中国持续改善的高等教育性别比与离婚率》，《世界经济文汇》2018年第6期。

表 3 2010~2022 年我国粗离婚率与各指标数据

| 年份 | 粗离婚率（‰） | 人均 GDP（元） | 商品房平均销售价格（元/m²） | 男女性别比 | 高等教育占比（%） | 老年人口比重（%） | 城镇化率（%） | 城镇登记失业率（%） | 流动人口占比（%） |
|---|---|---|---|---|---|---|---|---|---|
| 2010 | 2.37 | 78307 | 17782 | 1.02853 | 31.50 | 8.72 | 85.96 | 1.37 | 35.89 |
| 2011 | 3.45 | 86246 | 16852 | 1.06573 | 33.94 | 8.82 | 86.20 | 1.39 | 36.86 |
| 2012 | 2.35 | 92758 | 17022 | 1.06964 | 37.35 | 8.60 | 86.39 | 1.27 | 37.55 |
| 2013 | 3.06 | 100569 | 18553 | 1.06852 | 41.21 | 8.58 | 86.50 | 1.21 | 38.07 |
| 2014 | 3.08 | 106732 | 18833 | 1.06319 | 38.15 | 8.55 | 86.71 | 1.31 | 38.58 |
| 2015 | 3.79 | 113692 | 22633 | 1.06035 | 42.34 | 10.65 | 86.71 | 1.39 | 38.53 |
| 2016 | 4.89 | 123391 | 27497 | 1.05312 | 46.05 | 11.74 | 86.76 | 1.41 | 37.92 |
| 2017 | 3.71 | 136172 | 32140 | 1.04988 | 47.61 | 12.50 | 86.93 | 1.43 | 38.06 |
| 2018 | 3.43 | 150962 | 34143 | 1.04928 | 48.65 | 11.25 | 86.93 | 1.40 | 37.23 |
| 2019 | 3.89 | 161776 | 35905 | 1.04759 | 50.49 | 11.45 | 87.35 | 1.30 | 36.19 |
| 2020 | 3.77 | 164158 | 37665 | 1.04656 | 44.39 | 13.30 | 87.55 | 2.56 | 36.01 |
| 2021 | 2.3 | 187526 | 40526 | 1.04370 | 49.14 | 14.23 | 87.55 | 3.23 | 35.42 |
| 2022 | 2.02 | 190313 | 38240 | 1.04121 | 50.33 | 15.12 | 87.57 | 3.12 | 34.64 |

资料来源：2010~2022 年《中国统计年鉴》。

## （二）离婚率影响因素分析

### 1. 变量选取

根据选取的数据，以年份为横坐标，以粗离婚率为纵坐标建立坐标轴，画出散点图（见图 2）。从图 2 可以看出，由 2010~2022 年，我国粗离婚率基本保持平稳，近似线性变化。对所选因素与粗离婚率进行相关分析，通过计算各自变量的 Pearson 相关系数得到表 4，由此可见本研究选择的影响因素与离婚率并不存在较强的相关关系，其中流动人口占比、城镇登记失业率的相关性稍强，但也没有统计学差异（P>0.05）。

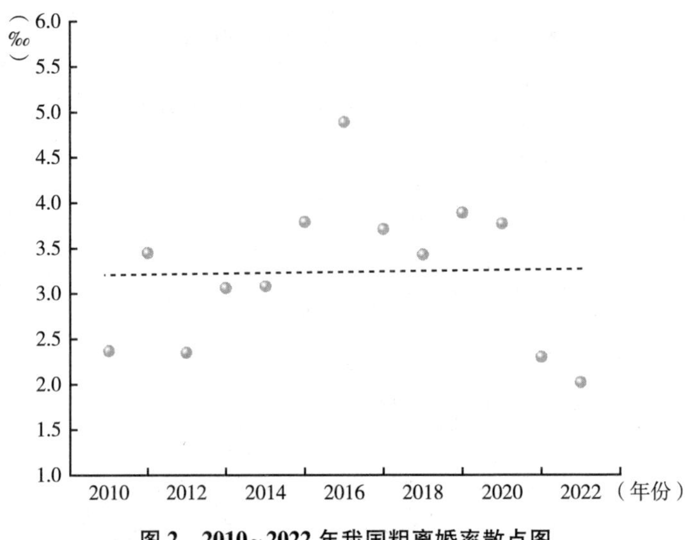


**图 2　2010~2022 年我国粗离婚率散点图**

**表 4　粗离婚率与各指标的相关系数**

| Pearson 相关系数 | 人均 GDP | 商品房平均销售价格 | 男女性别比 | 高等教育占比 | 老年人口比重 | 城镇化率 | 城镇登记失业率 | 流动人口占比 |
|---|---|---|---|---|---|---|---|---|
| 粗离婚率 | 0.0604 | 0.053 | 0.194 | 0.209 | 0.012 | 0.023 | 0.427 | 0.500 |

政策对我国离婚水平尤其是北京市离婚率影响显著。2021 年 1 月 1 日起《民法典》正式实施，从近年数据来看，其中第一千零七十七条关于“离婚冷静期”的规定对离婚率变动趋势影响不容忽视。学者们同样通过分析相关数据指出“离婚冷静期”政策实施效果显著，①② 我国登记离婚人数出现“腰斩式下降”，③ “头脑发热”式离婚得到有力控制，④ 离婚率同比下降，初步体现政策的“良法价值”。由图 2 可知，政策实施后我国离婚率下

① 宋健、李灵春：《“离婚冷静期”政策能否降低离婚水平》，《探索与争鸣》2022 年第 8 期。
② 董浩：《此情或可待：“离婚冷静期”规定对离婚登记数量趋势的影响》，《社会学研究》2023 年第 1 期。
③ 申瑞雪：《登记离婚冷静期制度的法理透视及现实思考》，《文化学刊》2023 年第 10 期。
④ 白睿丰：《离婚冷静期制度的问题检视与完善路径》，《西安电子科技大学学报》（社会科学版）2023 年第 3 期。

降趋势明显，2022 年粗离婚率低于前十年最低离婚率；而北京市离婚水平下降幅度更为显著，从 2020 年的 3.77‰到 2021 年的 2.30‰（可能合并新冠疫情影响因素），再降至 2022 年最低水平 2.02‰。作为“离婚冷静期”政策实施的“元年”，2021 年起离婚数据对政策变化更为敏感，粗离婚率下降幅度明显，因此剔除了 2021 年和 2022 年的数据，用 2010~2020 年的数据进行分析。结果发现，2010~2020 年我国粗离婚率呈线性增长（见图 3）。

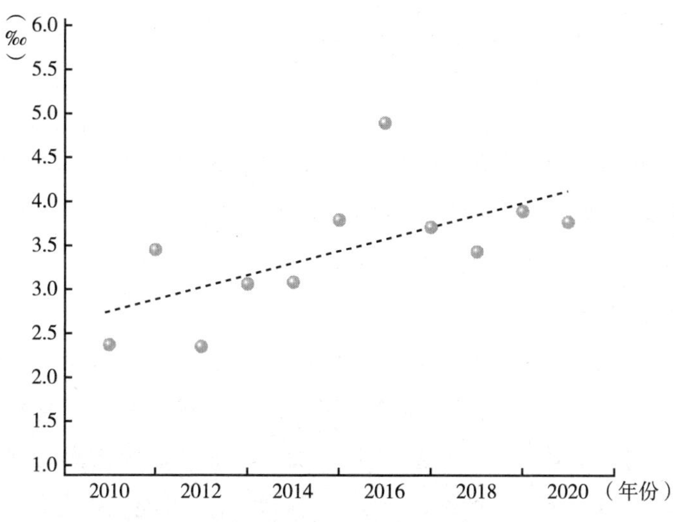


**图 3　2010~2020 年我国粗离婚率散点图**

2. 建立模型

通过对所选因素与粗离婚率进行相关分析，计算 Pearson 相关系数，发现高等教育占比与老年人口比重两个指标同粗离婚率存在统计学差异（P<0.05），因此选择这两个指标建立模型（见表 5）。

**表 5　粗离婚率与各指标的相关系数**

| Pearson 相关系数 | 人均 GDP | 商品房平均销售价格 | 男女性别比 | 高等教育占比 | 老年人口比重 | 城镇化率 | 城镇登记失业率 | 流动人口占比 |
|---|---|---|---|---|---|---|---|---|
| 粗离婚率 | 0.578 | 0.581 | 0.044 | 0.671 | 0.708 | 0.570 | 0.238 | 0.152 |

以粗离婚率（$Y$）作为因变量，受高等教育占比（$X_1$）、老年人口比重（$X_2$）作为自变量，构建多元线性回归模型：$Y = \beta_0 + \beta_1 X_1 + \beta_2 X_2 + \varepsilon$。使用SPSS将数据导入并建立线性回归模型，得到模型结果（见表6）。

**表6　模型显著性检验结果**

| 项目 | $B$ | $T$ | P |
|---|---|---|---|
| (Constant) | 0.459 | 0.457 | 0.658 |
| 老年人口比重 | 0.287 | 3.009 | 0.015 |

3. 结果分析

由表6可知，老年人口比重对北京市粗离婚率有显著性影响（P<0.05），而高等教育占比无显著性影响（P>0.05）。一方面，人口年龄尤其是老年人口比重对北京市粗离婚率影响较大，在当前普遍人口老龄化程度加深、速度加快的大背景下，2023年底，北京市60岁及以上常住人口占比达到22.6%，相比全国平均水平高出1.5个百分点，人口老龄化程度进一步加深。[①] 因此，北京市中老年人口离婚态占比超过50‰，峰值年龄组也推延到55~59岁。北京市老年人口比重显著增加，可能是老年人离婚率上升的一个重要因素。随着年龄的增长，老年人的婚姻观念可能发生变化，经济独立也可能促使一些老年人选择离婚。同时，北京市的人口结构与其他地区存在差异，特别是外来人口多是青壮年劳动力，而常住人口老龄化程度较高，这种人口结构的不均衡可能导致离婚率的独特表现。

另一方面，除老年人口比重外，其他因素对粗离婚率均无显著性影响，这与其他学者研究结果具有较大差异。如崔宝敏等在研究中指出，性别、抚养比、受教育程度和年收入等居民个人因素可以影响离婚率；[②] 张冲等对面板数据进行分析得出人均GDP对数、城镇人口比重、城镇失业率、15岁及

① 《〈2023年北京市老龄事业发展报告〉发布　户籍人口中老年人占比首破30%》，https://www.beijing.gov.cn/ywdt/gzdt/202410/t20241012_3917392.html。

② 崔宝敏、冯泓铭：《我国离婚现状与影响因素分析》，《山东工会论坛》2021年第2期。

以上人口性别比、住房价格对数等对离婚率有显著影响；[①] 众多学者都探讨了个体受教育程度与离婚率的关系，无论是正向还是负向，抑或非线性关系，都能够得出二者之间具有显著性影响，但北京市的数据却不支持以上研究结果，除考虑经济发展水平、教育高度普及化、高互联网普及率等因素，仍需从北京市自身特性探寻背后的缘由。如北京市作为一线城市，经济发展水平高，教育普及率高，这些因素可能使传统影响离婚率的因素（如经济压力、教育程度）的作用减弱。同时，随着社会观念的开放和多元，更多人开始重视个人幸福感和生活质量，这可能导致离婚率的上升，而传统的个人因素（如性别、抚养比等）对离婚率的影响减弱。此外，高互联网普及率可能改变了人们的社交方式和择偶观念，使个体更容易接触到新的信息和观念，进而影响婚姻稳定性和离婚率。

## 五　日本“熟年离婚”的经验借鉴

北京市离婚人群老龄化特征早有显现但未引起重视，如 2019 年《北京日报》称，[②] 排在家事类纠纷收案量第一位的仍然是离婚纠纷，58.2%的离婚案件由 60 岁以上老人提起，老年和青年群体已经成为离婚高发人群。加之近年婚姻解体中女性主导性逐渐增强，与日本曾经历的“熟年离婚”有一定相似性。

“熟年离婚”是指婚龄在 20 年以上的中老年夫妻的离婚，日本“熟年离婚”现象有三个主要特点：大多情况下由女方提出离婚；“熟年离婚”多出现于丈夫退休之际；离婚原因多归结为夫妻性格不合。[③] 且早在 20 世纪 70 年代就初现端倪，到 90 年代“熟年离婚率”直线上升，在社会掀起了热

① 张冲、陈玉秀、郑倩：《中国离婚率变动趋势、影响因素及对策》，《西华大学学报》（哲学社会科学版）2020 年第 2 期。

② 孙莹：《西城法院家事审判工作白皮书显示：老年人和小年轻是离婚高发人群》，《北京日报》2019 年 11 月 28 日。

③ 申瑞雪：《登记离婚冷静期制度的法理透视及现实思考》，《文化学刊》2023 年第 10 期。

潮。学者们从不同角度对其进行讨论研究，如经济进步、婚姻家庭观念转变、日本“团块世代”的存在与老龄少子化社会等。经济方面，2007 年日本养老年金制度改革，当事者达成协议或者得到法院的判决，夫妻双方最大可以分割到一半的养老金领取权，老年女性离婚后经济有一定保障；家庭方面，男性退休后不适应角色转变易激化夫妻矛盾，如男性无社交活动待在家，仍不参与家务分工，增加女性照顾负担和精神压力等；社会方面，婚姻家庭观念变革，女性意识提升，社会舆论包容，媒体宣传等使老年女性更愿意选择离婚提高晚年生活质量。

日本各界纷纷开展挽救行动，如社区方面开展主题讲座、组织“夫妇旅行团”活动，为日本老年男性提供学习料理的地方；[①] 日本各大媒体开设了有关“熟年离婚”的专栏，互联网上出现针对“熟年离婚”的心理咨询和法律援助网站；[②] 政府出台政策保障离婚后生活等。[③④] 总体而言，日本社会倾向于“改造”中老年男性以挽救婚姻，帮助其从思想上转变自身身份及角色认识、提升实际生活技能等。

北京市老龄化程度不断加深，由前文研究可得出女性离婚态占比已高于男性，如何预防以及避免中国“熟年离婚潮”的出现值得重视，同时，日本应对“熟年离婚”做法经验也值得学习借鉴，家庭婚姻问题不仅仅是个人抉择，社会各界也有相应责任和义务，尤其是以中老年男性为“改造主体”，为我国应对老龄婚姻问题提供了新的思路，一味提倡保障和改善老年女性养老生活治标不治本，从男性出发、提升男性老年人婚姻家庭观念与生活实务技能，更有可能实现婚姻和谐，以此挽救晚年婚姻。

① 张晴：《日本熟年离婚的现象、原因及启示》，《商》2013 年第 16 期。

② 张冬冬：《现代日本家庭的若干问题探析》，《东北亚学刊》2015 年第 5 期。

③ 吴卫平：《对日本中老年离婚的探讨和启示》，《湘潭师范学院学报》（社会科学版）2009 年第 1 期。

④ 张冬冬：《当今日本社会离婚现象透视》，《日本问题研究》2010 年第 4 期。

# 生态文明篇

# 新质生产力赋能首都绿色低碳发展的难题与路径研究*

陆小成**

**摘　要：** 新质生产力赋能首都绿色低碳发展具有示范与引领的内在价值，推动首都经济绿色转型、生态环境改善与绿色竞争力提升。北京在新质生产力、绿色低碳发展方面存在技术创新、结构调整、协同发展等多方面的现实难题。北京作为大国首都、超大城市、国际科技创新中心，以新质生产力赋能绿色低碳发展具有独特的优势与地位，应以技术创新为引擎打造新质生产力发展高地；以结构优化为支撑打造全球一流和谐宜居之都；以协同发展为抓手打造京津冀世界级绿色城市群。

**关键词：** 新质生产力　绿色低碳发展　京津冀协同发展

习近平总书记在中共中央政治局第十一次集体学习时明确指出，新质生产力是创新起主导作用，摆脱传统经济增长方式、生产力发展路径，具有高科技、高效能、高质量特征，符合新发展理念的先进生产力质态。[①] 随着全

---

* 基金项目：北京市习近平新时代中国特色社会主义思想研究中心重大项目“习近平生态文明思想的科学体系、原创性贡献及北京实践创新研究”（项目编号：24LLMLA026）。

** 陆小成，北京市社会科学院市情研究所所长，研究员，研究方向：低碳创新、绿色低碳发展、首都发展。

① 习近平：《开创我国高质量发展新局面》，《求是》2024 年第 12 期。

球对气候变化、环境治理以及可持续发展的关注不断增加，以及国内对绿色化、低碳化高质量发展的要求日益提高，北京作为国家的政治中心、文化中心、国际交往中心和科技创新中心，其发展模式的绿色转型至关重要。新质生产力的提出与发展为首都绿色低碳转型及其高质量发展带来了新的要求和机遇，深入研究其价值意蕴、现实难题与路径选择具有重要的理论和实践意义。

## 一　新质生产力赋能首都绿色低碳发展的价值意蕴

从政治经济学视角考察，新质生产力是以科技创新为主导、实现关键性颠覆性技术突破而产生的生产力，是对传统生产力的超越，需要新的生产关系与之适应。[①] 新质生产力是超越传统生产力、符合高质量发展要求的生产力，是高度依靠科学技术、科学管理和资源优化等创新手段，以提高制造效率、降低生产成本、创新产品价值、推动产业升级和赢得发展优势为目的的新型生产力。[②] 新质生产力本身就是绿色生产力，它以先进的科学技术、高度优化的生产资料、高端的劳动力为支撑，实现了对传统生产力的超越，为实现绿色发展注入新动能。[③] 对于首都北京而言，新质生产力赋能绿色低碳发展具有示范与引领价值。新质生产力是首都绿色低碳发展的内在要求和核心要义。绿色低碳发展区别于传统发展模式，以绿色技术创新为重要驱动力，以新业态、新模式为基本范式推动传统发展方式转变，深入推动产业结构、能源结构、交通结构、建筑结构等各个领域的绿色低碳转型与迭代升级。绿色低碳发展是新质生产力发展的重要目标和基本方向。之所以要提出并推动新质生产力发展，就是要构建资源集约、环境优化、生活生

① 周文、许凌云：《论新质生产力：内涵特征与重要着力点》，《改革》2023 年第 10 期。

② 文丰安、黄上珂：《新质生产力助力基于新型城镇化的数字乡村建设审视》，《西南大学学报》（社会科学版）2024 年第 3 期。

③ 杨叶平：《新质生产力赋能绿色发展的价值意蕴、现实审视和实践路径》，《学术交流》2024 年第 11 期。

态更加美好的生产力质态，以实现绿色低碳的高质量发展、促进人与自然和谐共生。

### （一）新质生产力赋能首都经济绿色转型

一是以绿色新技术为驱动打造国际绿色创新中心。北京大力发展新质生产力，充分发挥教育、科技和人才优势，依托国家实验室、重大科技基础设施等资源，加快形成国际新兴绿色技术策源地，为首都绿色低碳经济发展提供了技术支撑，也为传统产业的绿色化转型奠定了基础。北京推动智能算力中心、数据中心等数字基础设施的绿色化建设，实现数字技术与传统产业的深度融合。例如，利用人工智能、云计算、物联网、大数据、区块链等技术，赋能电力、交通、建筑等领域的智能化、绿色化、高端化转型，进一步降低能耗与碳排放强度，提高了生产效率和产品质量，增强了产业的附加值和生态效益，推动首都传统产业转型升级与现代绿色产业发展，实现首都经济结构的整体提升与绿色转型。

二是以绿色新业态为引领驱动首都经济绿色转型。新技术推动绿色低碳先进技术在首都产业发展中的应用，以新一代信息技术催生了众多新兴产业，促进了产业的智能化、绿色化发展。北京构建“双标杆引领、双引擎驱动”的模式，以绿色低碳的新技术、新业态推动国际绿色经济标杆城市与全球数字经济标杆城市的建设。这种协同发展模式通过数字技术赋能绿色产业，形成更多新业态，推动了绿色经济与数字经济的深度融合。在新技术驱动下，积极布局战略性新兴产业和未来产业，如人形机器人、商业航天、生物制造 AI+医疗健康产业等。这些未来产业不仅具有高附加值和高创新性，还为绿色转型提供了新的技术路径和产业支撑。

三是以绿色新模式为支撑驱动首都经济质量提升。新质生产力强调新模式在产业升级、区域协同、绿色发展等方面的应用与支撑作用，实现首都经济质量提升与资源高效利用。比如，新质生产力发展强调产业融合新模式，推动高端制造业与服务业协同发展。通过构建“研发服务—转化落地—示范应用”的产业链条，促进产业向高端化、智能化方向发展。又如，新质生产力强调数字经济新模式，打造全球数字经济标杆城市。北京将数字经济作为经济高质量发展的核心驱动力，通过加快新型基础设施建设、推动数字技术创新和应用场景拓展，构建数字化产业生态。再如，新质生产力强调区域协同新模式，助力现代化首都都市圈与京津冀世界级城市群建设。北京通过创新区域一体化发展体制机制，推动区域创新链、产业链、供应链深度融合，打造现代化首都都市圈。此外，新质生产力强调绿色发展新模式，注重资源的高效利用和环境的保护，以“含绿量”提升“含金量”。坚持绿色发展理念，通过发展新能源、可再生能源、绿色产业、绿色金融等，倡导绿色生产生活方式，更加注重资源的高效利用和环境的保护。

### （二）新质生产力赋能首都生态环境改善

一是优化能源结构。以创新技术为显著特征的新质生产力的发展，推动了能源领域的技术创新、业态创新与模式创新，降低能耗和碳排放强度，推动能源结构的转型与优化，进而减少对生态环境的影响，改善了生态环境的质量。首都北京借助新能源技术，如太阳能、风能、氢能等的发展，逐步减少对传统化石能源的依赖。例如，加大光伏发电的推广力度，在城市建筑的屋顶、外立面等安装光伏发电设备，既可以满足部分能源需求，又能减少碳排放。新能源汽车的广泛使用，有助于改善城市的空气质量，减少汽车尾气排放对环境的污染。二是促进资源循环利用。在首都，建立资源循环利用体系，将废弃物转化为可再利用的资源减少排放和环境污染。例如，对建筑垃圾进行回收处理，加工成再生建筑材料；对城市污水进行深度处理，使其转化为可用于灌溉、工业冷却的再生水。三是改善生态环境。新质生产力为首都生态治理带来智能化变革，在生态修复和保护领域发挥科技支撑作用。

### （三）新质生产力赋能首都绿色竞争力提升

一是吸引高端要素集聚。新质生产力的发展使首都成为创新要素的集聚地，国内外的高端人才、先进技术、资本等要素被吸引到北京发展。例如，众多国际知名的科研机构和企业在北京设立研发中心，就是看中了北京在新质生产力发展方面的优势。这些高端要素的集聚又进一步促进了新质生产力的发展，形成良性循环，提升了首都在全球城市体系中的绿色形象与低碳竞争力。从人才方面来看，北京吸引的海外高层次人才数量以每年数千人的速度增长，截至2024年，累计引进海外高层次人才已达数万人，高端人才和企业的不断集聚进一步推动了新质生产力的发展，提升了首都在全球城市竞争中的地位。二是提升城市的品牌形象。北京作为中国的首都，在国际上代表着中国的国家形象。通过在绿色发展、科技创新、新质生产力等方面的积极作为，北京能够在世界舞台上展示中国在绿色低碳与可持续发展方面的成就和决心，增强国际社会对中国的认可度和美誉度。北京积极发展新质生产力，推动绿色低碳发展，使首都城市品牌与绿色形象得到有效提升。一方面，北京作为国际科技创新中心，通过新质生产力的培育，不断强化科技创新对产业发展与品牌形象的支撑作用，北京在量子信息、生命科学、高端仪器设备等前沿领域取得显著突破，进一步塑造了北京"创新引领"的城市品牌形象。另一方面，北京通过发展新质生产力，巩固了数字经济与科技创新优势，打造具有国际竞争力的数字产业集群。通过举办中关村论坛、金融街论坛等国际性活动，搭建品牌对外发声的平台，提升了北京在全球范围内的品牌影响力。在新质生产力的推动下，北京正逐步构建一个更具创新力、竞争力和国际影响力的现代化绿色大都市形象，为全国乃至全球的城市绿色品牌建设提供了有益的经验和借鉴。

## 二　新质生产力赋能首都绿色低碳发展的现实难题

发展新质生产力在推动首都绿色低碳发展中具有非常重要的战略价值与实践意义，北京作为国际科技创新中心，高度重视新质生产力发展，但因多方面的因素制约，北京在技术创新、结构调整、协调发展等方面还存在不少的现实难题。

### （一）技术创新瓶颈：基础研究与转化效率均有待加强

一是基础研究与科技投入有待进一步加强。尽管北京在科研方面具有一定的优势，但在新质生产力相关的基础研究方面仍存在薄弱环节。例如，在一些新兴技术领域，如量子计算、基因编辑等，与国际领先水平相比，基础研究的深度和广度还有待提高。基础研究以及科技创新投入的不足会限制技术的原始创新能力，进而影响新质生产力的发展。一方面，因科研考核、职称评聘等评价指标体系的不够完善，更多高校教师与科研人员过于注重论文数量，忽视科研成果转化。“非升即走”的不完善考核体制导致更多的教师和科研人员过于追求短期内出更多的论文或项目，而难以“坐冷板凳”或“十年磨一剑”搞好基础研究和科技发明。另一方面，持续性的科研投入不足制约了长期性的基础研究。北京在科研投入方面处于全国前列，但与新质生产力相关的基础研究投入占总科研投入的比例仍然较低。以人工智能基础算法研究为例，与美国硅谷等国际领先地区相比，北京在该领域的基础研究投入仅为其 1/3 左右。

二是技术转化效率低。从实验室到市场应用的技术转化过程中存在诸多障碍。一方面，高校和科研机构与企业之间的合作机制不够完善，导致许多科研成果难以找到合适的产业化途径。另一方面，技术转化过程中的资金、人才等要素缺乏有效整合，使一些具有潜力的技术难以实现商业化应用，从而影响了新质生产力在首都绿色低碳发展中的作用发挥。高校和企业之间缺乏有效的合作机制，很多高校的科研成果与企业的实际需求脱节。此外，技术转化过程中的资金缺口较大，据估算，每年因资金不足而无法转化的科研成果占比达到30%左右。

### （二）结构调整障碍：产业优化与能源替代均有待提速

一是产业结构不断优化，但绿色低碳产业发展还有待加强。新质生产力赋能绿色低碳发展，更加强调传统高碳产业转型，强调发展绿色低碳的现代化产业体系。北京以疏解非首都功能为“牛鼻子”，加快传统高能耗产业的关停并转，三次产业结构不断优化。2022 年，北京市第三产业产值达到 34894. 3 亿元，占比高达 83. 9%。2023 年，北京第一产业增加值为 105. 5 亿元，占北京市 GDP 的 0. 2%；第二产业增加值为 6525. 6 亿元，占北京市

GDP 的 14.9%；第三产业增加值为 37129.6 亿元，占北京市 GDP 的 84.8%（见表 1）。尽管北京作为超大城市，不断加快产业结构调整和优化升级，但产业技术水平还不够高，创新能力不强，特别是传统产业的技术改造、节能减排等还需要进一步提升。

**表 1 2010~2023 年北京地区生产总值构成**

单位：%

| 年份 | 第一产业 | 第二产业 | 第三产业 |
|---|---|---|---|
| 2010 | 0.8 | 21.6 | 77.6 |
| 2011 | 0.8 | 20.7 | 78.5 |
| 2012 | 0.8 | 20.3 | 79.0 |
| 2013 | 0.8 | 19.7 | 79.5 |
| 2014 | 0.7 | 19.3 | 80.0 |
| 2015 | 0.6 | 17.8 | 81.6 |
| 2016 | 0.5 | 17.3 | 82.3 |
| 2017 | 0.4 | 16.9 | 82.7 |
| 2018 | 0.4 | 16.5 | 83.1 |
| 2019 | 0.3 | 16.0 | 83.7 |
| 2020 | 0.4 | 15.8 | 83.8 |
| 2021 | 0.3 | 18.0 | 81.7 |
| 2022 | 0.3 | 15.9 | 83.9 |
| 2023 | 0.2 | 14.9 | 84.8 |

资料来源：《北京统计年鉴（2023）》，http://nj.tjj.beijing.gov.cn/nj/main/2023-tjnj/zk/indexch.htm。

二是能源结构替代提速，但低碳能源开发滞后。北京作为超大城市，对能源消费及其经济发展需求大，传统高碳能源占比高、绿色低碳能源占比较低，制约了能源绿色转型。根据北京市 2023 年统计年鉴数据，北京能源消费总量持续攀升，如表 2 所示，从 2010 年的 6359.49 万吨标准煤上升到 2019 年的 7360.32 万吨标准煤，达到历史最高点，2020 年有所减少，为 6762.10 万吨标准煤，2021 年有所上升，2022 年下降至 6896.89

万吨标准煤。近些年来，北京煤炭消费占能源消费总量的比重呈现持续下降态势。

**表 2　2010~2022 年北京能源消费总量及构成情况**

单位：万吨标准煤，%

| 年份 | 能源消费总量 | 占能源消费总量的比重 | | | | | | 非化石能源占能源消费总量的比重 |
|---|---|---|---|---|---|---|---|---|
| | | 煤炭 | 石油 | 天然气 | 一次电力 | 电力净调入(+)、调出(-)量 | 其他能源 | |
| 2010 | 6359.49 | 29.59 | 30.94 | 14.58 | 0.45 | 24.35 | 0.09 | |
| 2011 | 6397.30 | 26.66 | 32.92 | 14.02 | 0.45 | 25.62 | 0.33 | |
| 2012 | 6564.10 | 25.22 | 31.61 | 17.11 | 0.42 | 25.38 | 0.26 | |
| 2013 | 6723.90 | 23.31 | 32.19 | 18.20 | 0.35 | 24.99 | 0.96 | |
| 2014 | 6831.23 | 20.37 | 32.56 | 21.09 | 0.41 | 24.03 | 1.54 | |
| 2015 | 6802.79 | 13.05 | 33.79 | 29.18 | 0.40 | 21.71 | 1.88 | |
| 2016 | 6916.72 | 9.22 | 33.14 | 31.88 | 0.66 | 23.37 | 1.73 | 4.60 |
| 2017 | 7088.33 | 5.06 | 34.00 | 32.00 | 0.65 | 26.15 | 2.14 | 7.20 |
| 2018 | 7269.76 | 2.77 | 34.14 | 34.17 | 0.61 | 25.68 | 2.63 | 7.80 |
| 2019 | 7360.32 | 1.81 | 34.55 | 34.01 | 0.67 | 25.79 | 3.17 | 7.90 |
| 2020 | 6762.10 | 1.50 | 29.27 | 37.16 | 0.84 | 26.96 | 4.26 | 10.40 |
| 2021 | 7103.62 | 1.44 | 28.66 | 36.15 | 0.90 | 28.70 | 4.15 | 11.96 |
| 2022 | 6896.89 | 1.02 | 23.06 | 38.92 | 0.92 | 31.73 | 4.35 | 14.25 |

资料来源：《北京统计年鉴（2023）》，https://nj.tjj.beijing.gov.cn/nj/main/2023-tjnj/zk/indexch.htm。

2022 年北京市煤炭、石油、天然气等三大传统能源消费分别占能源消费总量的 1.02%、23.06%、38.92%，三大传统能源占北京能源消费总量的 63%。尽管三大传统能源占北京能源消费总量的比重不断下降，并且结构不断向绿色化低碳化方向发展与优化，但能源消费结构转型还任重道远，传统能源的高碳排放特征导致减碳降碳压力依然较大。北京能源消费总量未能达峰以及消费结构转型缓慢，绿色可再生能源增长滞后，在一定程度上制约了北京超大城市碳减排与绿色转型。

### （三）协同发展障碍：部门协调与区域联动均有待深化

一是部门协调有待深化。在首都新质生产力发展、绿色低碳发展过程中，不同部门之间存在着严重的分割现象。在能源管理方面，负责城市电力、煤炭、天然气等管理部门缺乏统一的协调机制，不利于新能源技术的推广和能源结构的转型与优化。在科技创新方面，科技部门、教育部门和产业部门之间的协同合作不力，缺乏有效的联动机制，导致资源无法实现有效整合，影响了新质生产力的发展效率。以环保和能源部门为例，在推广清洁能源汽车方面，环保部门主要关注尾气排放的减少，能源部门则侧重于能源供应的保障，相关部门缺乏有效的沟通和协调机制，而导致在充电桩等基础设施建设方面存在布局不合理、建设进度缓慢等问题。

二是政策协同有待深化。涉及新质生产力和绿色低碳发展的政策在不断完善，但这些政策存在碎片化、协同性不足等问题，不同政策之间缺乏有效的衔接。在政策执行方面，部分政策执行存在打折扣的情况，一些不利于新质生产力发展和绿色低碳发展的行为得不到有效制止。

三是区域协同有待深化。北京与周边地区在技术合作、成果转化、产业联动、公共服务协同、生态环境治理等方面，尽管已经采取不少措施，也取得许多的成效，但进一步深化改革还面临诸多挑战与压力。京津冀协同发展战略实施十多年来，产业、交通、生态环境等重点领域取得许多重大进展，但在新质生产力相关资源的协同方面（如产业转移与联动、创新协同与技术共享、公共服务均等化供给等方面），仍然存在困难。区域间的利益分配、政策差异等因素，导致资源难以在更大范围内实现优化配置，限制了新质生产力的辐射范围和带动作用。例如，在产业转移方面，由于地区间的税收政策、土地政策等差异，北京向周边地区的产业转移进展缓慢。京津冀地区的教育医疗、社会保障等公共服务资源协同也存在不少难题。

四是生态治理协同还有待深化。京津冀三地在生态环境治理协同方面已取得显著成效，但仍存在一些需要深化和改进的领域。第一，协同机制仍需完善。尽管京津冀三地已建立了多项生态环境联建联防联治机制，但在实际操作中，仍存在一些机制需要进一步细化和落实。例如，生态环境监测数据共享、执法联动机制等还需进一步完善，以确保跨区域环境问题能够更高效地解决。第二，生态补偿机制需深化。如京冀、津冀之间已签订多项横向生态补偿协议，但补偿标准和机制仍需进一步优化。第三，区域大气和水环境治理需加强。尽管近年来区域空气质量显著改善，但重污染天气应对、机动车污染防治等方面仍需加强协同治理。跨界河流的水质监测和治理仍需进一步深化。第四，法律法规和政策标准需统一。三地在生态环境立法和执法方面仍存在差异，需要进一步加强协同立法，避免立法冲突，同时完善跨区域生态环境保护标准的对接与统一。

## 三　新质生产力赋能首都绿色低碳发展的路径选择

北京作为大国首都、超大城市、国际科技创新中心，以新质生产力赋能绿色低碳发展具有独特的优势与战略地位。北京要以新质生产力发展为动力，以高水平生态保护支撑绿色高质量发展，在进一步全面深化改革、全面推进美丽中国建设中当好排头兵、作出新贡献。① 针对以上发展难题，应从技术创新、结构调整、协同发展等多方面发力，依托先进、绿色、低碳的现代技术创新，发展智能化、绿色化、高端化的现代化产业体系和能源结构，加快建设国际绿色经济标杆城市。

### （一）以技术创新为引擎，打造新质生产力发展高地

一是精准加大基础研究的支持与资金投入。加大对新质生产力相关基础研究的投入，设立专项基金，鼓励高校、科研机构和企业联合开展长期性、关键性的基础研究。例如，针对量子技术、人工智能基础算法等领域设立长期的、可以滚动发展的研究项目，吸引国内外优秀的科研人才协同

① 陆小成：《发展新质生产力赋能美丽北京建设》，《前线》2024 年第 12 期。

参与。同时，建立基础研究成果共享机制，提高研究成果的利用效率。建立基础研究成果的评估和反馈机制，根据评估结果调整投入方向，提高基础研究投入的有效性。二是构建高效技术转化体系。构建高效的首都地区技术转化平台，加强京津冀地区的高校、科研机构与企业之间的联系，助力技术研发与转化应用的有效衔接，推动创新链与产业链高度融合。协同建立以新质生产力发展为引领的现代科技成果转化服务中心，为科研成果提供评估、交易、孵化等一站式服务。通过政策引导和资金支持，鼓励企业与高校、科研机构建立联合实验室、技术研发中心等合作机构，提高技术转化的效率。加强高校和企业之间的合作，鼓励高校科研人员到企业挂职，企业技术人员到高校进修或兼任产业导师，促进双方深度融合。通过技术创新及合作，发挥首都科技资源集聚优势和示范引领作用，加快打造全国新质生产力发展的高地。

### （二）以结构优化为支撑，打造全球一流和谐宜居之都

一是进一步优化产业结构，推动绿色低碳转型。北京应以“减量”发展和发展高精尖产业为契机继续深化产业结构调整，深刻把握好新质生产力与现代化产业体系之间的逻辑关系，加快构建绿色低碳循环的首都现代化产业体系。特别是紧跟国际制造业回流态势，大力发展绿色智能制造业。区别于传统制造业，新质生产力视域下的首都制造业或首都工业应该是以新技术、新能源、新业态、新模式赋能的绿色低碳制造业或绿色低碳工业。采用新技术、新流程、新能源及其新模式，使传统产业转型升级为资源集约、环境优化、绿色低碳、高端智能的现代产业，降低其对能源和环境的影响，使能耗和碳排放强度达到环境承载力要求。因此，有必要进一步提高首都北京在绿色智能制造业的比重和国际制造业竞争力。培育科技含量高、资源消耗低、碳排放少的高精尖产业，如新能源、新材料、人工智能、生物医药等，建设首都绿色智能工厂、绿色智能供应链，为首都新质生产力发展和经济高质量发展提供有力的产业支撑。

二是进一步优化能源结构，全面开发利用新能源。应加快提高北京可再

生能源比重，将可再生能源利用作为各级规划体系的约束性指标，推进光伏、热泵等可再生能源技术的规模化应用；应率先构建超大城市新型电力系统，提升本地绿电供应能力，有序扩大外调绿电规模，逐年降低煤电比重，推进源网荷储用一体化发展，提升能源供给的低碳化水平；应加快推动能源消费电气化，在交通、建筑等领域推广电气化应用，加快充换电、储能等新型能源基础设施建设。

三是进一步优化交通结构，打造绿色智能交通体系。继续坚持“慢行优先、公交优先、绿色优先”的发展理念，优化交通结构，提升绿色出行比例，着力构建综合、绿色、安全、智能的立体化现代化城市交通系统。应进一步扩大轨道交通覆盖范围，提升服务水平，加快轨道交通“四网融合”，推进地铁与市郊铁路的协同发展，优化既有线网，创新市郊铁路、城际铁路的通勤化、公交化运营模式，满足首都都市圈的上下班通勤需求；应进一步完善慢行系统，推进自行车专用路建设，优化非机动车道，提升慢行系统的连续性和安全性；应进一步调控交通需求，通过优化停车政策、实施高峰时段差异化收费等措施，引导市民减少小汽车的使用，转向绿色出行；应进一步推动智能交通建设，提升交通系统的智能化水平，构建一体化出行智能服务平台，通过大数据、人工智能等新一代信息技术，实现交通流量监测、智能调度和非现场执法，提升交通管理效率。通过优化产业结构、能源结构、交通结构等，强化科技创新支撑与新质生产力发展，提升城市功能与品质，深化京津冀协同发展，引导和培育绿色生产生活方式，助力北京建设世界一流和谐宜居之都。

### （三）以协同发展为抓手，打造京津冀世界级绿色城市群

一是进一步协同创新体制机制，建立新质生产力发展的首都跨部门协调机制。构建和完善跨部门的京津冀新质生产力发展领导小组，负责统筹协调与新质生产力和绿色低碳发展相关的资源与力量。在科技创新方面，加强科技、教育、产业等部门之间的跨区域协同，形成资源共享、优势互补的发展格局。在能源领域，由领导小组统一规划新能源的开发和利用，协调电力、

煤炭、天然气等部门的工作，实现能源资源的有效整合。定期召开京津冀新质生产力发展会议，制定统一的区域资源整合计划和绿色低碳发展的阶段性目标。

二是进一步深化京津冀协同发展战略，在新质生产力相关资源方面加强合作。建立区域产业转移的协调机制，引导北京的部分产业向周边地区有序转移，同时实现技术、人才等资源的共享。在京津冀地区建立和完善统一的科技成果转化市场，促进区域内的科技成果转化和产业化；协调周边地区制定统一的税收政策和土地政策，确保产业转移的顺利进行。

三是进一步建立健全政策协同体系，形成京津冀新质生产力发展的组合拳。对现有的涉及新质生产力和绿色低碳发展的政策进行梳理和整合，制定一套协同的政策体系。确保环保政策、产业政策、科技政策等在目标和措施上相互协调、相互促进。建立统一政策标准，健全政策执行的监督与评价机制，加强对政策执行情况的检查和评估。

四是进一步完善生态环境联建联防联治机制，提升京津冀生态环境治理效能和质量。应以发展新质生产力为引擎，加强生态环境领域科技创新，构建和完善京津冀地区生态环境信息共享平台，完善生态环境监测数据共享平台，深化京津冀生态环境执法联动机制；应优化京津冀跨区域生态治理协调机构，定期召开联席会议，推动区域生态环境协同治理；应深化和完善生态补偿和利益共享机制，厘清补偿主体责任，创新生态产品价值实现机制，建立基于生态资源价值和保护成本的补偿标准，推动生态补偿的市场化和多元化；应推动京津冀三地在生态环境保护领域协同立法，制定统一的生态环境保护标准，构建京津冀区域生态环境应急预警机制，推动多主体参与，构建共建共治共享机制。积极发挥新质生产力的赋能与引擎作用，深入推进京津冀协同发展，推动区域生态环境质量持续改善，为国家绿色低碳发展提供示范引领，加快打造美丽中国先行区、示范区。

# 迈向碳中和：北京市能源系统转型的多维探索*

陈操操** 范怡然 张 悦 于凤菊 郑恺昀

王新爽 胡 婧 宋 丹

**摘 要：**在全球气候治理与低碳转型背景下，北京市作为首都和超大城市，承担着能源系统转型的示范使命。本文基于 STIRPAT 模型与情景分析方法，系统评估了北京市能源转型的驱动机制与发展趋势。研究表明：①北京市碳排放于“十二五”时期达峰后持续下降，外调电依赖（占比 60%~70%）与华北电网高火电比例，导致调入电成为最大排放源，终端电气化与化石能源减量化成效显著，但建筑与交通领域深度脱碳仍面临技术瓶颈；②驱动因素分析显示，城镇化率（影响系数 0.46）与人口规模（0.38）对碳排放的正向效应显著高于能源强度（-0.32）和产业结构（-0.27）的抑制作用，环境库兹涅茨曲线验证北京市已跨越碳排放拐点；③情景分析发现若维持 2021~2030 年 GDP 增速 4.5%、能效提升率 3.08%、可再生能源替代率 3%的中值情景，2030 年碳排放较峰值下降 25.7%，但 21 世纪中叶碳中和情景需将可再生能源替代率提升至年均 5%以上。研究揭示北京市需通

* 基金项目：北京市科技计划课题资助项目“北京市温室气体清单快速评估关键技术研究与示范应用”（项目编号：Z221100005222027），国家自然科学基金资助项目“消费模式下京津冀城市温室气体排放时空差异特征及影响机制分析”（项目编号：41001380）。

** 陈操操，博士，研究员，北京市应对气候变化管理事务中心统计核算室主任，研究方向：碳核算和碳交易；范怡然，张悦，于凤菊，郑恺昀，王新爽，胡婧，宋丹，北京市应对气候变化管理事务中心，研究方向：环境科学与工程。

过“深度脱碳—区域协同—制度创新—科技驱动”多维路径破解转型难题，重构能源基础设施、扩大绿电消纳规模、完善碳市场机制、突破氢能与储能技术瓶颈。本文为超大城市低碳转型提供理论与政策参考，助力国家“双碳”战略系统性实施。

**关键词：** 能源系统转型　低碳转型　碳中和

## 一　引言

在全球气候治理体系深度演化与低碳发展范式加速转型的背景下，中国提出2030年前碳达峰、2060年前碳中和的战略目标，并将其纳入国家发展战略，标志着全球最大的发展中国家开启经济增长范式转型。作为首都的北京，其能源系统转型具有特殊战略价值，既要承担全国首个减量发展超大城市的历史使命，又需破解高密度人口集聚与能源消费刚性增长的现实矛盾，更肩负着为全球特大城市碳中和提供中国方案的示范责任，具有重要的研究价值。

在经济社会发展与减排之间找到平衡是一项复杂的挑战。北京市围绕政策引导、结构优化和技术创新等持续进行能源转型的范式突破。北京市率先发布了《北京市碳达峰实施方案》，明确提出到2025年实现碳排放稳中有降，到2030年实现碳排放持续下降的目标。同时，北京市通过调整能源结构，加快传统化石能源的替代进程，大力发展可再生能源，推动氢能、储能等新兴技术的应用，优化产业结构和交通运输结构，大气污染防治和碳减排成效显著，空气质量已实现全面达标，碳排放峰值也已经基本实现并呈现出稳定下降趋势。

北京市正在为实现可持续发展探索尽可能多的路径。然而，北京城市在实现“双碳”目标的过程中仍面临诸多挑战。首先是经济发展与疏解调控多维矛盾。作为超大城市，北京市常住人口超过2000万，居民消费升级和建筑规模扩张（如集中供暖面积增加）进一步推高碳排放，人口疏解政策需平衡经济发展与减排目标的矛盾。其次，城市系统存在锁定效应和路径依赖风险，能源领域基础设施碳排放占90%以上，转型面临技术替代成本高、利益格局调整复杂等问题，北京市外调电比例长期在60%~70%，依赖的华北电网火电比重依然较高，可能加剧能源保供与减碳的矛盾。最后，建筑和交通领域深度脱碳仍未突破技术和经济瓶颈，航空与货运领域低碳燃料尚未形成商业化路径，跨区域协同机制需要进一步加强等。这都需要更深层次的系统性变革和技术突破。

推动能源绿色低碳转型必须综合考虑地区历史碳排放和经济社会发展等多种因素，本文旨在开展北京市能源绿色低碳转型分析评估。在核算北京市时间序列碳排放基础上，使用经典 STIRPAT 模型评估经济社会发展对碳排放的影响，建立碳排放与人口、富裕度和技术等关键指标的函数关系，模拟北京市的碳排放情景，给出北京市未来能源转型措施和政策建议。

## 二　模型与方法

### （一）碳排放计算方法

化石能源燃烧和调入火电是北京市 $CO_2$ 排放的主要来源，本文基于煤炭、石油、天然气的消费量以及调入电消费量，结合本地碳排放系数对2000~2020年北京市的碳排放进行核算。

$$CE = \sum_{k} AD_k \times EF_k \tag{1}$$

式中，$CE$ 表示化石能源燃烧和调入电蕴含 $CO_2$ 排放量，$k$ 表示化石能源类型及调入电，$AD$ 和 $EF$ 分别表示 $k$ 化石能源、调入电的消费量和 $CO_2$ 排放因子。本文所用到化石能源消费数据来源于北京市统计年鉴中能源平衡表以及分品种能源消费总量及构成。

### （二）政策模型选择与比较

碳排放政策模型需兼顾多维驱动因素的作用机制与政策情景的灵活

性。现有主流模型包括以下几种。LEAP 模型擅长能源系统情景模拟，但高度依赖基础数据质量，技术参数设定主观性强，且动态反馈机制较弱，可能导致跨部门碳泄漏评估偏差。① CGE 模型通过非线性均衡分析评估碳定价政策的经济影响，但长期预测中参数校准不确定性显著，难以捕捉技术突变或政策冲击的复杂效应。② LMDI 模型擅长历史排放的驱动因素分解，但缺乏外生变量预测能力，需耦合其他模型使用，且假设驱动因素独立性可能低估交互效应。③ 相比较而言，STIRPAT 模型突破传统 IPAT 模型的刚性结构，支持弹性系数与非线性项（如 EKC 假说验证），可通过面板数据回归纳入城镇化率、产业结构等调控变量，为差异化政策设计提供实证依据。其随机特性降低了模型设定偏误风险，在区域尺度预测中展现出更强的解释力。④⑤

本文借鉴此种经典研究思路，通过构建 STIRPAT 模型，定量阐述了 GDP 增速与碳强度下降速率的相对关系对碳达峰时间的影响，将碳达峰碳中和目标的实现问题转化为碳排放强度下降速率的控制问题。环境退化的根源在于人口增长和经济发展，技术发展可减少这些不利效应，因此环境效应（$I$）是人口（$P$）、富裕度（$A$）和技术（$T$）的函数，将其修正为 STIRPAT 模型（Stochastic Impacts by Regression on Population，Affluence，and Technology）。

$$\ln I = \ln a + b\ln P + c\ln A + d\ln T + \ln e \quad (2)$$

式中，a、b、c、d 分别为模型系数，以及人口、富裕度和技术的系数，$e$ 为随机误差。

---

① Heaps，C. G.，"*LEAP*：*The Low Emissions Analysis Platform*，" *Stockholm Environment Institute*，2016.

② Böhringer，C.，& Rutherford，T. F.，"Combining Bottom-up and Top-down，" *Energy Economics* 30（2008）.

③ Ang，B. W.，& Liu，N. "A New Energy Decomposition Method：Perfect in Decomposition and Consistent in Aggregation，" *Energy* 26（2001）.

④ 刘卫东、姜宛贝、唐志鹏等：《中国 2030 年前实现碳达峰的路径研究——基于 GDP 增速的组合分析》，《中国科学：地球科学》2022 年第 7 期。

⑤ 何建坤：《碳达峰碳中和目标导向下能源和经济的低碳转型》，《环境经济研究》2021 年第 1 期。

人口因素取决于人口规模（$P$）和人口城镇化率（$U$）；富裕度用人均GDP（$GP$）表示，引入人均GDP的二次方，分析碳排放与人均GDP的曲线关系，验证环境库兹涅茨（EKC）假说。[①] 根据EKC假说，经济发展水平与环境污染之间呈倒“U”形曲线关系，即污染先随着人均GDP的增加而上升，再随着人均GDP的增加而下降。技术因素基于能源强度（$EI$）和产业结构（$S$）的共同作用，上述公式可扩展为：

$$\ln CE = a + b\ln P + c\ln U + d\ln GP + e\ln GP^2 + f\ln EI + g\ln S + \varepsilon \tag{3}$$

式中，a和ε为常数项和随机误差项，$a-g$为待估系数。

参考经典模型做法，为避免多重共线性，本文使用偏小二乘模型法PLS处理共线性问题。多重共线性是指回归中由于变量的高度相关而使模型估计失真的问题。多重共线性会导致伪回归，进而导致回归模型失去实践意义。通过观察变量间的方差膨胀因子（VIF）检测共线性，VIF>10即存在共线性问题，VIF越大共线性越严重。与传统多元线性回归相比，PLS回归能够在自变量存在严重多重共线性和样本点较少的情况下进行回归建模，最终模型中将包含原始的所有自变量。[②]

## 三　结果与分析

### （一）驱动因素分析

经过二十余年努力，北京市的能源结构优化已取得显著成效。2020年能源消费呈现“油气电三分天下”格局（天然气37.2%、石油类29.3%、外调电27%），煤炭占比降至极低水平（见图1）。但化石能源仍主导碳排放结构，其中外调电碳排放占比达40.6%（受华北电网高火电比例影响），

① 侯丽朋、唐立娜、王琳等：《闽三角城市群碳达峰的多情景模拟分析》，《生态学报》2022年第23期。

② 王惠文：《偏最小二乘回归方法及其应用》，国防工业出版社，2006。

石油类为29.9%，天然气为27.4%（见图2）。2000~2020年碳排放轨迹呈现倒“U”形特征，年均变化率“十五”至“十三五”期间依次为3.77%、3.96%、-0.99%、-1.6%，2012年达峰后通过“清洁空气行动计划”实现持续下降。这一历程表明，终端电气化提升与化石燃料减量化的结构优化已成为低碳转型的核心路径。基于STIRPAT模型与主成分分析法的驱动因素研究表明，过去20年间城镇化率（影响系数0.46）、人口规模（0.38）对碳排放的正向驱动效应显著高于能源强度（-0.32）、产业结构（-0.27）的抑制作用。环境库兹涅茨曲线验证显示北京市已跨越碳排放拐点，但转型压力依然显著：其一，城镇化率超85%后增速放缓，但存量人口规模仍需疏解调控；其二，服务业占比达83.9%的产业结构仍具优化空间，高技术产业（25.6%）与生产性服务业（50%）需提质增效；其三，能源强度下降速率趋缓（1998~2019年结构优化贡献$SO_2$减排159.3万吨），边际节能成本递增达到技术瓶颈。

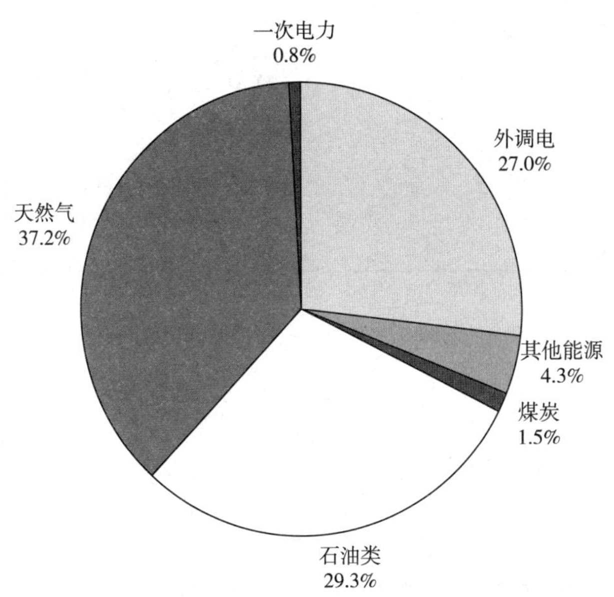


**图1　2020年北京市能源结构**

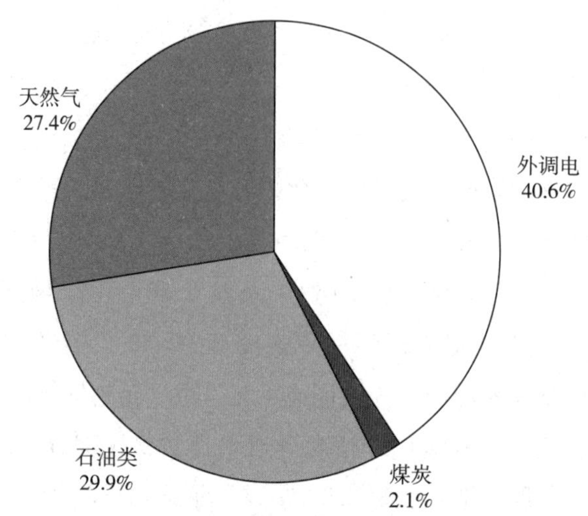


**图 2　2020 年北京市碳排放结构**

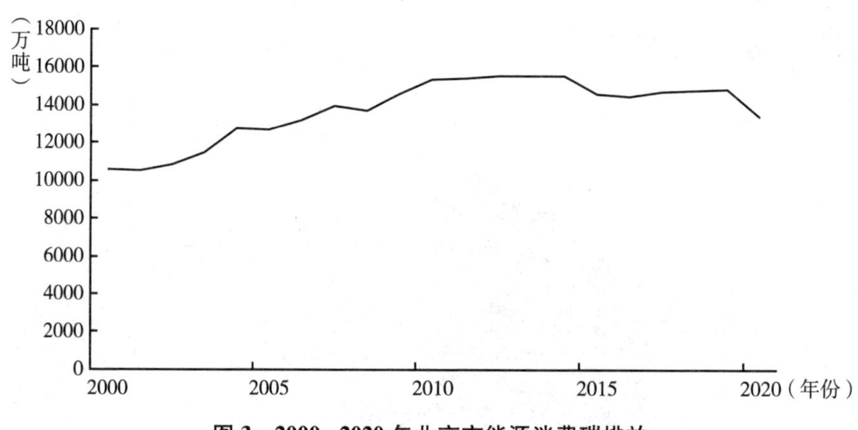


**图 3　2000~2020 年北京市能源消费碳排放**

## （二）因子规律性变化

### 1. 人口规模

按照《北京城市总体规划（2016 年—2035 年）》要求，北京市人口增速将逐渐趋缓，未来人口规模不超过 2300 万。从城市人口历史变化情况看，随着疏解非首都功能行动持续推进，通过产业外移引导人口迁出，“十三五”末期城市人口已经呈现稳定甚至下降趋势。

2. 城市化率

城市化的本质是人口由农村向城市流动的过程。到 2030 年，根据人均收入的增长趋势，中国的城镇化率预计将达到 70%左右，大约有 10 亿人生活在城市里。[①] 根据美国、日本和韩国的发展经验，中国大城市将从目前以集聚工业为主转向以集聚服务业为主。北京已达成服务业聚集，北京市 2020 年城市化率已超过 85%，远高于全国同期水平。

3. 产业结构

北京市三次产业结构由 2010 年的 0. 9∶23. 6∶75. 5 调整到 2020 年的 0. 4∶15. 8∶83. 9，生产性服务业增加值占地区生产总值比重达到 50%以上，高技术产业增加值占地区生产总值比重达到 25. 6%，战略性新兴产业引领产业结构调整作用明显，高端制造业智能化发展水平不断提高，开放型经济发展水平显著提升，首都产业服务化、高端化特征更加明显，预计第三产业比重仍将缓慢上升。

4. 能源强度

影响能耗强度下降的因素中，节能难度日渐增大，导致能耗强度下降速度越来越慢。能耗强度降幅趋小，需持续降低能源碳密度，确保碳达峰碳中和有较高经济增速上限。[②] 北京市能源强度水平在持续降低，但降幅越来越小（见图 4）。

## （三）因子共线性检验和 PLS 模型

选取人均收入、产业结构、城市化率、城市人口作为关键驱动变量。经检验所有变量的方差膨胀因子 VTF 值均>10，平均值高达 135. 26，表明变量间存在严重的共线性问题（见表 1）。

---

① 《中国：推进高效、包容、可持续的城镇化》，世界银行，2014。

② 周勇：《协同实现碳达峰目标和 2035 年现代化目标的策略研究》，《科学与管理》2022 年第 2 期。

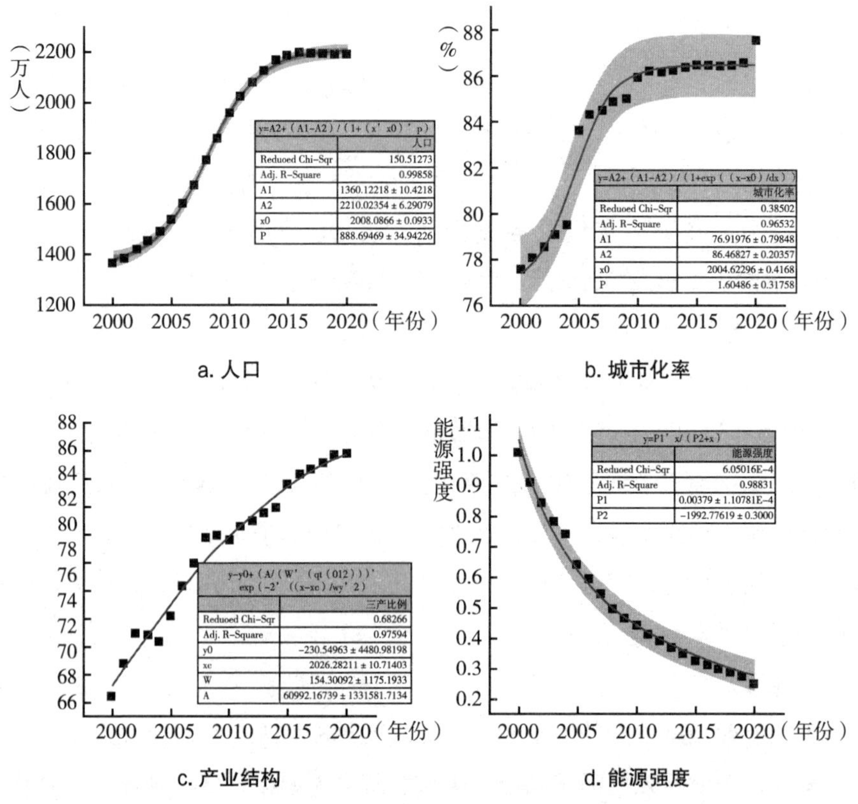


a. 人口　　b. 城市化率

c. 产业结构　　d. 能源强度

**图 4　主要因子的变化情况**

**表 1　变量 VIF 检验值**

| 变量 | VIF 值 | 变量 | VIF 值 |
|---|---|---|---|
| 人均收入 lnGP | 373.25 | 城市化率 lnU | 20.73 |
| 人均收入平方项 $lnGP^2$ | 211.91 | 城市人口 lnP | 19.15 |
| 产业结构 lnS | 51.25 | 均值 | 135.26 |

本研究提取两个主成分 $F_1$ 和 $F_2$，特征值分别为 0.359 和 1.132，累积解释率为 88.9%，提出主成分的解释力度是足够的。提取的主成分 $F_1$、$F_2$ 与碳排放的回归方程如下：

$$\ln CE = 0.716F_1 + 0.470F_2 \tag{4}$$

通过交叉有效性评估提取自变量成分的数量，成分的交叉有效性记为 $Q^2$，使用两个主成分建立偏小二乘模型的累积交叉有效项。累积交叉有效项在第二成分时达到 0.990，因此提取两个成分即可使模型达到理想的精度（见表 2）。与此同时，通过模型预测值与真实值的散点图（见图 5）考察拟合效果，真实值与模型预测值显示出良好的线性关系，表明 PLS 模型的拟合非常理想。

**表 2　偏小二乘模型交叉有效性**

| 成分数 | 交叉有效性 $Q^2$ | 方程拟合度 $R^2$ |
|---|---|---|
| 1 | 0.723 | 0.967 |
| 2 | 0.849 | 0.990 |

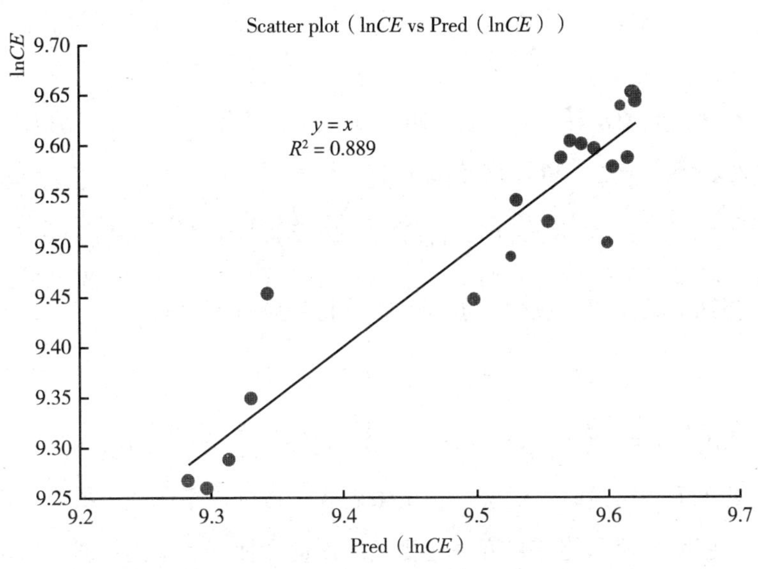


**图 5　最小二乘模型预测值与原始值的散点图**

将标准化后的变量代入回归方程，得到碳排放与影响因素的函数关系。

$$\ln CE = -7.353 + 3.316\ln U - 0.038\ln S + 0.334\ln P + 0.00059\ln GP - 0.0334\ln GP^2 - 0.046\ln EI \quad (5)$$

能源强度和产业结构对碳排放起抑制作用，其他因素均起促进作用，对碳排放影响程度绝对值大小排序为城镇化率>人口规模>能源强度>产业结构>人均 GDP。这也意味着，当上述驱动因素单独变化 1%时，会引起碳排放相应边际增减变化。人均 GDP 相关指标的系数正好符合 EKC 曲线，表明碳排放与经济发展间存在倒“U”形曲线关系。

## （四）情景分析和研判

情景分析需要综合考虑多方面因素，合理设置情景。情景设置越精细，预测结果就会越准确。不同情景的相互组合，依赖于参数选取与组合。根据单位 GDP 能耗降低率的定义，当期单位 GDP 能耗公式如下：

$$\frac{E_0}{G_0}(1-e)^t = \frac{E_t}{G_t} = \frac{E_t}{G_0(1+g)^t} \quad (6)$$

式中，$E$ 代表能源消耗，$G$ 代表 GDP 产出，$e$ 代表万元产值能耗强度年下降率，$g$ 代表经济增速。可以推导出：

$$E_t = E_0(1-e)^t(1+g)^t \quad (7)$$

基期与当期的碳排放可以代入上式，推导得到碳排放公式：

$$C_t = C_0 \times (1-e)^t \times (1+g)^t \times (1-v)^t \quad (8)$$

即 GDP 增速、节能率、可再生能源替代率三种情景的组合。可见，碳达峰或处于下降通道时，经济增速上限由碳排放强度下降速度决定，而后者由能源碳密度降速和能耗强度降速决定。因此最保守的碳达峰时经济增速上限大致由能源碳密度下降速度与能耗强度下降速度决定，约等于两者之和。收集整理北京市的 GDP 增速、节能率、可再生能源替代率历史数据，加以对未来情景的预测，参数情景组合数据如表 3 所示。

**表 3　2021~2050 年北京市 GDP 增速、节能率、可再生能源替代率预测参数情景组合**

单位：%

| 时期 | GDP 增速 | | | 节能率 | | | 可再生能源替代率 | | |
|---|---|---|---|---|---|---|---|---|---|
| | 低 | 中 | 高 | 低 | 中 | 高 | 低 | 中 | 高 |
| 2021~2025 年 | 4.50 | 5.00 | 5.50 | 2.58 | 3.08 | 3.58 | 2.50 | 3.00 | 4.00 |
| 2026~2030 年 | 4.00 | 4.50 | 5.00 | 2.58 | 3.08 | 3.58 | 2.50 | 3.00 | 4.00 |
| 2031~2035 年 | 3.50 | 4.00 | 4.50 | 2.38 | 2.88 | 3.38 | 2.50 | 3.00 | 4.00 |
| 2036~2040 年 | 3.00 | 3.50 | 4.00 | 2.18 | 2.68 | 3.18 | 3.00 | 4.00 | 5.00 |
| 2041~2045 年 | 2.50 | 3.00 | 3.50 | 1.98 | 2.48 | 2.98 | 3.00 | 4.00 | 5.00 |
| 2046~2050 年 | 2.00 | 2.50 | 3.00 | 1.78 | 2.28 | 2.78 | 3.00 | 4.00 | 5.00 |

1. GDP 增速

根据哈罗德-多马的经济增长模型，中国的储蓄率和投资率下降，增加单位产出所需的资本投入不断增加，人口增长率的快速下降和老龄化社会趋势，进一步导致退休金等福利支出挤占储蓄和投资空间，给中国未来的经济增长带来下行压力。但由于中国经济体量大，经济政策连贯性较强，经济增速下降较为平稳。北京市经济增速下滑面临相似的压力情况。2021~2035 年预测数据来自《北京市国民经济和社会发展第十四个五年规划和二〇三五年远景目标纲要》，设置中值 5.00%，预测低值和高值上下限为 4.50%~5.50%。2035 年以后经济增速基于经济长期增速逐渐放缓的趋势，预测值按每 5 年 0.5 个百分点下降。

2. 年节能率

根据历年北京市统计年鉴和统计公报，2015~2019 年单位 GDP 能耗（节能率）平均值为 4.79%。2021~2025 年的年节能率预测值为 3.08%，《北京市“十四五”时期应对气候变化和节能规划》保守估计 5 年总下降率为 14.5%的均值，预测低值和高值上下限为 2.58%和 3.58%。2035 年以后经济增速基于节能率逐渐放缓的趋势，预测值按每 5 年 0.2 个百分点下降，时段高、低预测值经前文关联性分析得出。

3. 可再生能源替代率

2015~2020 年可再生能源替代率（碳能比值）平均为 2.1%，其中 2018~2020 年后替代速度加快增加，平均为 2.86%。本文预测值较保守考虑，2021~2030 年之间可再生能源年替代率为 2.5%，2030 年以后可再生能源替代率增加为 3%。

可再生能源替代率可用能源碳密度降速表征，这与能源结构、能源技术等正相关。可再生能源和绿电有大比例提高，能源碳密度降速就大，反之就小。可再生能源替代率和能耗强度下降率基本上决定了碳排放强度的下降速度，碳排放强度降速约等于可再生能源替代率和能耗强度降速之和（见表 4）。

**表 4　碳排放强度和能耗强度降速对照**

单位：%

| 碳排放强度降速 | | 能耗强度下降率 | | | | | | |
|---|---|---|---|---|---|---|---|---|
| | | 1.50 | 2.00 | 2.50 | 3.00 | 3.50 | 4.00 | 4.50 |
| 可再生能源替代率 | 2.50 | 4.04 | 4.55 | 5.06 | 5.58 | 6.09 | 6.60 | 7.11 |
| | 3.00 | 4.55 | 5.06 | 5.58 | 6.09 | 6.61 | 7.12 | 7.64 |
| | 3.50 | 5.05 | 5.57 | 6.09 | 6.61 | 7.12 | 7.64 | 8.16 |
| | 4.00 | 5.56 | 6.08 | 6.60 | 7.12 | 7.64 | 8.16 | 8.68 |
| | 4.50 | 6.07 | 6.59 | 7.11 | 7.64 | 8.16 | 8.68 | 9.20 |
| | 5.00 | 6.58 | 7.10 | 7.63 | 8.15 | 8.68 | 9.20 | 9.73 |

作为国家“双碳”战略先行示范区，北京市在“十三五”至“十四五”期间持续推进能源结构绿色转型，可再生能源与绿电消纳规模显著提升。2016~2020 年（“十三五”时期），通过本地开发与跨区域绿电调入双路径，北京市可再生能源消费占比从 7.2%提升至 12.5%，超额完成规划目标。其间，本地分布式光伏装机容量突破 60 万千瓦，延庆绿色氢能示范项目投运；依托“张北—北京”特高压通道，年受入风电、光伏等绿电规模达 140 亿千瓦时，占全市用电量的 10%以上。然而，受土地资源与自然条件制约，本地可再生能源开发潜力有限，跨区绿电交易机制仍需完善。

“十四五”时期（2021~2025 年），北京市以建设“绿色北京”为导向，进一步强化政策激励与技术耦合。根据《北京市“十四五”时期能源发展规划》，2023年可再生能源消费占比已达17.3%，预计2025年将突破20%。重点领域呈现三方面突破：一是本地新能源多元化利用，如大兴国际机场地源热泵、城市副中心行政办公区光伏建筑一体化项目；二是绿电市场化交易机制创新，2022年京津冀绿色电力交易中心累计成交绿电25亿千瓦时，同比增长180%；三是区域协同深化，依托冀北“风光储输”一体化基地，2025年外调绿电规模预计达300亿千瓦时，占全市外调电量的30%。尽管如此，高比例绿电并网稳定性、绿证与碳市场衔接机制等仍是关键挑战。

## 四 结论和政策建议

本研究通过构建STIRPAT模型与情景分析框架，系统评估了北京市能源系统转型的驱动机制与碳中和路径，得出以下主要结论。

一是结构优化成效显著但减排压力犹存。2000~2020年北京市碳排放增速由正转负。已基本形成油气电为主的碳排放结构。外调电依赖以及华北电网火电占比高，使调入电成为最大排放源。历史趋势显示终端电气化与化石燃料减量化的结构优化路径有效。然而，当前化石能源仍贡献95%以上碳排放，建筑与交通领域脱碳进展滞后，航空燃料低碳替代率低，深度脱碳面临技术瓶颈。

二是驱动因子呈现阶段性非对称性特征。STIRPAT模型影响系数显示，城镇化率与人口规模的正向驱动效应显著高于能源强度与产业结构的抑制作用。环境库兹涅茨曲线在北京市得到实证验证，虽已跨越碳排放拐点，但转型压力呈现双重叠加，超大城市人口疏解下经济发展与减排目标平衡；能源强度和碳强度降速趋缓，边际节能降碳成本递增形成技术锁定。

下一步，北京市可从“深度脱碳、区域协同、制度创新、科技驱动”角度重构能源发展范式。首先，推动能源基础设施深度脱碳，包括推动城市热力系统重构在内的多能耦合与系统整合，加强节能增效，部署智慧能源管理改造，发展本地可再生能源并推动规模化利用。其次，加强区域协同，扩大绿色电力消纳，提升外调绿电比例，共建跨区域能源基础设施及输送通道，完善可再生能源合作开发。再次，在制度和机制方面，持续完善北京市碳排放交易体系和各项制度，制定碳普惠减碳方法学，优化财税金融激励政策，强化市场减排效果，通过碳积分、碳普惠等机制激励公众参与减排。最后，科技创新方面借助科技资源密集的研发优势，加强可再生能源与多能融合技术，突破氢能制备、储运和燃料电池等关键技术，强化数字化与智能化管理，深化产学研协同与成果转化。

# 新质生产力视野下北京社区生态更新研究初探*

赵　清**

**摘　要：** 新质生产力是以创新为主导的绿色生产力。以"绿色发展、治理创新"为内核的城市生态更新成为呼应新质生产力发展要求和城镇空间内涵式绿色发展趋势的城市发展新前沿，社区生态更新是其中的关键基础空间。本文总结了新质生产力和社区生态更新的内涵和特点，提出了新质生产力助力社区生态更新的实践价值，分析总结了北京社区生态更新融合新质生产力应用的实践模式和困难挑战，最后从智能化、绿色化、协同化、数字化四个维度提出新质生产力视野下北京社区生态更新的发展建议。

**关键词：** 社区更新　生态更新　新质生产力　北京

习近平总书记在二十届中央政治局第十一次集体学习时指出，"绿色发展是高质量发展的底色，新质生产力本身就是绿色生产力""必须加快发展方式绿色转型""加快绿色科技创新和先进绿色技术推广应用""在全社会

---

* 基金项目：北京市社会科学院 2025 年一般课题"新质生产力赋能北京社区生态更新研究"（项目编号：KY2025C0318）。

** 赵清，环境科学博士，北京市社会科学院助理研究员，研究方向：生态城市与生态社区。

大力倡导绿色健康生活方式”。[①] 城市更新是城市发展永恒的主题。社区作为城市的社会生活基本单元是城市微更新实施的“天然场域”，也是倡导绿色健康生活方式的重要基础社会空间。2023 年 11 月，自然资源部办公厅发布的《支持城市更新的规划与土地政策指引（2023 版）》提出城市更新相关规划工作应以“生态优先、绿色发展”为导向，“建立多元主体全过程、实质性、高效率的参与机制，推进治理创新”。[②] 2024 年 1 月，中共中央、国务院在《中共中央 国务院关于全面推进美丽中国建设的意见》中进一步强调“推动城镇空间内涵式集约化绿色发展”，要求全领域推进经济社会“绿色化、低碳化转型”。[③] 2024 年 7 月，国务院发布《深入实施以人为本的新型城镇化战略五年行动计划》，明确提出“实施城市更新和安全韧性提升行动”，指出“在新质生产力的驱动下，城市更新被赋予了新的内涵与高度”。[④] 北京市作为国家战略实施的先行区，于 2022 年通过《北京市城市更新条例》，提出城市更新活动要“敬畏生态”，坚持“绿色发展”“多元参与”“共建共享”，明确社区作为城市更新的基础单元。[⑤] 以“绿色发展、治理创新”为内核的城市生态更新成为呼应新质生产力发展要求和城镇空间内涵式绿色发展趋势的城市发展新前沿，社区生态更新是其中的关键基础空间。在以创新驱动为核心特征的新质生产力赋能下，社区生态更新中的智能化、数字化、绿色化和协同化创新，有助于破解北京“大城市病”，实现北京城市“绿色发展”与“共建共

① 《习近平在中共中央政治局第十一次集体学习时强调：加快发展新质生产力　扎实推进高质量发展》，https：//www. gov. cn/yaowen/liebiao/202402/content_6929446. htm。

② 《支持城市更新的规划与土地政策指引（2023 版）》，https：//www. gov. cn/zhengce/zhengceku/202311/content_6916516. htm。

③ 《中共中央 国务院关于全面推进美丽中国建设的意见》，https：//www. gov. cn/gongbao/2024/issue_11126/202401/content_6928805. html。

④ 《国务院关于印发〈深入实施以人为本的新型城镇化战略五年行动计划〉的通知》，https：//www. gov. cn/gongbao/2024/issue_11526/202408/content_6969191. html。

⑤ 《北京市人民政府关于印发〈北京市城市更新专项规划（北京市“十四五”时期城市更新规划）〉的通知》，https：//www. beijing. gov. cn/zhengce/zfwj/zfwj2016/szfwj/202205/t20220518_2715630. html。

享”，对于推动北京城市绿色转型，建设宜居、韧性、智慧城市具有重要意义。

## 一 新质生产力与社区生态更新的概念与特点

### （一）新质生产力的概念和特征

新质生产力是“以劳动者、劳动资料和劳动对象的优化组合为内核驱动，以数字科技和绿色科技为技术支撑，以人与自然的和谐共生为价值目标，以创新发展体系生态性为内生特点，以创新为主导的高科技、高效能、高质量的先进生产力形态”。新质生产力的特征在于创新、绿色、高效、融合。①②③④

### （二）社区生态更新的概念和特点

社区生态更新是指“在城市居民生活的多层次复合社区内，以生态化多维综合目标为导向，依托社区相关利益方良性互动和共同参与社区治理所开展的，重在重建社区低碳微循环，循序渐进式的、功能修复性的生态化改造过程”。⑤

刘建军等人研究 1989~2022 年中国社区更新的发展提出，“建立宏观视角层面、具备多领域跨学科协作、多元主体参与、可以有效指导实践应用的社区更新体系是未来中国社区更新的重要发展方向”。⑥ 赵凯茜等人分析国内外社区可持续发展研究现状，提出未来社区可持续发展的三个主要发展趋势，分别为应对气候变化的社区低碳更新、社区绿色空间对公共健康的影响

① 吴志强、严娟、徐浩文等：《城乡规划学科发展年度十大关键议题（2024~2025）》，《城市规划学刊》2024 年第 6 期。

② 周文、许凌云：《论新质生产力：内涵特征与重要着力点》，《改革》2023 年第 10 期。

③ 李永胜、许夏琳：《论发展新质生产力的生态意蕴》，《当代经济研究》2024 年第 12 期。

④ 黄友均：《新质生产力赋能人与自然和谐共生现代化的理论内涵、现实困境和实践路径》，《重庆科技大学学报》（社会科学版）2024 年第 3 期。

⑤ 赵清：《城市社区生态化有机更新策略研究》，《城市发展研究》2022 年第 6 期。

⑥ 刘建军、何沁、姚子刚等：《1989~2022 年中国社区更新的发展与回顾》，《城市发展研究》2023 年第 2 期。

以及社区生态系统服务评估。其中社区低碳更新是重中之重，其他两项内容都是围绕这一主体展开的影响和评估。[①] 低碳和生态共同构成了可持续发展的核心概念。低碳发展是全球环境治理的重要组成部分，其目标是保护全球生态系统。生态保护更强调人与自然的动态平衡，是相比低碳更为系统的概念。党的十八大以后，生态文明理论已上升为包含社会、经济、文化、环境和政治的复合生态文明理论。复合生态文明理论赋予了社区生态更新相比低碳更新更为系统的内涵，即社区生态更新应着眼于社区自然生态环境、循环经济、低碳社会、生态文化以及社区生态文明制度的系统化更新。在新质生产力的赋能下立足于未来的社区生态更新，具有“治理创新、智能创新、绿色创新”的特点，应从跨学科、系统性的角度实现社区整体的全面更新。[②]

## 二　新质生产力助力社区生态更新的实践价值

社区生态更新是发展新质生产力的重要路径之一，为新质生产力的培育提供空间与资源支撑。反过来，新质生产力也为社区生态更新注入了创新活力，推动社区生态更新的可持续发展。[③] 新质生产力助力社区生态更新的实践价值表现在以下几点。

第一，新质生产力为社区生态更新提供创新技术支持，提高社区生态更新的质量和效率，推动社区生态更新的绿色可持续发展。新质生产力发展模式中的数字科技和绿色科技应用于社区生态更新，将助力实现社区资源环境的智能化管理，推动社区生态更新模式向数智化、高效化、低碳化、共享化转型。比如通过地理信息系统（GIS）技术和人工智能技术实现社区的智能

① 赵凯茜、马俊杰、李翅：《国内外社区可持续发展研究现状与趋势》，《国际城市规划》2022 年第 4 期。

② 周生贤：《走向生态文明新时代——学习习近平同志关于生态文明建设的重要论述》，《求是》2013 年第 17 期。

③ 王昊、王伟、戴俊骋等：《城市更新重塑空间格局，赋能新质生产力高质量发展》，《新经济导刊》2024 年第 9 期。

规划和资源的优化配置；通过物联网和大数据技术实现社区环境状况的实时监控；通过太阳能等清洁能源实现社区能源结构优化；通过水资源循环利用技术，智能高效利用水资源，减少水环境污染；通过绿色建筑智能技术实现社区基础设施智能化升级，实现节材与节能等。①

第二，新质生产力可以推动社区周边产业绿色升级，以社区生态更新为依托促进围绕社区发展的相关产业智能化、绿色化发展，并提供更多绿色就业机会，吸引高素质人才，提升社区活力和品质。

第三，新质生产力以人与自然和谐共生为价值目标，通过“智能、融合、共享”技术可以有效实现社区生态更新治理的更广泛公众参与和动员，提高社区居民环保意识，引导社区居民形成绿色生活方式，实现社区生态建设的共建共享。②③④

## 三 新质生产力助力北京社区生态更新的现状分析

2021 年 8 月，北京市住房和城乡建设委员会与北京市规划和自然资源委员会联合印发《北京市老旧小区综合整治标准与技术导则》，明确提出“有条件的小区应充分应用现代信息技术整合小区资源，按照前瞻性、可操作性、可扩展性的原则建设智慧小区”。⑤ 2025 年 1 月，北京市住房和城乡建设委员会、北京市发展和改革委员会与北京市规划和自然资源委员会联合发布《老旧低效楼宇更新实施办法（试行）》，提出老旧低效楼宇“更新改造同时积极实施节能绿色化改造”“大力推进绿色化、数字化、智能化升级

① 吴建南：《以创新街区培育新质生产力的实践路径》，《人民论坛-学术前沿》2024 年第 20 期。

② 杜雁、李金波、陶汝鸿等：《城市更新赋能新质生产力》，《城市规划》2024 年第 12 期。

③ 李永胜、许夏琳：《论发展新质生产力的生态意蕴》，《当代经济研究》2024 年第 12 期。

④ 黄友均：《新质生产力赋能人与自然和谐共生现代化的理论内涵、现实困境和实践路径》，《重庆科技大学学报》（社会科学版）2024 年第 3 期。

⑤ 《北京市老旧小区综合整治标准与技术导则》，https：//zjw. beijing. gov. cn/bjjs/xxgk/zcwj2024/qtzcwj/xxyx13/543345075/index. shtml。

改造，提升空间资源的智能化管理和服务水平，支撑智慧城市应用场景建设”。①

北京市在以“治理创新、智能创新和绿色创新”为特征的社区生态更新中积极探索新质生产力的应用，目前已初步形成“技术赋能、多元协同”的实践模式，具体包括以下几方面。

第一，数字化平台建设，整合社区资源，实现数据共享。例如，北京市住房与建设委员会推出的“城市更新数字管理平台”，② 整合了全市老旧小区改造进度与资金流向等信息，实现了跨部门数据共享和协同决策；西城区在垃圾分类工作中注重数字化管理，通过智能分类驿站、智慧云平台等技术手段，实现了垃圾分类数据的实时上传和监管，提升了居民参与率和分类准确率；③ 海淀区上地庄东里社区老旧小区改造项目建立的“城市更新数字化管理系统”是北京市属国有企业首个聚焦城市更新项目改造的智能化信息系统，有效填补了城市更新项目“智能化”管理应用领域的空白。④

第二，智能化技术应用，推动社区从传统物质更新转向“全生命周期”智慧治理。例如，北京市海淀区“城市大脑”项目通过物联网实时采集社区能耗、垃圾分类等数据，结合 AI 算法优化资源配置，使社区碳排放降低 18%；⑤ 朝阳区利用数字孪生技术构建社区三维模型，模拟暴雨场景下的排水系统承载力，优化实现了海绵社区设计。⑥ 2023 年，北京城市副中心发布《北京城市副中心智能建造未来城市计划》，城市副中心将从科技赋能和产

① 《北京市住房和城乡建设委员会　北京市发展和改革委员会　北京市规划和自然资源委员会关于印发〈老旧低效楼宇更新实施办法（试行）〉的通知》，https：//zjw. beijing. gov. cn/bjjs/xxgk/zcwj2024/gfxwj40/xxyx/543501764/index. shtml。

② 资料来源：北京城市更新联盟，http：//bjcsgxlm. com/html/eee/fwzc/index. html。

③ 《北京西城初步形成全民参与垃圾分类格局》，https：//life. gmw. cn/2022-06/20/content_35822911. htm。

④ 谢峰：《建工六建城市更新数字化管理系统上线》，https：//www. bdcn-media. com/a/33225. html。

⑤ 《“城市大脑”赋能生态海淀》，http：//paper. people. com. cn/zgnyb/html/2021-10/18/content_25884508. htm。

⑥ 《城市更新中的海绵城市与儿童友好社区融合设计探索》，https：//baijiahao. baidu. com/s?id=1823516528399424558&wfr=spider&for=pc。

业融合入手，积极推动建筑业数字化转型，力争 10 年内形成完整的智能建造生态圈。[①] 2024 年，北京经济技术开发区宣布将创新打造“模数世界”人工智能新质生态社区，以“大模型”和“数据要素”为核心驱动，探索人工智能创新生态服务体系、开放场景应用平台，助力北京亦庄成为全国规模最大、北京首个人工智能新质社区集群。[②]

第三，绿色化技术推广，实现减污降碳。例如，北京市朝阳区推广光储直柔、可再生能源与建筑一体化、智慧交通、交通能源融合技术，推动减污降碳协同创新；[③] 北京市东城区社区以社区绿色景观设计为手段开展了微花园景观微更新实践。[④]

第四，协同化治理创新。《北京市城市更新条例》明确“共建共享”原则，鼓励社会资本参与。例如，通州区潞城镇通过引入企业投资社区绿化，政府以土地置换方式提供支持，形成“政企民”三方协作机制；丰台区方庄街道在城市更新中发动成立城市更新联盟、建立了社区更新责任规划师体系机制等；[⑤] 北京建工集团有限责任公司在劲松一区 114 号楼重建项目中，形成了可持续的政府、产权单位、居民、社会资本“四方共担”有机更新模式。[⑥]

尽管取得初步成效，北京社区生态更新在融合新质生产力发展上，仍面临一系列困难和挑战，主要包括新质生产力赋能社区生态更新顶层政策机制不完善、依赖高投入的智慧化改造的技术成本与标准化困境、社区生态更新资金保障机制欠缺、社区生态更新治理逻辑尚未理顺、社区生态更新数据循

---

① 《〈北京城市副中心智能建造未来城市计划〉发布　力争 10 年内形成完整的智能建造生态圈》，https：//baijiahao. baidu. com/s? id=1761047704306637820&wfr=spider&for=pc。

② 《经开区将创新打造人工智能新质生态社区》，https：//www. beijing. gov. cn/ywdt/gzdt/202412/t20241230_3976349. html。

③ 《推广光储直柔、可再生能源与建筑一体化、智慧交通、交通能源融合技术》，https：//mguangfu. bjx. com. cn/mnews/20240902/1398261. shtml。

④ 侯晓蕾：《基于社区营造和多元共治的北京老城社区公共空间景观微更新——以北京老城区微花园为例》，《中国园林》2019 年第 12 期。

⑤ 《联合专业院校、企业着力打造区域综合型城市更新示范区，方庄街道成立全市首个街道级城市更新联盟》，http：//www. bjft. gov. cn/ftq/zwyw/202304/0eb6669abd634a44bd62d7b7c691e276. shtml。

⑥ 北京建工集团有限责任公司：《打造“全场景城市更新”方案，讲好新时代首都“更新故事”》，《施工企业管理》2024 年第 8 期。

环机制不畅、跨部门数据壁垒阻碍资源整合，以及待更新的老旧小区自身基础设施陈旧、资金投入匮乏、人口密度大，居民参与不足等。

## 四　新质生产力视野下北京社区生态更新的发展建议

新质生产力需从智能化、绿色化、协同化、数字化四个维度系统性融入北京社区生态更新。

第一，社区规划体系智能化。推广数字孪生技术系统，构建“社区更新决策平台”，整合社区地理信息、人口结构、环境质量等数据，模拟不同更新改造方案的综合效益。例如，昌平区回龙观街道通过数字平台评估加装电梯对老年人口的服务覆盖效率，优化项目的优先等级。

第二，社区物理空间智能绿色改造。运用地理信息系统实现对社区土地的智能规划，对腾退闲置空间实现生态化利用改造，实现节地更新改造；推广智能绿色建筑节材技术（如 BIM 建筑信息模型优化设计、3D 打印与智能建造、AI 驱动的材料选型）[①] 和智能耐久性设计技术（如物联网监测与预防性维护、数字孪生与全生命周期管理、区块链建材溯源），实现社区节材更新改造；推广建筑太阳能光伏技术、智能电力技术和社区绿色出行系统智能规划，实现社区节能更新改造；推广建筑给排水智能节水设计和海绵社区设计，提升社区防洪和节水能力；运用绿色基础设施智能规划技术，建设社区花园，打造社区绿色空间，实现社区绿色更新。

第三，社会空间智能化协同治理。借助信息技术构建智能社区平台是推动社区协同治理的关键举措，可以有效整合社区内的各类资源，实现社区治理的多元化、精细化、智能化，为居民提供更加便捷、高效的服务。比如社区智能信息系统及时发布社区活动信息，提高社区居民参与率；社区智能交通系

① 《住房和城乡建设部等部门关于推动智能建造与建筑工业化协同发展的指导意见》，https：//www. gov. cn/zhengce/zhengceku/2020-07/28/content_5530762. htm。

统实时监测和智能调控交通流量，缓解交通拥堵问题，提升居民的出行体验。①

第四，社区生态更新政策保障。优化社区智能政策空间，健全社区数字化标准体系。如《北京市关于加快建设全球数字经济标杆城市的实施方案》提出建设数字社区中心，强调实施法规标准引领战略。② 围绕新质生产力融入社区生态更新应因地制宜制定社区技术导则和社区生态更新可持续管理规范。

## 五　结论与展望

新质生产力是“创新、绿色、高效、融合”的先进生产力形态。在新质生产力的赋能下立足于未来的社区生态更新，具有“治理创新、智能创新、绿色创新”的特点。社区生态更新为新质生产力的培育提供空间与资源支撑。反过来，新质生产力也为社区生态更新注入了创新活力，推动社区生态更新的可持续发展。北京市在社区生态更新中积极探索新质生产力的应用，目前已初步形成“技术赋能、多元协同”的实践模式。未来，北京社区生态更新还需要从社区规划体系智能化、社区物理空间智能绿色改造、社会空间智能化协同治理、社区生态更新政策保障等四个维度进一步系统性推动新质生产力发展。

① 朱胜、房辉、梁城城等：《新质生产力引领下的房地产创新与城市更新》，《房地产世界》2024 年第 15 期。

② 《中共北京市委办公厅　北京市人民政府办公厅印发〈北京市关于加快建设全球数字经济标杆城市的实施方案〉的通知》，https：//www.beijing.gov.cn/zhengce/zhengcefagui/202108/t20210803_2454581.html。

# 双循环新发展格局下北京绿色低碳循环发展路径分析*

李艳梅　付丽媛　李瑞芳**

**摘　要：** 率先探索双循环新发展格局和绿色低碳循环发展是首都的使命与责任。本文通过构建市内—国内—国际三级嵌套的资源环境扩展型多区域投入产出模型，分析双循环新发展格局下北京典型资源环境要素特征。结果显示，北京能源消耗、水资源消耗、碳排放、$PM_{2.5}$ 及 $NO_X$ 排放主要由北京参与省际循环导致，并且具有较高的部门和空间集中度。基于上述特征，北京应分别从市内循环、国内循环和国际循环着手，通过供需协同转型、区域绿色增长以及经贸合作深化等路径推动绿色低碳循环发展。这不仅能缓解北京内部发展约束，还能带动国内区域协同转型，应对外部挑战。

**关键词：** 双循环新发展格局　绿色低碳循环发展　投入产出分析　北京

## 一　双循环新发展格局下北京绿色低碳循环发展的战略意义

双循环新发展格局是中国在当前国际国内形势下提出的重大战略，旨在

* 基金项目：北京市社会科学基金重点项目"双循环新发展格局下北京绿色低碳循环发展体系构建与水平测度研究"（项目编号：21JJA001）。

** 李艳梅，北京工业大学教授，研究方向：低碳经济和绿色经济；付丽媛，北京工业大学博士研究生，研究方向：低碳经济和绿色经济；李瑞芳，北京工业大学硕士研究生，研究方向：低碳经济和绿色经济。

增强国内大循环的自主性，同时更好地利用国际资源和市场，推动经济高质量发展。在这一背景下，北京不断推进绿色低碳循环发展不仅是缓解内部资源环境约束的突破路径，也是带动我国其他区域绿色转型的重要引擎，更是应对复杂外部形势的关键举措。

### （一）缓解内部约束的突破路径

内部约束主要来源于北京的资源环境压力、经济结构转型需求以及可持续发展的目标。北京作为全球化程度高、人口密集的大都市，面临着严峻的环境资源约束。随着经济的快速发展和人口的持续增长，能源消耗、污染排放、水资源紧张等问题依然突出。①为了实现可持续发展目标，北京应持续推动绿色低碳循环发展。首先，通过产业结构优化，北京可以减少对高能耗、高排放行业的依赖，推动绿色、低碳、高技术产业的发展。这不仅能够提高资源使用效率，还能够有效降低对传统能源和水资源的依赖，从而缓解能源和水资源的消耗压力。其次，依托绿色技术创新，推广节能减排技术、循环利用技术，促进资源的高效利用和污染物的治理。最后，推动政策引导与市场激励，北京可以通过政策措施引导社会资本投入绿色低碳产业，同时通过碳交易等市场机制，激励企业和市民参与低碳经济活动。

### （二）带动区域转型的重要引擎

北京构建绿色低碳循环经济发展体系，可以通过示范效应、区域协同合作等方式有效带动国内其他区域转型发展，进而推动全国范围内的高质量发展。首先，北京作为全国科技创新中心发挥示范效应。②北京在绿色产业、低碳技术、循环利用等领域的实践，将为全国其他省市树立标杆，促使其他

① 石晓冬、和朝东：《京畿格局构建与首都圈发展的重点》，《城市发展研究》2024 年第 12 期。

② 王家庭、王浩然：《中国式超大特大城市现代化水平的多维测度——理论逻辑、时空演绎与提升路径》，《城市问题》2023 年第 5 期。

地区加速绿色低碳转型。其次，依托区域协同合作，北京可以通过加强与周边省市的合作，推动区域绿色低碳产业链和循环经济的深度融合。北京的绿色低碳循环发展能够为周边地区提供市场需求、技术支持以及资本引导，推动能源清洁化、交通绿色化、产业高效化的协同发展。①

### （三）应对外部挑战的关键举措

近年来，全球化出现逆潮，单边主义和保护主义日益抬头，绿色贸易壁垒不断加强。在这一背景下，我国面临着更加严峻的外部挑战，尤其是在生态环境领域。欧盟碳关税机制通过对进口产品的碳排放进行“加税”，迫使高碳排放国家提升环保标准，使我国面临绿色“打压”。② 北京产业结构以现代服务业和高端制造业为主，推动绿色低碳循环发展，有助于促进这些产业的转型升级。特别是在智能制造、新能源等领域，推动标准建设和绿色技术的研发与应用，不仅能够显著减少资源消耗、污染物及碳排放，还能够在全球产业链中占据更加有利的竞争位置。③

## 二　双循环新发展格局下北京资源环境特征分析

在双循环新发展格局下，北京不仅要重视本地区的资源禀赋和环境现状，也要注重与国内其他地区及国际其他国家和地区的资源环境联系。因此，深入分析北京的资源环境特征，尤其是能源、水、污染物及碳排放等典型资源环境要素，能够揭示当前绿色低碳循环发展面临的瓶颈与潜力。本部分分析为后续的绿色低碳发展路径设计提供科学依据。

① 李国平、何晶彦、冯雨雪：《京津冀协同发展：分析框架、实践进展和路径优化》，《城市发展研究》2024 年第 12 期。

② 甄敬怡：《以我为主练好“内功”应对碳关税机制挑战——专访国家应对气候变化战略研究和国际合作中心战略规划部主任柴麒敏》，《中国经济导报》2022 年 7 月 30 日。

③ 俞海、宁晓巍：《绿色生产力的理论探究与实践进路》，《北京行政学院学报》2025 年第 1 期。

## （一）测度方法与数据来源

1. 市内—国内—国际三级多区域投入产出模型嵌套方法

将中国多区域投入产出表拓展为市内—国内—国际三级嵌套的资源环境扩展型多区域投入产出模型，这样既可以分析北京与其他省份的资源环境关联，又可以分析北京与其他国家和地区的资源环境关联。本文将2012年和2017年中国多区域投入产出表（China Multi-Regional Input-Output，CMRIO）分别嵌入全球投入产出表（Input-Output Table，IOT）中，构建起由北京、中国其他30省区市、世界43个国家和地区组成的市内—国内—国际三级嵌套的资源环境扩展型多区域投入产出模型。

参考已有文献的嵌套方法，主要思路如下。首先，对区域和部门进行合并，将IOT合并为42个国家和1个世界其他地区，根据《国民经济行业分类》（GB/T 4754—2017），将CMRIO的42部门和IOT的163部门合并为38部门。同时以2017年为基年和人民币（万元）为计价单位，将数据进行不变价处理和汇率转换。其次，按照比例系数不变假设，通过计算北京及国内其他省区市中各部门与其他国家中各部门之间的经济联系，将国内和国际数据嵌套。再次，调整总投入和总产出，使投入产出表平衡，所有地区的总产出平衡式如式（1）。最后，根据CMRIO和IOT的资源环境卫星账户，即可构建资源环境扩展型多区域投入产出模型。①②③

$$\begin{bmatrix} x_{bb} & x_{bD} & x_{bF} \\ x_{Db} & x_{DD} & x_{DF} \\ x_{Fb} & x_{FD} & x_{FF} \end{bmatrix} = \begin{bmatrix} L_{bb} & L_{bD} & L_{bF} \\ L_{Db} & L_{DD} & L_{DF} \\ L_{Fb} & L_{FD} & L_{FF} \end{bmatrix} \begin{bmatrix} Y_b & 0 & 0 \\ 0 & Y_D & 0 \\ 0 & 0 & Y_F \end{bmatrix} \tag{1}$$

① 倪红福、夏杰长：《中国区域在全球价值链中的作用及其变化》，《财贸经济》2016年第10期。

② 李善同、何建武、刘云中：《全球价值链视角下中国国内价值链分工测算研究》，《管理评论》2018年第5期。

③ 姜钰卿、唐旭、任凯鹏、丁聿：《基于双层嵌套SDA的中国减污降碳驱动因素研究》，《系统工程理论与实践》2022年第12期。

其中，北京、国内其他省份、其他国家和地区分别用 $b$、$D$、$F$ 表示；$x_b$ 表示北京的总产出；$L$ 为列昂惕夫逆矩阵，其中的元素 $L_{bb}$、$L_{DD}$、$L_{FF}$ 分别表示北京、国内其他省份、其他国家和地区生产单位产品对本地区产品的完全需要量，$L_{bD}$ 表示国内其他省份生产单位产品对北京产品的完全需要量；$Y_b$、$Y_D$、$Y_F$ 分别表示北京、国内其他省份、其他国家和地区的最终需求。

2. 双循环视角下资源环境要素特征测度方法

基于上述构建的市内—国内—国际三级多区域投入产出模型，测度北京参与市内、国内、国际循环引致的能源消耗、水资源消耗、碳排放、$PM_{2.5}$ 和 $NO_X$ 排放等型资源环境要素影响，测算方法如下。

定义资源环境消耗系数 $c = \frac{C}{X}$。其中，$C$ 为各地区各行业资源环境消耗量，$X$ 为各地区各行业总产出。各地区各部门的资源环境消耗系数对角矩阵 $\widehat{C}$ 表示为式（2）所示：

$$\widehat{C} = \begin{bmatrix} C_b & 0 & 0 \\ 0 & C_D & 0 \\ 0 & 0 & C_F \end{bmatrix} \tag{2}$$

资源环境消耗分解矩阵 $\widehat{CX}$：

$$\widehat{CX} = \widehat{C}LY = \begin{bmatrix} C_b \sum_{t=b,D,F} L_{bt} Y_{tb} & C_b \sum_{t=b,D,F} L_{bt} Y_{tD} & C_b \sum_{t=b,D,F} L_{bt} Y_{tF} \\ C_D \sum_{t=b,D,F} L_{Dt} Y_{tb} & C_D \sum_{t=b,D,F} L_{Dt} Y_{tD} & C_D \sum_{t=b,D,F} L_{Dt} Y_{tF} \\ C_F \sum_{t=b,D,F} L_{Ft} Y_{tb} & C_F \sum_{t=b,D,F} L_{Ft} Y_{tD} & C_F \sum_{t=b,D,F} L_{Ft} Y_{tF} \end{bmatrix} \tag{3}$$

其中，$C_b \sum_{t=b,D,F} L_{bt} Y_{tb}$ 表示北京为满足自身最终需求产生的资源环境消耗，$C_b \sum_{t=b,D,F} L_{bt} Y_{tD}$ 表示北京为满足国内其他省份最终需求产生的资源环境消耗，$C_b \sum_{t=b,D,F} L_{bt} Y_{tF}$ 表示北京为满足其他国家和地区最终需求产生的资源环境消耗。

为了进一步对比分析，分别将北京参与市内循环、国内循环及国际循环引致的资源环境影响占比定义为：北京为满足本市、国内其他省份、其他国家和地区最终需求产生的资源环境影响分别占北京为满足所有地区（包含市内、国内、国际）最终需求产生资源环境影响的比例。

3. 数据来源

本文 2012 年和 2017 年投入产出表数据来源于 CEADs 发布的中国多区域投入产出表、EXIOBASE 发布的全球多区域投入产出表；各国的 GDP 平减指数从世界银行获取，中国的各类价格指数从国家统计局获取；人民币对欧元的汇率数据来自国家外汇管理局。本文资源环境数据来源于投入产出表中关于碳排放、蓝水足迹、能源消耗、$PM_{2.5}$ 和 $NO_X$ 排放的环境卫星账户、《中国统计年鉴》、《中国水资源公报》、MEIC 数据库、《2017 年西藏自治区国民经济和社会发展统计公报》以及相关文献①等。

### （二）特征分析

样本期内，国内循环是驱动北京资源消耗和环境排放的主要原因。如图 1 所示，北京参与国内循环引致的能源消耗、水资源消耗、碳排放、$PM_{2.5}$ 排放、$NO_X$ 排放占比均超过 70%。具体来看，北京参与国内循环的能源消耗比例从 77%下降至 72%，水资源消耗比例从 80%下降至 78%，碳排放比例从 81%下降至 75%。这反映出北京在推动节能降碳、提高水资源利用率等方面取得了一定进展，但在全面实现绿色低碳循环转型方面仍面临较大压力。

进一步，在国内循环中，不论是从静态还是动态来看，省际循环是驱动北京能源消耗、水资源消耗、碳排放、$PM_{2.5}$ 排放、$NO_X$ 排放的主要原因。如图 2 所示，首先，2017 年，北京参与省际循环引致的各资源环境消耗和排放占比均超过 40%，高于其参与市内循环引致的资源环境消耗和排放。其次，相较于 2012 年，驱使北京资源环境消耗和排放的动因也从市内循环

① 许爽爽：《基于投入产出表的中国行业水足迹核算分析》，辽宁大学博士学位论文，2018。

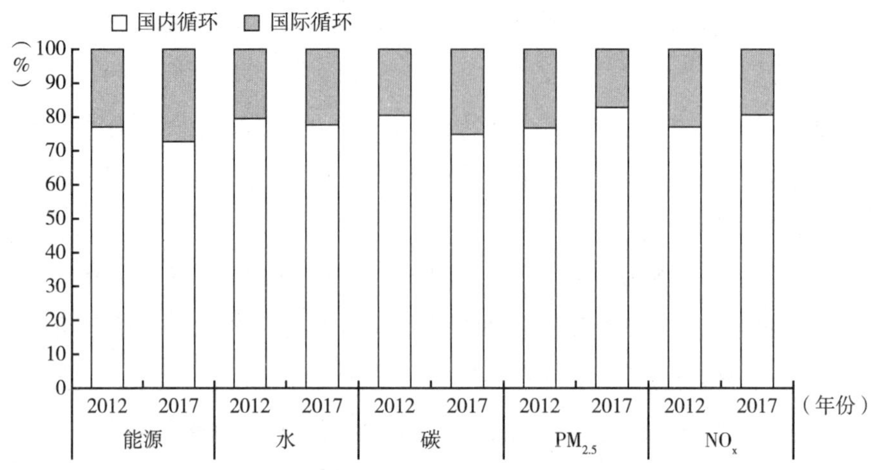


**图 1　北京参与双循环引致的资源消耗和环境排放**

逐渐转向省际循环。2017 年，北京参与省际循环引致能源消耗、水资源消耗、碳排放、$PM_{2.5}$ 排放、$NO_X$ 排放占比，较 2012 年分别提高了 8 个百分点、10 个百分点、13 个百分点、7 个百分点、4 个百分点。可以看出，北京的资源环境压力从市内贸易转向了省际贸易。这体现了北京在各资源环境约束下的发展转型和结构调整取得了一定成效，但其参与省际贸易引致的资源环境消耗和排放仍然是北京绿色低碳循环发展的重点领域。

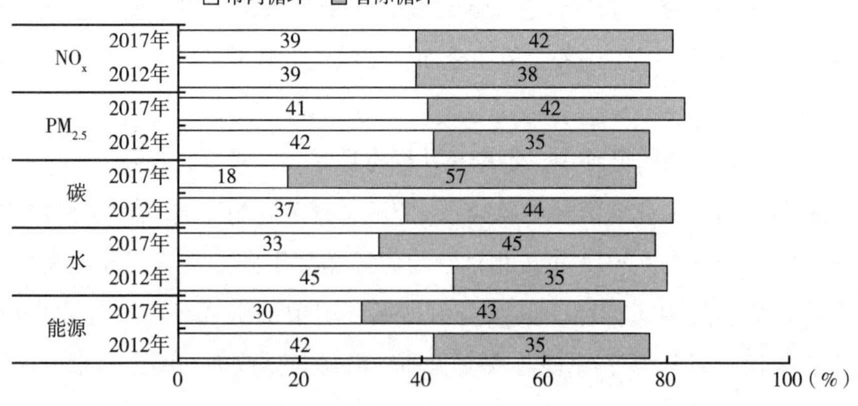


**图 2　北京参与国内循环引致资源消耗和环境排放情况**

从部门来看，北京参与国内循环和国际循环引致的能源消耗、水资源消耗、碳排放、$PM_{2.5}$ 排放、$NO_X$ 排放均具有较高集中度。第一，国内循环中，科学研究和技术服务业，电力、热力、燃气及水生产与供应业是能源消耗、水资源消耗和碳排放共同集中的部门；能源消耗和碳排放还集中在交通运输、仓储和邮政业；水资源消耗集中在信息传输、软件和信息技术服务业；大气污染物排放集中在住宿和餐饮业。第二，在国际循环中，不同资源环境要素的部门分布各有侧重。能源消耗的部门以石油加工、炼焦及核燃料加工业为主；水资源消耗的部门以租赁和商务服务业为主；碳排放的部门以交通运输、仓储和邮政业为主；$PM_{2.5}$ 排放、$NO_X$ 排放以化学燃料及化学制品制造业为主。

在空间分布上，北京参与国内和国际循环引致能源消耗、水资源消耗、碳排放、$PM_{2.5}$ 排放、$NO_X$ 排放也均具有较高集中度。首先，广东、河南、上海、山东、江苏、河北、湖南、浙江这 8 个省区市是能源消耗、水资源消耗、碳排放、$PM_{2.5}$ 排放、$NO_X$ 排放国内循环相同流向地。除了以上 8 个地区以外，北京水资源消耗还主要满足内蒙古，而北京能源消耗、碳排放、$PM_{2.5}$ 排放、$NO_X$ 排放则主要满足安徽和辽宁 2 个省。其次，在国际循环中，美国、日本、德国、法国、英国这 5 个国家是能源消耗、水资源消耗、碳排放、$PM_{2.5}$ 排放、$NO_X$ 排放的共同流向国家。除了以上 5 个国家以外，北京能源消耗还主要满足韩国等国家和地区；水资源消耗主要满足加拿大等国家和地区；碳排放主要满足澳大利亚等国家和地区；$PM_{2.5}$ 排放主要满足瑞典等国家和地区；$NO_X$ 排放则主要满足印度等国家和地区。

## 三 双循环新发展格局下北京绿色低碳循环发展路径探讨

### （一）双循环新发展格局下北京绿色低碳循环发展模式

从市内循环、国内循环、国际循环三大视角，建立北京绿色低碳循环发展模式，即市内循环系统、国内循环系统、国际循环系统。三大系统相互促进，并且均以资源环境系统为基础（见图3）。

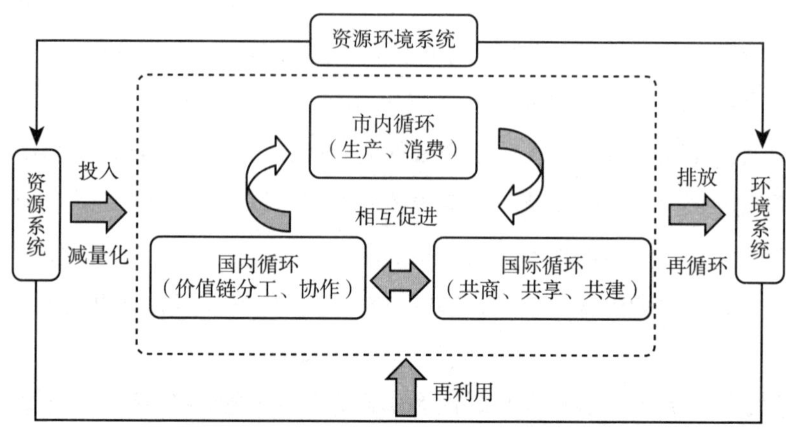


**图3　双循环视角下北京绿色低碳循环发展模式**

首先，北京围绕绿色低碳循环发展，从市内循环视角，构建绿色化、低碳化、循环化的生产和消费体系。在生产侧，北京通过对各产业进行升级改造、提升绿色产业比重等措施，加快产业绿色化、低碳化、循环化发展。在消费侧，倡导绿色消费理念，积极推广绿色化产品与服务，从而倒逼企业转型升级。

其次，北京从国内循环视角，通过国内价值链分工、协作，激活创新链、打通供应链、补强产业链。① 一是北京通过国内价值链分工及协作，发挥技术、市场等方面的区位优势，激发绿色低碳技术的研发和应用。二是北京通过国内价值链分工、协作，打通供应链堵点，确保绿色低碳产品和服务能够顺畅流通。三是北京注重补强产业链薄弱环节，从而提升产业链整体的绿色低碳循环发展水平。

再次，北京从国际循环视角，按照“共商、共享、共建”原则，通过建立开放型经济新体制和深化国际技术创新合作，构筑起绿色低碳循环的国

① 《京津冀优化区域产业布局　疏通跨区域产业链》，http：//finance.people.com.cn/GB/n1/2021/0926/c1004-32236662.html。

际循环体系。[①] 一方面，北京通过建立开放型经济新体制，促进要素优势与制度优势系统集成，努力实现以开放促进制度创新；另一方面，主动顺应全球科技创新合作大趋势，实施更加开放包容、互惠共享的国际科技合作战略，构建绿色低碳循环化的全球价值链体系。

最后，基于“减量化（Reduce）、再利用（Reuse）、再循环（Recycle）”的“3R”原则，资源环境系统为上述三大系统，即市内循环、国内循环、国际循环系统提供了基础。市内循环系统、国内循环系统、国际循环系统所需要的物质基础均来源于资源环境系统，同时其循环过程中产生的废弃物也由资源环境系统消纳。

## （二）双循环新发展格局下北京绿色低碳循环发展具体路径

在构建上述市内循环系统、国内循环系统、国际循环系统的系统模式基础上，根据北京绿色低碳循环发展的特征及过程，从市内循环视角下供需转型协同路径、国内循环视角下区域绿色增长优化路径、国际循环视角下经贸合作深化路径这三个方面，提出北京绿色低碳循环发展的具体路径。

### 1. 市内循环视角下供需转型协同路径

生产和消费作为经济活动的两大关键环节，是北京实现经济绿色低碳循环转型发展的必经之路。对于北京而言，推动生产领域的绿色化、低碳化、循环化，意味着要增加绿色产业的比重、采用清洁能源、提高能源利用效率，构建循环经济模式。同时，在消费领域，倡导低碳消费、推广绿色产品和循环消费模式都是至关重要的。因此，从生产和消费两侧同时发力，是北京发展绿色低碳循环经济的必然选择，也是实现城市绿色低碳循环发展的重要路径。基于此，为有效推动城市的绿色低碳循环发展，应构建北京市内循环视角下供需转型的协同路径（见图 4）。

在生产侧方面，全面推动各产业绿色化、低碳化、循环化升级改造，从

① 《〈“一带一路”绿色发展北京倡议〉在京发布》，https：//www.yidaiyilu.gov.cn/p/0IFPHQIC.html。

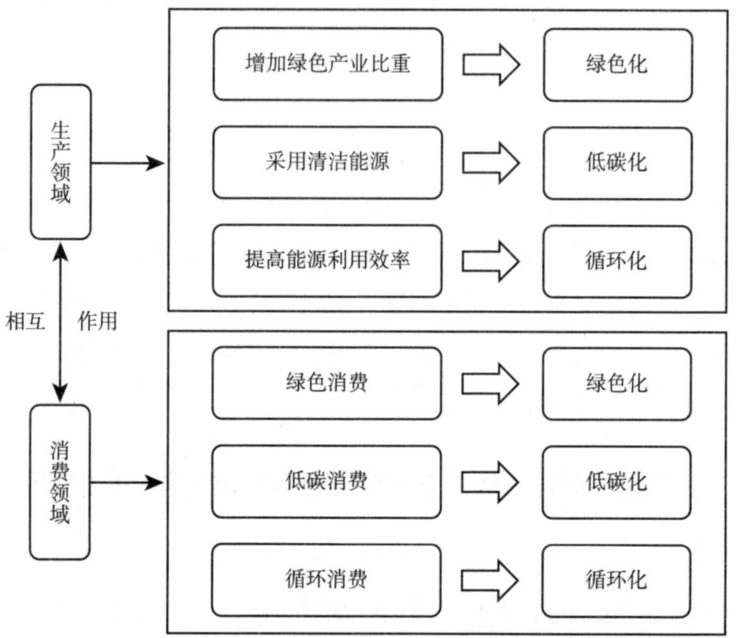


**图 4　市内循环视角下供需转型协同路径**

根本上改变传统的高能耗、高排放生产的发展模式。通过采用清洁生产技术、优化能源结构、提高资源利用效率、促进废弃物资源化利用等措施，旨在构建起一个高效、清洁、低碳的市内生产循环系统。此外，通过壮大绿色环保产业，鼓励技术创新和产业升级，不仅能够有效减少环境污染，还能催生新的经济增长点，形成绿色低碳循环发展的新动能。

在消费侧方面，积极引导居民逐步转向绿色的生活方式，更多关注绿色低碳产品的消费。一方面，政府健全绿色低碳消费市场，通过多项激励措施促进绿色低碳产品的消费。例如，建立健全绿色产品管理规范和认证体系，加强绿色产品和服务的认证管理工作，确保绿色标签的权威性与公信力以方便消费者对绿色低碳产品的消费。另一方面，持续引导消费者形成良好的绿色低碳循环生活方式。首先，引导消费者积极参与生活垃圾分类，以达到生活垃圾减量化、资源化的目的。其次，积极引导绿色生活，提倡消费者购买低能耗、低污染、低排放的家电产品。最后，构建绿色消费信用体系，对绿色消费行为给予正面激励，对浪费资源和污染环境的行为进行约束，从而在全社会范围内形成崇尚绿色、抵制浪费的良好风尚。

2. 国内循环视角下区域绿色增长优化路径

北京作为全国的政治中心、文化中心、国际交往中心和科技创新中心，充分利用其独特的区位优势和资源禀赋，通过区域分工、协作，进一步激活创新链、打通供应链、补强产业链，实现国内产业和供应链绿色化（见图5）。

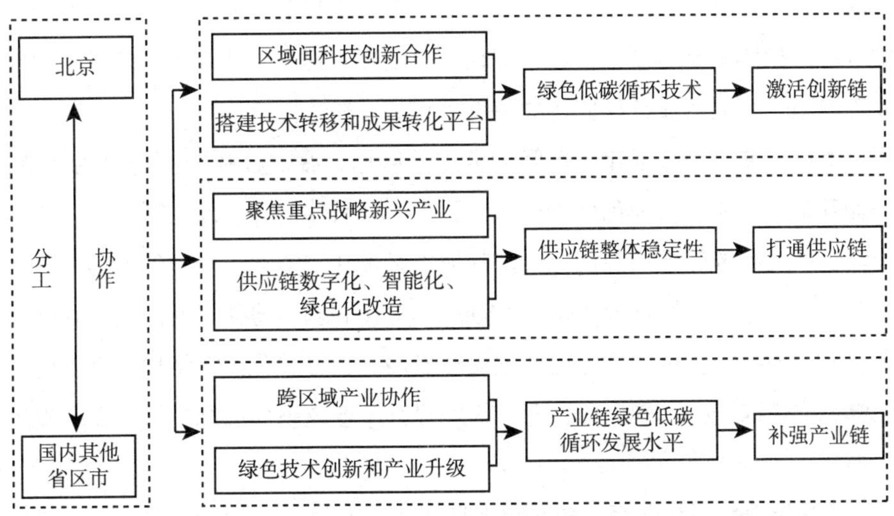


**图5　国内循环视角下区域绿色增长优化路径**

首先，北京发挥其在科技创新中心方面的区位优势，通过构建有效的政策引导机制和区域合作框架，激发绿色低碳循环技术的研发和应用，促进科技创新与绿色低碳循环发展的深度融合。[①] 一方面，北京可以加强与国内省区市的科技创新合作，共同设立研发项目，推动绿色低碳技术的研发与突破；另一方面，通过搭建技术转移和成果转化平台，促进先进技术在产业链上下游广泛应用，提升整个产业链的绿色低碳循环发展水平。

其次，北京应主动引领并深化国内价值链分工与协作，充分利用国内大

① 《打造国际一流和谐宜居之都——北京奋力谱写首都发展新篇章》，http：//district. ce. cn/newarea/roll/201909/20/t20190920_33190308. shtml。

循环的发展机遇，聚焦重点战略性新兴产业，有效突破产业链供应链的堵点。在全球经济面临挑战、中国高端技术产业遭遇外部围堵的背景下，核心技术领域的“卡脖子”问题日益凸显，产业链供应链的稳定性面临严峻考验。[①] 北京应围绕基础研究和关键共性技术、前瞻技术、战略性技术领域，积极构建更加紧密的区域合作网络。通过联合研发、技术转移、资源共享等多种方式，促进科技成果的转化与应用。同时，北京还积极引领产业链供应链的数字化、智能化、绿色化改造升级，利用现代信息技术手段提升产业链供应链的整体效能与韧性。通过优化资源配置、提高生产效率、降低能耗排放等措施，打通产业链供应链的关键堵点。

最后，北京通过强化区域间的分工、协作，有效补强产业链薄弱环节，以提升整体产业链的绿色低碳循环发展水平。具体而言，北京利用其在科技创新、高端服务等方面的优势，与其他省区市在制造业、资源保障等领域形成互补，通过跨区域产业协作，促进产业对接和创新协作不断深化。在补强产业链的同时，积极推动绿色低碳循环发展，通过优化能源结构、发展清洁能源、推进绿色技术创新和产业升级，提升产业链整体的绿色低碳循环发展水平。

3. 国际循环视角下经贸合作深化路径

绿色经贸合作的深化路径是北京优化贸易结构的关键内容。北京作为中国的首都和国际化大都市，积极参与国际绿色经贸合作，不仅有助于推动全球绿色低碳转型，也是实现自身经济高质量发展的关键（见图 6）。

一方面，北京通过建立开放型经济新体制，促进要素优势与制度优势系统集成，努力实现以开放促进制度创新。北京通过加强国际合作与交流，积极参与制定关于绿色低碳循环发展方案，包括绿色贸易和投资规则等，旨在为国内企业提供更清晰的绿色低碳循环转型发展路径，构建绿色低碳循环化的全球价值链体系。

另一方面，北京积极参与全球科技创新合作，实施更加开放包容、互惠

① 秦海林：《打通堵点促产业链供应链现代化水平提升》，《中国经济评论》2021 年第 2 期。

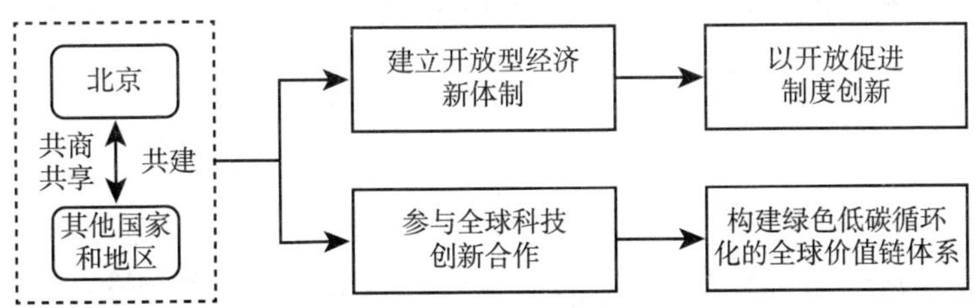


**图 6　国际循环视角下绿色经贸合作深化路径**

共享的国际科技合作战略，构建绿色低碳循环化的全球价值链体系。通过推进高端技术，大幅提升自身资源环境利用效率，减少能耗与排放，为城市绿色低碳循环发展奠定坚实的技术基础。

# 新时代北京生态文明建设的成就与展望*

穆松林**

**摘　要：** 北京市作为大国首都，其生态文明建设质量对整个国家具有重要影响。北京生态文明建设从早期的绿化建设转变为现代的绿色发展、生态保护和可持续发展，不断探索和实践，以期实现人与自然和谐共生的目标。未来一段时期，北京生态文明建设需要在空气质量改善、绿色生态空间增加、绿色低碳发展转型、区域协同治理方面持续推进。

**关键词：** 生态文明建设　成就与展望　北京

## 一　中国生态文明建设取得历史性成就

随着我国社会经济的快速发展，环境污染与生态恶化问题愈发突出，推进生态文明建设已引起社会各界的广泛重视。生态文明建设作为中国特色社会主义事业的重要组成部分，在党的二十大报告中得到进一步深化，报告明确指出“中国式现代化是人与自然和谐共生的现代化”，并将其确立为新时代生态文明建设的战略目标。推动绿色发展、促进人与自然和谐共生是实现这一目标的根本遵循。在习近平生态文明思想指导下，我国在探索人与自

---

* 基金项目：北京市社会科学院一般课题“自然的解决方案背景下中国城市绿色发展研究”（项目编号：KY2025C0384）。

** 穆松林，北京市社会科学院副研究员，博士，研究领域：城乡发展、生态文明建设与空间治理。

然和谐共生的现代化方面取得了伟大成就、在生态文明建设方面取得了显著成效，[①②③] 主要体现在以下几个方面。

一是生态环境质量呈现显著改善态势。全国地级及以上城市 $PM_{2.5}$ 平均浓度明显降低，空气质量优良天数比例呈现上升趋势。在空气质量方面，全国地级及以上城市的 $PM_{2.5}$ 平均浓度明显改善，优良天数比例增加。在水质改善方面，地表水优良水质断面比例显著增长，水环境质量持续改善。此外，土壤环境风险得到有效控制，固体废物“零进口”目标全面实现，进一步增强了环境安全。

二是生态保护与修复取得成就显著。通过实施退耕还林还草、天然林资源保护、湿地保护与恢复、沙化土地治理等重大生态修复工程，有效地推动了荒漠化土地和沙化土地面积的“双减少”。同时，自然保护地和陆域生态保护红线面积在全国陆域国土面积中的占比显著提升。此外，森林覆盖率持续提高，森林面积和蓄积量呈现“双增长”态势。

三是绿色转型取得显著进展。在能源消费增速相对较低的情况下实现了经济增长，单位 GDP 能耗和碳排放量持续降低。清洁能源消费占比不断提升，可再生能源装机规模和发电量均位居全球第一，新能源汽车产销量多年蝉联全球第一。

四是生态制度建设取得显著成效。围绕生态文明建设目标，制定并实施了一系列改革方案，形成了以“四梁八柱”为框架的制度体系。同时，通过开展中央生态环境保护督察，有效地推动了地方环保主体责任的落实，为生态文明建设提供了有力保障。通过宪法修正案将生态文明写入国家根本法，形成了“1+N+4”的中国特色社会主义生态环境保护法律制度体系。

五是全球贡献不断增长。在应对全球气候变化方面，中国发挥了积极作用，不仅助力《巴黎协定》的达成、签署、生效及后续实施，还提出了实

① 张永生：《引领永续繁荣的人类文明新形态——党的十八大以来中国生态文明建设的伟大成就及其世界性意义》，《国外社会科学》2022 年第 6 期。

② 杨林生、郭亚南、朱会义等：《中国生态文明制度体系建设进展与走向》，《中国科学院院刊》2023 年第 12 期。

③ 诸大建、张帅：《中国生态文明实践如何检验和深化可持续性科学》，《中国人口 · 资源与环境》2022 年第 9 期。

现碳达峰碳中和的宏伟目标，展现了大国的责任与担当。成功举办《生物多样性公约》缔约方大会第十五次会议，提出“昆明—蒙特利尔全球生物多样性框架”，并在全球环境治理中发挥了重要作用。

六是公众参与生态文明建设的热情日益高涨。绿色、低碳的生活方式逐渐成为社会风尚，垃圾分类、光盘行动等环保行为得到广泛推广，公众环保意识显著提高。

## 二　北京生态文明建设的历程

北京的生态文明建设历程体现了从早期的绿化建设到现代的绿色发展、生态保护和可持续发展的转变，不断探索和实践，实现人与自然和谐共生的目标。北京市生态文明建设的历程可以从以下几个关键时期概述。

### （一）早期规划和实践阶段（20世纪50年代至80年代）

早在1954年的“改建与扩建北京市规划草案”中，就提出了绿化系统专章，强调了绿化建设的重要性。1958年的城市总体规划方案进一步提出了“把北京早日建成一个工业化的、园林化的、现代化的伟大社会主义首都”的目标。改革开放后，环境保护和建设的重要性在规划中逐渐强化。1980年，首都建设方针的“四项指示”明确要求，把北京建设成为优美、清洁、具有第一流水平的现代化城市。1982年的《北京城市建设总体规划方案》首次提出了环境保护这一重大专题内容。

### （二）可持续发展理念引入阶段（20世纪90年代）

20世纪80年代末，面对环境污染和生态退化问题，可持续发展理论逐步纳入城市规划当中。1992年，国际社会在《里约环境与发展宣言》中确立了可持续发展的全球共识。同期，我国政府发布《中国21世纪议程——中国21世纪人口、资源、环境与发展白皮书》，明确提出将可持续发展作为国家经济和社会长远规划的重要组成部分。

### （三）生态文明建设深化阶段（21世纪初至2011年）

2004 年，《北京城市总体规划（2004 年—2020 年）》中首次单独编制了“综合生态规划”，构建了城市生态规划的总体框架和技术路线。在申办 2008 年夏季奥运会时，北京确立了“绿色奥运”理念，推动了城市环境质量的提升。2008 年，北京成功举办了以“绿色奥运”为特色的夏季奥运会，进一步推动了生态文明建设进程。

### （四）新时代生态文明建设阶段（2012年至今）

2012 年，北京市提出了“减量”发展，实施人口和建设规模双控，划定生态控制线和城市开发边界，推动生态文明建设向纵深发展。2013 年，北京市启动大气污染防治工作，实施了“大气十条”。次年，北京市出台《北京市 2013—2017 年清洁空气行动计划》，标志着蓝天保卫战的全面展开。2016 年，《北京市“十三五”时期环境保护和生态建设规划》发布，明确了未来五年的生态保护目标。2020 年，北京市制定《北京市生态涵养区生态保护和绿色发展条例》，为生态涵养区的保护与绿色发展提供了法律保障。2021 年，北京市人大常委会通过该条例，并自 6 月 5 日起施行。此外，北京市还积极推进生态文明示范创建工作，如发布《北京市生态文明示范创建管理办法（试行）》，通过示范创建带动各区提升生态文明建设和生态环境保护水平。北京市在“十四五”时期继续深化生态文明建设，发布了《北京市“十四五”时期生态环境保护规划》，明确了新发展阶段生态环境保护的新要求，包括推进绿色低碳发展、改善生态环境质量、加强生态环境保护与建设等。

## 三　北京生态文明建设取得成就

### （一）生态环境显著改善

北京大气治理成效被联合国环境规划署评价为“北京奇迹”。近年来北京加大生态环境保护力度，实施大气、水、土壤污染防治三大行动计划，空气质量明显改善，水资源得到有效保护，土壤污染风险得到防控。2013~2022年，北京市在空气质量改善方面取得了显著成效。$PM_{2.5}$、$SO_2$、$NO_2$和$PM_{10}$的年均浓度分别下降66.5%、88.7%、58.9%和50.0%。此外，CO的24小时平均第95百分位浓度值和$O_3$的日最大8小时滑动平均第90百分位浓度值分别下降70.6%和6.8%。值得关注的是，$PM_{2.5}$年均浓度从89.5微克/米$^3$降至30微克/米$^3$，降幅达近60微克/米$^3$；$SO_2$年均浓度则由26.5微克/米$^3$降至3微克/米$^3$，已接近世界发达国家大城市的水平（见图1）。

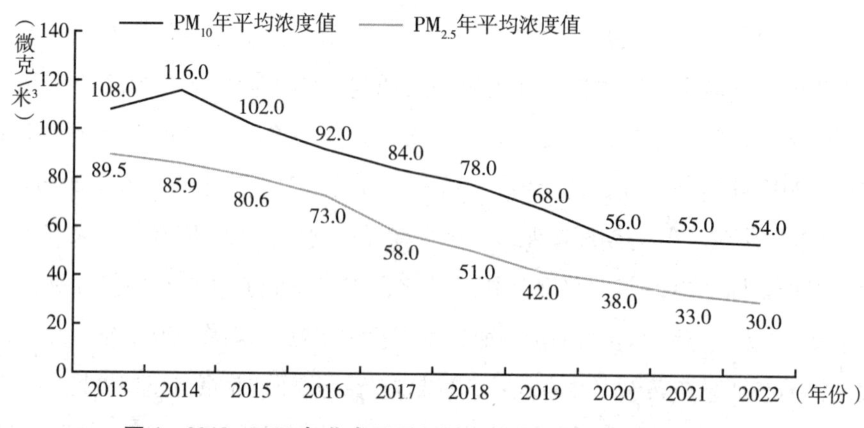


**图1　2013~2022年北京可吸入细颗粒物和细颗粒物年际趋势**

资料来源：《北京统计年鉴》。

2022年大气环境质量监测数据显示，全年空气质量优良天数达286天，稳定在78.4%水平。与上年监测周期相比，优良空气天数减少2天，但较基准年2013年显著提升110天。特别值得关注的是，全年空气质量为优的天数达到138天，较上年增长24天，较2013年提升97天，创近十年最佳。在污染治理方面，全年仅3天为重度污染（含沙尘污染1天），污染发生概率控制在0.8%，较上年锐减5天，较2013年历史峰值更是大幅下降55天，污染治理成效显著（见图2）。

监测数据显示，2022年，地表水断面高锰酸盐指数年均浓度值为3.63

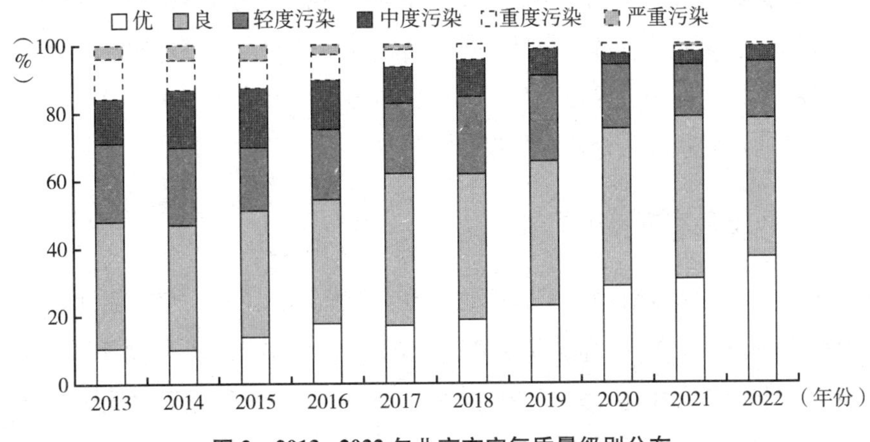


**图 2 2013~2022 年北京市空气质量级别分布**

资料来源：《北京生态环境状况公报》。

毫克/升（同比下降 2.7%），氨氮指标则降至 0.22 毫克/升（降幅达 35.3%）。纵向对比显示，相较于 2013 年基准值，两项核心指标呈现显著改善趋势：高锰酸盐指数累计削减超五成（54.0%），氨氮浓度更实现 96.4% 的大幅下降。从水体类型分析，水库系统保持最优水质，湖泊与河流的生态指标依次递减，构成显著的三级质量梯度分布（见图 3）。

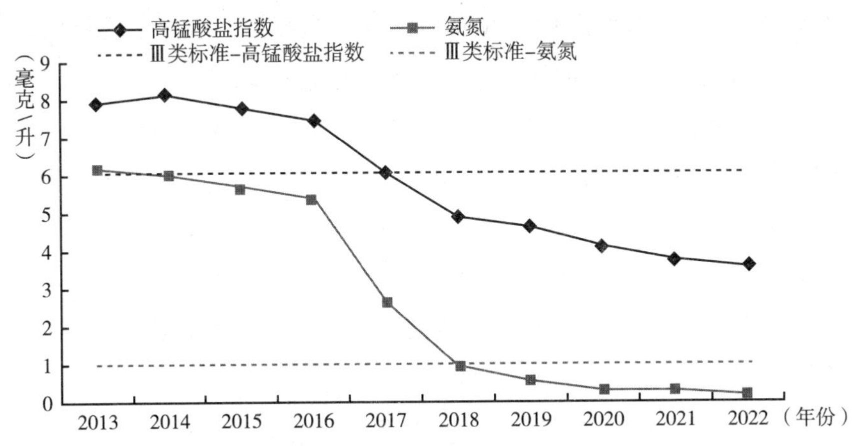


**图 3 2013~2022 年地表水主要污染指标年平均浓度值变化趋势**

资料来源：《北京市生态环境状况公报》。

经综合治理，五条主要河流的水体质量呈现梯度式改善格局，显现出不同流域间生态修复进程的差异性发展态势。其中潮白河流域治理成效最为突出，其水体清洁度居于区域首位；其余四流域中，大清河、永定河、北运河及蓟运河的水质状况依据监测数据依次排列。

### （二）绿色空间不断扩展

北京市委、市政府接续实施两轮百万亩造林绿化工程，全市累计新增绿化面积 243 万亩，全市森林覆盖率由 2012 年的 38.6%提高到 2022 年的 44.8%，城市绿化覆盖率由 46.2%提高到 49.3%。北京一道绿隔地区城市公园达到 109 个，二道绿隔地区建成郊野公园 44 个。全市公园总数达到 1050 个，成为名副其实的“千园之城”。①

### （三）生态品质持续提升

根据《生态环境状况评价技术规范（试行）》（HJ/ T 192—2006），北京市生态环境质量在 2013~2022 年实现了稳步提升。数据显示，2013 年北京市的生态指数为 66.6，到 2022 年已增长至 71.1，增幅达 6.8%。整体生态环境状况保持优良水平，生态系统的质量和稳定性持续优化。特别值得关注的是，中心城区的生态指数（EI）表现尤为突出，植被覆盖指数达到 59.5，高于全市平均值，而绿地服务指数更是达到 64.4，彰显出城市空间生态格局的持续改善。其中东城区、西城区公园绿地 15 分钟步行到达覆盖率均超过 95%。北京现有维管束植物 2088 种，陆生脊椎动物 608 种，其中鸟类达 515 种，已成为生物多样性最丰富的大都市之一。北京市已有五个生态涵养区（延庆、密云、门头沟、怀柔、平谷）获评“生态文明建设示范区”和“绿水青山就是金山银山”实践创新基地，丰台区也获得“绿水青山就是金山银山”实践创新基地称号。

---

① 高大伟：《厚植新时代首都发展的绿色基底》，《前线》2023 年第 7 期。

### （四）“双碳”工作稳步推进

北京作为全国首个实施碳排放总量和强度“双控”机制的城市，取得成效显著。发布的数据显示“十三五”期间，北京市二氧化碳排放强度降幅达23%以上，降至0.42吨/万元GDP，在全国省级行政区中居于最优水平，远超国家要求的20.5%降幅规划目标。

北京市逐步形成以轨道交通为核心、地面公交为辅助的公共交通网络，绿色交通体系建设持续完善。截至2023年，全市绿色出行比例已提升至74.7%。在城市能源基础设施升级方面，通过建成四大燃气热电联供中心，形成规模化清洁电力供应网络，实现发电机组结构性调整——累计关停燃煤发电机组总容量达272.5万千瓦，同步完成燃气机组装机容量724.2万千瓦的升级扩容，显著提升本地电力生产清洁化水平。供热系统改造工程取得突破性进展，统筹推进31个新城集中供热中心和中心城区63座大型燃煤锅炉房的清洁化改造，完成燃煤锅炉清洁能源替代工程总量约4万蒸吨，构建起覆盖城镇供暖与工业用能领域的清洁热力保障体系。区域能源结构调整成效显著，平原区域全面实现能源消费无煤化转型，农村地区通过实施电能替代工程与天然气入户改造，惠及130余万农户，显著提升冬季取暖安全性与环境友好性。

自2013年起，北京市作为试点城市率先构建了基于总量控制的碳排放权交易市场机制，该系统涵盖电力、热力、水泥、石化、工业、服务业及交通运输七大领域，并将年二氧化碳排放量超过5000吨的重点单位纳入市场管理范畴。北京绿色交易所作为国家级平台，致力于成为全球温室气体自愿减排交易的重要枢纽及绿色金融与可持续金融中心，为各类排放主体提供专业服务。

### （五）区域协同治理逐步拓展深化

自2013年起，京津冀三地政府以系统性思维推进生态环境协同治理，逐步构建起多层次协作框架。在制度规范层面，先后签订《京津冀区域环境保护率先突破合作框架协议》及“十四五”时期区域生态联建共治方案，形成涵盖12项核心机制的三维协同体系，包括大气污染区域共治机制、流域生态补偿制度、环境执法协作平台、突发环境事件联合响应程序等。在治理实践层面，重点实施三大协同工程：一是产业结构与环境治理联动升级工程，通过建立能源消费总量控制机制、实施重点行业超低排放改造、推广新能源运输工具等举措，实现经济发展与污染减排的动态平衡；二是流域综合治理示范工程，特别是在潮河流域实施“空间—总量”双控计划（2019~2025年），创新性建立跨省界断面水质保障金制度；三是燃料电池汽车示范城市群建设工程，联合编制《低碳出行碳减排量核算技术规范》，推动区域碳普惠项目互通共享，为区域低碳发展提供了创新实践。

## 四　北京生态文明建设展望

### （一）精细化管理贯穿空气质量持续改善全过程

尽管北京市在大气污染防治方面已取得显著进展，但仍需应对不利气象条件带来的挑战。京津冀区域面临工业品产值增长、沙尘天气多发以及污染减排压力加剧等问题，与此同时，污染源头逐步转向城市运行和生活领域，减排空间逐渐收窄。此外，夏季臭氧污染问题日益突出，未来需着力推进$PM_{2.5}$与臭氧的协同治理，以应对区域空气质量改善的重要任务。精细化管理是新阶段持续改善空气质量的客观要求，应贯穿于持续改善大气环境质量的各方面、全过程。构建精准溯源的VOCs监管体系，持续推进移动源污染的精准防治，精细化实施扬尘管控，加强大气氨排放控制和消耗臭氧层物质管理。以$PM_{2.5}$污染防控为核心治理路径，通过建立NOx-VOCs协同减排机制，实施多维度协同调控策略。重点推进“一微克”精准治污专项行动，构建“三位一体”绿色转型体系：在产业结构升级层面，建立高耗能行业环境准入负面清单与清洁生产评估制度；在能源体系优化层面，实施可再生能源替代与燃煤设施超低排放改造工程；在交通网络重构维度层面，构建新能源车辆推广激励机制与多式联运智慧物流。

### （二）统筹推进绿色生态空间持续增加

近年来，随着造林绿化工程的持续实施，北京城市绿色空间实现了显著拓展。然而，目前平原生态林仍处于未成林阶段，林分结构尚未稳定，生态系统服务功能有待进一步提升。在山区，中幼龄林占比偏高，人工纯林比例较大，林分结构和树种配置尚需优化，森林质量提升工作仍需精准施策。此外，自然保护地体系尚不完善，重要生态空间管控力度需进一步加强，废弃矿山生态修复工作仍需持续深化。因此，未来在城区要逐步构建生态节能、节约型城市绿地生态系统，建立城市生物多样性保护示范区，加宽加厚道路、水系周边绿廊，提升城市绿地生态功能，增强城市生态系统韧性。在平原按照“近自然林”理念，通过“乔灌草”复合种植、分级分类经营、郁闭林分密度调控、建立生态保育小区等手段，进一步提高生态林质量，实施生态空间联通工程，打造山城相融的生态廊道。在山区实施森林质量精准提升工程，推进森林健康经营林木抚育工作，对天然次生林实施全面保护和科学修复，优化全市森林资源质量，持续提升森林绿地的碳汇水平。

### （三）推动发展方式绿色低碳转型

北京市在资源环境效率方面仍存在改进空间，部分行业及企业污染物与碳排放总量仍处高位，万元 GDP 能耗和碳排放强度与国际一流城市相比仍有较大差距。能源消费总量呈现刚性攀升态势，能源结构仍以化石能源为主导，新能源与可再生能源的占比低于全国平均水平。此外，外调电力的供应仍主要依赖化石能源。鉴于上述现状，当前北京市的低碳发展水平尚不足以支撑在实现碳达峰后逐步减少碳排放并持续下降的刚性目标要求。未来要强化碳排放总量和强度“双控”机制，积极推进能源、建筑、产业、交通等领域绿色低碳转型，持续开展低碳试点示范和减污降碳创新试点示范，创新实施企业和项目绿色绩效评价，充分发挥北京碳市场作用。通过建立京津冀晋蒙区域能源协同发展机制，引导本地企业参与跨区域绿色电力投资，重点布局特高压输电网络和分布式能源设施。针对建筑领域低碳发展，建立分级分类管理体系，实施城镇新建建筑 100%执行绿色一星级标准，对政府投资性建筑及 2 万平方米以上公共建筑实行二星级强制认证制度。在产业绿色化升级路径中，着力打造“三新一高”产业矩阵，发展以光伏风电为主体的新能源产业、智能网联新能源汽车产业，以环境治理技术为核心的节能环保产业，同步推进高精尖装备制造业的智能化绿色化改造。依托国际科创中心平台资源，重点突破高效储能、碳捕捉等关键共性技术，形成具有国际竞争力的绿色技术供给体系。此外，对标国际先进的资源环境绩效水平，重点发展高端制造、智能制造和绿色制造领域。针对碳减排与碳中和，实施科技创新专项行动计划，聚焦关键技术突破和战略储备，提升碳减排的基础研究和应用创新能力。在市场机制方面，支持北京绿色交易所创建全国统一的温室气体自愿减排交易市场，同时倡导绿色低碳、文明健康的生活方式和消费理念，推动全社会形成绿色发展的良好氛围。

### （四）持续深化和创新区域生态文明建设的协作机制

随着京津冀区域联防联控机制的不断深化，区域生态环境质量持续改善，但仍面临着污染物排放总量与环境容量之间的矛盾尚未根本解决的问题。以重化工业为主导的产业结构、以煤炭为主的能源结构以及公路运输占比过高的现状仍未发生根本性转变。进入新发展阶段，北京市环境质量的进一步改善需要在京津冀协同发展的大背景下实现，这就要求进一步深化和创新区域协作机制。未来需要在以下方面持续发力，深化区域生态环境联建联防联治机制，强化空气重污染预警和应急联动响应；推进流域水生态环境保护合作共治；联合打造生态修复与环境改善示范区。在此基础上，需要建立健全包容性激励机制，建立多主体参与的跨区域环境治理机构，推动治理过程法治化、可持续化，并完善多元化监督体系。[①] 同时，应加快推进京津冀区域生态环境治理法规标准一体化建设，重点聚焦机动车污染管控、挥发性有机物治理、水污染物排放等领域，建立统一适用的环境标准体系。此外，在京津冀环境协同治理框架下，有必要构建多维协同的生态环境执法体系，健全“三位一体”的区域协作机制。针对行政交界区域，采取网格化巡查与机动监测相结合的监管模式，通过智能监测设备联动和异地执法授权等创新手段，显著提升联合执法响应速度。同时应建立环境违法联合惩戒清单，对大气污染传输、流域性水污染等典型跨界问题实施专项治理行动，形成“线索发现—联合取证—协同处置—效果评估”的全链条治理闭环。

① 任丙强、冯琨：《京津冀大气污染协同治理特征、困境与对策——基于 MSAF 分析框架的探讨》，《学习论坛》2023 年第 2 期。

**图书在版编目(CIP)数据**

北京城市发展报告. 2024-2025：新质生产力赋能首都发展的理论逻辑与实践经验 / 赵继敏主编；曲嘉瑶，杨波副主编. -- 北京：社会科学文献出版社，2025. 6.
ISBN 978-7-5228-5201-0

Ⅰ. F299. 271

中国国家版本馆 CIP 数据核字第 2025KA2811 号

北京城市发展报告（2024~2025）
新质生产力赋能首都发展的理论逻辑与实践经验

主　　编 / 赵继敏
副 主 编 / 曲嘉瑶　杨　波

出 版 人 / 冀祥德
责任编辑 / 侯曦轩
责任印制 / 岳　阳

出　　版 / 社会科学文献出版社 · 皮书分社（010）59367127
地址：北京市北三环中路甲 29 号院华龙大厦　邮编：100029
网址：www. ssap. com. cn
发　　行 / 社会科学文献出版社（010）59367028
印　　装 / 三河市龙林印务有限公司

规　　格 / 开　本：787mm × 1092mm　1/16
印　张：24. 75　字　数：370 千字
版　　次 / 2025 年 6 月第 1 版　2025 年 6 月第 1 次印刷
书　　号 / ISBN 978-7-5228-5201-0
定　　价 / 98. 00 元

读者服务电话：4008918866